Direito do Trabalho nos 25 anos da Constituição

♌ *LumenJuris* | Editora

www.lumenjuris.com.br

Editores
João de Almeida
João Luiz da Silva Almeida

Conselho Editorial

Adriano Pilatti
Alexandre Morais da Rosa
Diego Araujo Campos
Emerson Garcia
Firly Nascimento Filho
Flávio Ahmed
Frederico Price Grechi
Geraldo L. M. Prado
Gina Vidal Marcilio Pompeu
Gisele Cittadino

Gustavo Noronha de Ávila
Gustavo Senéchal de Goffredo
Helena Elias Pinto
Jean Carlos Fernandes
João Carlos Souto
João Marcelo de Lima Assafim
João Theotonio Mendes de Almeida Jr.
José Emilio Medauar
Lúcio Antônio Chamon Junior
Luigi Bonizzato

Luis Carlos Alcoforado
Manoel Messias Peixinho
Marcellus Polastri Lima
Marcelo Ribeiro Uchôa
Marco Aurélio Bezerra de Melo
Ricardo Lodi Ribeiro
Roberto C. Vale Ferreira
Sérgio André Rocha
Victor Gameiro Drummond
Sidney Guerra

Conselheiro benemérito: Marcos Juruena Villela Souto (*in memoriam*)

Conselho Consultivo

Andreya Mendes de Almeida Scherer Navarro
Antonio Carlos Martins Soares
Artur de Brito Gueiros Souza

Caio de Oliveira Lima
Francisco de Assis M. Tavares
Ricardo Máximo Gomes Ferraz

Filiais

Sede: Rio de Janeiro
Centro – Rua da Assembléia, 36,
salas 201 a 204.
CEP: 20011-000 – Centro – RJ
Tel. (21) 2224-0305

São Paulo (Distribuidor)
Rua Correia Vasques, 48 –
CEP: 04038-010
Vila Clementino – São Paulo – SP
Telefax (11) 5908-0240

Minas Gerais (Divulgação)
Sergio Ricardo de Souza
sergio@lumenjuris.com.br
Belo Horizonte – MG
Tel. (31) 9296-1764

Santa Catarina (Divulgação)
Cristiano Alfama Mabilia
cristiano@lumenjuris.com.br
Florianópolis – SC
Tel. (48) 9981-9353

Ivan Simões Garcia
(organizador)

Direito do Trabalho nos 25 anos da Constituição

EDITORA LUMEN JURIS
RIO DE JANEIRO
2014

Copyright © 2014 *by* Ivan Simões Garcia

Categoria: Direito e Cidadania - Direito Especiais

Produção Editorial

Livraria e Editora Lumen Juris Ltda.
Diagramação: Ana Lúcia Morais

A LIVRARIA E EDITORA LUMEN JURIS LTDA.
não se responsabiliza pela originalidade desta obra.

É proibida a reprodução total ou parcial, por qualquer meio
ou processo, inclusive quanto às características gráficas e/ou editoriais.
A violação de direitos autorais constitui crime
(Código Penal, art. 184 e §§, e Lei nº 10.695, de 1º/07/2003),
sujeitando-se à busca e apreensão e indenizações
diversas (Lei nº 9.610/98).

Todos os direitos desta edição reservados à
Livraria e Editora Lumen Juris Ltda.

Impresso no Brasil
Printed in Brazil

Dados internacionais de Catalogação-na-Publicação (CIP)

D598

Direito do trabalho nos 25 anos da Constituição / (organizador)
Ivan Simões Garcia. – Rio de Janeiro : Lumen Juris, 2014.
336 p. ; 23 cm.

Inclui bibliografia.

ISBN 978-85-8440-014-0

1. Direito do trabalho – Brasil. 2. Direitos sociais – Brasil.
3. Brasil. Constituição (1988). I. Garcia, Ivan Simões

CDD- 344.8101

SUMÁRIO

Apresentação dos co-autores 1

Apresentação 3

O direito do trabalho nos 25 anos da constituição: um balanço para superar ilusões e projetar sua práxis
Ivan Simões Garcia

1. Introdução 9
2. A constituição de 1988 enquanto filha do neoconstitucionalismo ... 11
3. As venturas e desventuras do direito do trabalho em tempos de neoliberalismo e reestruturação produtiva 14
   3.1. As transformações no direito material do trabalho 18
   3.2. A postura do judiciário em relação aos direitos do trabalhador 22
4. À guisa de conclusão: perspectivas do direito constitucional do trabalho e sua "práxis" 28
5. Bibliografia 33

25 anos da Carta Magna de 1988: avanços e retrocessos aos direitos dos trabalhadores
Rodrigo Lychowski

1. Introdução 37
2. Avanços aos direitos dos trabalhadores 38
3. Retrocesso aos trabalhadores 41
4. Conclusão 44
5. Bibliografia 45

As liberdades dos trabalhadores: novas e velhas questões sobre o trabalho.
Eduardo Henrique Raymundo von Adamovich

1. O trabalhador como homem livre. 47
2. A crise do sistema capitalista industrial e as novas tecnologias. 51
3. A liberdade do trabalhador e a relação de subordinação. 54
4. Direito de ir e vir. 56
5. Direito de privacidade. 59

6. Direito de expressão. 64
7. Inviolabilidade das comunicações. 66
8. Conclusão. 69
9. Bibliografia 72

Discriminação racial no contrato de emprego
Fábio Rodrigues Gomes

1. Introdução 75
2. Discriminação direta: um mal individual à beira da extinção? 77
3. Discriminação de *facto* e discriminação indireta: aferições concretas da neutralidade individual e o impacto desproporcional da neutralidade coletiva 88
4. Conclusão 94
5. Referências bibliográficas 95

Controvérsias do instituto da cooperativa: por uma interpretação conforme o cooperativismo
Alexandre Assumpção Ferreira Alves
Vitor Schettino Tresse

1. Introdução 99
2. O cooperativismo e sua filosofia 102
3. A lei nº 5.764/71, O código civil de 2002 e os princípios do cooperativismo 107
4. O histórico das sociedades cooperativas no brasil 110
5. A relação dos membros das cooperativas de trabalho com a cooperativa 113
6. O registro das sociedades cooperativas e o cooperativismo 117
7. Conclusão 120
8. Referências 122

Judicialização e justificação na concretização dos direitos fundamentais sociais.
Eduardo Ribeiro Moreira
Ivan Simões Garcia

1. A filosofia na concretização de direitos fundamentais sociais 127
2 A judicialização dos direitos fundamentais sociais 133
3. Por uma alternativa na justificação dos direitos fundamentais sociais 138

4. Notas conclusivas 143
5. Bibliografia 144

As relações trabalhistas dos Estados estrangeiros face à ordem jurídica brasileira
José Gabriel Assis de Almeida

1. Introdução. 147
2. O direito aplicável às relações trabalhistas entre os empregados locais e as embaixadas e consulados de Estados estrangeiros, no Brasil. 148
3. As obrigações tributárias e previdenciárias e outras vinculadas às relações trabalhistas. 148
4. A origem e a evolução da imunidade de jurisdição, no contexto internacional. 154
5. A ordem jurídica brasileira e o afastamento da imunidade de jurisdição. 156
6. A ordem jurídica brasileira e a reafirmação da imunidade de jurisdição: os limites do acórdão Geny de Oliveira. 157
   6.1. A imunidade de jurisdição e a existência de norma convencional. 157
   6.2. A imunidade de jurisdição e a natureza dos atos praticados: os atos de império e os atos de gestão. 160
7. A imunidade de jurisdição e a Constituição da República. 163
8. A Imunidade de execução. 165
   8.1. A imunidade de execução face ao disposto nas convenções internacionais. 165
   8.2. A imunidade de execução face ao art. 100 da Constituição da República. 167
9. Outras questões processuais. 168
   9.1. O destinatário da ação judicial. 168
   9.2. A forma da citação do Estado estrangeiro 169
   9.3. A decretação de revelia do Estado estrangeiro. 170
   9.4. A competência processual e recursal para julgar os conflitos decorrentes das relações de trabalho entre o Estado estrangeiro e os seus empregados locais 170
10. Conclusão 172

Considerações sobre a fundamentalidade do direito previdenciário
Marcelo Leonardo Tavares
1. Introdução 173
2. Linhas básicas sobre o Regime Geral 175
3. O interesse social como equilíbrio entre o direito fundamental e a natureza securitária do sistema 176
4. Conclusão 182
5. Referências bibliográficas 182

O acesso à justiça no processo do trabalho
Carolina Tupinambá
1. Conteúdo mínimo da garantia de acesso à justiça 185
2. A evolução da compreensão do acesso à justiça. 191
3. O movimento de acesso à justiça no Brasil. 198
4. Restrições ao acesso à justiça. 200
5. Os custos do processo do trabalho como entrave à garantia de acesso à justiça. 204
   5.1. A absoluta ausência de critérios para a definição dos valores das causas 205
   5.2. A assistência jurídica e a concessão de gratuidade de justiça: possibilidades indefinidas e voltadas para um único pólo da ação. 209
   5.3. O custeio das perícias como fator de intimidação do acesso à justiça. 216
   5.4. ....O absurdo ônus financeiro recursal como fator de intimidação do acesso à justiça. 219
   5.5. ......O ônus financeiro do processo derivado de auto de infração como fator de intimidação do acesso à justiça. 226
   5.6. A exigência de depósito prévio para se discutir a execução como fator de intimidação do acesso à justiça. 230
   5.7. Síntese: o problema dos custos na lide trabalhista. 232
6. O *jus postulandi* como entrave à garantia de acesso à justiça. 233
7. Inexistência de Defensoria como entrave à garantia de acesso à justiça. 240
8. A desinformação das partes do Processo do Trabalho como entrave à garantia de acesso à justiça. 243

9. Os procedimentos especiais trabalhistas como entrave à garantia de acesso à justiça. 246

10. As regras da competência territorial em prejuízo do acesso à justiça. 248

11. A inexistência de garantia de emprego como o maior entrave do acesso à justiça por parte do trabalhador. 250

12. Conclusão. 252

13. Referências bibliográficas 253

A integridade física e psíquica do trabalhador: como reconstruir os requisitos das indenizações de penosidade, insalubridade e periculosidade para além de critérios econômicos

Raphaela Magnino Rosa Portilho
Ricardo José Leite de Sousa
Vítor Schettino Tresse

1. Introdução 257

2. Por um conceito de justiça em aristóteles e são tomás de aquino 260

3. Alain supiot: as tradições romana e germânica. O trabalho como objeto. O trabalhador como sujeito de direitos. 265

4. Karl Marx e a monetarização do risco na atividade do trabalhador. 273

5. Conclusão 281

6. Referências bibliográficas 283

Direito do trabalho e economia: por uma harmonização do direito

Juliana Martin de Sá Müller
Murilo Oliveira Souza

1. Introdução 285

2. A relação público – privado 287

3. A importância do equilíbrio proporcionado pela relação do direito público com o privado 293

4. Por uma visão geral do direito 298

5. Conclusão 307

6. Referências 308

A problemática da regulamentação da prostituição como profissão

Camilla de Oliveira Borges

1. Introdução 309

2. A prostituição como profissão 310

3. Conclusão 321
4. Referências 322

APRESENTAÇÃO DOS CO-AUTORES

Alexandre Assumpção Ferreira Alves - Doutor em Direito Civil pela Universidade do Estado do Rio de Janeiro Professor Associado da Universidade Federal do Rio de Janeiro e da Faculdade de Direito da UERJ.

Camilla de Oliveira Borges – Graduanda em Direito pela UERJ. Membro do Grupo de Pesquisa Trabalho, Capitalismo e Direitos Humanos Fundamentais do Programa de Pós-graduação em Direito da PPGDIR-UERJ.

Carolina Tupinambá – Doutora em Direito Processual Civil pela UERJ. Professora Adjunta de Processo do Trabalho da UERJ.

Eduardo Henrique Raymundo von Adamovich - Doutor em Direito (USP); Professor Adjunto do Departamento de Direito Comercial e do Trabalho da Faculdade de Direito da UERJ; Professor Permanente do PPGDIR- UERJ. Juiz do Trabalho.

Eduardo Ribeiro Moreira - Professor Adjunto III de Direito Constitucional da UFRJ. Doutor em direito Constitucional pela PUC-SP, pós-doutor pela Universidad Castilla La Mancha, visiting scholar pela Fordham e Livre Docente pela USP, Bolsista PQ nível 2 do CNPQ. Colaborador do Grupo de Pesquisa Trabalho, Capitalismo e Direitos Humanos Fundamentais do Programa de Pós-graduação em Direito da PPGDIR-UERJ.

Fábio Rodrigues Gomes – Mestre e Doutor em Direito Público pela Universidade do Estado do Rio de Janeiro - UERJ. Professor de Direito e Processo do Trabalho da Universidade Cândido Mendes – UCAM. Professor Substituto da UERJ. Juiz Titular da 41ª VT/RJ.

Ivan Simões Garcia - Mestre em Direito Constitucional (PUC-RJ) e Doutor em Direito do Trabalho (PUC-SP). Professor Adjunto de Direito do Trabalho da Universidade do Estado do Rio de Janeiro - UERJ e da Universidade Federal do Rio de Janeiro - UFRJ. Docente permanente do PPGDIR – UERJ. Advogado.

José Gabriel Assis de Almeida – Doutor em Direito pela Université Panthéon Assas – Paris II. Professor Adjunto da UERJ Universidade do Estado do Rio de Janeiro e da Universidade Federal do Estado do Rio de Janeiro - UNIRIO. Docente permanente do PPG-DIR – UERJ. Advogado.

Juliana Martin de Sá Müller - Mestranda em Direito pela UERJ, na linha Empresa, Trabalho e Propriedade Intelectual.

Marcelo Leonardo Tavares - Professor Adjunto de Direito Previdenciário da Faculdade de Direito da Universidade do Estado do Rio de Janeiro – UERJ. Doutor em Direito Público pela UERJ/Université Panthéon-Assas. Mestre em Direito pela UERJ. Professor. Juiz Federal.

Murilo Oliveira Souza - Mestrando em Direito pela UERJ, na linha Empresa, Trabalho e Propriedade Intelectual, Especialista em Direito e Processo do Trabalho pela Universidade Mackenzie. Membro do Grupo de Pesquisa Trabalho, Capitalismo e Direitos Humanos Fundamentais do Programa de Pós-graduação em Direito da PPG-DIR-UERJ.

Raphaela Magnino Rosa Portilho - Mestranda em Direito pela Universidade do Estado do Rio de Janeiro – PPGDIR/ UERJ, na linha Empresa, Trabalho e Propriedade Intelectual. Membro do Grupo de Pesquisa Trabalho, Capitalismo e Direitos Humanos Fundamentais.

Rodrigo Lychowski - Mestre em Direito da Cidade (UERJ). Professor Assistente de Direito do Trabalho da Universidade do Estado do Rio de Janeiro - UERJ, e Procurador Federal (Instituto de Pesquisas Jardim Botânico do Rio de Janeiro).

Ricardo José Leite de Sousa - Mestrando em Direito de Empresa, Trabalho e Propriedade Intelectual do Programa de Pós-graduação da Universidade do Estado do Rio de Janeiro – PPGDIR/ UERJ. Membro do Grupo de Pesquisa Trabalho, Capitalismo e Direitos Humanos Fundamentais. Advogado.

Vitor Schettino Tresse - Mestrando em direito na área Empresa, Trabalho e Propriedade Intelectual pela Universidade do Estado do Rio de Janeiro. Graduação em Direito pela Universidade Federal de Juiz de Fora.

Apresentação

Comemoramos no ano de 2013 a efeméride dos 25 anos da Constituição Federal e dos 70 anos da Consolidação das Leis do Trabalho, cumpre à academia a tarefa de refletir sobre como vem se desenvolvendo os direitos dos trabalhadores. Qual tem sido seu trajeto e como ele vem sendo aplicado pelos Tribunais através dos seus diversos institutos.

Diante de um país com graves problemas de materialização dos Direitos Sociais, constitui missão precípua de quem deve refletir sobre tais problemas, por em questão as causas desse déficit de efetividade no âmbito do Direito do Trabalho, projetando formas de superação desta lamentável situação.

Esse papel vem sendo assumido pelos professores e alunos do curso de Direito da Universidade do Estado do Rio de Janeiro, a UERJ, na graduação e na pós-graduação, além de professores de outras áreas desta instituição – concorrendo para a prática da interdisciplinaridade – ou mesmo professores de outras instituições de ensino superior que colaboram com as pesquisas desenvolvidas na UERJ.

Com a implementação da linha de pesquisa de *Empresa, Trabalho e Propriedade Intelectual*, vem sendo impulsionada de forma mais orgânica a pesquisa desenvolvida no ramo do Direito do Trabalho. Além das disciplinas do Programa voltadas exclusivamente para essa matéria, atualmente se desenvolvem dois grupos de pesquisa: um com objeto *A Reserva do Possível e a Construção dos Direitos dos Trabalhadores*, coordenado pelo Professor Eduardo Henrique Von Adamovich, e outro denominado *Trabalho, Capitalismo e Direitos Humanos Fundamentais*, sob nossa coordenação.

As investigações, embora apresentem objetos diferentes, trilham a senda da constitucionalização do Direito do Trabalho, sobretudo buscando na Constituição não apenas o seu fundamento de validade formal – mais óbvia e disseminada –, mas, principalmente, sua fundamentalidade material e axiológica (relativa a valores morais), lançando o desafio de um enfrentamento inevitável com a atribuição de um caráter normativo aos Direitos Fundamentais do

Trabalho a exigirem, para além de sua mera descrição positiva, a concretização efetiva.

Deste modo, o intercâmbio entre Direito Constitucional e Direito do Trabalho converge para a elevação dos direitos do trabalhador a um patamar de jusfundamentalidade, que pode ser simbolizada pelo *valor social do trabalho* como maneira peculiar de realizar a *dignidade da pessoa humana*.

Por conseguinte, o Direito do Trabalho deve ser inteira e constantemente relido e reinterpretado a partir do papel transformador dado pelos Direitos Fundamentais e pelo aprofundamento democrático como eixos de legitimação da ordem jurídica.

Eis o eixo temático que se desenvolve por toda a presente obra, que tem como objetivo levar para fora dos muros da Universidade suas reflexões e propostas. Assim, se busca transmitir aos profissionais do Direito um pouco das novas ideias que chegam mais rapidamente ao meio acadêmico.

O artigo *"O Direito do Trabalho nos 25 anos da Constituição: um balanço para superar ilusões e projetar sua práxis concretizadora"*, de nossa autoria, visa apresentar, de um lado, os efeitos teóricos suscitados pela elevação de diversas normas de proteção do trabalhador ao patamar de Direito Fundamental, e, de outro lado, a história dramática de obstáculos opostos à efetivação dos Direitos Fundamentais Sociais no mundo e particularmente no Brasil, especialmente os direitos dos trabalhadores no capitalismo contemporâneo.

Analisam-se os limites e possibilidades da normatividade constitucional no Direito do Trabalho, considerando o conjunto de transformações na dogmática jurídica e na teoria da interpretação trazidas pelo modelo de Estado Democrático de Direito e o neoconstitucionalismo.

Por sua vez, o artigo *"25 anos da Carta Magna de 1988: avanços e retrocessos aos direitos dos trabalhadores"*, de autoria do Professor Rodrigo Lychowski, também apresenta um balanço do Direito do Trabalho no período pós-constitucional de 1988, mas aprofunda sua análise no campo da dogmática jurídica, enfrentando de modo dialético os avanços e retrocessos do Direito do Trabalho nas normas da Constituição Federal.

De forma direta e esclarecedora o Professor Lychowski apresenta suas reflexões críticas sobre os principais direitos que representam um efetivo avanço na perspectiva dos trabalhadores e, por outro lado, aqueles que aparecem como um retrocesso sob o prisma dessa classe, devido à prevalência dos interesses patronais no texto constitucional.

No artigo *"As Liberdades dos Trabalhadores: novas e velhas questões sobre o trabalho"* o eminente Professor Eduardo Henrique Raymundo von Adamovich descreve de modo percuciente a trajetória da liberdade daqueles que sustentam as relações sociais de produção, através de seu trabalho. A profícua análise histórica passa pelos modos de produção escravista e feudal, se desdobrando no período de transição pré-capitalista, até culminar no papel central que ocupa a liberdade no sistema capitalista, implementado pelas revoluções liberais, mas consolidado no Estado Social com sua regulação levada a efeito pelo Direito do Trabalho, descrevendo também os contornos de sua crise contemporânea.

A partir daí o texto apresenta os principais conteúdos do direito de liberdade no contrato de trabalho e na dogmática juslaboral, à luz das conquistas trazidas pela Constituição de 1988, apresentando os limites e potencialidades de alguns de seus desdobramentos (liberdade de locomoção, direito de privacidade, liberdade de expressão e inviolabilidade de comunicação).

O Professor Fábio Rodrigues Gomes no brilhante texto *"Discriminação Racial no Contrato de Emprego"*, de forma corajosa enfrenta essa ferida aberta no peito da sociedade brasileira e analisa os efeitos arraigados na cultura brasileira dos quatro séculos de escravidão, que desembocam cotidianamente na discriminação haurida nos contratos de trabalho (admissão, controle, punições, demissão etc.), inobstante os obstáculos que se erguem da dogmática criada a partir do texto constitucional de 1988.

Ancorado em farta e elevada doutrina e amparado em bem pesquisada jurisprudência (nacional e comparada), o artigo apresenta judicioso estudo sobre os diversos desdobramentos possíveis da discriminação racial na relação de emprego, desde modos mais explícitos até modos mais camuflados, mas nem por isso menos destrutivos. Mas o artigo não se limita a descrever: valendo-se das mais atuais técnicas de interpretação neoconstitucional, convida o leitor a navegar em diversas propostas argumentativas para diferentes problemas, que servem como postulados de racionalidade inspiradores para a prática da ponderação e da proporcionalidade como justificação racional das decisões dos empregadores e do Poder Judiciário.

No artigo científico *"Controvérsias do Instituto da Cooperativa: por uma interpretação conforme o cooperativismo"* do Professor Alexandre Assumpção Ferreira Alves e do mestrando Vitor Schettino Tresse se apresenta análise das sociedades cooperativas sob o prisma do cooperativismo enquanto prática estimulada pela Constituição de 1988, detendo-se no esclarecimento de dois aspectos: as formas e processos de registro e a questão do vínculo empregatício dos sócios cooperativados com as sociedades cooperativas.

Para encontrar as respostas os autores baseiam-se no confronto da dogmática infraconstitucional e constitucional com os próprios princípios e na filosofia que escora o cooperativismo, rechaçando qualquer possibilidade de locupletamento pela fraude desse instituto.

De nossa autoria em conjunto com o Professor Eduardo Ribeiro Moreira, o artigo *"Judicialização e Justificação na Concretização dos Direitos Fundamentais Sociais"* inaugura a seção de textos mais voltados para a atuação do Judiciário trabalhista e das áreas afins aos Direitos Fundamentais Sociais.

No caso, este texto tem a finalidade de fazer um recorte abrangente nas teorias que servem de base aos direitos sociais. Partindo da afirmação de sua centralidade na Constituição se buscará demarcar os motivos que levaram ao debate da judicialização de tais direitos e uma crítica à postura ativista.

Sem a pretensão de oferecer resultados, a investigação se concentra no quadro filosófico e teórico que vem mais amiúde enfrentando as questões sobre direitos sociais e, posteriormente, buscar alternativas às propostas liberais e que se caracterizam por privilegiar restritivamente os direitos de liberdade. Com um olhar neomarxista pretende-se singelamente mostrar que existe melhor forma de justificar os direitos fundamentais sociais, sem fugir da nossa matriz constitucional.

Para o Professor Marcelo Leonardo Tavares, em seu artigo intitulado *"Considerações sobre a Fundamentalidade do Direito Previdenciário"*, o Direito Previdenciário tem hoje suficiente substrato de sistema normativo, científico e didático próprio capaz de regular as relações jurídicas dessa natureza securitária, bem como de desenvolver uma teoria consistente para a solução de seus problemas jurídicos. Os dois ramos do Direito que mais o influenciam, além do Constitucional, é o do Trabalho e o Administrativo.

Portanto, na interpretação das normas de Direito Previdenciário, deve-se encontrar o ponto de equilíbrio entre a aplicação de parâmetros próprios do Direito do Trabalho e do Direito Administrativo, o meio do caminho entre o interesse individual e o interesse público.

O Professor José Gabriel Assis de Almeida, no artigo *"As relações trabalhistas dos Estados estrangeiros face à ordem jurídica brasileira"*, mostra detalhada análise sobre os efeitos do vínculo empregatício de brasileiros com embaixadas, consulados e representações diplomáticas estrangeiras no Brasil, especialmente segundo a evolução jurisprudencial do Supremo Tribunal Federal.

O artigo lança contraponto em relação à possibilidade de tutela das cortes brasileiras diante da imunidade de jurisdição e de execução, argumento muito bem fundamentado ao longo do texto, não só na Constituição Federal de 1988 e nos tratados internacionais que lhe complementam, mas também em relevante doutrina e jurisprudência.

Na sequência, a Professora Carolina Tupinambá em seu artigo *"O Acesso à Justiça no Processo do Trabalho"* dá conta de promover uma verdadeira atualização teórica acerca deste princípio e o faz a partir da Constituição e do arcabouço doutrinário constitucional mais avançado, cunhado no Estado Social, que destaca a dimensão substancial e seus desdobramentos, limites e histórico de absorção no Brasil.

O texto então mergulha de forma rica e detalhada nos principais problemas da dogmática processual trabalhista e da prática do processo do trabalho, promovendo, com visão crítica, análise e prospecção dos principais entraves para o pleno desenvolvimento do instituto, como os custos do processo do trabalho, a capacidade postulatória da parte e a inexistência de garantia de emprego para os empregados que postulam judicialmente.

Os mestrandos da UERJ Raphaela Magnino Rosa Portilho, Ricardo José Leite de Sousa e Vítor Schettino Tresse apresentam no artigo *"A Integridade Física e Psíquica do Trabalhador: como reconstruir os requisitos das indenizações de penosidade, insalubridade e periculosidade para além de critérios econômicos"* uma concepção avançada que visa superar a monetarização da força do trabalho e, principalmente da saúde do trabalhador. A partir de um referencial teórico que se esquadrinha também no texto constitucional de 1988, os autores demonstram que esse sistema de monetarização somente beneficia os interesses do capital.

Escorando-se nas contribuições de Tomás de Aquino, Marx e Alain Supiot o texto se desdobra em análise detida de critérios para examinar o sentido de justiça do atual aparato normativo brasileiro, e afinal se encaminha para a construção de soluções propositivas para a questão.

Os também mestrandos da UERJ Juliana Martin de Sá Müller e Murilo Oliveira Souza, no artigo *"Direito do Trabalho e Economia: por uma harmonização do Direito reconhecem, a princípio,* contraditória a relação entre Direito do Trabalho e Direito Econômico, mas buscam aproximá-los por meio, dentre outro, de uma interpretação de unidade da Constituição e nos postulados do Estado Democrático de Direito.

Para tanto, é preciso superar o direito econômico dos reducionismos da análise econômica do direito que, enxergando os direitos trabalhistas apenas como custo, contribui para fragmentar a relação trabalhista e ampliar a exclusão dos trabalhadores.

Finalmente a aluna Camila de Oliveira Borges, pesquisadora do Grupo de Pesquisa Trabalho, Capitalismo e Direitos Humanos Fundamentais com seu artigo *"A Problemática da Regulamentação da Prostituição como Profissão"* visa descrever a crua realidade das prostitutas que acabam por não terem acesso a direitos trabalhistas embora, na prática, já tenham sua força de trabalho explorada por terceiros.

O artigo argumenta, com base em ponderação extraída de princípios e regras constitucionais, que, ao se infiltrarem nas regras infraconstitucionais, levam a possibilidade de interpretação que considere a jusfundamentalidade do Direito do Trabalho, se encaminhado para a regulamentação da profissão.

Gostaríamos de, ao ensejo, agradecer a todos os co-autores do livro, pelo esforço que tem promovido para o fortalecimento da área de Direito do Trabalho na UERJ, na certeza de que seus frutos serão brevemente colhidos em toda a comunidade jurídica, com a disseminação da excelência científica que marca esta Instituição, concorrendo para elevar a reflexão crítica no setor juslaboral, e contribuindo para a superação da inefetividade dos direitos dos trabalhadores.

Ivan Simões Garcia
Coordenador

O DIREITO DO TRABALHO NOS 25 ANOS DA CONSTITUIÇÃO: UM BALANÇO PARA SUPERAR ILUSÕES E PROJETAR SUA PRÁXIS

IVAN SIMÕES GARCIA[1]

1. INTRODUÇÃO

Rompendo com mais de vinte anos de regime autoritário, em 1º de fevereiro de 1987 instaurou-se no Brasil a Assembleia Nacional Constituinte, afinal encerrada em 5 de outubro de 1988 com a promulgação do novo texto constitucional.

Todas as forças políticas e sociais minimamente organizadas impuseram sua participação. A coadunação de tão múltiplos interesses resultou numa Constituição analítica[2], muitas vezes anunciando as contradições políticas entre os diversos grupos sociais e classes brasileiras.

A enxurrada de emendas populares[3] prenunciou uma rara participação democrática e popular, mas foi neutralizada pelas forças conservadoras que controlavam o processo de transição pelo alto.

---

1   Professor Adjunto de Direito do Trabalho da UERJ e da UFRJ. Docente permanente do PPGDIR – UERJ.

2   Muitos autores criticam a Constituição por seu caráter prolixo decorrer da consecução de interesses cartoriais e clientelistas dos grupos de pressão, tão à moda de um Estado patrimonial, fisiológico e clientelista como o brasileiro. De fato isso ocorreu, mas não se pode reduzir o fenômeno de participação popular dos movimentos sociais no processo constituinte a esse caráter secular de nossa organização política. Muito da prolixidade do texto de deveu a uma saída salomônica para tentar superar confronto entre forças sociais contraditórias no limiar da redemocratização.

3   Das mais de 120 emendas populares – para cada qual se exigia 30 mil assinaturas – 80 delas foram aproveitadas no texto constitucional, revelando participação expressiva da população brasileira, que obviamente confrontou o projeto de Constituição dos setores conservadores.

Tais forças foram predominantes na segunda fase do processo constituinte, e, apelidadas de "centrão" impediram a aceleração de reformas sociais políticas e econômicas mais profundas[4].

O resultado foi mais uma Constituição que cumpria o papel de assegurar e proteger os interesses do capital, mas que, de maneira inédita, inseria em seu texto um viés discursivo mais consistente acerca de direitos – agora denominados fundamentais – das populações mais pobres, permitindo ser classificada como compromissória e dirigente, confrontando tanto as arbitrariedades seculares de um sistema autoritário plasmado num estado patrimonial onde promiscuamente se entrelaçam o público e o privado (configurando uma nova Administração Pública e um novo sistema político partidário), quanto um sistema socioeconômico elitista e excludente, reprodutor da miséria e denegatório do acesso a bens da vida fundamentais.

No entanto, depois de 25 anos, feito um balanço da trajetória é possível indagar: Por que ainda apostar na Constituição como instrumento de realização do Direito do Trabalho[5]? Quais seus limites e possibilidades?

Para responder indagações desta natureza é preciso salientar, antes de tudo, como premissa científico-metodológica a compreen-

---

4   Numa primeira etapa do processo constituinte os setores populares conquistaram grandes avanços a partir das emendas populares e da elaboração do Regimento Interno da Assembleia Constituinte, que descentralizou o procedimento de atuação dos parlamentares constituintes permeado pela participação popular nas audiências públicas, e que se desdobra no primeiro Projeto da Comissão de Sistematização. Porém, numa segunda etapa, as forças conservadoras, insatisfeitas com as regras impostas pelo regimento - que dificultavam alterações efetuadas pela Comissão de Sistematização – organizaram-se no chamado Centro Democrático, o "Centrão" (congregando PMDB, PFL, PTB, PDS e partidos menores), conseguindo ampla maioria, e alterando, em janeiro de 1988, o Regimento e revertendo ou esvaziando as conquistas através de emendas feitas no Plenário. Por todos, veja-se BONAVIDES, Paulo. ANDRADE, Paes de. *História constitucional do Brasil*, Rio de Janeiro: Paz e Terra, 1991, p. 449 e ss. PILATTI, Adriano. *A Constituinte de 1987-1988: Progressistas, conservadores, Ordem Econômica e regras do jogo*. Rio de Janeiro: Lumen Juris, 2008 e CERQUEIRA, Marcelo. *A Constituição na História*, 2ª ed., Rio de Janeiro: Revan, 2006.

5   Ainda no âmbito das premissas metodológicas é preciso afirmar que o Direito do Trabalho é, eminente e necessariamente, a formulação jurídica fulcral que garante a apropriação privada dos meios de produção e a produção e reprodução do capital. Nesse sentido, o Direito do Trabalho é Direito do Capital, sem embargo possa, em alguns pontos contingentes, refletir os interesses obreiros resultantes da pressão e da luta dos trabalhadores organizados. Nesse sentido tenta se superar toda e qualquer visão fetichista do Estado que o considere um mediador externo e que paira por sobre o conflito de classes. A esse respeito, veja-se por todos LYRA FILHO, Roberto. Direito do Capital e Direito do Trabalho. Porto Alegre: Sergio Antonio Fabris Editor, 1982.

são de que a Constituição (e o Estado) não se sustenta num determinado conjunto de ideias, pairando no ar, por sobre a sociedade. Embora esse conjunto de ideias concorra para a sua configuração contingente, dinâmica, processual e histórica, o que verdadeiramente lastreia a Constituição (e o Estado) é o conjunto dinâmico das estruturas sociais concretas.

Com efeito, a Constituição numa determinada sociedade capitalista decorre de certas demandas de organização política e jurídica dessa mesma sociedade histórica, seus grupos e classes. Assim, os problemas da Constituição brasileira de 1988 constituem reflexos das contradições, crises e conflitos no interior da própria sociedade capitalista.

Sem essa clareza a frustração diante dos golpes contra o modelo institucional trazido pela Constituição e contra os direitos fundamentais nela estabelecidos pela "máquina de moer gente" sustentada pelas elites brasileiras, seriam insuportáveis ao jurista.

Contudo, se o jurista se dá conta de que o Direito não encontra seu fundamento em si mesmo, mas nas relações sociais de reprodução material do gênero (e do indivíduo) humano, percebe que é esse movimento que dá inteligência às formas culturais devendo investiga-lo constantemente.

2. A constituição de 1988 enquanto filha do neoconstitucionalismo

No plano das ideias, o pensamento jurídico-político da burguesia vem apresentando desde o século XVIII fabulosas criações que permitem inserir no direito sua proposta iluminista de indivíduos livres e iguais.

A proposta do movimento denominado constitucionalismo legou à organização jurídica e política dos Estados definitivamente conquistados pelas burguesias europeias no século XIX a ideia de limitação de quem quer que exerça o poder, submetendo-o ao "império da Lei". Tendo retido as lições da experiência absolutista e os obstáculos criados à expansão de seu sentido acumulador de capital, a "Lei" imposta pela burguesia tratou de fragmentar a atividade do poder, sobretudo separando suas funções destinadas a distintos órgãos e criando uma esfera de direitos que impedissem a atuação do Estado frente ao indivíduo e suas liberdades fundamentais.

Essa primeira conformação do constitucionalismo sofreu uma intensa reforma no século XX, superando o modelo estritamente liberal, por meio da incorporação de direitos sociais, trazendo para o bojo das Constituições, dentre outros, o Direito do Trabalho[6] – ao menos sob o aspecto formal, já que sua efetividade (eficácia social) restou adiada para um futuro incerto, como uma promessa difícil de ser realizada imediatamente.

O Constitucionalismo atualmente vigente, haurido do segundo pós-guerra, surge com o desiderato de relegitimar a ordem jurídica, reaproximando o Direito da Moral e redimensionando a interação entre o Direito e a Política. Isso cria uma "mais-valia" significativa para os Direitos Fundamentais Sociais, que passam a gozar de superioridade não só formal, mas também substancial, ou seja, passam a ser concebidos desde a perspectiva de sua concretização na vida dos cidadãos.

A superioridade axiológica (valorativa) dos Direitos Fundamentais Sociais eleva boa parte dos direitos do trabalhador para um status diferenciado que exige sua pronta efetivação, seja pela atuação dos poderes públicos (a concepção e execução de políticas públicas), seja pela interpretação do direito infraconstitucional e pelas decisões judiciais dos casos concretos.

Para cumprir tais funções primordiais o neoconstitucionalismo estabelece o modelo teórico do Estado Democrático de Direito, também chamado de Estado Constitucional, que por sua vez se encontra alicerçado em dois pés: (i) A concretização dos Direitos Fundamentais, em sua expressão mais ampla possível, em todas as gerações e dimensões que se podem concebê-los; (ii) O aprofundamento democrático institucional, segundo o qual todo e qualquer exercente (dentro e fora da esfera do Estado) de poder reconhecido pela ordem jurídica, na verdade somente o exerce enquanto delegatário do único titular soberano do poder: o povo. Isso significa que a Constitui-

---

6   *"Com a derrota dos regimes capitalistas autoritários na Europa, a partir de 1946, surgirá um novo tipo de intervencionismo estatal, consistente no 'Estado Provedor', fundado no 'compromisso com o bem-estar social' e contemporâneo de dois outros tipos: o intervencionismo bélico-assistencial, implantado nos EUA (...), fundado em um 'compromisso fordista' sofisticado pelo keynesianismo; e o intervencionismo corporativista, próprio da periferia capitalista (...). O Direito Capitalista do Trabalho, desde então, se constituirá em uma das maneiras pelas quais o intervencionismo estatal se manifesta, regulando a relação entre as classes sociais em permanente antagonismo, visando 'pacificar' a relação entre elas para preservar o modo de produção."* In: RAMOS FILHO, Wilson. *Direito Capitalista do Trabalho: História, Mitos e Perspectivas no Brasil.* São Paulo: LTr, 2012, p.91.

ção impõe limites à atuação das pessoas físicas e jurídicas, públicas ou privadas que exercem poder, através da exigência de justificação racional para sua atuação, demonstradamente respeitosa dos Direitos Fundamentais e da Constituição, permitindo que suas ações submetam-se ao debate público e institucional (inclusive judicial).

A Constituição, nesse sentido, é o dínamo que deveria realizar essas promessas da modernidade; cumprindo tarefa transformadora que horizontaliza os Direitos Fundamentais, especialmente os Sociais, também nas relações entre particulares.

Essa mudança paradigmática exige um novo quadro teórico, que a doutrina mais atual afirma estar calcada nos princípios, cujo conteúdo não mais veicularia meras abstrações metafísicas (de matriz jusnaturalista), mas seria o estuário de uma moralidade prática, compartilhada num dado momento histórico e num dado lugar. A invasão que a Constituição promove (sobre a ordem jurídica) por meio dos princípios permitiu atirar para dentro da Constituição os conflitos sociais.

Para lidar com essa normatividade banhada em moral e política, o novo quadro teórico põe os juristas diante de um aparato de interpretação e aplicação, no qual o papel do intérprete é explicitar o itinerário de racionalidade percorrido. Enquanto exercente de poder (aqui o poder jurisdicional do juiz, mas que igualmente vincula o governador, o empregador etc.), deve exteriorizar, argumentativamente, o que sustenta sua decisão.

Exige-se, pois a argumentação racional para que se diminua a discricionariedade do exercente de poder legal, para que esta justificação racional consiga a adesão e o consenso dos demais operadores e da população em geral ou permita o dissenso num debate argumentativo qualificado[7].

---

7   Por mais diversificado que seja o quadro teórico do neoconstitucionalismo, percebe-se clara a influência de Immanuel Kant. Nesse caso, a forma como se resgata o debate público recebe evidente inspiração do "uso público da razão" de Kant, segundo o qual o esclarecimento consiste numa forma de o ser humano emancipar-se, saindo da condição de tutelado/manipulado ('menoridade"), encontrando elevação humana individual rumo a conquista do uso autônomo da própria razão. Isso se dá através do debate público (uso público da razão) como expressão da liberdade (pressuposto para ação). O indivíduo deve ir ao encontro da discussão (travada entre homens livres e iguais), da qual nasce o conhecimento libertador. Cf. KANT, Immanuel, *Resposta à pergunta: o que é o iluminismo*, in *A paz perpétua e outros opúsculos*, Lisboa: Edições 70, 1990.

3. As venturas e desventuras do direito do trabalho em tempos de neoliberalismo e reestruturação produtiva

Todo esse aparato teórico que vem se desenvolvendo no Direito na virada do século XX para o século XXI se coloca como reflexo da esfera cultural em contradição com o contexto das transformações havidas no modo de reprodução social desse período.

De um lado, se fazem sentir os efeitos do salto no desenvolvimento das forças produtivas, no impressionante processo de inovação tecnológica na produção, tais como a informática, a telemática e a robótica.

De outro lado, a experiência do acirramento das crises do modo de produção capitalista, que tornam a ampliar sua frequência e profundidade a partir da segunda metade da década de 1970, levando a uma queda na capacidade sistêmica de acumulação de capital[8].

Como resposta à crise estrutural, o processo de adaptação do capital apresenta duas formas de expressão fenomênica, buscando novos padrões de dominação: A reestruturação produtiva através do modelo de acumulação flexível e o aparato ideológico neoliberal.

A ideologia neoliberal sustenta o esvaziamento das funções do Estado keynesiano[9], apontando para a neutralidade absenteísta

---

8   Declinando a tendência dos altos níveis alcançados nos 30 anos do pós-segunda guerra, período designado de "Era de Ouro" do capitalismo, apogeu do fordismo e do keynesianismo, os traços mais evidentes da crise nos países do capitalismo central foram: (1) queda da taxa de lucro pelo aumento do preço da força de trabalho conquistado pelas lutas dos movimentos sociais e sindicais desde o pós-45, mas particularmente nos anos 60; (2) esgotamento do padrão de produção fordista-taylorista, tanto pela incapacidade crescente de reabsorção de mão de obra (dadas as transformações tecnológicas), quanto pela falta de resposta à retração do consumo (decorrente do desemprego estrutural que se iniciava a partir dos anos 70); (3) hipertrofia da esfera financeira, especialmente especulativa, como consequência da incapacidade dos setores produtivos de proporcionarem taxa de lucro desejada; (4) aceleração dos movimentos de concentração de capitais, através de fusões e incorporações de empresas monopolistas e oligopolistas; (5) necessidade de retração dos gastos públicos e disfunção dos mecanismos do Estado de bem-estar social diante do financiamento do capital privado; (6) Tendência generalizada de redução do Estado com as privatizações, desregulamentações e flexibilizações do processo produtivo e da compra da força de trabalho. Cf. ANTUNES, Ricardo. *Os sentidos do Trabalho: ensaio sobre a afirmação e a negação do trabalho*. São Paulo: Boitempo, 2009, pp. 31-32.

9   A partir da década de 70 do século XX o modelo do *Welfar State* entrou em crise. O fenômeno da "estagflação" pôs em causa o quadro teórico do keynesianismo. Os monetaristas aproveitaram a ocasião para lançar um ataque feroz ao Estado intervencionista (Estado-

da política econômica, inspirado pela teologia da concorrência, pelo serviço ao deus-mercado que jogam na privatização os serviços públicos, após serem generalizados e transformados em necessidades básicas atendidas pelo "Estado de Bem-estar Social"[10].

O neoliberalismo também preconizava a redução dos chamados "custos sociais" do desenvolvimento, promovendo intensa campanha de desregulamentação não só da atuação do Estado na economia, mas da supressão de Direitos Sociais, como os grandes vilões responsáveis pela crise.

Consolidou-se o neoliberalismo como ideologia dominante sobretudo com a subida ao poder dos governos de Margaret Tatcher no Reino Unido (1979-1990), de Ronald Reagan nos EUA (1981-1989) e de Helmut Köhl na Alemanha (1982-1998).

Portanto, esse período caracterizou-se pela ofensiva generalizada do capital contra as classes trabalhadoras. De um lado a desregulamentação de seus direitos e condições de trabalho. De outro, a utilização cada vez mais disseminada de novas técnicas de gerenciamento da força de trabalho.

No plano fenomênico, gradativamente foram sendo substituídos os métodos da produção fordista-taylorista[11] por outros novos

---

-empresário e Estado-providência), acusando o keynesianismo de todos os males do mundo, nomeadamente a inflação e o desemprego, e camuflando o fato de que na verdade os mecanismos anti-crises cíclicas não impediram a expansão do capitalismo monopolista, e com ela a contradição fundamental entre o desenvolvimento das forças produtivas e as relações de produção concentradoras e excludentes – o que se manifesta da crise de superprodução e subconsumo. Veja-se por todos NUNES, Antonio José Avelãs. *O Keynesianismo e a Contra-revolução Monetarista.* Coimbra: Coimbra, 1991.

10 Impondo às empresas privadas o fornecimento dos serviços públicos, houve a necessidade de salvaguardar o interesse público. Porém, o preconceito ideológico (ou puro oportunismo) de que o Estado não só é incapaz de administrar o setor público da economia, mas também de exercer esta função reguladora, fez com que o neoliberalismo confiasse essa missão às entidades reguladoras "independentes".

11 Produção realizada em grandes unidades fabris (açambarcando quase todas as etapas do processo de produção e circulação de mercadorias), em série, voltada para o consumo em massa. No interior das fábricas, a organização dos trabalhadores era verticalizada, atuando de forma fragmentada, repetitiva, baixissimamente qualificada, cadenciada pelo ritmo do cronômetro taylorista, desantropomorfizava o trabalhador, convertendo-o numa peça de extensão da maquinaria. Após a segunda guerra, erigiu-se paralelamente ao sistema fordista o aparato de "compromisso" social mediado pelo Estado reformista, regulando direitos do trabalhador e institucionalizando seus conflitos com o capital.

padrões de produção e circulação do capital designados de modelo de acumulação flexível, toyotista (modelo japonês) ou pós-fordista[12].

Dentre as inúmeras transformações impulsionadas pela crise (intensificando a concorrência intercapitalista das empresas monopolistas) e pelo processo de inovação tecnológica, elenca-se o enxugamento das unidades produtivas (*dowsizing*), que cada vez mais prescinde de mão de obra (substituída pela mecanização) e que se reorganiza para uma produção, concentrada em poucas etapas (especializadas e qualificadas[13]) do processo produtivo (delegando a terceiros as demais etapas), com baixos estoques ("costumizando" o consumo em nichos de mercado), vinculando a produção à demanda (técnica do "just in time").

A gestão da mão de obra aparece de forma mais horizontalizada, demandando um trabalhador mais qualificado, participativo, polivalente e multifuncional. Na verdade as novas técnicas de *team work* (trabalho em equipe, células de produção e grupos semiautônomos), embora requeiram o "envolvimento participativo", a "pró-atividade" do trabalhador, na verdade exige não mais qualificação, mas habilidades cognitivas e comportamentais[14] que intensificam a exploração da força de trabalho[15].

A reengenharia toyotista, tal como vem sendo disseminada, promove o enxugamento das unidades produtivas também através da absorção das tarefas de acompanhamento, inspeção de qualidade, supervisão e até mesmo controle e fiscalização (trabalho improdutivo que não gera mais-valor) pelas tarefas tradicionais de execução (trabalho produtivo). Isso leva à procura de um empregado cuja qualificação e competência se traduza verdadeiramente num perfil

---

12 Na prática o que se tem percebido é a articulação de um conjunto de elementos de continuidade e de descontinuidade que acabam por conformar algo distinto do antigo modelo fordista.

13 O desenvolvimento dos processos de "qualidade total" consiste no invólucro aparente e supérfluo de um mecanismo destrutivo do capital baseado na taxa decrescente do valor de uso das mercadorias visando aumentar a velocidade do circuito produtivo (dos valores de troca) e da circulação de mercadorias (consumo). Desse modo, reduz-se drasticamente o tempo de vida útil dos produtos (real ou imaginariamente), determinando o desperdício e a destrutividade ambiental.

14 Ver por todos ALVES, Giovanni. *Dimensões da Reestruturação Produtiva: Ensaios de sociologia do trabalho*, 2ª ed., Londrina: Ed. Praxis, 2007.

15 O processo de redução ao mínimo de trabalho vivo (trabalhadores) em detrimento da intensificação do trabalho morto (maquinaria), apelidado de *liofilização* organizacional que consiste em ampliar a alienação e coisificação do trabalhador.

de trabalhador que transpareça para o empregador a confiabilidade necessária para disponibilizar sua subjetividade ao capital[16].

No Brasil[17], todo o avanço dos Direitos Fundamentais Sociais do Trabalho, que os setores conservadores não conseguiram impedir no processo constituinte, terminou sendo freado no contexto gerado com a vaga neoliberal nos anos 90.

Os governos Fernando Henrique Cardoso (1994-2002) produziram 34 Emendas Constitucionais que transfiguraram o perfil institucional do Estado brasileiro, redimensionando a ordem econômica de modo a adequar a Constituição ao projeto do grupo político circunstancialmente no poder, ajustando a ordem constitucional aos ajustes determinados pelos setores do capital.

Ainda assim, no fundamental para o modelo neoconstitucional – a carta de Direitos Fundamentais e a estrutura democrática, política e social – se manteve viva, exceto na questão previdenciária, onerando muito mais o trabalho do que o capital na sustentação desses direitos.

No entanto, os Direitos Sociais de uma maneira geral vem experimentando uma silenciosa reação conservadora de matriz neoliberal, que visa esvaziar ou sonegar seu conteúdo anti-sistêmico e sua concretização mais abrangente.

De uma parte, tal objetivo é refletido por uma ideologia jurídica que sustenta a legitimidade desses direitos numa concepção de "mínimo existencial", reduzindo, antecipadamente, a um parâmetro limitador – que são os direitos de liberdade individual (burguesa) –, as necessidades concretas do povo (que precisam ser reconhecidas

---

16 Essa captura da subjetividade se retira do modelo de empresa-família – o *zaibatsu* japonês – no qual o trabalhador empresta suas ideias para melhorar a produção, mas que se desdobra numa adesão total aos fins empresariais, suplantando os interesses, individuais e de classe, do trabalhador. Além disso, a nova tecnologia enseja essa captura da subjetividade sem nenhuma fronteira espaço-temporal (evanesce o "tempo fora do trabalho"). A qualquer momento o trabalhador é retirado (muitas vezes por sua própria iniciativa) de sua vida privada para executar tarefas de trabalho.

17 Para o Brasil, assim como para os demais países do Terceiro Mundo, o processo de reorganização do capital não comportava outro papel que não a incorporação de forma subordinada na divisão internacional do trabalho, relegando-se para eles uma posição subalterna na produção em rede, desterritorializada, pós-fordista, na qual estes países fazem um leilão de suas salvaguardas sociais e econômicas para obterem o afluxo de unidades produtivas transnacionais (plataforma de produção) ou de investimentos do capital especulativo (remunerado com generosos juros). Além disso, o desmonte furioso da parca estrutura regulatória social (já que jamais se pode experimentar dos benefícios do Estado de bem-estar Social) tem revelado uma verdadeira tragédia humana de exclusão.

por ele mesmo para que se forje a consciência de classe e a práxis da luta para suprir essas necessidades), resultando num modelo incompatível, portanto, com a realidade periférica do capitalismo e com o próprio aprofundamento democrático exigido pelo modelo neoconstitucional.

Essa cunha ideológica se desdobra numa série de outras categorias (v.g. a "reserva do possível", dentre outras) que determinarão a atuação legiferante do Poder Legislativo e interpretativa do Poder Judiciário – de todo modo legitimando a ideologia neoliberal.

De outra parte, a reação conservadora se faz presente no mundo jurídico por meio da velha dogmática liberal-positivista, na qual os juízes e demais agentes do direito vem sendo adestrados há gerações, tornando o Judiciário um estuário do pensamento conservador pela formação de um sentido ou senso comum teórico eminentemente tecnicista.

3.1. As transformações no direito material do trabalho

A Constituição de 1988 renovou a dogmática trabalhista, qualificando os direitos do trabalhador com o status axiológico superior de Direitos Fundamentais. Revalidou muitos direitos já existentes na legislação infraconstitucional, ampliando sua incidência e acrescentou outros tantos, de eficácia imediata ou eficácia sonegada por uma concepção ainda positivista-individualista dos seus intérpretes.

Mais recentemente, a vaga neoliberal arremessou o Direito do Trabalho para uma crescente crise de efetividade, fazendo com que paulatinamente venha perdendo sua legitimidade social.

E pior, o descumprimento de direitos trabalhistas vem sendo justificado retoricamente pelo suposto enrijecimento do excessivo rol de direitos trazidos pela Constituição que tornariam desmedidos os custos com a mão-de-obra, entravando a produção.

Assim, embora muitas das regras de Direito do Trabalho encontrem seu fundamento renovado na Constituição, nem por isso alcançamos a "constitucionalização" do Direito do Trabalho.

Constitucionalizar o Direito do Trabalho não se trata de mero recurso dogmático ao texto constitucional, isso, há muito se vem fazendo (supremacia formal), mas sim de encontrar nova base de legitimidade (moral e política) do Direito do Trabalho, como condição de possibilidade de superar a crise de efetividade que sofre, e, finalmente, resgatar as promessas da modernidade[18] realentadas pela Constituição de 1988.

Com efeito, antes de entrarmos propriamente nos direitos trabalhistas, ressalta-se que o maior "ganho" que o Direito do Trabalho teve com a Constituição foi sua afirmação de jusfundamentalidade. Isso provê a ele o instrumental hermenêutico e concretizador apresentado pelo novo quadro teórico neoconstitucional.

"Os direitos fundamentais – de modo particular os sociais – não constituem mero capricho, privilégio ou liberalidade (...) mas sim premente necessidade, já que sua desconsideração e ausência de implementação fere de morte os mais elementares valores da vida e da dignidade da pessoa humana, em todas as suas manifestações"[19]

Destacamos da teoria dos Direitos Fundamentais as dimensões subjetiva[20] (plasmada na possibilidade de tutela jurídica) e objetiva[21] (que conduz toda a interpretação por meio de uma ordem objetiva de valores), e que formam o conteúdo dos Direitos Fundamentais, voltado para sua concretização.

---

18 Não se está com isso a superdimensionar o papel do Direito (e do Judiciário) na transformação social emancipatória do homem. A transformação social só pode ser feita por meio da luta política levada a cabo pela participação popular. Ao Direito, reserva-se o diminuto de substrato ideológico que emula o processo político e, ao mesmo tempo, reflete suas orientações. Mas, num cenário de pós-positivismo, o Direito, neste restrito papel, pode fazer avançar a entrega real de garantias e prestações definidas como Direitos Fundamentais, o que, por sua vez impulsiona a construção de sujeitos individuais e coletivos mais aptos a realizar a própria democracia, e, por conseguinte, caminhar rumo a sua emancipação. Assim, com LÊNIO STRECK, reafirmamos que não se quer substituir o espaço de atuação política pela atuação judicial ("ativismo judicial"), mas no contexto de uma sociedade onde as maiorias populacionais são reduzidas a minorias parlamentares, não se pode desconhecer os recursos jurídicos que lhe são disponíveis para conquistar mais democracia, ao mesmo tempo, numa sociedade de organização associativa incipiente (pela eterna repressão), não se pode recusar os lugares institucionais para a reconstituição do tecido social. In: *Hermenêutica Jurídica e(m) Crise*, 2003, pp.38-51.

19 SARLET, Ingo W. *A eficácia dos Direitos Fundamentais*. Porto Alegre: Livraria do Advogado, 2006, p. 380.

20 Ver GOMES, Fábio Rodrigues. *O Direito Fundamental ao Trabalho: perspectivas histórica, filosófica e dogmático-analítica*. Rio de Janeiro: Lumen Juris, 2008.

21 Veja-se, por todos SARLET, Ingo W. *A Eficácia dos Direitos Fundamentais*, 3ª ed., Porto Alegre: Livraria do Advogado, 2003, pp.146-160 e SARMENTO, Daniel. *Dimensão Objetiva dos direitos fundamentais: Fragmentos de uma teoria*. In: TORRES, Ricardo Lobo et al. *Arquivos de Direitos Humanos* vol. IV, 2003, pp. 63-102.

A dimensão subjetiva desvela primeiramente que o titular do direito fundamental do trabalho é sempre a pessoa humana[22], para quem o texto constitucional reserva existência digna – o que só pode ser concebido como interface entre o ser singular (indivíduo) e o ser genérico (coletivo) da humanidade[23].

Inserido ou não na relação empregatícia, aqui se destaca o interesse social de proteger a pessoa humana, como se evidencia na liberdade de escolha de profissão (artigo 5º, inciso XIII, da Constituição Federal), no direito ao trabalho (artigo 6º e artigo 7º, inciso I, da Constituição Federal), no direito a um salário mínimo que atenda suas necessidades vitais básicas (artigo 7º, incisos IV, V, VI, VII e X, da Constituição Federal), na limitação da duração do trabalho (artigo 7º, XIII a XVII, da Constituição Federal), na proteção da mulher, anti-discriminatórios e proteção do menor (artigo 7º, respectivamente, inciso XX, incisos XXX a XXXII e XXXIV, e inciso XXXIII, da Constituição Federal), nos dispositivos de saúde e segurança do trabalhador, *rectius* ser humano (artigo 7º, incisos XXII, XXIII e XXVIII, da Constituição federal), assim como no direito de liberdade de associação profissional (artigo 8º, da Constituição Federal) e no direito de greve (artigo 9º, da Constituição Federal).

De outro lado, e de modo mais relevante, a dimensão objetiva qualifica a maneira como se dará essa tutela judicial, como também norteia toda sua interpretação e aplicação, por meio de uma ordem objetiva e normativa de valores subjacentes ao texto constitucional, mas que irradiam-se capilarizadamente por todo o sistema jurídico, inclusive em relações entre particulares, como no caso do Direito do Trabalho.

Cumpre explicitar que a dimensão objetiva dos direitos fundamentais apresenta dois desdobramentos: (a) Eficácia Irradiante e (b) dever de proteção.

---

22 Todo o ramo justrabalhista, e, especialmente sua seção de Direito Individual do Trabalho passa a ser revista orbitando o núcleo axiológico da dignidade humana no ambiente de trabalho, vale dizer, valorização social do trabalho (art. 1º, incisos III e IV, CRFB/88) como princípio basilar e central da República brasileira, mas também da ordem econômica e social, renovando o fundamento de validade e legitimidade do Direito do Trabalho.

23 Justamente por dizerem respeito à pessoa humana esses direitos são conjugados a partir da forma humana elementar de agregação social – o trabalho – enquanto atividade de intercâmbio entre homem e natureza com vistas a reproduzir a vida material. Se tal atividade somente se concebe em coletividade, obviamente que devem traduzir-se na proteção jurídica de interesses coletivos, setoriais e, sobretudo, sociais.

A eficácia irradiante dos direitos fundamentais se vale de inúmeros instrumentos que concretizam a filtragem constitucional (ler o direito infraconstitucional com as lentes fornecidas pela Constituição), como, por exemplo:

a Interpretação Conforme a Constituição;

a Eficácia Vertical dos Direitos Fundamentais, nas relações jurídicas concretas com o Poder Público, vinculado que é este aos direitos fundamentais, o indivíduo pode opô-los em face da atuação do Estado;

a Eficácia Horizontal Indireta penetração do sentido dos direitos fundamentais na interpretação do direito infraconstitucional, sobretudo diante do sentido amplo das cláusulas gerais, tais como os princípios setoriais e os conceitos jurídicos indeterminados;

a Eficácia Horizontal Direta direitos fundamentais pautam diretamente as relações jurídicas entre particulares, mesmo sem regulação infraconstitucional intermediadora da norma Constitucional.

Já em relação aos deveres de proteção dos direitos fundamentais por parte do Estado, se concebem mecanismos de defesa, por meio de providências normativas, administrativas ou materiais contra ameaça de lesão ou lesão de direitos subjetivos fundamentais ocasionadas por ato do próprio Estado ou por ação de terceiro (particular).

Advirta-se com DANIEL SARMENTO que

> *"Na filtragem constitucional do ordenamento, não se confere proteção reforçada a trivialidades. Em regra, as normas que são irradiadas para os diversos ramos do Direito, impondo a releitura dos seus conceitos e institutos, são os direitos fundamentais e os princípios constitucionais mais gerais – dignidade da pessoa humana, solidariedade social etc. – e não as regras detalhistas e minuciosas, cuja abundância no texto constitucional vimos criticar. (...) o que aqui se constitucionaliza são princípios e valores fundamentais (...), e não banalidades e decisões conjunturais que, por circunstância do processo político, acabaram imerecidamente alçadas ao texto maior."* [24]

Com efeito, a Constitucionalização do Direito do Trabalho se concretiza, também, por meio da eficácia irradiante dos Direitos Fundamentais e dos Deveres de proteção que o Estado tem sobre

---

24 In: *Ubiqüidade Constitucional: Os dois lados da moeda*. Revista de Direito do Estado – RDE, ano 1, n°2, abril/junho, Rio de Janeiro:Renovar, 2006, p. 104.

tais direitos, mesmo se as relações trabalhistas são entendidas como haurida entre particulares.

Significa que o destinatário das normas trabalhistas jusfundamentais não é apenas o Estado, mas também os particulares a quem se dirige a obrigação jurídica: os empregadores.

Isso redimensiona o poder jurídico dos empregadores (v.g. no direito de comandar, controlar e supervisionar o trabalhador; o direito de puni-lo; o direito de alterar os contratos; o direito de dispensar imotivadamente) que deve ser plasmado em decisões justificadas explicitamente (atendendo ao imperativo democrático) e estritamente respeitosas dos Direitos Fundamentais do trabalhador, eventualmente contrapostos, sob pena de, caso ameaçados, lesados ou insuficientemente garantidos, poder-se recorrer à proteção estatal.

O empregado passa a ver redimensionada a proteção com o status da dimensão objetiva dos Direitos Fundamentais. Violar direitos fundamentais do empregado não significa apenas atacar o indivíduo titular desse direito, senão também todo o grupo de indivíduos que compõem a sua classe social, e, em última análise, todos os indivíduos da sociedade que se equiparam em sua condição humana.

Dado que o poder concedido pela ordem jurídica ao empregador deve submeter-se aos deveres de proteção dos direitos fundamentais, exige-se que seu exercício passe sempre pelo teste argumentativo da proporcionalidade, cujo exame impõe-se ao Judiciário trabalhista como dever de sindicar (vinculação do Poder Judiciário aos Direitos Fundamentais), como veremos a seguir.

3.2. A POSTURA DO JUDICIÁRIO EM RELAÇÃO AOS DIREITOS DO TRABALHADOR

Na passagem da década de 1970 para a década de 1980 o processo de purificação ultraconservadora do Judiciário começou a enfrentar núcleos de resistência teórica e prática que buscavam superar a impossibilidade de construção política de uma legislação progressista. Conhecido como movimento do Direito Alternativo, essa resistência legou a valorização pioneira dos Direitos Sociais, embora sua repercussão tenha sido acanhada entre os juízes do trabalho[25].

25　Destaca-se desse legado a figura de Roberto Lyra Filho e o precioso *Direito do Capital e Direito do Trabalho*. Porto Alegre: Sergio Antonio Fabris Editor, 1982.

Já entre o final da década de 1980 e a primeira metade da década de 1990 assistiu-se a uma explosão de normas mais progressistas pavimentando o processo de redemocratização (além da Constituição, a Lei de Ação Civil Pública, a Lei de Greve, o Estatuto da Criança e do Adolescente, o Código de Defesa do Consumidor).

Se por um lado isso possibilitou a atuação mais garantista de Direitos Fundamentais por parte dos juízes, na medida em que o neoliberalismo avança, cresce no Judiciário uma silenciosa reação conservadora que atua para esvaziar ou sonegar a efetivação das conquistas sociais positivadas pelo ordenamento jurídico.

Nesse sentido, muitos órgãos judiciais legitimam e convalidam o processo de reformas neoliberal, ou simplesmente reproduz um sentido de vida jurídica calcada no velho positivismo, no mero tecnicismo, reproduzindo o papel de funcionário das instituições que funcionalizam os interesses do capital.

Especificamente no tocante ao ramo judicial trabalhista, pouco tem servido à efetividade sistêmica dos direitos do trabalhador: É justiça retrospectiva, voltada ao passado, que apenas constata que o descumprimento se deu, e, mecanicamente, tenta recompor os direitos violados dos trabalhadores, em demandas individuais atomizadas, cingidas aos direitos ainda não deglutidos pela infame prescrição, que eventualmente escapam da crescente burocratização do sistema processual.

Para além do proporcional aumento populacional, vem se percebendo o desmesurado aumento do número de demandas individuais, reflexo de um sistema que tradicionalmente manieta o conflito coletivo e o reconhecimento dos sujeitos coletivos e sindicais, por meio de um sempre renovado corporativismo.

Diante da ascensão axiológica, do prestígio constitucional pós 1988 disseminado também entre os trabalhadores, elevando os direitos trabalhistas ao patamar de Direitos Fundamentais, ampliou-se a contestação patronal e o seu movimento de deslegitimação, mormente quando submergidos num ambiente de crise do capitalismo (que os métodos de acumulação flexível tentam sobrepujar), especialmente recrudescido pelo fracasso das políticas neoliberais no Brasil.

Portanto, pode-se justificar o aumento da demanda no Judiciário na década de 1990 pela postura generalizada dos empregadores de sistematicamente negarem-se a cumprir diversos direitos trabalhistas.

O simples cálculo racional dos empregadores, que aponta mais vantajosa economicamente a eventual demanda, quer pela possibilidade de negociar os direitos do empregado no "mercadão" dos acordos judiciais, quer pelo tempo excessivamente prolongado das lides, que corre sempre em favor do empregador, seja o que está capitalizado, pelas oportunidades de remunerar esse capital destinado ao cumprimento das obrigações trabalhistas, seja aquele empregador descapitalizado, pela possibilidade de juridicamente se desfazer do seu patrimônio (inclusive pessoal) e evadir-se, tornando a sentença inexequível.

De outra parte o aumento das demandas decorre da generalização da experiência pelos setores econômicos de novas formas de flexibilizar a normatividade trabalhista através da utilização de métodos e recursos pós-fordistas. É o caso notório da disseminação da terceirização de mão de obra e de serviços, mas também da flexibilização dos limites à duração do trabalho por meio de negociação coletiva de compensação, particularmente a convalidação do teratológico banco de horas.

O conservadorismo do Judiciário trabalhista (que é também do Judiciário brasileiros em geral) também se expressa como corolário de uma crise de imaginário do jurista. Decorre de sua (de)formação positivista, seja ela sedimentada (desorganizada e inconscientemente) em quaisquer de suas vertentes.

Este paradigma metodológico evidencia-se numa profunda crise do Judiciário que pode ser decomposta em três vertentes auto-referenciadas: Uma crise estrutural (deficiência do aparato técnico-administrativo do Judiciário); uma crise funcional (inadequação do instrumental teórico para lidar com lacunas, antinomias, transindividualidade, ineficácia, inefetividade e ilegitimidade do direito posto); e uma crise de imaginário (referida à reprodução de um sentido comum teórico nos planos epistemológico e metodológico).

Cria-se e reproduz-se um senso comum teórico dos juristas que, segundo WARAT [26] visa atender, resumidamente às funções: (i) normativas (de significação dos textos legais); (ii) ideológica (de homogeneização de valores, silenciando o papel social, político e ético do Direito); (iii) Retórica (de criação de argumentos (lugares-comuns

---

26   WARAT, Luis Alberto. *Introdução Geral ao Direito – v. II: A Epistemologia Jurídica da Modernidade*. Porto Alegre: Sergio Antonio Fabris Editor, 1995, p. 57-60.

teóricos) para o raciocínio jurídico efetivar a função ideológica); (iv) Política (de manutenção da relação hegemônica de poder).

Daí que a raiz dos problemas do Direito e, especificamente, da interpretação constitucional se encontra no modelo que reproduz o imaginário dos agentes do direito, que os impedem de romper com a visão positivista, num teto hermenêutico[27].

E pior: Os problemas criados por essa hermenêutica jurídica orientada para o bloqueio criam uma espécie de "transparência discursiva", remetendo o operador jurídico diretamente à realidade de uma dada situação fática, de um caso concreto. Ocultam, porém, as fundações ideológicas de produção da norma e do sentido do discurso, no que Lênio Streck denomina de "fetichização do discurso jurídico".

Segundo a nova hermenêutica, consentânea com o neoconstitucionalismo, não se interpreta para compreender, mas se compreende (e pré-compreende) para interpretar[28]. É essa consciência que faz as atuais Constituições reduzirem a discricionariedade do intérprete, exigindo deles a exteriorização racional justificadora de sua decisão voltada para a concretização dos Direitos Fundamentais e da democracia. Essa tarefa revela um proscênio do Judiciário – fenômeno designado de judicialização.

Reconhece-se que o intérprete constrói o sentido (atribui sentido, *singebud*) da norma, e não mais "encontra" sua "essência" unívoca e verdadeira (sua *ratio*, sua *mens*), que era reproduzida mecanicamente (*auslegung*), convertendo-o num escravo do texto (num objetivismo absoluto).

No entanto, os intérpretes não passam a ser os proprietários exclusivos dos meios de produção de sentido, num subjetivismo idealista total. Texto normativo e realidade material relacionam-se de modo dialético. A norma (texto interpretado e aplicado) só é mediante um texto, e o texto só se vivifica numa norma.

A judicialização significa uma transferência de poder, das instâncias políticas tradicionais – o Legislativo e o Executivo – para o órgão Judiciário, que passa a ocupar certo protagonismo na definição de questões de largo alcance social, político, econômico e moral. Trata-se

---

27 STRECK, Lênio Luiz. *Hermenêutica jurídica e(m) crise: uma exploração hermenêutica da construção do Direito.* 4. ed. Porto Alegre: Livraria do Advogado, 2000 , p. 59.

28 Anuncia-se, pois, o fim da subsunção ou dedução, o que não quer dizer que caímos num relativismo subjetivista do juiz. Aí é que se reforça a importância da tradição, para Gadamer; da integridade e coerência, para Dworkin, da persuasão argumentativa para Viehweg.

de um fenômeno mundial, que assinala a organização política das democracias ocidentais no 2º pós-guerra, centradas nas Constituições e, quase sempre, dotadas de Tribunais Constitucionais.

A expansão da jurisdição e da jurisdição constitucional é um efeito necessário do neoconstitucionalismo. A reaproximação entre Direito e Moral pela via dos princípios tornou as Constituições invasivas, penetrando espaços, até então intangíveis, das relações privadas. Ainda mais quando, nos países da semiperiferia e da periferia do mundo, as Constituições se tornaram também dirigentes e compromissórias.

Esse arcabouço teórico interpretativo deve ser bem decifrado para que atinja seu *telos* de reduzir a discricionariedade dos órgãos jurisdicionais (e demais exercentes de poder), sob pena de trazer efeitos e consequências extremamente deletérias na prática dos Tribunais[29].

Os milhares de juízes brasileiro sem nenhum tipo de preparo nestas técnicas hermenêuticas neoconstitucionais ou mesmo de qualquer critério diante de aberturas mal feitas no sistema jurídico[30], acabarão por ampliar a discricionariedade até convertê-la em pura arbitrariedade.

Uma ponderação calcada em pragmatismos de toda ordem vem criando no Brasil uma espécie de ideologia do caso concreto, no qual a fundamentação das decisões se dá pela sua consequência, seu efeito, permitindo-se mudar de ideia a cada momento, sem nenhuma preocupação moral, política ou teórica fundada na Constituição.

Consequentemente, a judicialização vem distorcendo as construções do neoconstitucionalismo. Na melhor das intenções, muitos juristas acreditam que os princípios, por sua abertura normativa, ampliam a discricionariedade, quando a nova hermenêutica pós-positivista aponta precisamente para o contrário.

---

29 Uma possível e cada vez mais frequente distorção da hermenêutica neoconstitucional é encerrá-la nas estruturas do positivismo (positivismo ético) e sua descontextualizada assimilação da jurisprudência dos valores alemã, ou da teoria da argumentação e da ponderação de Alexy (e sua separação hartiana de casos fáceis e difíceis projetada para a distinção estática entre regras e princípios), nos quais se delega ao juiz a significação de forma discricionária.

30 Veja-se o problema do artigo 472 do projeto de CPC que cristaliza a ponderação sem nenhuma teoria e sem critério.

Daí exsurge o ativismo judicial, vale dizer, uma atitude dos juízes; um modo expansivo de interpretar a Constituição, permitindo atuação excessiva do Judiciário por sobre as demais instâncias políticas[31].

No Brasil, o ativismo judicial justamente se converteu numa vulgata da judicialização (essa sim contingente e inexorável), se transformou num "panprincipiologismo", uma bolha especulativa dos princípios[32].

Os princípios viraram uma espécie de terceiro turno do processo constituinte: "felicidade", "afetividade", "cooperação processual", "humanidade", etc. são exemplos de princípios que passam a ser entoados como mantras, meros enunciados performativos, que só fortalecem o arcaico positivismo.

Esse panpricipiologismo não tem servido em nada para romper com o mito de 200 anos de que é possível fixar o sentido de um texto produzindo outros textos: súmulas, repercussão geral, empoderamento de juízes e de desembargadores na admissibilidade de recursos, submetendo estritamente o direito do jurisdicionado a juízos morais ou políticos subjetivos dos juízes.

É preciso, pois, retomar a técnica adequada para lidar com princípios, e, principalmente, vinculá-la a justificação com base na Constituição e sua ordem de valores, ou seja, não só interpretar o Direito do Trabalho à luz da Constituição e seus princípios, mas dentro das balizas do instrumental interpretativo neoconstitucional.

No âmbito da Justiça do Trabalho, tem-se assistido desde a década de 1990 a vazão de uma tentativa de limitar a abrangência do Princípio da Proteção do Trabalhador e do Princípio da Irrenunciabilidade das normas trabalhistas. A tese defendida é a de que as reformulações no setor produtivo reclamariam uma regulação menos rígida, a fim de se coadunar com a dinâmica inerente à realidade

---

31 Frise-se que o ativismo não é bom ou mal em si, mas é um problema. Veja-se, por exemplo, o ativismo da Suprema Corte Norte Americana na "era Lochnner", da década de 1930 e depois, de 1954 a 1969, na chamada "corte Warren".

32 Com base no ativismo, segundo Barroso, é possível 3 modos de ação: (i) a imposição de princípios constitucionais em situações que não foram previstas nem pelo constituinte nem pelo legislador, como, por exemplo, o STF fez no caso da fidelidade partidária; (ii) declaração de inconstitucionalidade quando não se vislumbra imediatamente patente afronta de regra constitucional, como foi o caso da verticalização dos partidos e da cláusula de barreira; (iii) na imposição de condutas, sobretudo ao Executivo, fixando políticas públicas ou determinando modos de realizar políticas públicas

empresarial hodierna de concorrência acirrada e global, em suma: flexibilização trabalhista.

Tal perspectiva do "mal menor"[33] naturaliza e fetichiza as transformações econômicas, como se a política e o direito não pudessem opor lindes aos projetos de acumulação flexível do capital e sua ideologia neoliberal.

4. À GUISA DE CONCLUSÃO: PERSPECTIVAS DO DIREITO CONSTITUCIONAL DO TRABALHO E SUA "PRÁXIS"

Considerando que o Estado e o Direito tem a função precípua de manutenir o poder das classes dominantes, o mais simples seria deslocar o problema da inefetividade das normas trabalhistas para o plano das condições objetivas e subjetivas de luta das classes trabalhadoras no sentido de que só através dela se poderia conceber qualquer concretização.

Porém, nos parece mais correto compreender que o Direito e sua prática – como parte do sistema de reprodução sociometabólica do capital – se encontram permeados de contradições, que devem ser exploradas na práxis transformadora.

Olhando a realidade presente poderíamos dizer que mesmo expressa nas leis, a igualdade e liberdade dos Direitos Fundamentais, sob o marco do capitalismo, tem a efetividade desse sistema de direitos inviabilizada pelas contradições do atual modelo de sociedade.

Com efeito, o aparelho de Estado como instrumento de dominação define as condições de funcionamento sociais adequadas à produção e reprodução da ordem.

> *"Nessa sociedade o "interesse de todos" é definido como funcionamento tranqüilo de uma ordem social que deixa intactos os interesses dominantes, e circunscreve as possibilidades de uma admissível mudança social nesta perspectiva. Observando como as coisas funcionam nesta sociedade, é tentador concluir que o "interesse de todos" é um conceito ideológico vazio, cuja função é a legitimação e perpetuação do sistema de dominação dado. Entretanto, concordar com esse ponto de vista significa*

---

33 Visão segundo a qual, diante do "mal maior" do desemprego gerado pela inviabilização da atividade econômica pelo cumprimento das obrigações trabalhistas (consideradas como custo para o empreendimento), impõe-se como única solução o extorsivo "mal menor" de flexibilizar os direitos do trabalhador.

ser aprisionado pela contradição que estabelece, permanentemente, um interesse particular contra outro e nega a possibilidade de escapar do círculo vicioso das determinações particulares".[34]

Seria necessário ultrapassar o sistema para garantir a divisão igual e plena das riquezas produzidas. Porém, lutar pela efetivação e ampliação dos direitos, ainda que no âmbito jurídico, é uma etapa necessária pois,

> *"enquanto estivermos onde estamos, e enquanto o "livre desenvolvimento das individualidades" estiver tão distante de nós como está a realização dos Direitos Humanos é e permanece uma questão de alta relevância para todos os socialistas."*[35]

Parece evidente então, que a efetivação dos Direitos Fundamentais Sociais, bem assim de qualquer direito do trabalhador é determinado pela correlação de forças políticas (grau de maturidade da organização política e da consciência de classe) ambientada no contexto peculiar das relações de reprodução material e no estágio específico de desenvolvimento das forças produtivas.

Os direitos humanos, como todo o complexo singular do direito correspondente aos interesses da humanidade, estão permeados pelas contradições estruturais da sociedade de classes[36].

Estas contradições não excluem as *"determinações reais que emergem do próprio sistema jurídico e afetam as atividades vitais de todos os*

---

34 MÉSZÁROS, István. *Filosofia, Ideologia e Ciência Social: ensaios de negação e afirmação*. São Paulo: Ensaio.1993, pp. 214-215.

35 Idem, p. 217.

36 A sociedade burguesa, promovendo espantosamente o desenvolvimento das forças produtivas, afastou de tal modo as barreiras naturais à reprodução (objetivações e subjetivações) humana que possibilitou aos homens colocarem para si mesmos a tarefa e conscientemente constituírem a própria história (enquanto indivíduos portadores de necessidades e possibilidades próprias e distintas da história e da reprodução social). Porém, esse avanço histórico vem opondo-se contraditoriamente à conversão generalizada das relações sociais e seus elementos em mercadorias, o que leva à crescente coisificação e fetichização das relações sociais – o que forma no individualismo burguês secciona o liame do ser humano indivíduo e o ser humano genérico, criando uma gigantesca e antinomia entre o indivíduo e sociedade. Cf. LESSA, Sérgio. *Lukács – ética e política: observações acerca dos fundamentos ontológicos da ética e da política*. Chapecó, PR: Argos, 2007.

indivíduos. (...) agem também, como determinantes poderosas no sistema global de interações complexas"[37].

Explicitar este processo é importante para embasar o argumento de que a construção dos direitos humanos não é um processo natural, evolucionista e consensual, mas sim, um processo que possui como pano de fundo os interesses de segmentos da sociedade, de luta e de disputa ideológica. Tanto serve de mecanismo de controle e legitimação para a sociedade capitalista como pode assumir o papel de etapa importante a ser conquistada[38] para os grupos populares e progressistas em busca de uma sociedade mais justa, emancipada, igual e livre[39].

Daí, conclui-se que, durante aproximadamente duzentos anos, as lutas empreendidas pela classe trabalhadora contra a burguesia tiveram avanços e retrocessos. Avanços, no sentido formal de conquista de direitos civis, políticos e sociais. Retrocessos, pois, à medida que a classe trabalhadora alcançava juridicamente os direitos, a classe burguesa, detentora do poder, criava para si novas formas de garantir a inefetividade destes; e mais, buscando sempre a reprodução ideológica para se firmar, enfraquecendo a articulação dos trabalhadores e mantendo a retórica dos direitos humanos.

Mészáros revela que:

> *"As teorias burguesas que defendem de maneira abstrata os "direitos dos homens" são intrinsecamente suspeitas, porque também defendem o direito à alienabilidade universal, posse exclusiva e, dessa maneira, contraditam necessariamente e invalidam efetivamente os "direitos do homem" que pretendem estabelecer. De acordo com Marx, a solução para essa contradição só pode ser examinada no terreno da prática social, onde ela se origina. E ele identifica a solução enquanto extinção necessária do direito à posse exclusiva: o direito que serve de suporte legal*

---

37 MÉSZÁROS, István. *Filosofia, Ideologia e Ciência Social: ensaios de negação e afirmação.* São Paulo: Ensaio.1993, pp. 208-209

38 Nesse sentido, veja-se DOUZINAS, Costas. O 'fim' dos Direitos Humanos. São Leopoldo: Unisinos, 2009.

39 Para a dialética histórica marxista, a prática revolucionária só pode ser concebida sob a perspectiva de um processo histórico. Com efeito, sociedade emancipada igual e livre é sociedade em luta para seu processo de emancipação, equalização e libertação.

supremo a toda a rede de relações de exploração que transformam os "direitos do homem" em uma chacota obscena da sua própria retórica."[40]

O caráter autônomo da esfera jurídica como complexo social não elimina suas relações e nexos com a divisão social do trabalho e o regime de classes. O processo de abstração homogeneizante dos imperativos sociais realizado pela estrutura jurídica expressa o caráter pseudo-universalizante da racionalidade burguesa.

Contudo, há que se reconhecer que este complexo social move-se sob a dinâmica da contradição e da luta de classes.

Os direitos humanos, como expressão mais ampla do complexo jurídico, estão, pois, vinculados às contradições da totalidade social representando limites intransponíveis que a burguesia impôs ao seu projeto ético.

Neste contexto, a Constitucionalização do Direito do Trabalho afigura-se, com relativa importância ideológica, como uma perspectiva a mais para mover as estruturas sociais e institucionais no sentido da realização do desiderato da justiça social, contribuindo para fundamentar uma alternativa ao capitalismo.

Esta alternativa *"deve provar a sua superioridade face ao capitalismo precisamente ao superar as contradições da parcialidade, liberando as energias reprimidas da realização humana de todos os indivíduos"*[41].

A lógica de efetivação generalizada dos Direitos Fundamentais Sociais – incluindo obviamente os direitos do trabalhador – mesmo quando suportadas por teorias idealistas como o positivismo ético que se abriga nas teorias da justiça, teorias da argumentação e outras do quadro teórico do neoconstitucionalismo, abrem a perspectiva para o enfrentamento de suas insuficiências, pois revelam as contradições entre o discurso moral do Direito e a prática sistêmica do capitalismo de reduzir à condição de mercadoria toda a objetividade de nossas práticas e toda a subjetividade de nossos horizontes[42].

O reconhecimento dos direitos fundamentais sociais como categoria mais ampla das relações jurídicas, associada ao interesse de

---

40 MÉSZÁROS, Istován. *Filosofia, Ideologia e Ciência Social: ensaios de negação e afirmação.* São Paulo: Ensaio.1993, p. 205.

41 Idem, p. 213.

42 O capital, em sua forma de valorização do valor de troca constitui (torna objetiva) a subjetividade do "sujeito livre" na sociedade capitalista, numa inversão fetichista onde as coisas dominam os homens.

toda a humanidade, adquire um conteúdo fundamental de legitimação da ordem social capitalista, de modo que a concretização de tais direitos na sociedade capitalista seja tolerada apenas até o limite em que não questione os fundamentos de todo o sistema.

Neste sentido, podemos falar de direitos humanos que expressem o gênero humano, pode ser utilizado em sentido inverso da retórica burguesa dominadora: pode ser concebido como realização prática, potencializando o processo de emancipação social.

Da crítica dos direitos humanos da sociedade burguesa – em que os direitos humanos incorporam o interesse particular de determinada classe e o apresenta como interesse geral, da generidade humana – é possível encontrar-se o fundamento para uma formulação emancipatória dos direitos humanos.

Entre a justiça social, tal como veiculada pela Constituição e a cruenta realidade brasileira é evidente o abissal hiato. Mas nem por isso se deve deixar de lado o resgate das promessas da modernidade, ao menos se superamos as visões idealistas e metafísicas da ideologia burguesa, e o compreendemos como atividade de luta no processo histórico de superação do capital;

Direitos Fundamentais Humanos concretizados como "práxis" transformadora, calcada na concretização de tais direitos como condição de dignificação concreta do ser humano, simultaneamente concebido como ser individual e ser genérico – refletindo a defesa dos interesses da humanidade em oposição aos interesses particulares de determinada classe.

As elites brasileiras jamais permitiram aqui a realização de qualquer coisa que se aproximasse das feições reformistas do capitalismo, como o Estado de Bem-Estar Social (*Welfare State*) nos países do chamado primeiro mundo.

Questões ultrapassadas como distribuição dos ganhos de produtividade, democratização da gestão ou redução da extração de mais-valia (taxa de exploração), seguem sendo tomados como ofensa pessoal para a maior parte do empresariado nacional, principalmente o de grande porte.

Esta é a mesma elite que sempre se valeu de um constitucionalismo de fachada, da insinceridade normativa e quando soprou o vento da liberdade com a Constituição de 1988 (ainda que leve brisa), sem perda de tempo todos os esforços se voltaram para desfuncionalizá-la, quer por meio da ineficácia declarada no rótulo de "normas programáticas", quer pela intensa campanha de retalhamento do texto constitucional, excessiva e injustificadamente emendado.

Os princípios e o arcabouço teórico do neoconstitucionalismo são altamente virtuosos se e enquanto postos à serviço da materialização dos Direitos Fundamentais Sociais. Nesta dimensão da "práxis", nesta dimensão concreta deferem nova base de legitimação dos conflitos sociais, projeta-os de modo diferenciado para o plano da batalha ideológica e, novamente, voltam a reposicionar as relações de poder dos contendores.

É preciso então apresentar a Constituição e toda sua potencialidade substancial para os agentes e operadores do Direito do Trabalho, especialmente aos órgãos do Poder Judiciário.

A Constituição e seus princípios dotados de caráter normativo passam a servir de fundamento direto para pretensões deduzidas perante o Judiciário. E fora do Judiciário se reforça a luta política e redimensiona a correlação de forças dos conflitos sociais.

A efetivação dos Direitos Sociais Fundamentais se constituem no desafio mais premente do projeto constitucional nesta quadra de efemérides dos vinte e cinco anos da Constituição e de 70 anos da CLT, adquirindo relevância central, na medida em que na esfera das relações jurídicas são fundamentais para a construção do processo de emancipação social frente aos interesses do capital.

5. Bibliografia

ALVES, Giovanni. *Dimensões da Reestruturação Produtiva: Ensaios de sociologia do trabalho*, 2ª ed., Londrina: Ed. Praxis, 2007.

ANTUNES, Ricardo. *Os sentidos do Trabalho: ensaio sobre a afirmação e a negação do trabalho*. São Paulo: Boitempo, 2009.

BONAVIDES, Paulo. ANDRADE, Paes de. *História Constitucional do Brasil*, Rio de Janeiro: Paz e Terra, 1991.

CERQUEIRA, Marcelo. *A Constituição na História: Da revolução inglesa de 1640 à crise do leste europeu*, 2ª ed., Rio de Janeiro: Revan, 2006.

CHESNAIS, François. *A Mundialização do Capital*. São Paulo: Xamã, 1996.

DELGADO, Maurício Godinho. DELGADO, Gabriela Neves. *Constituição da República e direitos fundamentais: dignidade da pessoa humana, justiça social e direito do trabalho.* 2ª ed. São Paulo: LTr, 2013.

DOUZINAS, Costas. *O 'fim' dos Direitos Humanos.* Trad. Luíza Araújo. São Leopoldo: Unisinos, 2009.

GOMES, Fábio Rodrigues. *O Direito Fundamental ao Trabalho: perspectivas histórica, filosófica e dogmático-analítica.* Rio de Janeiro: Lumen Juris, 2008.

KANT, Immanuel, *Resposta à pergunta: o que é o iluminismo,* in *A paz perpétua e outros opúsculos,* Lisboa: Edições 70, 1990.

LESSA, Sérgio. *Lukács – ética e política: observações acerca dos fundamentos ontológicos da ética e da política.* Chapecó, PR: Argos, 2007.

LYRA FILHO, Roberto. *Direito do Capital e Direito do Trabalho.* Porto Alegre: Sergio Antonio Fabris Editor, 1982.

MÉSZÁROS, István. *Filosofia Ideologia e Ciência Social: ensaios de negação e afirmação.* Trad. Laboratório de Tradução do CENEX/ UFMG. São Paulo: Ensaio. 1993.

_____. *Para Além do Capital: Rumo a uma Teoria da Transição.* Trad. Paulo César Castanheira e Sérgio Lessa. São Paulo: Boitempo, 2002.

NUNES, Antonio José Avelãs. *O Keynesianismo e a Contra-revolução Monetarista.* Coimbra: Coimbra, 1991.

PILATTI, Adriano. *A Constituinte de 1987-1988: Progressistas, conservadores, Ordem Econômica e regras do jogo.* Rio de Janeiro: Lumen Juris, 2008.

RAMOS FILHO, Wilson. *Direito Capitalista do Trabalho: Hist´ria, Mitos e Perspectivas no Brasil.* São Paulo: LTr, 2012.

SARLET, Ingo Wolfgang. *A Eficácia dos Direitos Fundamentais,* 3ª ed., Porto Alegre: Livraria do Advogado, 2003.

SARMENTO, Daniel. *Dimensão Objetiva dos direitos fundamentais: Fragmentos de uma teoria.* In: TORRES, Ricardo Lobo et al. *Arquivos de Direitos Humanos* vol. IV, 2003.

_____. *Ubiqüidade Constitucional: Os dois lados da moeda*. Revista de Direito do Estado – RDE, ano 1, nº2, abril/junho, Rio de Janeiro: Renovar, 2006.

SOUZA NETO, Claudio Pereira de. *Ponderação de Princípios e Racionalidade das Decisões Judiciais: Coerência, razão pública, decomposição analítica e standards de ponderação*. Revista Virtú. Revista Virtual de Filosofia Jurídica e Teoria constitucional. Nº1, 2007.

STRECK, Lenio Luiz. *Hermenêutica jurídica e(m) crise: uma exploração hermenêutica da construção do Direito*. 4ª ed. Porto Alegre: Livraria do Advogado, 2000.

_____. *Verdade e Consenso*. 2ª ed., Rio de Janeiro: Lumen Juris, 2007.

WARAT, Luis Alberto. *Introdução Geral ao Direito – v. II: A Epistemologia Jurídica da Modernidade*. Porto Alegre: Sergio Antonio Fabris Editor, 1995.

25 ANOS DA CARTA MAGNA DE 1988:
AVANÇOS E RETROCESSOS AOS DIREITOS DOS TRABALHADORES

RODRIGO LYCHOWSKI[1]

1. INTRODUÇÃO

A Constituição Federal de 1988 deve não ser considerada apenas como parte integrante do rol histórico das Constituições Federais brasileiras.

Seu papel é múltiplo, e talvez um dos mais importantes seja o fato de que ela – enquanto símbolo da redemocratização do país, após uma longa e dolorosa ditadura militar –, por meio de princípios e normas, normatizou o Estado de Direito Democrático brasileiro.

Nesse afã de redesenhar o papel do Estado brasileiro e de afirmar os direitos e garantias fundamentais dos cidadãos, a Lei Maior de 1988 acabou sendo prolixa no seu texto original.

Todavia, mais do que qualquer outra Constituição Federal, a Carta Magna de 1988 ampliou sensivelmente o rol dos direitos e garantias fundamentais, regulando-os no artigo 5º, ao contrário da Emenda Constitucional de 1969, que somente tratou de tais direitos no artigo 153.

Isso sem falar no fato de que, pela primeira vez na história do constitucionalismo brasileiro, foram incluídos – especificamente no artigo 3º – os princípios fundamentais, que informam o Estado e Direito brasileiros.

Outro aspecto inovador da Constituição Federal de 1988 consistiu na inclusão (artigo 6º) dos direitos sociais, dentre eles o trabalho,

---

1   Professor Assistente de Direito do Trabalho da Universidade do Estado do Rio de Janeiro - UERJ, Mestre em Direito da Cidade (UERJ) e Procurador Federal (Instituto de Pesquisas Jardim Botânico do Rio de Janeiro).

que na lição de José Afonso da Silva, constituem **dimensão** dos direitos fundamentais.

Dentre os direitos sociais, a Lei Maior de 1988 foi original, ao tratar inicialmente dos direitos individuais dos trabalhadores (artigo 7º, *caput* e seus incisos), elencando o chamado mínimo de garantias, além de outros direitos, **não previstos na Constituição Federal de 1988** (art. 7º, *caput)*, que melhorem a condição social dos obreiros, e em seguida dos direitos coletivos dos trabalhadores (artigos 8º. a 11).

O objetivo, assim, do presente artigo é tratar, numa análise concisa, não apenas dos avanços, mas também dos retrocessos aos trabalhadores trazidos pela Constituição Federal de 1988 nesses seus 25 anos de vigência.

Essa análise dos retrocessos não deve causar espanto, porquanto uma das características do Direito laboral, como bem alertou o juslaborista clássico – mas ao mesmo tempo atual – Délio Maranhão, é a sua ambiguidade: "não obstante criado para proteger o trabalhador, quantas vezes o Direito do Trabalho **se volta contra o trabalhador**" (grifos nossos).

Nessa análise, houve preponderância dos avanços, ou ao revés dos retrocessos?

É o que pretendemos investigar nesse trabalho.

2. Avanços aos direitos dos trabalhadores

a) valor social do trabalho

De todos os avanços oriundos da CF/88 aos trabalhadores, inegavelmente sobressai o fundamento do **valor social do trabalho,** que foi elencado nos princípios fundamentais (art. 1º, inciso IV).

É evidente que tal fundamento – **inédito** num texto constitucional – se dirige inicialmente ao Direito Laboral, e significa que qualquer instituto, tanto do direito individual, quanto do direito coletivo do trabalho, deve **obrigatoriamente** estar em plena conformidade com o citado fundamento, sob pena de tais institutos carecerem de legitimidade.

Todavia, é importante relembrar que tal fundamento, por ser incluído no rol dos princípios fundamentais da República Federativa do Brasil (art. 1º), deve ser respeitado em **todo** e qualquer instituto, seja à qual disciplina jurídica pertencer.

Mas, o que representa e significa o valor social do trabalho?

Significa primeiramente que o trabalhador é dotado de **dignidade humana** (artigo 1º, inciso III) – e não é uma mercadoria ou um robô, o que o torna detentor de direitos fundamentais.

Por outro, tal fundamento consiste na proteção especial outorgada aos trabalhadores, chamados de **hipossuficientes,** em razão de sua notória inferioridade econômica e social em face de seu empregador, através da concessão de mais direitos aos obreiros.

Neste falar, Sérgio Pinto Martins (2002:46) sintetiza bem o significado do valor social do trabalho:

> *"o Direito do Trabalho tem por fundamento melhorar as condições de trabalho dos obreiros e também nas suas **situações sociais**, assegurando que o trabalhador possa prestar seus serviços num ambiente salubre, podendo, por meio do seu **salário,** ter uma vida digna para que possa desempenhar seu papel na sociedade. O Direito do Trabalho pretende **corrigir as deficiências** encontradas nas empresas, não só no que diz respeito às condições de trabalho, mas também para assegurar uma **remuneração condigna** a fim de que o operário possa suprir as necessidades de sua família na sociedade"* (grifos nossos)

B) OUTORGA DO MÍNIMO DE GARANTIAS AOS TRABALHADORES

O segundo avanço aos obreiros, advindos da Carta Magna de 1988 é uma decorrência lógica do fundamento do valor social do trabalho.

De fato, consoante já exposto, o valor social do trabalho, para ser **efetivado**, necessita de instrumentos que melhorem a situação social do trabalhador.

Para tanto, de forma também inovadora, a CF/88, após dar status de direito social ao trabalho (art. 6º), estabeleceu um rol de direitos individuais dos trabalhadores – com caráter **cogente** – que compõe o chamado **mínimo de garantias**, cujos exemplos são o salário mínimo, as férias anuais remuneradas, o décimo terceiro salário, as horas extras, dentre outros. A premissa é óbvia: o reconhecimento de que o trabalhador é hipossuficiente em face de seu empregador.

Mas a Carta Magna de 1988 foi além, não se contentando em elencar os direitos individuais assegurados aos obreiros.

Com efeito, no *caput* do artigo 7º, é assegurado também "**outros direitos** que visem à melhoria de sua **condição social**" (grifos nossos). Aqui o Direito Constitucional do Trabalho rompeu com a teoria da pirâmide de normas de Kelsen – na qual as normas estão escalonadas de acordo com sua hierarquia, num sistema extremamente inflexível –, na medida em que a norma aplicável ao caso concreto é aquela que seja **mais benéfica ao trabalhador,** ressalvada a existência de normas proibitivas.

Neste sentido, segundo a lição de Amauri Mascaro Nascimento, no Direito laboral no vértice da pirâmide de normas não está necessariamente uma Convenção Internacional da OIT ou a Lei Maior, mas a norma mais benéfica ao trabalhador que será aplicada ao mesmo.

C) MAIOR PROTEÇÃO À EMPREGADA GESTANTE

Imbuído de um cunho humanitário e em razão da Constituição Federal de 1988 proteger a maternidade, a família e a criança, a CF/88 criou uma modalidade de estabilidade provisória aplicável às empregadas gestantes (art. 10, II, "b" do ADCT), cujo lapso inicial é a confirmação da gravidez e o final 05 meses após o parto.

De fato, a gravidez gera sentimentos múltiplos à trabalhadora, como alegria, medo, expectativa, angústia, e para assegurar que a gestante tenha tranquilidade, bem como a fim de proteger a vida que ele carrega dentro de si, seria desumano e incompatível com o princípio da dignidade da pessoa humana se o empregador pudesse dispensar a empregada grávida sem justa causa, o que poderia acarretar danos psicológicos à gestante, e até mesmo colocar em risco a vida de seu filho.

Com esse mesmo espírito é que foi estendida sensivelmente a duração da licença gestante – benefício previdenciário – de 84 dias para 120 dias, com o intuito de proporcionar uma maior convivência entre a trabalhadora/mãe e seu filho.

D) AMPLIAÇÃO CONSIDERÁVEL DO DIREITO DE GREVE (ART. 9º E §1º)

No campo do direito coletivo do trabalho não houveram tantos avanços como ocorreu no direito individual do trabalho.

Todavia, um deles consiste na grande amplitude que foi dado ao direito de greve (art. 9º), ao ser permitido o seu exercício em atividades essenciais (art. 9 §1º).

É claro que o direito de greve não é absoluto, portanto quando deflagrado em atividades essenciais, há que haver o atendimento das necessidades inadiáveis da comunidade, sob pena de responsabilização civil e penal dos trabalhadores grevistas.

Por outro lado, a amplitude dada ao direito de greve se extrai da possibilidade - expressa no art. 9º, *caput* – dos trabalhadores definirem quais interesses e oportunidades que serão defendidos numa greve.

E) CONSAGRAÇÃO DA AUTONOMIA SINDICAL (ARTIGO 8º, INCISO I)

A grande contribuição da Carta Magna de 1988 no que concerne à liberdade sindical consistiu no rompimento do controle corporativista que o Estado exercia sobre os sindicatos, que foi criado por Getúlio Vargas durante a ditadura do Estado Novo.

De fato, para que um sindicato fosse reconhecido na Era Vargas era necessário que o Ministro do Trabalho outorgasse uma carta de reconhecimento às associações profissionais já existentes.

Ao vedar qualquer interferência do Estado, e nem permitir que esse autorize a criação de qualquer sindicato, a CF/88, adotando o princípio da autonomia sindical, acabou com esse controle que o Estado brasileiro exerceu sobre os sindicatos.

3. RETROCESSO AOS TRABALHADORES

Como explicar que uma Constituição Federal fundada no valor social do trabalho, que assegurou um rol de direitos mínimos aos trabalhadores, enfim, que trouxe tanto avanço aos obreiros, simultaneamente tenha causado retrocessos aos mesmos trabalhadores?

Isso deveria gerar certa perplexidade. Mas não é bem assim.

É que a Carta Magna de 1988 sofreu pressão também dos grupos patronais. Neste sentido, revela-se oportuna a definição dada por José Afonso da Silva à Carta Política: **"síntese de forças progressistas e conservadoras"** (grifos nossos).

Por outro lado, conforme já expusemos anteriormente, o Direito Laboral caracteriza-se também por seu caráter **ambíguo,** voltando-se se contra o sujeito que ele precipuamente deveria proteger.

A) Adoção parcial da flexibilização do Direito do Trabalho

Se por um lado é certo que o contexto histórico no qual foi promulgada a CF/88 se traduziu por uma ânsia de libertação do passado ditatorial do país, e isso se concretizou pela ampliação dos direitos e garantais fundamentais, por outro, não é menos certo que no final dos anos 80 adveio a globalização econômica, que enfraqueceu consideravelmente o Estado e o Direito.

De fato, o Estado do Bem-Estar Social (*Welfare State*) foi sensivelmente esvaziado, assim como a Ciência Jurídica, eis que foram delegadas atribuições para que os sindicatos regulassem – no lugar da lei - as condições de trabalho por meio de convenção e acordo coletivo de trabalho.

Essa globalização econômica gerou vários fenômenos, dentre eles a **flexibilização** e a desregulamentação do Direito Laboral que, em nome de uma suposta modernização do Direito do Trabalho, reduziu o mínimo de garantias outorgados aos trabalhadores hipossuficientes.

Lamentavelmente a Constituição Federal de 1988 adotou parcialmente tal flexibilização do Direito laboral, especificamente nos incisos VI e XIV do artigo 7º.

Com efeito, no citado inciso VI, apesar de a regra geral ser a irredutibilidade do salário, foi admitido a redução do salário por meio de convenção e acordo coletivo de trabalho.

Essa possibilidade de redução **coletiva** de salário causa espécie e preocupação, primeiro porque é sabido que a maioria dos sindicatos de operários em nosso país não tem poder de barganha, e assim não conseguem negociar, de igual para igual, com os sindicatos patronais.

Por outro lado, tal redução coletiva subverte o princípio jurídico de "quem **pode o mais, pode o menos**" (grifos nossos).

Ora, se a lei, a partir da promulgação da Carta Magna de 1988, não pode reduzir o salário, e se essa mesma lei tem maior hierarquia jurídica do que os acordos e convenções coletivas de trabalho, como admitir que estes instrumentos, de **menor hierarquia,** possam reduzir o salário de sua respectiva categoria ?

E tendo pouco poder de barganha e pouca força, os sindicatos de operários terão uma forte tendência para admitir a redução salarial, em nome da "preservação do emprego".

Da mesma forma, no que tange aos turnos ininterruptos de revezamento (artigo 7º, inciso XIV), a sua duração de seis horas pode ser majorada até **08 horas (!),** o que consistiria numa situação aviltante, contrária ao valor social do trabalho e à dignidade humana e à saúde dos trabalhadores.

b) NÃO CONSAGRAÇÃO DA TEORIA DA NULIDADE DE DESPEDIDA ARBITRÁRIA (ARTIGO 7º, INCISO I)

Um dos pontos que poderiam dar um caráter "revolucionário" à Carta Magna de 1988 seria a consagração da teoria da nulidade da despedida arbitrária ou sem justa causa, adotada pela Convenção nº. 158 da OIT que, em linhas gerais, condiciona a despedida do empregado promovida pelo empregador à ocorrência de um motivo disciplinar, técnico, econômico ou financeiro.

Entre outras palavras, a despedida deve obedecer ao princípio da justificação, conforme teoria surgida na Alemanha na década de 50.

Todavia, de forma contraditória com o valor social do trabalho e com a autorização da própria Constituição Federal de se outorgar direitos que **melhorem a condição social dos trabalhadores** (art. 7º. *caput in fine)*, a corrente majoritária do Direito Laboral, liderada por Arnaldo Süssekind, sustenta que a CF/88 não adotou tal teoria da nulidade da despedida arbitrária, o que certamente contribuiu para aumentar os índices de desemprego no país, além de gerar um clima de insegurança ao trabalhador.

c) MANUTENÇÃO DOS DIREITOS COLETIVOS CRIADOS POR VARGAS DURANTE A DITADURA DO ESTADO NOVO

A figura de Getúlio Vargas certamente é uma das mais polêmicas, tanto da política, quanto do Estado brasileiro.

Consideramos que ele não deve nem ser colocado num pedestal, nem desprezado.

De fato, é inegável a sua contribuição para a consolidação do Direito individual do trabalho, com a criação do salário mínimo, férias, obrigatoriedade de assinatura da CTPS.

Da mesma forma, é incontestável o seu caráter repressor em relação ao direito coletivo do trabalho. Neste sentido, consideramos que a expressão, "concessão de **direitos individuais** *versus* **repressão aos direitos coletivos"** (Lupércio) sintetiza bem o papel de Vargas para o Direito do Trabalho pátrio.

Todavia, de forma paradoxal, a faceta ditatorial de Vargas, exteriorizada nessa repressão aos direitos coletivos, foi mantida pela Constituição Federal de 1988.

De fato, o princípio da **unicidade sindical,** que **proíbe** a criação **de mais** de um sindicato representativo de **uma mesma** categoria profissional ou econômica, (expresso no artigo 8º, inciso II), contraria, em nosso entendimento, o princípio da liberdade sindical.

E para agravar ainda mais, tal princípio também contraria os princípios fundamentais da OIT referente à liberdade sindical.

Mas não é só isso. A mesma Carta Magna de 1988 estabeleceu a **compulsoriedade da contribuição sindical,** mesmo aos trabalhadores não associados, o que para muitos juslaboristas, igualmente fere a liberdade sindical.

Por outro lado, mantendo a estrutura sindical da Era Vargas, a CF/88 **apenas** previu a existência das **confederações** (art. 8º, inciso IV), ou seja, os órgão de cúpula vertical, sem mencionar **nenhuma palavra às centrais sindicais** (órgãos de cúpula horizontal), como por exemplo, a CUT, CGT, Força Sindical, negando a existência fática de tais centrais.

Causa espécie que todos esses instrumentos do direito coletivo do trabalho, que foram criados por Vargas durante **um regime de exceção,** tenham sido mantidos pela Carta Magna de 1988, que ao revés, constitui uma Constituição democrática.

D) MANUTENÇÃO POR LONGO TEMPO DA DISCRIMINAÇÃO AO TRABALHO DOMÉSTICO

Outro retrocesso da CF/88 se dirige a uma categoria específica de trabalhadores, a saber, as domésticas.

Por que foram necessários 25 anos para que as empregadas domésticas fossem tratadas de forma idêntica às demais trabalhadoras, através da aprovação da Emenda Constitucional no. 72/2013? A nosso ver, tal demora, que parece estar relacionada ao receio de se desagradar a classe média do país, merece reprovação.

4. Conclusão

Fazendo um balanço dos avanços e retrocessos aos trabalhadores nesses 25 anos de vigência da Carta Magna de 1988, consideramos que, em certo grau, a Constituição cidadã deu um passo importante para que o direito individual do trabalho fosse, de **forma efetiva**, constitucionalizado.

Assim, enquanto a Constituição Mexicana de 1917 foi a primeira Constituição Federal que inclui no seu bojo os direitos fundamentais dos trabalhadores, a Carta Magna de 1988 deu **eficácia, efetividade** aos direitos individuais dos obreiros.

Todavia, ao contrário do direito individual do trabalho, no direito coletivo do trabalho houve **mais retrocessos** do que avanços, em decorrência da **manutenção** dos instrumentos coletivos autoritários outorgados por Vargas durante o Estado Novo.

5. Bibliografia

BARROSO, Luís Roberto. *Direito Constitucional e a efetividade de suas normas*. 4a.ed. Rio de Janeiro. Rio de Janeiro: Renovar, 2000.

DELGADO, Maurício Godinho. *Curso de Direito do Trabalho*. 12 edição. São Paulo: Ltr, 2013.

MARANHÃO, Délio. *Direito do Trabalho*. 17ª edição. Rio de Janeiro: FGV, 1991.

MARTINS, Sérgio Pinto. *Direito do Trabalho*. 29ª ed. São Paulo: Atlas, 2013.

NASCIMENTO, Amauri Mascaro. *Curso de Direito do Trabalho*. 28ª ed. São Paulo: Saraiva, 2013.

SILVA, José Afonso da. *Curso de Direito Constitucional Positivo*. 9ª ed. São Paulo: Malheiros, 2001.

AS LIBERDADES DOS TRABALHADORES: NOVAS E VELHAS QUESTÕES SOBRE O TRABALHO.

EDUARDO HENRIQUE RAYMUNDO VON ADAMOVICH[1]

"Mentre nello Stato il cittadino rischia di retrocedere a suddito, nelle fabriche il lavoratore rischia di veder retrocessa la democrazia sindacale a un regime di *assolutismo padronale..."* (Piero Calamandrei, *in Questa nostra Costituzione.* Milão: Bompiani, 1995, p. 81)".

1. O TRABALHADOR COMO HOMEM LIVRE.

É conhecido o desprezo que desde as fontes greco-romanas foi devotado aos chamados ofícios mecânicos, assim entendidas aquelas formas de trabalho que demandam mais o uso da força física do que o da intelectualidade. Em um mundo economicamente dinâmico, mas no qual ainda não se havia inventado a máquina que permitiria o salto para a modernidade, o trabalho na Antiguidade Clássica foi escorado no braço escravo, privados os trabalhadores que nasciam nessa condição, ou a ela por outras razões então em Direito admitidas eram reduzidos, do *status libertatis*, a expressão da personalidade deles estava logicamente atrelada a sua sorte de prêmio ou castigo, vida ou morte, para a qual dependiam integralmente de seus senhores[2].

---

1 Doutor em Direito (USP); Professor Adjunto do Departamento de Direito Comercial e do Trabalho da Faculdade de Direito da UERJ; Juiz do Trabalho.

2 Como ressalta Aldo Schiavone, abstraídos os juízos morais, a escravidão na Antiguidade Clássica não se confunde com aquela outra brasileira ou norte-americana, na medida em que então figurava como centro propulsor da economia mediterrânea, podendo-se estabelecer mesmo uma simetria entre o aumento do número de escravos e a maior proporção de liberdade e cultura aristocráticas. Sem a máquina e a concorrência do trabalho livre, a escravidão greco-romana era central, ao passo que a brasileira e a norte-americana eram

Naquele mundo formado por considerável parcela de homens-instrumento, cujo trabalho era a principal força motriz da produção artesanal e agrícola, a energia despendida por esses trabalhadores, assim como eles próprios, é tratada como coisa, assim como nos dias de hoje o seria aquela outra produzida por uma máquina a serviço de qualquer indústria. Coisa que era, a energia torna-se passível de ser locada a determinado preço, ainda que então de escasso valor, e logo também a força de trabalho posta à disposição de um certo locador ou, mais recentemente, tomador de serviços.

O regime de trabalho escravo, que foi característico não somente da sociedade clássica antiga, mas também daquela outra norte-americana colonial e da brasileira do mesmo período e dos tempos monárquicos, encarada agora sob seus aspectos morais, deixa marcas profundas no tecido social, não apenas por esse desprezo aos ofícios mecânicos, mas também por uma concepção restritíssima da autonomia de expressão pessoal do trabalhador.

O mundo do trabalho, por essa mácula da escravidão, tem sob si a pecha de domínio de castigo e aflições, se não mais no sentido literal, por certo naquele outro conotativo, encarados os momentos de ócio como de alforria desses suplícios. A condição historicamente subjacente de instrumento não acalentaria aos trabalhadores desses ofícios esperanças de mais larga expressão. Para o artesão ou agricultor, a mais alta glória seria a perfeição do seu ofício e a liberdade não aparecia para eles senão no capricho com o qual deles se esperava o desempenho de suas tarefas.

Se sob o regime das servidões medievais o trabalhador braçal pode considerar evoluída sua condição social, não é menos verdade que ele tivesse continuado preso por vínculos ancestrais que o mantinham aferrado ao trabalho, sob formas de relações que transcendiam o limite meramente profissional e alcançavam também a sua vida pessoal.

Com a decadência do regime feudal, não raro encontram-se exemplos na Europa de atos legislativos que impediam trabalhadores de deixarem os campos e vagarem pelas cidades que ressurgiam

---

periféricas e decadentes, ligadas à produção agrícola em sociedades que então começavam a voltar-se para a indústria. SCHIAVONE, Aldo. *Uma História Rompida:* Roma Antiga e o Ocidente Moderno, trad. de Fábio Duarte Joly. São Paulo: Edusp, 2005, pp. 168/230.

em busca de trabalho[3]. Esse ressurgimento da cidade como centro de produção e consumo, à diferença da cidade romana que era centro militar e administrativo, em verdade, é que primeiro propicia as condições que mais adiante culminariam com o reconhecimento da liberdade individual aos trabalhadores.

A cidade tardo-medieval europeia é, em outras palavras, a raiz da sociedade industrial, ambiente em que se desenvolveu o sistema das corporações de ofícios, sua jurisdição e toda a íntima relação que existe entre a dimensão coletiva dos direitos e a solução dos conflitos nas relações de trabalho. As corporações, em verdade, com seu poder estamental e jurisdicional, eram verdadeiros centros de "cidadania" dos trabalhadores na Idade Média, na medida em que, por sua inserção nelas, asseguravam-se direitos e conferia-se proteção a eles naquele período histórico.

Não por acaso as corporações de ofícios constituem o embrião de sindicatos, órgãos de controle profissional e da própria jurisdição do trabalho[4], porquanto, a seu tempo e, logicamente, à maneira da época, reuniam os instrumentos que permitiam assegurar aos artífices a segurança e a estabilidade no meio social que são indispensáveis ao exercício de qualquer liberdade.

Com a vitória do Liberalismo e a extinção dos corpos intermediários, supostamente eliminadas outras relações que não aquelas diretas entre o Estado e os cidadãos, todos iguais entre si, os trabalhadores conquistam, às portas da Revolução Industrial, a abolição das servidões medievais, da escravidão e até mesmo da sua vinculação àqueles corpos intermediários. Ganham a liberdade individual, para irem onde quisessem, oferecer seus serviços a quem bem entendessem, sempre por duração limitada, uma vez que, temendo

---

3 Como sinal daqueles novos tempos, os especialistas no assunto costumam destacar normas jurídicas então editadas para tentar manter os trabalhadores na condição de servos nos campos, impedindo-os de oferecerem-se ao trabalho livre nas cidades ou às aventuras da navegação. A propósito, é lembrada a Ordenação de Olavo V, da Noruega, de 26 de agosto de 1383, mandando observar antigas ordenações de seus antecessores, as quais proibiam que os jovens abandonassem os campos para dedicarem-se à navegação. GLÉNISSON, Jean & DAY, John. *Textes et documents d'Histoire du Moyen Âge - XIVe.-XVe. siècles*: vol. II, Les structures agraires et la vie rurale. Paris: Société d'Édition d'Enseignement Supérieur, 1977, pp. 236/238.

4 Sobre a jurisdição das corporações de ofícios mecânicos, consulte-se, por exemplo, DETER, Gerhard. *Handwerksgerichtsbarkeit zwischen Absolutismus und Liberalismus*: zur Geschichte der genossenschaftlichen Jurisdiktion in Westfalen im 18. und 19. Jahrhundert. Berlim: Duncker & Humblot, 1987.

o ressurgimento por via transversa das servidões, o *Code Napoléon* proíbe a pactuação vitalícia da locação de serviços.

Se o trabalhador nos sistemas erigidos pelas Revoluções Liberais vê garantida essa sua dimensão individual de liberdade, enorme progresso em relação a toda a experiência histórica anterior, com a garantia de expressão livre da sua personalidade, para exercer e reivindicar pessoalmente os seus direitos; se ele vê materializar-se diante de si a máxima já antes cristalizada pelos romanos: *sub lege, libertas*, não tardam a experimentar a áspera verdade do ensinamento daquele que terá sido o último dos jusnaturalistas e o primeiro dos juspositivistas, que foi Hobbes, dizendo: *auctoritas, non veritas, facit legem*.

Nas relações de trabalho, assim como na vida política ou mesmo na Ciência, se a verdade é posta de lado em prol dos interesses de um determinado grupo e esse grupo extrai das suas decisões a autoridade que dita a norma aos demais à sua volta, não se logrou escapar ainda do autoritarismo e a lei teve corrompida sua função libertadora. Se a lei não é a verdade que tende para o bem (Aristóteles), ela será apenas um sofisma que protege os interesses dos que detém o poder: é a triste constatação que corrói as entranhas do organismo em que assim se proceda, a qual cedo abalou o Estado Liberal.

Em outras palavras, logo reconhecem os trabalhadores que de nada adianta ser livre se todos os demais à sua volta também não o são. O sentido de liberdade para os trabalhadores não pode ser só aquele burguês e liberal da liberdade individual, mas também e, sobretudo, aquele outro social da liberdade de grupo; do bem-estar do grupo como condição para a estabilidade da norma. Assim como todo regime cuja base é o sofisma autoritário tende ao fracasso no tempo, minado por incontáveis ações pontuais, mas constantes e consistentes de resistência, também as relações de trabalho que se constroem sob a força da autoridade patronal única tendem a malograr.

A liberdade nas relações de trabalho parece dever ser verdadeira síntese dialética: constrói-se na relação de diálogo e negociação constante entre os antagonismos dos interesses dos trabalhadores e dos empresários. Se esse diálogo não avança, talvez até porque os grupos de poder empresariais possam contar com a força do Estado ou a simples vantagem de fato que o sistema econômico lhes propicia, o socorro à classe operária só poderá vir da jurisdição, provocada pelos órgãos de defesa da cidadania (Ministério Público, associações, sindicatos).

Se a reação da classe trabalhadora ao Estado Liberal foi o movimento operário e se a partir dele foi possível vencer a "guerra" política e alcançar o poder ou pelos menos a promessa de poder com o Estado Social, foi no século XX, época do antagonismo entre os regimes capitalista e socialista, que os trabalhadores experimentaram os momentos de maior liberdade e bem-estar. Foi a época dos maiores benefícios sociais, seja no chamado mundo desenvolvido ou mesmo naquele outro que dele corria atrás sob o rótulo de desenvolvimentista. Ponderados os benefícios conquistados, sobretudo após a 2ª. Guerra Mundial e entre as décadas de 50 e 70 do século passado, pode-se dizer sem temor de erro que essa terá sido a época áurea para a classe trabalhadora, uma vez que o espaço da sua liberdade construiu-se no conflito entre aqueles dois regimes e, no plano local, pela força dos organismos sindicais, corpos intermediários ressurgidos.

Para o Direito do Trabalho, em resumo, a liberdade não se constrói tão-somente no plano individual, com remédios heroicos, mas também e, sobretudo, no plano coletivo, na dialética da negociação coletiva e na tutela jurisdicional aos que não têm voz nessa negociação, as quais permitem que se preservem espaços para o seu exercício no ambiente de trabalho e na vida privada e pública dos trabalhadores.

2. A CRISE DO SISTEMA CAPITALISTA INDUSTRIAL E AS NOVAS TECNOLOGIAS.

Se a máquina libertou os trabalhadores da escravidão e da servidão, propiciando o salto para a modernidade do qual, por falta dela, não fora capaz a Antiguidade Clássica, subjugou-os ao desemprego, ameaça constante de inserção no chamado exército industrial de reserva, conceito marxista de incontestável atualidade. Nos períodos de recessão econômica, interseções entre os períodos de bem-estar aludidos no parágrafo anterior, os trabalhadores descobriram que o cerceio à liberdade pode não ser físico, mas econômico. No Brasil, considerável parcela da população, livre dos grilhões do cativeiro, padece até hoje da falta de ocupação permanente, instrução adequada e assistência do Estado.

Se o conflito entre Capitalismo e Socialismo propiciou o hiato no qual melhor desenvolveram-se as liberdades das classes trabalhadoras, culminando com a sua participação na gestão de empresas e a instituição de órgãos compostos por trabalhadores e empregadores para decidir sobre as relações de trabalho nas diversas empresas (comitês de empresas, ou outras formas análogas), notadamente na França e na Alemanha, países que até hoje conhecem os níveis mais desejáveis de relações individuais e coletivas de trabalho, é certo que a partir da crise do Capitalismo internacional na década de 70 da centúria passada e, por fim, com a queda dos principais regimes de orientação socialista, abriu-se um larguíssimo espaço político e econômico para o retrocesso nos benefícios até então alcançados pelas classes trabalhadoras.

Não fosse assim, nesse mesmo momento histórico, ganham impulso novas ou antigas tecnologias agora aperfeiçoadas, dirigidas ao controle da atividade dos trabalhadores. Estes, que vivem sob a ameaça mais do que real de serem atirados ao exército industrial de reserva ou à loteria da informalidade econômica, com espaço político reduzidíssimo para a dialética de suas conquistas libertadoras, dada a prevalência ideológica mais do que evidente do Neoliberalismo e da lógica do Capitalismo Financeiro Transnacional, dão de frente com nova revolução tecnológica, a qual não apenas furta-lhes os postos de trabalho com o desenvolvimento das chamadas máquinas de auto ajuste, as quais não dependem mais da presença do homem a operá-las, mas, sobretudo, vêem empregadas essas novas tecnologias para lhes controlar a atividade laborativa.

A ordem jurídica, atônita na experiência de liberdades públicas jamais antes conhecidas de forma tão larga na maior parte do Mundo, livre do ranço dos regimes autoritários do século XX, mostra-se incapaz de dar cabo de um paradoxo dos novos tempos: esses níveis mais largos de liberdade na dimensão pública em contraste com crescentes restrições às liberdades individuais e coletivas no plano privado. Usando de práticas e instrumentos que nada ficariam a dever aos mais abjetos regimes autoritários, empresas, organismos privados ou até mesmo entidades públicas, em nome de valores como a segurança, a proteção à propriedade ou outros tantos competentemente decantados pelos defensores dessas práticas nefastas, instituíram regimes de controle sobre os trabalhadores que parecem confirmar os vaticínios de certas obras de ficção.

Sem poder valer-se da firme atuação dos sindicatos no plano coletivo, colhidos pela verdadeira chantagem social do desemprego aliada à chamada volatilidade dos capitais, e com a jurisdição imersa em tentar dar cabo de problemas de magnitude incomparável com o conta-gotas do processo individual, o resultado óbvio que se vê é a restrição das liberdades dos trabalhadores, incapazes de oferecer resistência de fato ou de direito àquelas novas tecnologias.

Atitudes ostensivamente contrárias às liberdades tornam-se corriqueiras no mundo das relações de trabalho. Não é difícil encontrar empresas que promovam revistas nos pertences ou até mesmo nos trabalhadores pessoalmente; campeiam sob os mais diversos eufemismos formas de quebra do sigilo telefônico, epistolar ou telemático; formam-se verdadeiros bancos de imagens dos trabalhadores em serviço, sob vigilância constante de câmeras e outros artifícios; movimentos grevistas são filmados a pretexto de garantir a segurança da empresa ou de terceiros; mecanismos de controle constante da atividade, como aqueles de "aderência" a sistemas de computação permitem um cômputo meticuloso do tempo efetivamente gasto no trabalho.

Não fossem essas discutíveis formas de controle, chegam notícias ainda mais preocupantes pelo absurdo das práticas que envolvem, como as de empresas que querem descontar o tempo gasto pelos fumantes para fumarem nos espaços a tanto destinados; aquelas outras que limitam o tempo ou o número de vezes por dia que o trabalhador pode fazer uso do banheiro, ou até o daquelas que sugerem o uso de "fraldões" pelos trabalhadores para não se afastarem de seus postos.

Se o discurso jurídico é cada vez mais sofisticado e se por ele pode-se supor a existência de incontáveis gerações ou dimensões, ou desdobramentos de direitos, na realidade da vida, há práticas que não diferem muito daquelas adrede empregadas em campos de horror por regimes de nefasta memória. Se essas práticas não servem, é claro, para negar o acerto daquelas construções científicas, mas, ao contrário, até mesmo para demonstrar-lhes a urgência de implemento, não é menos verdadeiro também que a par da preocupação com o alargamento do catálogo de direitos e liberdades não se pode descuidar daquelas ditas de primeira e segunda gerações, que constituem as bases das liberdades dos trabalhadores e que encontram-se seriamente em perigo mercê das novas tecnologias e do ambiente político-econômico de retrocesso nesta seara.

3. A LIBERDADE DO TRABALHADOR E A RELAÇÃO DE SUBORDINAÇÃO.

O contrato ou relação de emprego inaugura-se sobre um paradoxo típico da sociedade burguesa: o trabalhador livre celebra com o empregador um pacto de subordinação pelo qual ele se insere na empresa, pondo-se à disposição, sob as ordens desse empregador, por certo período de tempo mediante determinada remuneração.

A subordinação, critério superlativo de definição do contrato ou relação de emprego, é expressa pelo art. 3º, da CLT, na figura aparente da "dependência", a qual outra coisa não é do que a inserção do trabalhador na empresa. O trabalhador, que é ser humano, corpo e espírito, aceita limitar parte de sua liberdade, obrigando-se a cumprir as determinações do empregador; prega-se (Pontes de Miranda), em outras palavras, à empresa patronal e, por isso, de certa forma, atrela seu destino, em corpo e espírito, ao daquela empresa, desenhando figura cuja aparência externa é a aludida dependência, mas cuja natureza essencial é a inserção no empreendimento.

A subordinação representa para o trabalhador não somente uma limitação obrigacional à sua liberdade de ação, a qual, no plano das liberdades constitucionais, é incondicionada, mas também um risco a sua integridade física e moral, pois, se o trabalho envolve riscos das mais diversas ordens, se compromete o corpo e o espírito, pode causar a estes os mais diversos revezes. Com a relação ou contrato de emprego, em outras palavras, o trabalhador, ao pôr-se à disposição, inserir-se na empresa patronal, torna-se dela dependente, cativo em corpo e espírito, na proporção em que se obriga a dar o melhor de si para aquela empresa, aguardando e executando ordens, em decorrência das quais logicamente subordina-se aos riscos inerentes a sua execução.

Se o pacto de subordinação, por um lado, vincula, submete, faz do trabalhador cidadão livre um súdito da fábrica ou empresa, por outro lado, é o estatuto representado pelas normas de ordem pública do Direito do Trabalho que o liberta (Supiot), tornando a inseri-lo na sua condição de cidadão. Se individualmente o trabalhador pode pouco em face do empregador economicamente pujante, é coletivamente que ele se liberta, com a representação sindical (Constituição, art. 8º, III) e o uso da força na medida em que o Direito a assimila e tolera (greve, ou, mais modernamente, o boicote).

O trabalhador, ao aderir à empresa ou àqueles entes a ela equiparados (CLT, art. 2º, §1º), obriga-se a correr os riscos inerentes a sua profissão ou função, sofrendo as limitações que ela por acaso imponha às liberdades públicas, nos limites em que as autorizem o estatuto público protetor esculpido na legislação do trabalho e no sistema juslaboralista de uma forma geral. Ao pactuar pregar-se aos destinos da empresa e de suas funções, o trabalhador fica obrigado, por exemplo, a remover pesos, trabalhar com explosivos, tensão elétrica, conviver com agentes insalutíferos, frio ou calor em excesso, radiação, poluição sonora ou do ar, riscos do meio-ambiente de trabalho.

Não fosse assim, há também as limitações de interesse público ou decorrentes da segurança pessoal ou patrimonial dos envolvidos nas diversas atividades. Há aquelas que impõem a permanência constante do trabalhador no local de trabalho, por impossibilidade material de ausentar-se até mesmo em seus horários de repouso. Há aquelas que reclamam restrições às liberdades de comunicação e expressão, ou ainda aquelas outras que ensejam invasão da privacidade, com revista corporal ou nos pertences do trabalhador. Há ainda as formas de trabalho que obrigam ao sigilo ou que impõem severas normas de conduta pessoal.

Há até mesmo aquelas que poderiam sugerir contenção à liberdade de expressão religiosa, como ocorreria na hipótese de um trabalhador que professe um determinado credo que condene os postulados de seu empregador, uma entidade religiosa de confissão filosoficamente rival. Não seria razoável imaginar-se a liberdade de o trabalhador, durante o culto promovido pela entidade empregadora e no qual ele deveria prestar serviços de faxineiro, por exemplo, arvorar-se o direito de distribuir aos fiéis panfletos de sua confissão dissidente, invocando para tanto a liberdade religiosa que lhe garante a Constituição (art. 5º, VI).

O estabelecimento dos limites das liberdades públicas dos trabalhadores e de suas demais garantias de acordo com o seu estatuto protetor em face da liberdade patronal de iniciativa econômica, que é liberdade constitucional e fundamento de igual hierarquia na ordem republicana nacional (Constituição, art. 1º, IV), em verdade, só pode dar-se à luz de um juízo de equidade, ou em terminologia mais recente, de proporcionalidade ou ponderação de valores.

É o juízo de equidade, base e viga central do Direito e, sobretudo, do Direito do Trabalho, que dá a tônica da extensão e dos limites dessas liberdades e garantias, numa ponderação de valores à qual se obriga todo intérprete ou aplicador da ordem jurídica, num ambiente que transcende o restrito e falível módulo constitucional, em direção a uma dinâmica dos direitos e não estritamente normativa da Constituição (Zagrebelsky).

Para que se possa tentar ensaiar uma casuística dessas ponderações ou ao menos estabelecer algumas linhas para a sua execução em casos mais frequentes, é importante não perder de vista que os direitos se constroem na sua prática social e que suas limitações se encontram no sistema jurídico (*lato sensu*) e não estritamente no plano normativo. Menos que ambiciosos voos em direção a novas dimensões de todo desejáveis, deve-se privilegiar a efetivação dos direitos no plano da realidade que toca a cada dia às aflições dos trabalhadores.

É nessa medida, portanto, que se passam a examinar situações em que as novas tecnologias se insinuam e tangenciam perigosamente as liberdades adrede asseguradas aos trabalhadores.

4. Direito de ir e vir.

Obrigado que está a aguardar e executar ordens, o trabalhador, de ordinário, tem obrigação de apresentar-se para o trabalho no início de sua jornada e de permanecer no local de trabalho até o horário de encerramento da mesma jornada, ficando assim no local de trabalho naquela situação de aguardar ou executar ordens (CLT, art. 9º). Somente em casos excepcionais, como naqueles serviços cuja natureza é incompatível com a fixação de horário ou aqueles que são executados externamente (CLT, art. 62), ou ainda naqueles outros de trabalho em domicílio é que se admite a execução da prestação de serviços que se dê fora do estabelecimento patronal.

Como corolário do direito de propriedade da empresa e da liberdade de iniciativa que lhe asseguram a ordem constitucional (art. 170, *caput* e II, da Carta) o empregador pode estabelecer normas de circulação em seus estabelecimentos, restringindo ou franqueando a entrada de pessoas, proibindo que se perambule por determinadas partes. Como detentor do poder diretivo que lhe atribui o art. 2º, da CLT, o empregador pode estabelecer os locais da prestação de serviços, alterá-los livremente desde que não implique transferência de domicílio para o empregado, bem como pode fixar o tempo de permanência deste em um ou outro local do estabelecimento de trabalho, tudo de acordo com a necessidade do serviço.

Na execução de suas tarefas, o trabalhador tem limitada sua liberdade de locomoção na medida das necessidades do serviço e das normas de saúde e segurança do trabalho. Três aspectos, porém, merecem ser apreciados neste ponto: a) a liberdade do trabalhador de retirar-se a qualquer tempo de seu posto de trabalho; b) a liberdade de retirar-se momentaneamente ou não por razões de segurança, saúde ou integridade moral e c) a obrigação do trabalhador de permanecer no local de trabalho quando materialmente impossível a sua saída.

O primeiro dos aspectos destacados, que é verdadeira expressão do direito de ir e vir no plano constitucional ressalta que, empregado, não perde o trabalhador esse seu direito, de ingressar e retirar-se livremente a qualquer tempo do local de trabalho. Não pode o empregador, portanto, proibir pelo uso da força ou mediante o estabelecimento de sanções funcionais ou patrimoniais, o exercício desse direito pelo trabalhador, o qual, se repita, por necessário, empregado, continua homem livre. Não se quer dizer com isso, é claro, que o exercício dessa liberdade, além dos limites de subordinação no contrato, não possa significar uma infração deste, a qual pode justificar eventual punição ou mesmo despedida por justa causa por ato de indisciplina ou insubordinação (CLT, art. 482, "h"). Não se quer dizer com isso também que o ato do empregado, causando prejuízo ao empregador, e resultando de ato culposo, isto é, por retirada inopinada, imprudente ou imperita do local de trabalho, não possa igualmente dar lugar ao desconto dos prejuízos nos limites da intangibilidade do salário (CLT, art. 462).

A segunda faceta (b) acima sublinhada, conquanto guarde relações com a primeira (liberdade de ambular), apresenta características específicas que a destacam desta. Mais do que uma liberdade, retirar-se pode ser uma necessidade, um imperativo de saúde ou segurança. Assim, desde a satisfação de necessidades fisiológicas, tais como o uso do banheiro ou a alimentação quando sujeita a prescrições médicas específicas de tempo e local, até o risco à integridade física ou à vida do trabalhador oferecido por perigo iminente e manifesto no local de trabalho (CLT, art. 483, "c"), tem o trabalhador o direito de recusar-se a permanecer em determinado local ou a executar determinada tarefa que, de acordo com a sua formação técnica, lhe pareça arriscada ou potencialmente danosa à saúde ou à integridade moral. Essa recusa, com efeito, pode ser tolerada pelo empregador - e em alguns casos é mesmo objeto de previsão específica em normas coletivas -, até mesmo porque pode decorrer da colaboração do trabalhador com a prevenção de acidentes ou prejuízos; mas, decorrendo de simples idiossincrasias do trabalhador, sem qualquer respaldo técnico ou científico, poderá dar lugar também a punições por indisciplina ou insubordinação.

O terceiro aspecto envolve o trabalhador cujas funções devam ser executadas em localidade que obrigue a sua permanência nela, mesmo em seus horários de repouso. É o caso do trabalho em ilhas, plataformas marítimas ou locais remotos dos quais não se possa sair senão em dias e horários previamente determinados, por falta de linhas regulares de transporte ou de meios para tanto. Nestes casos, o trabalhador continua tendo os direitos antes postos em relevo, sujeitando-se igualmente às sanções que daí possam decorrer em caso de ato doloso ou culposo. Há de reconhecer-se o direito do trabalhador de retirar-se do trabalho, isto é, de deixar suas funções caso assim entenda, ainda que materialmente impossibilitado de ausentar-se da localidade da prestação de serviços. Livre que é, não pode ser obrigado a trabalhar, incurso, não obstante, nas sanções eventualmente cabíveis. Não se pode descurar igualmente da obrigação do empregador de manter serviços de saúde e segurança de emergência e de providenciar meio de transporte para os casos em que a remoção seja imperativa.

As restrições impostas pelo empregador a essa liberdade de ambular ou mesmo a imposição *manu militari* da prestação de serviços podem configurar, conforme o caso, ilícito penal, como o da redução à condição análoga à de escravo, mas, de um modo ou de outro, avançando sobre as liberdades dos trabalhadores pode dar lugar a provimento mandamental cumulado com imposição de multas e também à indenização dos prejuízos materiais e morais que houver infligido aos mesmos trabalhadores. Podem o Ministério Público do Trabalho ou as entidades sindicais, no cumprimento de sua missão institucional ou no desempenho da representação que lhes é própria, ajuizar ação coletiva para lograr provimentos de uma ou algumas das naturezas também relevadas.

5. Direito de privacidade.

Garantido pelo art. 5º, X, da Constituição, o direito à privacidade tem destaque já na letra do mesmo dispositivo constitucional nos seus aspectos de proteção à intimidade, à vida privada, à honra e à imagem das pessoas. Não são direitos menos densos para os trabalhadores do que para as demais pessoas, nem estão sujeitos a limitações de natureza contratual, uma vez que se situam no plano da dignidade humana, a qual, logicamente, é inegociável.

Incontáveis são os aspectos ou situações em que se revela o direito em título, podendo-se destacar como os mais frequentes a) o direito à proteção aos dados pessoais de ordem civil ou biométrica; b) o direito à preservação da vida privada; c) o direito de reserva de seus objetos pessoais e da sua intimidade pessoal e d) o direito de imagem.

O primeiro, direito à proteção dos dados pessoais, talvez seja o que tem merecido proteção mais frágil entre nós. Na órbita privada, são frequentes as correspondências, telefonemas ou mensagens eletrônicas dirigidas por empresas ou terceiros desconhecidos aos consumidores na tentativa de firmar contratos ou oferecer-lhes qualquer serviço ou produto. É evidente que a inexistência de legislação mais severa na proteção aos dados pessoais criou um verdadeiro "mercado" deles, no qual esses dados são comercializados ou trocados entre as empresas, sem qualquer sigilo ou proteção à intimidade e ao sossego das pessoas. São telefonemas insistentes, por vezes em tom policialesco, que anunciam estar "gravando a ligação", sem justificar como se apoderaram de dados da vida privada, do registro civil ou da atividade profissional das pessoas.

Acha-se inevitavelmente comprometido o sigilo aos dados pessoais, à míngua de legislação mais severa e também de atuação mais decisiva das autoridades competentes para a sua proteção. Enquanto a alguns parece agradar esse clima de exposição constante da vida alheia, são usuais os casos em que para realizar-se uma simples compra e venda, não raro à vista, são solicitados dados em abundância, até mesmo o valor da renda mensal do trabalhador ou o destino que costuma dar a ela.

Encarado sob a ótica do Direito do Consumidor, o trabalhador humilde é a maior das vítimas da exposição constante de seus dados da vida privada, dependente das vendas a crédito, em alguns casos a encargos financeiros verdadeiramente extorsivos, e para satisfazer desejos de consumo de duvidosa utilidade que lhe são impingidos pela mídia. Encarado sob a ótica do Direito do Trabalho, o empregador deve manter sigilo sobre os dados funcionais e da vida civil do trabalhador, assim como aqueles que obtêm em decorrência dos exames médicos a que se sujeita o trabalhador no curso do contrato.

São dados da vida privada dos trabalhadores que estão longe de poder ser considerados como cadastros de propriedade das empresas e, portanto, fora da liberdade de disposição dos empregadores, os quais não podem usar esses dados para fins distintos daqueles dos contratos de emprego, nem cedê-los gratuitamente ou aliená-los a terceiros. Se o Direito do Trabalho atribui ao empregador a documentação da relação de trabalho, com as anotações na CTPS do trabalhador, a manutenção de uma ficha de registro dele e a realização de exames periódicos de saúde cujos resultados é obrigado a conservar, entre outras determinações, elas configuram logicamente um *múnus* público imposto pela lei aos empregadores, os quais devem comportar-se diante desses dados com o mesmo cuidado e sigilo constitucionalmente assegurados à intimidade e à vida privada.

O uso ou a divulgação indevida desses dados cuja conservação a lei impõe ao empregador podem fazer surgir ao trabalhador a pretensão indenizatória dos danos materiais ou morais suportados, bem como o direito de fazer cessar esse uso ou divulgação indevidos.

Não fosse assim, é importante por em relevo também que é vedado por lei manter o empregador cadastro com registros negativos da vida funcional dos trabalhadores e, mais ainda divulgá-los a terceiros. Se o art. 29, §4º, da CLT, proíbe o empregador de fazer qualquer anotação desabonadora da conduta do trabalhador em sua CTPS, que é o documento público de registro da relação de emprego e da vida profissional do trabalhador, é curial perceber-se que não podem as empresas estabelecer entre si bancos de dados ou mesmo singelas trocas de informações sobre o comportamento dos trabalhadores, sobretudo se esses dados envolvem os aludidos registros desabonadores.

Deve-se curar de que as sanções previstas em lei para serem aplicadas ao trabalhador (advertência, suspensão ou dispensa por justa causa) são todas elas de caráter contratual, não tolerando a legislação nacional o estabelecimento de penas extracontratuais ou supracontratuais, as quais seriam representadas pelas pechas lançadas sobre a vida funcional dos trabalhadores em decorrência desses registros desabonadores. Se até mesmo os criminosos, com o cumprimento da pena e a satisfação dos requisitos próprios da lei penal, podem vir a reabilitar-se, seria um rematado exagero imaginar-se que um trabalhador, numa relação de natureza contratual ou institucional social, como a de trabalho, devesse carregar por toda a vida as consequências de um ato nefasto outrora praticado.

Assemelhado, mas não inteiramente identificado com a proteção aos dados da vida civil ou profissional, é o direito à proteção da vida privada. Assim como antes mencionado, a natureza contratual ou institucional de Direito Social da relação de trabalho limita-a aos aspectos da vida profissional do trabalhador, sendo vedado ao empregador, em regra geral, imiscuir-se na vida pessoal desse trabalhador e de sua família. Normas de regulamento empresarial ou ordens expressas do empregador podem exigir, é claro, a depender da atividade patronal, um recato maior ou menor do trabalhador. Pode parecer repugnante que o responsável pela administração, empregado de uma entidade religiosa, seja uma pessoa conhecida por suas relações privadas com pessoas de vida promíscua. Não o seria, contudo, se empregado na mesma atividade administrativa, agora em uma empresa de diversões noturnas, por exemplo.

Fato é, contudo, que as exigências patronais com relação ao recato e à vida privada do trabalhador não podem ultrapassar os limites da moral medianamente praticada em sociedade, podem, nos limites razoáveis da tolerância, ser alargados ou restringidos em função das atividades do empregador. Lojas de artigos religiosos, logicamente, hão de poder ser mais severas com o comportamento pessoal dos trabalhadores do que, por exemplo, as lojas de artigos voltados para pessoas de costumes menos rígidos.

Não fosse assim, é de se por em destaque também que a tolerância com relação a uns, por isonomia, sempre há de ser a mesma em face de outros, assim como não pode o empregador exigir conduta pessoal que vá além dos limites da conduta com a qual ele mesmo e seus prepostos mais diretos se insinuem no local de trabalho. O empregador que se dirige a trabalhadores com o emprego de palavrões ou apelidos de gosto duvidoso, há de tolerar deferências à mesma altura. Se difunde costumes licenciosos, não pode o empregador, é claro, sindicar a vida privada dos trabalhadores para impingir-lhes a falta de compostura.

Se a vida privada e a má fama do trabalhador podem repercutir no bom nome da empresa para a qual trabalhe e revelar um interesse do empregador de cercar-se de dados, informações ou provas de aspectos da vida privada desse mesmo trabalhador, os limites desse interesse do empregador estão na sua própria conduta ou na de seus principais prepostos e naquela que é medianamente aceita no meio social em que inserida a atividade laborativa. Em muitos casos há de repetir-se o ensinamento bíblico, que manda atirar a primeira pedra sobre a mulher adúltera aquele que não tenha pecado.

O direito de reserva da intimidade pessoal e dos objetos da mesma natureza é também daqueles que está a merecer regulamentação mais detida do legislador, uma vez que as normas que se têm erigido no particular não parecem ter sido elaboradas com o necessário cuidado. Tem relevo especial aí o problema das revistas, íntimas ou não, realizadas por algumas empresas nas pessoas ou nos objetos de trabalhadores, com a regulamentação algo desastrada que procurou dar ao tema a Lei nº. 9799/99, a qual inseriu na CLT o art. 373-A, VI, proibindo a realização de revistas íntimas nas trabalhadoras.

A boa intenção da lei, que era conferir proteção especial e mais aprofundada à intimidade das mulheres no trabalho, foi logo traída pelo raciocínio restritivo e a interpretação meramente gramatical que se quis dar ao novo texto legal. Houve vozes de destaque que se levantaram para dizer que proibida estava a revista, somente íntima, em mulheres, mas não nelas aquelas que não pudessem ser qualificadas como tais ou quaisquer outras quando realizadas em homens trabalhadores.

O absurdo da interpretação, que pela altura e a autoridade de quem a esposava corria o risco de fazer adeptos, deu lugar a que se propusesse e tivesse aprovada na 1ª. Jornada de Direito Processual do Trabalho, promovida pelo Tribunal Superior do Trabalho em novembro de 2007, enunciando proclamando a igualdade entre os sexos garantida na Constituição (art. 5º, I), para afirmar que a aplicação do art. 373-A, VI, da CLT, também se estenderia aos homens e, não obstante, ressaltar-se o caráter ilícito de qualquer revista procedida pelo empregador, sabendo-se que ele não detém poder de polícia e que, mesmo esta, só pode realizar a busca pessoal havendo fundada suspeita, nos limites do art. 240, §2º, do Código de Processo Penal.

O quarto (d) dos direitos antes relacionados é o direito à imagem. É verdade que o contrato de emprego pode ter por objeto a própria imagem do trabalhador, notadamente naqueles casos em que é de sua profissão dela valer-se, como no dos modelos profissionais para desfiles e outras atividades do gênero. Também não é menos verdadeiro que o trabalhador, quando representa a empresa em que trabalha, faz as vezes dela socialmente e está obrigado logicamente a vincular sua imagem a ela e a cuidar de não comprometê-la com atos seus. O trabalhador que exibe em seu uniforme de trabalho propaganda de produto comercializado por seu empregador é a representação deste para os clientes e, logicamente, não tem sua imagem comprometida com isso, se é de suas funções se apresentar aos clientes da empresa, como no caso de vendedores, balconistas, operadores de caixa ou recepcionistas.

Diferentemente, é claro, se a propaganda veiculada no uniforme pelo empregador ridiculariza o trabalhador ou vincula a sua imagem a comportamentos ou situações socialmente reprováveis. O trabalhador empregado em funções como as últimas antes referidas, ou, por exemplo, um frentista de posto de combustíveis que usa um uniforme divulgando certa marca de óleo para motores, muito embora não tenha a sua imagem especialmente vinculada ao contrato como verdadeiro objeto dele, como ocorre com o modelo profissional, nem por isso tem direito a indenização pelo suposto uso dessa sua imagem, porque é mediana e socialmente aceito como de suas funções representar o empregador uniformizado, não havendo prejuízo à sua imagem se essa representação se faz com a propaganda de produtos que não o ridicularizem, nem prejudiquem pessoal ou socialmente. Todas as funções que envolvem representação pública do empregador, logicamente, envolvem a imagem do trabalhador ligada a essa empresa e aos produtos que ela comercializa, não havendo que falar em indenização de direito de imagem, até mesmo porque ela provavelmente não será fator de acréscimo aos ganhos do empregador, mas mera forma de apresentação da empresa e de seus produtos.

Ultrapassado esse campo da representação do empregador por vinculação direta ou indireta da imagem do trabalhador ao objeto do contrato de emprego, é importante não descuidar que o trabalho é uma expressão da personalidade e, como tal, não está sujeito a apropriação pelo empregador além desse objeto mesmo. Em outras palavras, fora daquele campo em que a imagem se confunde direta ou indiretamente com o próprio objeto da prestação de serviços, a celebração de contrato de emprego não implica cessão dela, sendo defeso ao empregador apropriar-se dessas imagens para finalidades distintas das do contrato.

Assim, ainda que se reconheça o direito do empregador de promover o acompanhamento da execução das tarefas de seus empregados por meio de câmeras de filmagem ou outras tecnologias análogas, não se pode tolerar a conservação dessas imagens pelo mesmo empregador e, menos ainda, a sua disposição desses arquivos de imagens. Se o trabalho é expressão da personalidade do trabalhador e entende com a sua dignidade humana, somente nos limites em que essa expressão se vincule com o objeto de seu contrato de emprego pode haver apropriação pelo empregador dela. Em outras palavras, é da natureza do contrato de emprego que o empregador se aproprie do resultado do trabalho do empregado e, consequentemente, de sua imagem se este é o trabalho pactuado, mas não o é se essa expressão de imagem não é resultado do trabalho.

É ilícita, portanto, a conservação de imagens de trabalhadores em serviço, mesmo que tenha por objeto a suposta avaliação do desempenho dos trabalhadores, seu controle disciplinar ou a proteção ao patrimônio ou a terceiros na empresa. Se for corolário do poder diretivo do empregador acompanhar e dirigir a prestação de serviços, só o é, logicamente, no momento da execução do trabalho e não para formação de um arquivo de imagens próprio e do qual pretenda dispor o empregador livremente. Fora do objeto do contrato, a imagem do trabalhador é direito dele, ligado à sua privacidade e não pode ser objeto de cessão ou alienação pelo empregador, nem de exibição pública ou privada com qualquer finalidade que seja. Essa a tônica de outro Enunciado que se teve ocasião de propor e a ventura de ver aprovado na mencionada 1ª Jornada de Direito Processual do Trabalho.

6. Direito de expressão.

A Constituição garante a todos a livre manifestação de pensamento (art. 5º, IV) e de expressão intelectual, artística, científica e de comunicação (art. 5º, IX). Tais formas de expressão, igualmente, podem ser objeto de contrato de emprego, consistente na prestação de serviços de uma ou algumas dessas espécies. Com efeito, pode haver contrato de emprego para desenvolvimento, por exemplo, de modelos industriais, trabalhos artísticos, literários ou de concepção científica teórica, ou mesmo para ações comunicativas do trabalhador. Nestes casos, o trabalhador acha-se igualmente subordinado, isto é, inserido na empresa patronal e sujeito às ordens desta, mas conserva a sua independência técnico-científica nos limites daquelas questões que reclamem decisões dessa natureza fora de padrões previamente determinados por norma ou técnica profissional. Acha-se obrigado a seguir, por exemplo, as normas técnicas ou de segurança de sua profissão, mas oferecendo-se situação-problema que com a aplicação destas diretamente não se resolva, sua é a independência para decidi-las, a qual pode também ser sujeita contratualmente a certos limites (CLT, art. 444).

Em contratos dessa natureza, o salário e outras quaisquer pagas pactuadas entre as partes remuneram já essas formas de expressão do pensamento ou de manifestação, não cabendo, à míngua de previsão contratual específica, qualquer outra vantagem remuneratória ao trabalhador, conquanto tenha-se preconizado, *de lege ferenda*, a criação de normas legais que deem aos empregados um acréscimo remuneratório e uma indenização em caso de dispensa, quando beneficiada a empresa por invento seu. É o que propõe a interessante dissertação de mestrado intitulada *A contraprestação salarial e a invenção*, de Luciano Viveiros de Paula, Professo Substituto da Faculdade de Direito da UERJ, que realizou esse trabalho no Programa de Pós-Graduação em Direito da Universidade Cândido Mendes, sob orientação do culto Prof. Dr. João Marcelo de Lima Assafim, tendo tido a honra de integrar a comissão examinadora o autor destas linhas.

Ultrapassada essa linha da expressão de pensamento, comunicação ou criação como objeto do contrato de emprego, de ordinário, o exercício dessas liberdades em contratos que não as têm em seu objeto é limitado ao mediana e socialmente aceitável, de acordo com as regras subministradas pela experiência da vida em sociedade (Lei de Introdução ao Código Civil, art. 5º, e CPC, art. 335). Não pode o trabalhador manifestar pensamento prejudicial à atividade patronal, salvo, é claro, para resguardar direito ou combater manifesta ilegalidade. Não pode o trabalhador usar seu tempo de trabalho para dedicar-se à criação intelectual ou artística, se estas não constituem objeto do contrato e não são toleradas pelo empregador.

O direito de expressão de pensamento, notadamente o político, econômico ou social, dá-se para os trabalhadores que não os têm inscritos nos objetos de seus contratos pela via da representação sindical. É no plano coletivo que a Constituição assegura aos trabalhadores a expressão de seu pensamento dessa natureza, para divulgação do qual podem valer-se até mesmo do remédio extremo de força que é a greve (art. 9º, da Carta). Seria desejável também a instituição por regulamentação legal ou por norma coletiva da figura do representante de empresa a que se refere o art. 11, da Constituição, sem olvidar a representação deles nos colegiados dos órgãos públicos em que seus interesses profissionais ou previdenciários sejam objeto de discussão e deliberação, de acordo com o art. 10, também do Texto Maior, verdadeiros foros para exercício coletivo dessas liberdades constitucionais.

Se o trabalhador, fora do objeto do contrato, da expressão coletiva de pensamento e criação ou das formas social ou pessoalmente toleradas pelo empregador ou seus prepostos, pode ser até mesmo despedido por justa causa (ato de indisciplina ou insubordinação) ao teimar em exercer, em serviço, de forma impertinente uma dessas liberdades, também não pode o empregador valer-se de seu poder diretivo para restringir a liberdade de pensamento ou de criação dos trabalhadores fora de seus locais de trabalho, assim como não pode impingir a eles ideologia, corrente de pensamento ou coisa que o valha, difundindo-as maciçamente nos locais de trabalho e obrigando os trabalhadores a ouvirem preleções em palestras, exposição oral ou de imagens, ou mesmo pela leitura de panfletos ou constante difusão radiofônica.

Tais formas de comportamento massivo do empregador, logicamente, causam dano moral ao trabalhador por lhe infligirem a aflição de tolerar todas essas manifestações patronais, ao arrepio de sua liberdade de pensamento. Fere a dignidade humana submeter alguém a essa divulgação massiva de ideologia, sem poder recusar-se a tomar conhecimento dela, conduta que representa injusto cerceio à dita liberdade de pensamento.

7. Inviolabilidade das comunicações.

Pode-se dizer já de longa data na ordem constitucional brasileira, uma vez que também contemplada em textos anteriores ao vigente, norma da espécie daquela que está esculpida no art. 5º, XII, da

Constituição, que diz "inviolável o sigilo da correspondência e das comunicações telegráficas, de dados e das comunicações telefônicas, salvo, no último caso, por ordem judicial, nas hipóteses e na forma que a lei estabelecer para fins de investigação criminal ou instrução processual penal".

Não obstante, tem causado grande celeuma o uso dos meios telemáticos de comunicação de propriedade das empresas pelos trabalhadores e a possibilidade ou não do empregador controlar o conteúdo das denominadas caixas postais eletrônicas deles. Ganha força uma corrente que tenta funcionar como mediadora entre as duas outras extremas que permitem ou negam peremptoriamente esse direito do empregador. Sustenta-se, com essa corrente, a possibilidade do trabalhador, ao ser admitido, ser informado da inexistência de sigilo em suas mensagens eletrônicas transmitidas ou recebidas dos aparelhos do empregador, firmando ele então autorização nesse sentido.

Argumenta-se, em favor da posição, com a propriedade dos equipamentos de informática pelo empregador; com a sua finalidade de serviço e com a aludida ciência prévia e concordância do empregado com essa inexistência de sigilo. Acrescem-se, de um modo geral, exemplos de caráter apelativo, com trabalhadores surpreendidos transmitindo ou recebendo, no horário de expediente, mensagens de conteúdo pornográfico ou contendo informações, imagens ou arquivos de voz de natureza ilícita ou obtidos dessa forma, com violação de propriedade intelectual, marcas, sistemas de informática ou senhas.

Abstraído o caráter apelativo de muitos desses exemplos, normalmente exceções que não podem ser tomadas como regras, insta encarar o problema com serenidade, não deixando o intérprete que o brilho das novidades lhe ofusque a clareza de raciocínio e, menos ainda, que sirva como pretexto para um nefasto retrocesso em tema de liberdades públicas. Não se pode olvidar, para tanto, que o uso moderado e por tempo efêmero de equipamentos de reduzido valor e insignificante importância para a empresa pelo trabalhador para fins pessoais não é novidade. Basta para tanto lembrar que, já há muito, há a tradição de por sobre a mesa de trabalho ou pendurar nas paredes do escritório retratos de familiares, pequenas lembranças ou objetos de especial valor sentimental ou religioso, tais como imagens sagradas, cartas ou cartões de filhos, troféus ou medalhas conquistados no trabalho ou em competições esportivas.

Em tempos anteriores, nunca parece ter havido quem se insurgisse contra essas práticas antes descritas, nem quem acreditasse que o uso da mesa ou das paredes de propriedade da empresa para exibição de retratos ou objetos pessoais constituísse falta capaz de ser sancionada ou de causar prejuízo ao empregador. Não era frequente ter notícia de empregador que se tivesse incomodado com a inofensiva distribuição de convites de festas de confraternização entre colegas ou familiares de um ou algum deles, por vezes redigidos esses convites até mesmo em papel da própria empresa ou transmitidos por telefone ou fax de propriedade dela.

Não se pode dizer que houvesse graves problemas por falar o trabalhador por breves instantes ao telefone da empresa, recebendo ligação da esposa ou da namorada para dizer-lhe confidências amorosas, publicáveis ou não.

Como se vê são situações que hoje têm provocado discussão e mesmo freqüentes processos levados à Justiça, movidos, com todo respeito, por uma visão retrógrada do problema. Se não havia mal em expor o retrato de família sobre a mesa da empresa em um porta-retratos de propriedade dela, não é razoável supor-se que possa haver ilícito em exibir o trabalhador como página de abertura de seu computador de trabalho o mesmo retrato de família. Não se há de enxergar infração, do mesmo modo, em enviar o trabalhador, por sua caixa postal da empresa, breves mensagens a parentes ou amigos, não lhe tomando mais do que breves instantes de seu expediente.

Como antes, é no excesso que se há de procurar o ilícito funcional e não na situação em si, a qual muitas vezes revela condutas inofensivas dos trabalhadores, sujeitos à intolerância de empregadores ou seus prepostos e que se aproveitam do caráter inovador dos instrumentos de informação dos dias de hoje para abrir espaço para retrocessos inadmissíveis.

Não fosse assim, como já se usava lembrar ao tempo da Carta de 1969, sob um regime autoritário como é importante não esquecer, que as garantias ou liberdades da espécie daquelas do aludido art. 5º, XII, da Constituição, por entenderem com a dignidade humana, não estão sujeitas a renúncia prévia, nem a autorizações genéricas de quebra de sigilo, concebendo-se estas somente em situações especiais previamente delineadas, como aquela por autorização judicial para a persecução criminal.

Imaginar-se que o trabalhador poderia renunciar previamente ao sigilo de sua caixa postal equivaleria a fazer letra morta do sigilo na transmissão telemática de dados, a qual é também garantida pelo acima mencionado dispositivo constitucional. Seria ingenuidade supor-se que o trabalhador não sofreria pressões das mais diversas ordens para que concordasse com essa verdadeira renúncia prévia e genérica de liberdade constitucional, a qual, como é sabido, não pode ser aceita tecnicamente.

8. Conclusão.

Se tantas e tão grandes são as inovações no mundo do trabalho e não menos destacadas as novidades no mundo do Direito, não se podem esquecer valores e formas de pensar que contribuíram para a ordem de garantias e liberdades que suporta o Estado de Direito, ou mais e melhor do que ele, o Estado dos direitos. Em outras palavras, a pujança econômica, a revolução tecnológica ou quaisquer outros movimentos da vida social e econômica não podem servir para justificar retrocesso numa órbita de direitos que é consequência da marcha civilizatória da Humanidade. Tampouco se pode supor que na preservação das dimensões libertadoras desses direitos, antes destacadas, se exaure a construção dos direitos e da tutela aos trabalhadores.

Não se pode deixar de lado que, para os trabalhadores, a vida e suas obrigações continuam muito rígidas, apesar de tantas facilidades e confortos inegavelmente propiciados pelos novos tempos. No mundo do trabalho, como se viu, as inovações têm servido muitas vezes mais para agrilhoar os trabalhadores do que para libertá-los. Acabaram, com o denominado consenso ou a predominância ideológica neoliberal, que os trabalhadores devem sujeitar-se a certos controles, sempre em nome da segurança ou da fortuna dos negócios. Assim, o resultado é que vêm experimentando até mesmo aqueles indesejáveis retrocessos por conta dessa visão supostamente modernizadora, espelho, em verdade, igualmente, de uma visão ofuscada pelas novidades de alguns operadores do Direito.

Continuam atualíssimos para o Direito do Trabalho os problemas e os direitos das chamadas primeira e segunda gerações ou dimensões, não se podendo renunciar ao descortino de soluções adrede construídas, nem deixar de compará-las ou adaptá-las às constantes novidades. Se o remédio político prescrito pelo marxismo para a tutela dos trabalhadores mostrou-se falho, destruído que foi o sonho pelo horror das ditaduras, nem por isso se pode afirmar que não haja explicação mais fiel, correta e atual da exploração capitalista do trabalho. Deu-se já o ensejo de alguém asseverar e fazer notória a ideia de que enquanto essa exploração continuar a ocorrer e, em muita vez, tiver se aprofundado, não se poderá negar a verdade da riqueza do capital à custa da miséria da classe trabalhadora; miséria não só sob aspecto material, mas também e, sobretudo, na sua acepção moral.

Se continuam sem superação essas constatações, também não é de olvidar que a liberdade dos trabalhadores, antes de individual e burguesa, deve ser coletivamente construída. Serve pouco aos trabalhadores a proclamação dessas liberdades burguesas, se eles não conseguirem organizar-se coletivamente para a elevação de suas condições sociais e econômicas, ou, em outras palavras dos pressupostos materiais de sua dignidade humana, sem os quais esta resta irremediavelmente corrompida pelos apelos da miséria. Seria de discutível utilidade para a classe trabalhadora toda a obra científica que se tem procurado construir em nome de incontáveis novas dimensões de direitos, se na dimensão econômica da dependência do capital as urgências da vida material continuam a subjugá-los. Se é súdito na relação econômica de trabalho, não se pode supor o trabalhador livre numa dimensão etérea de direitos.

Respeitada a sinceridade de propósitos, nessas condições, as conquistas mais recentes de correntes como o Neo-Constitucionalismo ou o Neo-Positivismo oferecem dúvidas sobre a sua utilidade prática para os trabalhadores. Sem conseguir escapar da constatação substancial, que remonta às raízes aristotélicas, de que o Direito é proporção, não obstante a considerável sofisticação teórica que se procura imprimir a essa mesma constatação, tais correntes parecem influenciar, no Direito do Trabalho, uma visão individualista dos problemas da área, supondo ser possível avançar na tutela aos trabalhadores com a construção de incontáveis novas dimensões de direitos aplicadas às relações individuais de trabalho. Para tanto, confira-se a volumosa produção com a qual se passou a contar nos últimos anos em tema de proteção ao patrimônio moral do trabalhador, a qual, em última análise, na praxe do foro trabalhista, muito mais se dirige ao terreno das indenizações após o fim da relação de trabalho, do que à tutela dos direitos em seu sentido próprio e material, oferecendo o risco de tornar no futuro a Justiça do Trabalho muito mais em algo semelhante a uma caixa de gestão de indenizações do que em uma instância criadora e protetora de direitos enquanto tais.

Se a crítica, por um lado, sublinha e destaca em excesso determinados aspectos, por outros não se escapa à objetiva constatação de que, nem mesmo com uma visão patrimonialista e excessivamente obrigacional do Direito do Trabalho, logrou-se o êxito de tornar efetivas para a maioria dos trabalhadores as desejáveis promessas dessas correntes de pensamento. Uma visão individualista do Direito, por mais progressista e alargada que seja, por mais fiel que queira ser aos postulados da Moral e à ampliação do cabedal de direitos, pode muito pouco se não é combinada com a construção coletiva e material desses direitos. A tutela processual, de caráter adjetivo e necessariamente residual, por mais ampla que seja, será sempre restrita em face do universo material ao qual não consegue em regra alcançar, ou, se alcança, não logra acompanhar em sua dinâmica irrefreável. A efetiva construção dos direitos dos trabalhadores não pode prescindir da órbita coletiva, na qual as lutas operárias abrem o espaço político para a sua objetivação e difusão, exatamente do mesmo modo que um dia serviu para a construção de todo o universo do Direito do Trabalho.

É evidente, outrossim, que essas lutas coletivas não se podem travar mais com as mesmas armas, os mesmos atores e as mesmas feições que assumiram na Era Industrial. Impõem-se, ao sabor da inovação tecnológica e da crise do emprego ou, senão desta, a crise da remuneração, que é ainda muito mais perversa, novas formas de organização e luta dos trabalhadores, os quais talvez tenham que enxergar além dos muros das entidades sindicais, associando aos seus pleitos aqueles de outras dimensões da vida pós-moderna, para que possam melhor exercer a pressão, a força política, que é a grande motriz das inovações e da efetivação do Direito. Vale a sugestão de Jacques Derrida, que examinando em obra devotada ao problema da força obrigatória da lei e de sua projeção no meio social, depara-se com a grande força criadora que é a greve e percebe que os trabalhadores no mundo de hoje, enfraquecidos, talvez melhor e mais vantajosamente se organizassem como consumidores para exercer pressões em favor de suas relações de trabalho; que as greves talvez bem pudessem ser associadas aos boicotes de certos produtos ou serviços, como forma de pressionar as empresas, não se esquecendo, como de certa maneira já advertira Hannah Arendt, que se o Homem deixou de ser produtor e passou a ser consumidor, é nessa dimensão que talvez deva melhor exercer-se a pressão política em favor dos seus direitos não só nas relações de consumo, mas, sobretudo, nas de trabalho que não deixaram de estar subjacentes a elas.

Em restritíssima síntese, a guisa de conclusão, continuam as lutas coletivas como dimensão de construção e preservação das liberdades dos trabalhadores e a equidade como fundamento normativo do Direito do Trabalho e de tutela a essas liberdades dos trabalhadores, as quais não apresentam nessa seara peculiaridades que justifiquem restrições além daquelas estritamente necessárias ao prestígio da liberdade de iniciativa, fundamento constitucionalmente equiparado ao valor social do trabalho. Ao invés do privilégio à tutela indenizatória individual, melhor será ampliar as formas de autocomposição dos conflitos no plano meta-individual e, falhando estas, não deixar de reservar espaço para a tutela no plano processual, com os efeitos normativos que lhe são peculiares.

Como já percebia Piero Calamandrei, na crítica à Carta italiana de 1948, cuja citação inicia o presente escrito, com o descortino que é próprio dos conhecedores da História do Direito e dos que se devotam de forma inflexível à Democracia e não aos rótulos e discursos que a cercam, de muito pouco adianta louvar com proclamações solenes os trabalhadores ou atribuir-lhes uma relação considerável de direitos se, na prática das relações de trabalho, a sua sujeição individual continua tão rígida ou mais quanto antes tinha sido sob um regime autoritário. Os trabalhadores são os verdadeiros construtores de suas liberdades e o Direito, como instrumento dessa mudança, não pode descuidar de favorecer essa construção com a abertura das mais amplas vias para o exercício da autonomia coletiva.

9. BIBLIOGRAFIA

ARENDT, Hannah. *A Condição Humana*. 11 ª ed. Trad. Roberto Raposo. Rio de Janeiro: Forense Universitária, 2010.

CALAMANDREI, Piero. *Questa nostra Costituzione*. Milão: Bompiani, 1995.

DETER, Gerhard. *Handwerksgerichtsbarkeit zwischen Absolutismus und Liberalismus: zur Geschichte der genossenschaftlichen Jurisdiktion in Westfalen im 18. und 19. Jahrhundert.* Berlim: Duncker & Humblot, 1987.

GLÉNISSON, Jean & DAY, John. *Textes et documents d'Histoire du Moyen Âge - XIVe.-XVe. siècles:* vol. II, *Les structures agraires et la vie rurale.* Paris: Société d'Édition d'Enseignement Supérieur, 1977.

PAULA, Luciano Viveiros de. *Contraprestação salarial e a invenção.* Dissertação de Mestrado. Programa de Pós-Graduação em Direito da Universidade Cândido Mendes, orientação Prof. Dr. João Marcelo de Lima Assafim, 2009.

SCHIAVONE, Aldo. *Uma História Rompida: Roma Antiga e o Ocidente Moderno,* trad. de Fábio Duarte Joly. São Paulo: Edusp, 2005.

SUPIOT, Alain. *Critique du droit du travail.* Paris: Presses Universitaires de France, 1994.

Discriminação racial no contrato de emprego

Fábio Rodrigues Gomes[1]

1. Introdução

Ao ser convidado para falar sobre a relação entre o trabalho subordinado e a etnia do empregado que o executa, quase que instantaneamente fui remetido ao tempo da escravidão.

Vejam bem. Num país com o passivo histórico e cultural como o nosso, no qual as bases econômicas estiveram escoradas, por séculos, sobre os ombros dos negros escravizados, torna-se inexorável remexer nesta chaga social para iniciar a digressão em torno do tema que me foi proposto. Especialmente quando lembramos que a ruptura com este estado de coisas aconteceu de maneira atabalhoada, sem a menor preocupação com as consequências advindas de uma libertação meramente formal, desprovida das mínimas condições sociais indispensáveis à construção de uma vida digna.

Lançados ao mundo do trabalho "livre" sem educação, moradia, assistência à saúde, à maternidade e à infância, a população negra conquistou uma autonomia de fancaria, pois, ao fim e ao cabo, permaneceu com os grilhões das necessidades básicas bem atados aos seus tornozelos. De que modo conseguiriam comer, vestir-se, educar-se a si próprios e aos seus ou conquistar uma moradia salubre e confortável, quando o único instrumento de trabalho disponível ainda era o mesmo corpo, tingido com a mesma pele negra de outrora?

Certamente que o preconceito arraigado à alma do brasileiro não desapareceu de uma hora para outra. Apesar de estereotipado como "homem cordial", desprovido do feroz segregacionismo an-

---

1   Juiz Titular da 41ª VT/RJ, Mestre e Doutor em Direito Público pela UERJ, Professor de Direito e Processo do Trabalho da Universidade Cândido Mendes – UCAM.

glo-saxônico e, pois, menos arredio à miscigenação, esta sua suposta mansidão não eliminou o racismo aprendido e apreendido ao longo de gerações[2]. Ela pôde, quando muito, tê-lo escondido por detrás da convivência informal do dia a dia. Mas ele – o racismo – permaneceu latente, engessando a nossa pré-compreensão do mundo da vida ao ponto de impedir-nos de identificá-lo em nossas mais prosaicas decisões[3]. E aqui volto ao ponto.

Pode o empregador pautar-se no critério da raça para admitir, organizar, dirigir, disciplinar ou dispensar o empregado que se põe à sua disposição?

Ora – dirão os mais apressados – é claro que não! O art. 3º, IV da Constituição de 1988 alçou a promoção de todos, sem preconceito de raça, a objetivo fundamental da República. E o seu art. 7º, XXX resolveu definitivamente este problema, ao positivar uma norma estruturada em formato de regra, cujo operador deôntico proibitivo torna-se facilmente aplicável através do seguinte modelo hipotético-condicional: *se* o critério de distinção for a "cor", *então* ele é inválido. Mais do que isso, a partir da vigência da Lei nº 9.029/95, configura-se crime discriminar qualquer trabalhador em virtude de sua "origem, raça, [ou] cor"[4].

Por que, então, debruçar-nos sobre este tópico? Não seria ele uma página virada da realidade jurídica brasileira?

Nos itens desenvolvidos a seguir, pretendo convencê-lo de que ainda rodamos em círculo – um círculo deveras vicioso – quando lidamos com este tema.

---

2   Neste sentido, MALLET, Estevão. "Igualdade, discriminação e direito do trabalho". **Revista do Tribunal Superior do Trabalho, vol. 76, nº 3, jul/set 2010**, pp. 26-27, mencionando o autor os conhecidos casos *Plessy vs. Ferguson* (no qual se estabeleceu a famigerada doutrina do *equal but separate*) e *Brown vs. Board of Education* (quando a Suprema Corte norte-americana finalmente reverteu aquele precedente).

3   Neste sentido, cf. GOMES, Fábio Rodrigues. **O direito fundamental ao trabalho: perspectivas histórica, filosófica e dogmático-analítica.** Rio de Janeiro: Ed. Lumen Juris, 2008, pp. 335-337.

4   Sem embargo de existir também a criminalização, desvinculada estritamente do contrato de emprego, através do art. 5º, XLII da CF/88, da Lei nº 7.716/89 e da Lei nº 9.455/97. Ainda sobre a promoção legislativa em torno deste assunto, vale mencionar o Estatuto da Igualdade Racial, materializado na Lei nº 12.288/10.

2. DISCRIMINAÇÃO DIRETA: UM MAL INDIVIDUAL À BEIRA DA EXTINÇÃO?

Como mencionei na abertura deste artigo, o contexto normativo nacional parece deixar pouca margem de manobra para os racistas travestidos de empregadores. A rigor, mesmo sob o enfoque internacional, a discriminação odiosa, calcada no preconceito racial, foi devidamente banida da relação de emprego, em largo espectro, por meio das Convenções nº 97, nº 100, nº 111, nº 117 e nº 122 da OIT, da Convenção Internacional da ONU sobre Eliminação de Todas as Formas de Discriminação Racial, de 21 de dezembro de 1965, da Convenção Interamericana de Direitos Humanos (art. 24) e mesmo da Declaração Universal dos Direitos do Homem (art. 7º)[5].

Ocorre que, mesmo diante de tamanha rede de proteção, pode-se encontrar, na vida prática brasileira, casos nos quais o empregado foi ofendido (sendo chamado de "negrinho" pelo sócio do empreendimento[6]) ou a empregada assediada em razão de sua etnia (cotidianamente pressionada e humilhada, sendo chamada de "macaca" pelo seu superior hierárquico[7]).

Mas ambas são situações para as quais arrisco-me a atribuir a classificação de casos fáceis, à moda hartiana[8]. Ou seja, imputado ao empregador (ou ao seu preposto) o descumprimento do seu dever fundamental de tratar o trabalhador negro com o mesmo respeito e consideração dispensado aos demais empregados de outras raças, deflagra-se ao menos uma das consequências jurídicas derivadas do seu comportamento: o pagamento de uma polpuda indenização pelo dano moral engendrado[9].

Contudo, nem todas as discriminações raciais provocam correção tão elementar. De fato, casos como os descritos acima não geram

---

5   Para mais exemplos, cf. GONÇALVES, Benjamin S. (coord.). **O compromisso das empresas com a promoção da igualdade racial.** São Paulo: Instituto Ethos, 2006, pp. 67-77.

6   TST-AIRR nº 1002-40.2010.5.10.0102, Rel. Min. Alexandre de Souza Agra Belmonte, DJ 01.03.2012.

7   TST-RR nº 331-41.2011.5.10.0018, Rel. Min. Aloysio Corrêa da Veiga, DJ 07.12.2012.

8   HART, Herbert H.A. **O conceito de direito.** 3ª ed. Lisboa: Fundação Calouste Gulbenkian, 2001, pp. 137-149.

9   DRAY, Guilherme Machado. **O princípio da igualdade no direito do trabalho: sua aplicabilidade no domínio específico da formação de contratos individuais de trabalho.** Coimbra: Almedina, 1999, pp. 285-286.

maiores dilemas hermenêuticos, na medida em que a premissa menor do raciocínio judicial foi preenchida de modo singelo, por intermédio de uma prova testemunhal avalizadora de toda a alegação contida na petição inicial. Detalhou-se a ofensa (ou o assédio moral) movido pelo preconceito e, ato contínuo, depoimentos de terceiros foram produzidos, corroborando-se *ipsis literis* tudo o que foi narrado na causa de pedir. Simples assim. Nesta conjuntura, cabe ao juiz tão somente inserir os dispositivos – referidos nesta introdução – na premissa maior e pronto: a conclusão fala por si[10].

Agora imaginem as seguintes hipóteses:

(1) Três empregados de uma instituição bancária foram acusados de aproveitarem-se de sua estrutura de trabalho para constituir e participar ativamente do desenvolvimento de uma empresa de *factoring*. O procedimento constatado foi o seguinte: o primeiro (com 10 anos de tempo de serviço e sem punição prévia) usava sua senha para retirada de um valor, o segundo (com 5 anos de tempo de serviço e uma punição disciplinar anterior) adulterava a contabilidade e o terceiro (com 6 meses de casa e várias punições anteriores) emprestava sua conta-corrente para receber o dinheiro sacado. Diante da negativa geral e também da constatação de que o quadro societário não foi formado diretamente pelos empregados, mas pela irmã de um e pelas esposas dos outros dois, o empregador fez uma apuração administrativa interna, a fim de verificar a efetiva atuação dos trabalhadores na gestão do negócio. Finalizada a sindicância, o terceiro dos empregados foi apenas advertido, em razão de falta de provas, ao passo que o primeiro foi suspenso por 30 dias e o segundo foi despedido por justa causa, nos termos do art. 482, c da CLT. Coincidência ou não, este último era o único negro do grupo e, logo após a resolução contratual, ajuizou ação postulando indenização por dano moral em virtude da discriminação racial de que teria sido vítima[11].

(2) No dia 02 de março de 1997 a empregada doméstica Simone André Diniz leu um anúncio de classificados no Jornal Folha de São Paulo. Nele, oferecia-se uma vaga para empregada domés-

---

10   Sobre a fluidez do raciocínio silogístico/subsuntivo em casos fáceis, cf. SCHAUER, Frederick. "Formalismo". In: RODRIGUEZ, José Rodrigo (org.). **A justificação do formalismo jurídico: textos em debate.** São Paulo: Saraiva, 2011, pp. 71-72.

11   Exemplo construído a partir do caso julgado em TST-AIRR nº 49900-88.2006.5.04.0103, Rel. Min. Luiz Philippe Vieira de Mello Filho, DJ 14.12.2012.

tica, cujo principal requisito para a candidata era a de que fosse de "preferência branca". Simone telefonou para o número indicado e confirmou a exigência. Em seguida denunciou o caso à polícia e, aberto o inquérito, a anunciante declarou que preferia uma empregada branca, pois a anterior, negra, havia maltratado seus filhos, traumatizando-os. Entretanto, tais fatos jamais foram demonstrados. O inquérito foi concluído sem a sua responsabilização e o Ministério Público pediu o arquivamento. Este caso foi denunciado à OEA, onde o Estado brasileiro foi acusado de racismo. A Comissão Interamericana de Direitos Humanos daquele órgão condenou o Brasil pela sua omissão, estipulando que o país pague uma indenização a Simone, conceda-lhe suporte financeiro para prosseguir nos estudos e reabra as investigações[12].

(3) A Lei nº 11.562 de 19.09.2000, do Estado de Santa Catarina, no seu art. 2º, II proibia a "exigência de boa aparência como requisito para a admissão". O Governador de Santa Catarina ajuizou a ADI nº 2.487, almejando a declaração de inconstitucionalidade da lei, em virtude da violação dos arts. 22, I e 61, §1º, II, "a" e "b" da CF/88. O STF, por meio do relator original, Ministro Moreira Alves, deferiu liminarmente o pedido, atribuindo efeito *ex nunc* à sua decisão[13]. A Advocacia Geral da União e a Procuradoria Geral da República opinaram, ambas, pela inconstitucionalidade da Lei nº 11.562/00, acrescentado a ofensa ao art. 21, XXVI da CF/88. O julgamento definitivo ocorreu na sessão plenária de 30.08.2007, tendo o Ministro Joaquim Barbosa assumido a função de relator e votado pela procedência do pedido[14]. Em virtude desta decisão, suponham que uma das melhores casas de show de Florianópolis decida selecionar sua *hostess* por meio do critério da "boa aparência" e que, ao longo dos anos, tenha eliminado sistematicamente as candidatas negras.

É possível afirmar, sem qualquer mínima sombra de dúvida, que em todas estas situações mencionadas houve prática de racismo pelos empregadores? Analisemos uma por vez.

---

12 Cf. http://www1.folha.uol.com.br/fsp/cotidian/ff1811200620.htm. Acesso em 27 de março de 2013.

13 DJ 01.08.2003.

14 Para maiores detalhes sobre este julgamento, cf. GOMES, Fábio Rodrigues. **Direitos fundamentais dos trabalhadores: critérios de identificação e aplicação prática**. São Paulo: LTr, 2013, pp. 322-333.

No primeiro caso enfrentamos uma alegação de discriminação oculta, isto é, aquela em que a intenção de discriminar está disfarçada por um instrumento aparentemente neutro[15]. Um exemplo desta espécie de discriminação, bastante sedimentado na jurisprudência, é o do aumento generalizado de nível dos empregados públicos em atividade, costurado por acordo coletivo. Neste contexto, tem-se como certo que galgar todos os empregados públicos, sem exceção, a um nível superior da carreira sem que haja qualquer critério aparente, é uma forma de burlar a regra da paridade prevista no regulamento interno da empresa, com a finalidade de conceder um aumento disfarçado para o pessoal da ativa, deixando os aposentados à mingua[16].

De volta para o problema proposto no exemplo (1), o modo como ele foi detalhado nos dá a entender que a punição do empregado esteve calcada em fatos graves, objetivos e, pois, facilmente ajustáveis ao tipo legal redigido no art. 482, c da CLT. O ponto da discórdia, todavia, está na distinção do tratamento concedido aos co-autores: apenas um deles – o negro – foi despedido por justa causa.

Pela visão tradicional do direito do trabalho, esta avaliação do comportamento dos trabalhadores e a atribuição da punição considerada razoável para cada um deles encontram-se amparadas pelo poder disciplinar do empregador[17]. Ele tem o direito de considerar mais lesiva aos seus interesses a conduta do segundo empregado (que alterava a contabilidade) do que a dos outros dois (que sacavam e recebiam os valores). O grau de subjetividade desta decisão patronal, somada ao seu direito fundamental à autonomia gerencial e à necessária auto-contenção judicial diante da adequação do meio eleito para atingir ao fim almejado pelo empresário, fazem com que

---

15   CHEHAB, Gustavo Carvalho. "O princípio da não discriminação e o ônus da prova". In: **Revista do Tribunal Superior do Trabalho, vol. 76, nº 3, jul/set 2010**, pp. 53-54.

16   Cf. o inteiro teor da OJ Transitória nº 62 da SBDI-1 do TST: "Petrobrás. Complementação de aposentadoria. Avanço de nível. Concessão de parcela de acordo coletivo apenas para os empregados da ativa. Extensão para os inativos. Artigo 41 do regulamento do plano de benefícios da Petros. Ante a natureza de aumento geral de salários, estende-se à complementação de aposentadoria dos ex-empregados da Petrobrás benefício concedido indistintamente a todos os empregados da ativa e estabelecido em norma coletiva, prevendo a concessão de aumento de nível salarial - "avanço de nível"- a fim de preservar a paridade entre ativos e inativos assegurada no art. 41 do Regulamento do Plano de Benefícios da Fundação Petrobrás de Seguridade Social – Petros".

17   Cf., por todos, SÜSSEKIND, Arnaldo *et alli*. **Instituições de direito do trabalho**. 22ª ed. atual. até 30.4.97. São Paulo: LTr, 2005, pp. 572-579.

a invalidação da justa causa se torne algo de difícil aplicação[18]. Difícil, mas não impossível.

A partir da aceitação majoritária da teoria da eficácia imediata dos direitos fundamentais nas relações privadas, muita coisa mudou[19]. Trata-se da defesa veemente da utilização de princípios constitucionais para a resolução de problemas desprovidos de regras legais que lhes sejam adaptadas e previamente definidas.

A reduzida prognose legislativa, incapaz de fornecer estruturas normativas hipotético-condicionais facilitadoras das tomadas de decisões (mormente as judiciais), faz com que a existência de lacunas regulatórias seja uma característica inerente ao sistema[20]. Neste sentido, e partindo-se da premissa pós-positivista do direito, os critérios adotados para dirimir os conflitos sociais devem ser desenhados não por uma política judiciária ou por uma forte discricionariedade judicial[21], mas, sim, por padrões normativos estruturados como mandamentos a serem otimizados dentro das possibilidades fáticas e jurídicas existentes[22].

Dois exemplos deixarão claro como esta maneira de (re)ver o direito já está na linha de frente dos tribunais.

Quando um deficiente é despedido sem justa causa, utiliza-se o art. 93, §1º da Lei nº 8.213/91 como premissa maior do silogismo jurídico, uma vez que o seu texto traz o condicionamento da validade deste ato à substituição imediata do empregado excluído por outro em "condição semelhante". Portanto, poder-se-ia estruturar este enunciando normativo com o seguinte formato: *se* o empregador não substitui o empregado deficiente dispensado sem justa causa por outra pessoa em condição semelhante, *então* a sua decisão é inválida, acarretando a reintegração do trabalhador[23].

---

18 MORAES FILHO, Evaristo de. **A justa causa na rescisão do contrato de trabalho.** 3ª ed. Fac-similada. São Paulo: LTr. 1996, pp. 178-209.

19 SARMENTO, Daniel. **Direitos fundamentais e relações privadas.** Rio de Janeiro: Lumen Juris, 2004, pp. 289-297.

20 SOUZA NETO, Cláudio Pereira de e SARMENTO, Daniel. **Direito constitucional: teoria, história e métodos de trabalho.** Belo Horizonte: Ed. Fórum, 2012, p. 531 et seq.

21 HART, Herbert L.A. **O conceito de direito,** pp. 16-17.

22 ALEXY, Robert. **Teoria dos direitos fundamentais.** Trad. Virgílio Afonso da Silva. São Paulo: Malheiros, 2008, p. 90 et seq.

23 TST-AIRR nº 501-42.2011.5.03.0136, Rel. Min. Alexandre de Souza Agra Belmonte, DJ 19.10.2012.

No primeiro caso em análise não encontramos nada próximo disso. Não há uma estrutura normativa, facilitadora do raciocínio jurídico, dizendo "*se* três empregados, em co-autoria, praticam concorrência desleal contra o empregador, *então* todos devem receber idêntica punição". Na melhor das interpretações, temos à mão o princípio da não-discriminação, segundo o qual a decisão carente de critério ou que, possuindo-o, mostre-se incoerente com a finalidade que o empregador pretenda atingir, gera a presunção de discriminação arbitrária e, pois, de ato irregular[24].

A meu ver, esta é a conclusão passível de ser extraída da posição atual do Tribunal Superior do Trabalho, ao presumir "discriminatória a despedida de empregado portador do vírus HIV ou de outra doença grave que suscite estigma ou preconceito. [e] Inválido o ato, [afirmando que] o empregado tem direito à reintegração no emprego"[25]. Tanto assim, que a Corte preocupou-se em reforçar o seu entendimento, ao declarar a inexistência de direito líquido e certo do empregador de reformar eventual antecipação de tutela de reintegração concedida pelo juiz, para hipóteses desta natureza[26].

Deste modo, desde o instante em que o segundo empregado suscite, fundamentadamente, a hipótese de sua discriminação ter sido motivada pela sua etnia, deverá o empregador justificar, esclarecer a razão que o levou a punir de maneira diferente os outros dois empregados partícipes do mesmo ilícito contratual. Circunstanciar ainda mais o que já foi entrevisto na sua investigação interna, a fim de afastar concretamente, perante o juiz, qualquer desconfiança em torno de suas intenções.

Como já escrevi em outro lugar: "muitos empregadores utilizavam do seu direito potestativo de restringir o direito ao trabalho dos seus empregados, como um *instrumento* a serviço de uma segunda restrição de um outro direito fundamental (que, no caso das discriminações, era o da igualdade material). Valiam-se, portanto, do "silêncio" tolerado pelo art. 7º, I da Constituição de 1988, para perpetrar uma restrição sabidamente desproporcional a outros direitos

---

24 ÁVILA, Humberto. **Teoria dos princípios: da definição à aplicação dos princípios jurídicos.** 8ª ed. São Paulo: Malheiros, 2008, pp. 150-151.

25 Súmula nº 443 do TST.

26 OJ nº 142 da SBDI-2 do TST.

fundamentais da pessoa humana (na qualidade de trabalhador)"[27]. A partir desta renovação hermenêutica, o discurso vazio e formal do "fi-lo porque me é permitido agir assim" não mais se sustenta. Torna-se indispensável a explicitação dos bastidores de sua decisão. Para os mais formalistas, esta exigência normativa seria mais um exemplo do nosso intervencionismo tropical, do típico ativismo judicial paternalista encontrado a torto e a direito na seara trabalhista, uma intromissão ilegítima e complicadora. Porém, esta não é uma jabuticaba nacional. Ao contrário, a dispensa absolutamente silenciosa, ao custo de uma indenização tarifada, é que parece ser uma peculiaridade nossa. Basta um breve passeio pelo direito comparado e encontramos, sem maiores dificuldades, exigência semelhante a que ora se propõe.

Como exemplo inicial, menciono os Estados Unidos da América. Um importante parâmetro geral utilizado pela Suprema Corte deste país diz respeito à finalidade da restrição ao direito fundamental do trabalhador. Admitem-se, *a priori*, restrições proporcionais aos direitos individuais do empregado, desde que mantenham relação de estreita coerência com os objetivos empresariais legítimos do seu empregador (o que os norte-americanos chamam de *business necessity*)[28]. Assim, pode-se admitir a exigência feita por um restaurante aos seus profissionais para que mantenham as unhas cortadas, haja vista a preocupação com a higiene dos alimentos preparados e servidos. A restrição à autonomia do trabalhador estará aqui justificada por uma razoável necessidade do serviço. A Suprema Corte impõe ao empregador nada mais do que a explicitação de sua motivação, de molde a eliminar a presunção de discriminação odiosa[29].

---

27 GOMES, Fábio Rodrigues. **O direito fundamental ao trabalho**, p. 221.

28 Cf. LIMA, Firmino Alves. **Teoria da discriminação nas relações de de trabalho**. Rio de Janeiro: Elsevier, 2011, pp. 128-140, 182-184 e 220-221, CRUZ, Álvaro Ricardo de Souza. **O direito à diferença**. Belo Horizonte: Arraes Editores, 2009, p. 19-21. Cf., também, BARCELLOS, Ana Paula de Barcellos. **Ponderação, racionalidade e atividade jurisdicional**. Rio de Janeiro: Renovar, 2005, pp. 282-287 e 292, ÁVILA, Humberto, **Teoria dos Princípios**, p. 70 e CANOTILHO, José Joaquim Gomes. **Direito Constitucional e Teoria da Constituição**, 7ª ed. Coimbra: Livraria Almedina, 2003, p. 465.

29 GOMES, Fábio Rodrigues e SARMENTO, Daniel. "A eficácia dos direitos fundamentais nas relações entre os particulares: o caso das relações de trabalho". In: **Revista do Tribunal Superior do Trabalho, vol. 77, nº 4, out/dez 2011**, pp. 93-94.

Consegue-se vislumbrar, ainda, a normatização de procedimento semelhante[30]:

(a) na Inglaterra, conforme já atestado pela *House of Lords*, no julgamento de *King vs. Great Britain-CHine Centre*;

(b) em Portugal, ao prever no art. 23 do seu Código do Trabalho que "Cabe a quem alegar discriminação fundamentá-la, indicando o trabalhador ou trabalhadores em relação aos quais se consideram discriminados", incumbindo "ao empregador provar que as diferenças de condições de trabalho não assentam em nenhum dos fatores indicados no nº 1";

(c) na Espanha, ao prescrever no art. 96 da Ley de Procedimiento Laboral que "Naqueles processos em que das alegações da parte autora se deduza a existência de indícios fundados de discriminação por razão de sexo, origem racial ou étnico, religião ou convicções, deficiência, idade ou orientação sexual, corresponderá ao demandado a apresentação de uma justificação objetiva e razoável, suficientemente provada, das medidas adotadas e de sua proporcionalidade"[31], estando este resultado hermenêutico registrado na Sentença nº 114/89, de 22 de junho de 1989, do Tribunal Constitucional espanhol; e

(d) na Bélgica, através do §1º do art. 28 de Lei promulgada em 10 de maio de 2007, que estatui: "Quando uma pessoa que se reputa vítima de uma discriminação ( ) invoca perante a jurisdição competente os fatos que permitem presumir a existência de uma discriminação fundada sobre um dos critérios protegidos, incumbe ao demandado provar que não houve discriminação"[32].

Temos, pois, para situações individuais como as descritas no exemplo (1), a inversão do ônus argumentativo[33]. Ao empregado imputa-se o dever de apresentar seu caso de maneira fundamentada (o que os norte-americanos chamam de *prima facie case*)[34], imputando-se ao empregador a obrigação, sucessiva e correlata, de pormenorizar as razões subjacentes ao tratamento diferenciado do empregado

---

30 Neste sentido, MALLET, Estêvão. "Igualdade, discriminação e direito do trabalho", pp. 47-49.

31 Tradução livre.

32 Tradução livre.

33 Sobre a natureza argumentativa da prova produzida no bojo do devido processo legal, cf. MARINONI, Luiz Guilherme e ARENHART, Sérgio Cruz. **Prova**. 2ª ed. São Paulo: Ed. Revista dos Tribunais, 2011, pp. 57-61.

34 Idem, p. 48.

suspeito de discriminação racial. Ou, ainda, quando se escudar no seu "direito potestativo" de resilir unilateralmente o contrato sem justa causa, o empregador deverá desincumbir-se do seu dever de quebrar o silêncio permitido *a priori* pela parte final do art. 7º, I da CF/88, de modo a externar as razões que estiveram por detrás de sua decisão e, assim, impedir que seja classificada como dispensa arbitrária[35]. Razões estas que - diga-se de passagem – sempre estão presentes, porquanto um dos axiomas da análise econômica do direito é justamente o da presunção de racionalidade dos atores sociais[36].

Quanto ao exemplo (2), o caso aparentemente é tão simples quanto os referidos na abertura deste tópico. Mas a simplicidade se deu em virtude de uma transparência poucas vezes vistas em nosso dia a dia. Ou alguém considera corriqueiro o empregador doméstico reverberar aos quatro cantos que prefere contratar empregadas brancas?

Percebam bem a sutileza da situação. O trabalhador doméstico possui características próprias, que o transformam num caso a parte. Ainda que hoje lhe sejam estendidos todos os direitos trabalhistas concedidos aos empregados em geral[37], não há como ignorar plenamente as nuances características de sua atuação, seja por força da intensa confiança de que dispõe, seja em razão de prestar serviços para um indivíduo, pessoa física, ou para sua família, sem qualquer finalidade econômica, seja porque o trabalho é executado no ambiente residencial[38]. Logo, é compreensível que se queira dispensar ao seu empregador uma margem mínima de arbítrio, pois se trata de uma parte indissolúvel de sua "liberdade emocional"[39].

Entretanto, como para tudo na vida, há limites. Certas escolhas, quando postas à luz do dia, não devem ser aceitas. Diferentemente do que defende o catedrático português José Carlos Vieira de Andrade, para quem "deve admitir-se a livre escolha do pessoal que presta serviço doméstico", mesmo quando o crité-

---

35 GOMES, Fábio Rodrigues. **O direito fundamental ao trabalho**, pp. 218-220.

36 GOMES, Fábio Rodrigues. **Direitos fundamentais dos trabalhadores**, p. 60 et seq.

37 Em 27 de março de 2013, a PEC nº 66/2012 foi aprovada em segundo turno e por unanimidade no Senado Federal, depois de passar pelo mesmo rito na Câmara dos Deputados, estando apenas pendente de promulgação.

38 GOMES, Fábio Rodrigues. **Direitos fundamentais dos trabalhadores**, pp. 151-152.

39 ANDRADE, José Carlos Vieira de. **Os direitos fundamentais na Constituição Portuguesa de 1976**. 2ª ed. Combra: Livraria Almedina, 2001, p. 269.

rio de admissão seja pautado por razões de raça[40], penso ser esta uma parametrização inaceitável[41].

Ora, quando temos uma reserva mental em face de alguma situação relacional, seja ela qual for, devemos demonstrar o mínimo de prudência ao manifestá-la, pois, apesar de irrelevante juridicamente enquanto mantida no foro íntimo[42], poderemos causar um dano ao outro tão logo ela seja externalizada. Deste modo, se, e somente se, estivermos na esfera das questões que dizem respeito ao próprio indivíduo e ele seja plenamente capaz e dotado minimamente das informações necessárias à sua tomada de posição, aquela margem de arbítrio referida pelo professor português será bem-vinda.

Parafraseando John Stuart Mill, os sentimentos, gostos e objetivos de vida de cada um são incomensuráveis para o outro, além de, apenas (e, talvez) indiretamente, afetá-lo de alguma maneira[43]. É claro que este autor não desconhecia o juízo de valor que fazemos sobre os vícios de caráter dos nossos semelhantes. Mas, na sua opinião, desde que estes defeitos morais não causassem danos aos demais membros da sociedade, esta deveria "dar-se ao luxo de suportar essa inconveniência, tendo em vista o bem maior da liberdade humana"[44]. Desta forma, "no que diz respeito aos interesses de cada pessoa, a sua espontaneidade individual tem o direito a ser livremente exercida"[45].

Acontece que este mesmo filósofo inglês era igualmente enfático a respeito da ressalva considerada por ele implícita a esta norma geral: "sempre que há um dano claro, ou um risco de dano, quer para um indivíduo quer para o público, o caso é retirado do campo da liberdade e colocado no da moralidade ou da lei"[46]. Ou ainda: "Quando, através de uma conduta deste tipo, uma pessoa é levada a violar uma obrigação, distinta e atribuível, para com qualquer outra

---

40   Idem, p. 271, nota nº 84.

41   GOMES, Fábio Rodrigues, **O direito fundamental ao trabalho**, p. 222.

42   Art. 110 do CC.

43   **Sobre a liberdade.** Trad. Pedro Madeira. Rio de Janeiro: Nova Fronteira, 2011, p. 115.

44   Idem, pp. 122-123.

45   Idem, p. 116.

46   Idem, p. 122.

pessoa ou pessoas, o caso deixa de só a si dizer respeito, e tornar-se passível de reprovação moral no sentido adequado do termo"[47].

Transportando-se a lição de Mill para o exemplo (2), temos que se o empregador doméstico em potencial é um racista empedernido, que guarde para si este lado tenebroso de sua alma e o esconda do melhor modo que puder. Pois, caso ele venha à tona, muito provavelmente consequências jurídicas imediatas advirão, já que esta maneira de enxergar a vida em sociedade tem o condão de produzir severas lesões existenciais para a população negra, seja trincando a auto-estima individual de quem a integra, seja envenenando a convivência social ao ponto de, simplesmente, torná-la inviável.

Compreender as idiossincrasias lesivas à dignidade humana do próximo como algo antijurídico é um caminho sem retorno, caso levemos a sério os valores inscritos na Constituição brasileira de 1988. Ou isso, ou o desenho institucional nela embutido (o de uma democracia cooperativa, centrada no igual respeito e consideração pelo outro e na abertura permanente ao diálogo social voltado para o atingimento de um consenso sobreposto, apto a ser aceito sinceramente pelas doutrinas morais abrangentes) não será visto sequer como uma utopia. Será uma quimera inalcançável[48].

Por fim, ao apreciarmos o exemplo (3), iremos notar que a ideia de discriminação consegue avançar ainda mais fundo na zona de penumbra que a envolve.

Ao nos aproximarmos do caso referido, podemos dizer, ainda que intuitivamente, que a utilização do critério "boa aparência" para a seleção de recepcionistas de um estabelecimento de lazer e diversão não se mostra de todo mau. Afinal de contas, acredito ser possível defender, sem maiores constrangimentos, a razoabilidade desta exigência, na medida em que consigamos construir a relação de coerência entre o critério apontado (boa aparência) e a finalidade a ele subjacente (*v.g.*, criar um ambiente de bem-estar, conforto e desprendimento). Mas – como diz o adágio popular – o problema mora nos detalhes.

---

47 Idem, p. 121.

48 Sobre a defesa da democracia cooperativa e a sua adequação ao modelo institucional brasileiro, cf. SOUZA NETO, Cláudio Pereira de. **Teoria constitucional e democracia deliberativa: um estudo sobre o papel do direito na garantia das condições para a cooperação na deliberação democrática**. Rio de Janeiro: Renovar, 2006.

Ao esmiuçarmos os dados fáticos lançados na suposição sugerida, encontramos uma sistemática exclusão de pessoas negras. E apenas isso. Não há menção a qualquer outro indício de discriminação que não seja esta constatação empírica, de natureza estatística. Isso basta para que o empresário seja acusado de praticar discriminação racial? Ou o subjetivismo incontornável do significado da expressão "boa aparência" nos obriga a aceitar passivamente as preferências étnicas do titular do empreendimento?

3. DISCRIMINAÇÃO DE *FACTO* E DISCRIMINAÇÃO INDIRETA: AFERIÇÕES CONCRETAS DA NEUTRALIDADE INDIVIDUAL E O IMPACTO DESPROPORCIONAL DA NEUTRALIDADE COLETIVA

O terceiro exemplo indicado traz para a discussão uma espécie muito controvertida de discriminação: a discriminação de fato.

De acordo com a precisa lição de Daniel Sarmento: "A discriminação *de facto* consiste em ofensa ao princípio da igualdade perante a lei. Ela ocorre quando existe uma norma jurídica válida, cuja aplicação concreta pelas autoridades competentes dá-se de forma sistematicamente anti-isonômica e prejudicial a um determinado grupo. A melhor forma para aferir a violação desta dimensão do princípio da igualdade é através do recurso à estatística"[49]. E prossegue o autor, fornecendo o seguinte exemplo: "se ficar comprovado que o percentual de negros reprovados em testes orais em determinado concurso público é proporcionalmente muito superior ao de candidatos brancos, esta pode ser uma prova importante de violação do princípio da igualdade na aplicação da norma aparentemente neutra que instituiu a prova oral como fase do certame"[50].

Se partirmos da premissa de que também os particulares estão diretamente vinculados aos direitos fundamentais, então chegaremos à seguinte conclusão: a exclusão sistemática de todas as candidatas negras à função de *hostess* deixa um aroma estranho no ar.

---

49 **Livres e iguais: estudos de direito constitucional.** Rio de Janeiro: Lumen Juris, 2006, p. 147.

50 Idem, ibidem.

Neste passo, a aparente neutralidade da decisão do comerciante, que, supostamente, está no exercício regular do seu direito de liberdade empresarial, ao escolher a recepcionista que melhor atenda à sua finalidade econômica, estará em xeque quando for verificado empiricamente que ele nunca contratou uma pessoa negra sequer para trabalhar no seu estabelecimento. Especialmente se apoiar-se no argumento de que nenhuma delas contava com "boa aparência". Portanto, caso um destes indivíduos, diretamente afetados pela exclusão, suscite a hipótese de ter sido discriminado em razão de sua raça, deverá o empresário justificar de modo convincente quais os motivos objetivos que o levaram a optar sempre pelo outro candidato de etnia diferente, sabendo, desde já, que a espada de Dâmocles estará pesando sobre a sua cabeça.

Antes de partirmos para o encerramento, ainda uma última forma de discriminação deve ser mencionada. Falo da discriminação indireta.

Seguindo a metodologia adotada até este momento, primeiro apresentarei o exemplo derradeiro para, logo depois, analisá-lo sob as lentes da teoria mais adequada.

O caso envolve o julgamento de cinco Ações Civis Públicas (ACP) ajuizadas pelo Ministério Público do Trabalho (MPT) de Brasília, no âmbito do seu Programa de Promoção da Igualdade de Oportunidade para Todos (PPIOPT), em face das filiais do Distrito Federal dos maiores bancos privados brasileiros[51]. Tomando por base a resistência das instituições bancárias de identificar a discriminação racial no processo de seleção e recrutamento dos seus empregados, bem como na sua política salarial, e a recusa na adoção de políticas afirmativas de combate a este estado de coisas, os Procuradores questionaram judicialmente as práticas gerenciais destes empreendedores.

O cerne de suas investidas foi o das "comparações entre grupos, estabelecendo parâmetros e utilizando-os para analisar realidades mais amplas como meio de comparação com realidades específicas. Isso significa que, por exemplo, ao comparar os salários desiguais dos negros e dos brancos, suspeitando-se que a educação formal, a qualificação profissional e as experiências prévias no mercado de

---

51 Cf. VARELLA, Santiago. **Discriminação racial indireta e ação afirmativa no emprego sob a perspectiva dos direitos coletivos.** 2009. 321 f. Tese (Doutorado em Sociologia) - Universidade de Brasília, Brasília, 2009, p. 66. Acessível em: http://hdl.handle.net/10482/6425.

trabalho são fatores básicos na avaliação dessas desigualdades, compara-se apenas aqueles grupos de pessoas com níveis de educação, qualificação e experiência semelhantes"[52].

Recolhida a amostragem empírica a partir da Relação Anual de Informações Sociais (RAIS), como também da requisição de informações socioeconômicas que contaram, inclusive, com o nome do cargo ocupado por cada trabalhador na empresa, o MPT constatou que "Não há outra justificativa, senão a existência de discriminação, quando nos deparamos com o fato de que trabalhos com a mesma taxa de produtividade, mesma exigência educacional e de competências remunerem mulheres negras com quase um terço (38%) do salário pago a um homem branco, como é o caso das atividades de venda e prestação de serviço no comércio (Peça inicial das ACPs, folha 18)"[53].

Quanto ao setor bancário especificamente considerado, apurou-se que "as rendas médias dos negros são inferiores cerca de 40% que a auferida pelos brancos" e que "enquanto nas atividades de manutenção e conservação de edifícios encontram-se cerca de 65% de negros, apenas 5,6% são escriturários de contabilidade, que é, tipicamente, o cargo de início da carreira bancária. Da mesma forma, os negros são mais da metade dos contínuos, garçons, "barmen" e copeiros dos bancos, enquanto representam apenas 13,7% dos caixas de banco e operadores de câmbio e 15,9% dos gerentes de operações ou apoio desses mesmos bancos (Peça inicial da ACP, de autoria do MPT, folha 22)"[54].

Além disso, fez-se questão de frisar que as desigualdades encontradas não eram fruto do acaso ou de discriminações prévias à entrada no mercado de trabalho, mas, sim, de "possíveis segregações e mecanismos de desvalorização dos negros nos processos organizacionais das empresas"[55]. A rigor, "As desigualdades de trato, acima demonstradas, que trazem inegáveis desvantagens para os negros (pretos e pardos) e mulheres, em relação aos brancos e homens, não se explicam pela suposta pouca educação dos negros ou das mulheres que trabalham em bancos, haja vista que a diferença educacional média entre negros e brancos é muito pequena, sendo

---

52   Idem, pp. 159-160.

53   Idem, p. 163.

54   Idem, pp. 165-166.

55   Idem, p. 166.

inexistente para o caso das mulheres em relação aos homens (Reproduzido das Peças iniciais das ACPs de autoria do MPT, folha 25)"[56].

Os dados estatísticos sobre raça/cor da Pesquisa Nacional por Amostra de Domicílios (PNADS) do IBGE, juntamente com aqueles coletados administrativamente pelo *Parquet*, levaram-no à conclusão de que, dentre outras distinções e considerados os pré-requisitos exigidos pelo empregador para admissão, o percentual de negros encontrados no contigente das empresas era da ordem de 10,1%, ou seja, cerca de quatro vezes menor do que o esperado, quando comparado à concentração de pessoas deste grupo racial na população economicamente ativa com mais de 16 anos de idade e com os requisitos educacionais exigidos (PEA reduzida), o que girava em torno de 41,5%[57]. Assim, amparado neste recorte da realidade, o Ministério Público pleiteou o reconhecimento judicial da discriminação indireta e a sua cessação imediata, sob pena de multa diária de R$100.000,00, além da condenação das empresas no pagamento de dano moral coletivo no importe de R$30.000.000,00[58].

A linha de defesa pautou-se, essencialmente, na desqualificação das estatísticas (tratando-as como resultados sujeitos a falhas, simplórios e pouco atentos à complexidade cultural e histórica da situação referida), na inexistência de prova cabal de atos explícitos e dotados da intenção dolosa de discriminar, de que este tipo de demanda estimularia uma "confrontação de raças" e de que se almejava a implementação de um regime de cotas pela via judicial, infringindo a prerrogativa legislativa na resolução de problemas desta natureza, com a consequente violação do Princípio da Separação dos Poderes[59].

Por ocasião dos julgamentos, tanto a maioria dos juízes de primeira instância quanto os de segundo grau rechaçaram a utilização de estatísticas como meio de prova confiável. Ademais, ativeram-se ao argumento positivista, no sentido de que o Judiciário estaria impossibilitado de obrigar as rés a adotarem ações afirmativas sem que houvesse lei específica contendo esta determinação. Uma aplicação silogística e linear do princípio da legalidade estrita, extraído

---

56   Idem, ibidem.

57   Idem, pp. 173-174.

58   Idem, pp. 188-191.

59   Idem, pp. 197-198.

da interpretação do art. 5º, II da CF/88. E, diante disso, todos os pedidos das cinco ACPs foram julgados improcedentes[60].

Pois bem. Após a descrição deste último caso, torna-se relevante sublinhar o manuseio da noção de discriminação indireta e da teoria do impacto desproporcional a ela subentendido.

Oriunda dos Estados Unidos na década de 70, esta teoria propõe que "toda e qualquer prática empresarial, política governamental ou semi-governamental, de cunho legislativo ou administrativo, ainda que não provida de intenção discriminatória no momento de sua concepção, deve ser condenada por violação do princípio constitucional da igualdade material se, em consequência de sua aplicação, resultarem efeitos nocivos de incidência especialmente desproporcional sobre certas categorias de pessoas"[61].

O caso paradigmático, apreciado pela Suprema Corte daquele país em 1971, foi o *Griggs vs. Duke Power Co.*[62]. A controvérsia girou em torno de um "teste de inteligência" realizado pela companhia em seus empregados, com o objetivo de viabilizar suas promoções[63]. Contrapondo-se a esta exigência, um grupo de trabalhadores negros afirmou não ser esta avaliação indispensável para aferir o bom desempenho de todos. Mais do que isso, ela gerava, ao fim e ao cabo, um impacto desproporcional apenas sobre eles, pois os negros, em sua grande maioria, estudaram em escolas de pior qualidade do que os brancos. Deste modo, a Suprema Corte norte-americana invalidou esta conduta administrativa, visto que um procedimento aparentemente neutro e supostamente adequado à finalidade econômica da empresa servia para "congelar o *status quo* de práticas empregatícias discriminatórias do passado"[64].

A partir desta breve explanação, pode-se perceber que as ideias da discriminação indireta e da teoria do impacto desproporcional têm como mote a análise pragmática das decisões adotadas, tendo em vista as externalidades por elas produzidas sobre determinado

---

60 Idem, pp. 283-293.

61 GOMES, Joaquim Barbosa. **Ação afirmativa e Princípio Constitucional da Igualdade.** Rio de Janeiro: Renovar, 2001, p. 24.

62 ESTREICHER, Samuel and HARPER, Michael C. **Cases and materials on employment dicrimination law.** 3th ed. American casebook series. St. Paul: Thomson West, 2004, pp. 80-84.

63 SARMENTO, Daniel. **Livres e iguais**, p. 150.

64 Idem, ibidem.

grupo historicamente mais vulnerável. Por outras palavras, o núcleo desta teoria é a verificação empírica e a medição estatística das consequências das decisões públicas ou privadas sobre as fatias mais desfavorecidas da sociedade, a fim de permitir a emissão de juízo de valor sobre a compatibilidade destas medidas com os ideais normativos contidos na Constituição[65].

Aceita esta maneira mais aberta de se pensar os conceitos de discriminação, de prova e da própria finalidade do instrumento processual, toda uma nova perspectiva se abriria em busca da legitimação de ações afirmativas iniciadas, inclusive, na esfera judicial, com o fim de minorar os efeitos maléficos produzidos por determinados comportamentos sobre uma das parcelas mais frágeis da coletividade. Principalmente quando o Judiciário deparar-se com a inércia estatal e não encontrar critérios legislativos previamente construídos para auxiliá-lo na correção de rumo requerida.

Na verdade, esses mecanismos poderiam vir depois, numa espécie de colóquio institucional decorrente de um diálogo respeitoso e atento entre as autoridades[66]. Postas as vaidades de lado, sedimentada a aceitação da dimensão objetiva dos direitos fundamentais e do dever de proteção a eles inerente e levados a sério os limites e as possibilidades implícitos à capacidade institucional de cada um dos Poderes da República, todos eles estariam em pé de igualdade para efetivar a dignidade humana dos seus destinatários mais necessitados, mesmo que esta efetivação demandasse, vez por outra, intervenções mais pró-ativas, criativas e inovadoras dos órgãos judicantes.

Sem atropelos voluntaristas e autoritários, a perspectiva deveria ser a da realização da igualdade material dos negros trabalhadores a partir da visão de conjunto da obra decisória, seja ela pública ou privada, e independentemente da intenção originária, como se todos os responsáveis pela resolução do problema fizessem parte de uma mesma orquestra, evitando ruídos e dissonâncias institucionais e buscando harmonizar suas atuações com o que está inscrito na partitura constitucional à sua frente.

Com isso, os argumentos positivistas da legalidade estrita e da anomia regulatória, encontrados nos julgamentos das ACPs ajuiza-

---

65 Sobre a importância da visão pragmática do direito, cf. GOMES, Fábio Rodrigues. **Direitos fundamentais dos trabalhadores**, p. 60 et seq.

66 SARLET, Ingo Wolfgang, MARIONI, Luiz Guilherme e MITIDIERO, Daniel. **Curso de direito constitucional**. São Paulo: Ed. Revista dos Tribunais, 2012, pp. 218-220.

das pelo Ministério Público do Trabalho, seriam deixados para trás, não apenas porque sobrecarregam um legislativo já truncado como o nosso, mas também porque confeririam uma maior deferência à concepção pós-positivista do direito como argumentação[67]. Em troca de sua sofisticação decisória (metodologicamente mais cuidadosa, pautada em razões públicas e preocupada em auferir a aceitação racional da sociedade), aceita-se a ampliação do ângulo de visão judicial para abarcar, também, parcelas da realidade que, antes, ficavam escondidas. A formalização processual excessiva daria lugar a uma teoria processual mais dinâmica e aberta à apreciação técnica e minuciosa de dados objetivos, capazes de mostrar situações que poderiam ser até fática e intuitivamente percebidas, mas que jamais conseguiram tornar-se juridicamente palpáveis.

4. Conclusão

É chegado o momento de interromper a reflexão. Como pôde ser visto ao longo deste artigo, o entrelaçamento entre raça e relações de trabalho não está ainda completamente solucionado, ao contrário do que nos faz crer a leitura apressada de alguns enunciados normativos, tais como o art. 3º, IV e o art. 7º, XXX da Constituição de 1988.

Preconceitos raciais ocultos estão se liquefazendo sob a luz forte da exigência de justificação racional, lastreada na fundada alegação de discriminação. Preconceitos raciais latentes devem ser enterrados cada vez mais fundo ou até, quiçá, serem esquecidos, sob pena de poderem acarretar severa punição, caso sejam revelados e causem dano à dignidade humana do próximo. E, finalmente, preconceitos raciais apurados estatisticamente e *a posteriori*, alguns dos quais encontrados sem haver sequer a intenção do seu agente propulsor, ganham destaque no cenário jurídico brasileiro e iniciam uma nova senda discursiva em torno do papel institucional do Poder Judiciário, propiciando uma guinada normativa de 180º no trato das discriminações, de modo a torná-las positivistas, benéficas, afirmativas para os grupos historicamente esquecidos e, justamente por isso, desprovidos de meios de ascensão social.

---

[67] Por todos, cf. ATIENZA, Manuel. **El derecho como argumentación**. 2ª ed. Barcelona: Editorial Ariel, 2007.

Longe de esgotar o assunto, o que pretendi foi simplesmente relembrar o óbvio: as questões envolvendo as pré-compreensões humanas sobre estereótipos raciais e os seus desdobramentos no espaço destinado ao trabalho subordinado deram, dão e ainda darão, durante um bom tempo, muito pano para manga.

5. Referências bibliográficas

ALEXY, Robert. **Teoria dos direitos fundamentais.** Trad. Virgílio Afonso da Silva. São Paulo: Malheiros, 2008.

ATIENZA, Manuel. **El derecho como argumentación.** 2ª ed. Barcelona: Editorial Ariel, 2007.

ÁVILA, Humberto. **Teoria dos princípios: da definição à aplicação dos princípios jurídicos.** 8ª ed. São Paulo: Malheiros, 2008.

BARCELLOS, Ana Paula de Barcellos. **Ponderação, racionalidade e atividade jurisdicional.** Rio de Janeiro: Renovar, 2005.

CANOTILHO, José Joaquim Gomes. **Direito Constitucional e Teoria da Constituição,** 7ª ed. Coimbra: Livraria Almedina, 2003.

CHEHAB, Gustavo Carvalho. "O princípio da não discriminação e o ônus da prova". In: **Revista do Tribunal Superior do Trabalho, vol. 76, nº 3, jul/set 2010.**

CRUZ, Álvaro Ricardo de Souza. **O direito à diferença.** Belo Horizonte: Arraes Editores, 2009.

DRAY, Guilherme Machado. **O princípio da igualdade no direito do trabalho: sua aplicabilidade no domínio específico da formação de contratos individuais de trabalho.** Coimbra: Almedina, 1999.

ESTREICHER, Samuel and HARPER, Michael C. **Cases and materials on employment dicrimination law.** 3th ed. American casebook series. St. Paul: Thomson West, 2004.

GOMES, Fábio Rodrigues. **Direitos fundamentais dos trabalhadores: critérios de identificação e aplicação prática.** São Paulo: LTr, 2013.

GOMES, Fábio Rodrigues. **O direito fundamental ao trabalho: perspectivas histórica, filosófica e dogmático-analítica.** Rio de Janeiro: Ed. Lumen Juris, 2008.

GOMES, Fábio Rodrigues e SARMENTO, Daniel. "A eficácia dos direitos fundamentais nas relações entre os particulares: o caso das relações de trabalho". In: **Revista do Tribunal Superior do Trabalho, vol. 77, nº 4, out/dez 2011.**

GOMES, Joaquim Barbosa. **Ação afirmativa e Princípio Constitucional da Igualdade.** Rio de Janeiro: Renovar, 2001.

GONÇALVES, Benjamin S. (coord.). **O compromisso das empresas com a promoção da igualdade racial.** São Paulo: Instituto Ethos, 2006.

HART, Herbert H.A. **O conceito de direito.** 3ª ed. Lisboa: Fundação Calouste Gulbenkian, 2001.

LIMA, Firmino Alves. **Teoria da discriminação nas relações de de trabalho**. Rio de Janeiro: Elsevier, 2011.

MALLET, Estevão. "Igualdade, discriminação e direito do trabalho". **Revista do Tribunal Superior do Trabalho, vol. 76, nº 3, jul/set 2010.**

MARINONI, Luiz Guilherme e ARENHART, Sérgio Cruz. **Prova.** 2ª ed. São Paulo: Ed. Revista dos Tribunais, 2011.

MORAES FILHO, Evaristo de. **A justa causa na rescisão do contrato de trabalho.** 3ª ed. Fac-similada. São Paulo: LTr. 1996.

SARLET, Ingo Wolfgang, MARIONI, Luiz Guilherme e MITIDIERO, Daniel. **Curso de direito constitucional.** São Paulo: Ed. Revista dos Tribunais, 2012.

SARMENTO, Daniel. **Livres e iguais: estudos de direito constitucional.** Rio de Janeiro: Lumen Juris, 2006.

SARMENTO, Daniel. **Direitos fundamentais e relações privadas.** Rio de Janeiro: Lumen Juris, 2004.

SCHAUER, Frederick. "Formalismo". In: RODRIGUEZ, José Rodrigo (org.). **A justificação do formalismo jurídico: textos em debate.** São Paulo: Saraiva, 2011.

SOUZA NETO, Cláudio Pereira de. **Teoria constitucional e democracia deliberativa: um estudo sobre o papel do direito na garantia das condições para a cooperação na deliberação democrática.** Rio de Janeiro: Renovar, 2006.

SOUZA NETO, Cláudio Pereira de e SARMENTO, Daniel. **Direito constitucional: teoria, história e métodos de trabalho.** Belo Horizonte: Ed. Fórum, 2012.

SÜSSEKIND, Arnaldo *et alli*. **Instituições de direito do trabalho.** 22ª ed. atual. até 30.4.97. São Paulo: LTr, 2005.

VARELLA, Santiago. **Discriminação racial indireta e ação afirmativa no emprego sob a perspectiva dos direitos coletivos.** 2009. 321 f. Tese (Doutorado em Sociologia) - Universidade de Brasília, Brasília, 2009. Acessível em: http://hdl.handle.net/10482/6425.

CONTROVÉRSIAS DO INSTITUTO DA COOPERATIVA: POR UMA INTERPRETAÇÃO CONFORME O COOPERATIVISMO

ALEXANDRE ASSUMPÇÃO FERREIRA ALVES[1]
VITOR SCHETTINO TRESSE[2]

1. INTRODUÇÃO

Conforme o sítio na internet do evento "2012 – Ano Internacional das Cooperativas", organizado pela Aliança Cooperativa Internacional[3], atualmente, o setor cooperativo reúne um bilhão de pessoas em mais de 100 países, gerando mais de 100 milhões de empregos em todos os continentes – com exceção da Antártida -. Em 2010, a movimentação econômico-financeira das 300 maiores cooperativas do mundo foi de cerca de US$ 1,6 trilhão, com destaque para a Cooperativa de Produtores de Cana-de-açúcar, Açúcar e Álcool do Estado de São Paulo (Copersucar), que está dentro desse seleto grupo.

Desta maneira, apesar do cooperativismo ter sido desenvolvido em um contexto histórico e social de combate ao sistema capitalista de organização alocativa dos recursos escassos da sociedade, princi-

---

[1] Doutor em Direito Civil pela Universidade do Estado do Rio de Janeiro Professor Associado da Universidade Federal do Rio de Janeiro e da Faculdade de Direito da UERJ.

[2] Mestrando em direito na área Empresa, Trabalho e Propriedade Intelectual pela Universidade do Estado do Rio de Janeiro. Graduação em Direito pela Universidade Federal de Juiz de Fora.

[3] Ainda conforme o sítio do evento "2012 – Ano Internacional das Cooperativas" a representação mundial das cooperativistas é feita pela Aliança Cooperativa Internacional (ACI), instituição independente e não governamental, com sede em Genebra. Tal organismo foi fundado em 1895, Londres, e é composta por organizações de cooperativas atuantes em diversos setores econômicos. Disponível em: <www.ano2012.coop.br/default.php?p=texto.php&c=cooperativismo_no_mundo>. Acesso em 24 jul 2013.

palmente como contra-ataque às mazelas da exploração do trabalho humano livre e dos intermediários na cadeia produtiva, é notório ratificar a importância do estudo das controvérsias desse tipo societário nos dias atuais. E mais, tal estudo não pode partir de uma premissa puramente legalista, pois, mais do que qualquer outro tipo societário, as Cooperativas possuem uma fundamentação filosófico--teórica que deve necessariamente ser levada em conta neste estudo.

Assim, o presente trabalho busca analisar as seguintes questões controversas em relação às cooperativas: (i) tendo em vista o fundamento teórico do cooperativismo, o artigo 18 da Lei nº 5764/71 e o artigo 1.150 do Código Civil, qual o órgão competente para o registro do estatuto das cooperativas e suas alterações à luz da concepção do cooperativismo? (ii) é possível o reconhecimento de relação de emprego para os membros da cooperativa envolvidos em sua atividade, tendo em vista os artigos 4º, X, 28, II, 55 e 91 da Lei nº 5764/71 e o parágrafo único do artigo 442 da Consolidação das Leis do Trabalho?

A fim de nortear a presente pesquisa o estudo do tipo societario é feito a partir do referencial teórico da teoria do Cooperativismo, retomada no livro "Teoria e Prática das Sociedades Cooperativas" de Fábio Luz Filho (1961).

Tal abordagem se faz necessária, pois, mais do que qualquer outro tipo societário, as sociedades cooperativas possuem um fundo estruturante filosófico maior, de tal maneira, que as controvérsias legais deste instituto não devem se exaurir apenas em uma análise jurídico-positiva. Ao contrário, qualquer posicionamento deve ser confrontado e buscar seu fundamento na teoria do cooperativismo para reputar-se válido. Assim, o propósito do texto é realizar uma interpretação construtiva do próprio direito em análise.

O trabalho busca atingir sua conclusão tendo como premissa metodológica o estudo analítico da teoria do cooperativismo elencado anteriormente, a partir da investigação sobre qual é o órgão competente para o registro das cooperativas e se é possível o reconhecimento da relação de emprego entre cooperados e cooperativa. Tais questões exigem um esforço discursivo de reconstrução dos elementos legais e constitucionais que servem de balizas para tal instituto conforme a teoria do cooperativismo.

Em relação à estratégia metodológica, realizar-se-á uma pesquisa qualitativa, tendo em vista que é com base nos objetivos traçados que se propõe o estudo de textos científicos e legislativos sobre o órgão competente para o registro das sociedades cooperativas e se é possível o reconhecimento da relação de emprego em suas atividades, realizando-se a pesquisa por meio do método de análise de conteúdo. Dessa forma, quanto às técnicas de pesquisa, a opção foi, primordialmente, pela documentação indireta, a bibliográfica e a documental, uma vez que a base metodológica consiste na análise de conteúdo. Assim, a partir dos estudos do referencial teórico, busca-se um sistema analítico de conceitos a ser aplicado na interpretação de artigos científicos sobre os institutos em análise.

Cabe ressaltar ainda a vinculação do trabalho com o Grupo de Trabalho de Direito Empresarial do XXII Congresso Nacional do Conselho Nacional de Pós-Graduação em Direito. A cooperativa, enquanto tipo societário, está regulada no Livro II – Do Direito de Empresa, Título II – Da Sociedade, nos artigos 1.093 a 1.101 do Código Civil. Desta forma, o estudo sobre a possibilidade do reconhecimento ou não do vínculo de emprego nas sociedades cooperativas significa discutir a possibilidade de se aplicar as previsões específicas destinadas ao sócio, como participação nos lucros, responsabilidade limitada ou ilimitada pelas obrigações sociais e participação nas deliberações sociais, dentre outras, ou, se configurada a relação de emprego, dos direitos sociais previstos constitucionalmente e por legislação infraconstitucional ao empregado[4]. Além disso, discutir o órgão competente para o registro do estatuto da cooperativa e de suas alterações é debater o artigo 1.150 do Código Civil e o requisito formal de atribuição de personalidade jurídica, conforme o artigo 985 do Código Civil[5].

Com o propósito de buscar uma melhor estruturação didática da temática abordada no estudo, o trabalho foi dividido em cinco partes. Primeiramente, será feita uma análise acerca do referencial teórico da filosofia do cooperativismo e como ele se reflete- na legislação que regula as cooperativas. Em um segundo momento serão

---

4 "Art. 1007 – Salvo estipulação em contrário, o sócio participa dos lucros e das perdas, na proporção das respectivas quotas, mas aquele cuja contribuição consiste em serviços, somente participa dos lucros na proporção da média do valor das quotas." (BRASIL, 2002, s.p.)
"Art. 1095 – Na sociedade cooperativa, a responsabilidade dos sócios pode ser limitada ou ilimitada." (BRASIL,2002, s.p.)
"Art. - 1076 – Ressalvado o disposto no art. 1061 e no parágrafo 1º do art. 1063, as deliberações dos sócios serão tomadas:" (BRASIL, 2002, s.p.)

5 Art. 985 – A sociedade adquire personalidade jurídica com a inscrição, no registro próprio e na forma da lei, dos seus atos constitutivos (arts. 45 e 1.150).

estudados a Lei nº 5764/71, o Código Civil e os princípios do cooperativismo, bem como a evolução histórica no direito brasileiro das cooperativas e de sua legislação. Os dois últimos capítulos são dedicados à análise crítica dos pontos controversos objetos do presente trabalho. Por fim, ao ser retomada a proposta inicial da presente pesquisa, buscar-se-á a conclusão com o propósito de sistematizar um raciocínio jurídico apto a analisar a questão proposta da pesquisa bem além de uma construção puramente dogmática.

2. O cooperativismo e sua filosofia

Segundo Fábio Luz Filho (1961:10) as Américas adotaram como símbolo do cooperativismo dois pinheiros verdes germinados dentro de um círculo verde sobre fundo dourado. Tal sinal possui um grande simbolismo já que os pinheiros representariam a perenidade da vida possível, graças à conjugação de esforços para a sobrevivência do empreendimento. Em relação ao círculo, tem-se a representação do mundo na amplidão de seu âmbito que abarca a plenitude das coisas, enquanto o verde representaria o princípio vital que rege os seres, o fundo áureo traz à lembrança a luz solar e seu poder fecundante, fonte precípua de energia para o mundo.

Ainda conforme o autor (1961:11), em todas as fases da humanidade encontraram-se formas de economias coletivas que se aproximaram da fórmula cooperativa – há dados sobre a existência na Grécia de um embrião de cooperativismo para que enterros e sepulturas fossem realizados de uma forma decente. Já no domínio da vida agrícola, afirma o autor que a cooperação é uma forma econômica que existiu e dominou mesmo desde os tempos primitivos.

Luz Filho (1961:18) afirma que na própria ideia de Cooperativismo está imbuída a luta por um crescimento solidário, conjunto e isto não está presente apenas nas relações sociais, pois a natureza está repleta de exemplos de cooperativismo.

Neste sentido, no próprio conceito de cooperativismo há uma relação entre simbiose e sociologia, eis que o fenômeno gerador da sociedade, na visão do autor, é a própria simbiose ou solidariedade orgânica. Nestes termos, toda sociedade baseia-se na divisão social do trabalho e na cooperação. O autor chega a afirmar que o cooperativismo é a chave que conduziria ao grande edifício da solidariedade humana (1961:70).

O autor propõe uma macro evolução histórica do cooperativismo que se confunde com a própria história da sociedade. Nesse sentido, pode-se iniciar a história da própria humanidade com a reunião de homens em torno de clãs, que vai desaguar na própria concepção de individualismo.

Segundo Michel Villey (2007:142), no livro "O direito e os direitos humanos", tal individualismo presente no ideário dos pensadores modernos fez com que Thomas Hobbes inaugurasse na teoria do direito a ideia de direitos humanos, centralizados na noção de direito subjetivo e de homem individualmente determinável.

Com o avanço científico e tecnológico, Luz Filho (1961:31) elege como nova fase de evolução da sociedade e do próprio cooperativismo - a Revolução Industrial. Tamanho foi o impacto da maquinaria e do aprimoramento da cadeia de intermediários na produção econômica que surgem na história dois outros momentos do cooperativismo: o retorno ao coletivo, com o cooperativismo operário e o privado – verdadeiros contra-ataques ao individualismo exacerbado consubstanciado na busca predatória por acumulação de capital.

Aprofundando o estudo na própria concepção de cooperativismo afirma Lassère (*apud* Luz Filho, 1961) que a cooperativa deve ser considerada verdadeira comunidade sociológica, na qual é realizada verdadeira microdemocracia. Assim, continua o autor afirmando que a filosofia de ajuda e crescimento mútuo é tão forte no cooperativismo que haveria reflexo até mesmo no campo da ética, pois esse ideal lhe é essencial.

Tais ideais podem ser observados em alguns momentos históricos, com destaque para os autores George Owen e Charles Fourier nos séculos XVIII e XIX. George Owen pode ser considerado um dos verdadeiros precursores do cooperativismo. Com seus ideais de reforma social, contrariedade ao lucro e aos intermediários, ele começou reduzindo em sua fábrica o dia do trabalho e negando emprego a crianças, sendo responsável ainda pela criação de associações, bancos e colônias baseadas na propriedade coletiva. Em relação a Charles Fourier, afirma o autor que:

> O sistema de Fourier, com todo o seu idealismo, constituiu, nem mais nem menos, a base do Cooperativismo e do Mutualismo. 'O sistema de atração industrial realiza-se conforme à Harmonia Universal. Para atingir esse desiderato, é necessário que o trabalho atual, em suas formas rebarbativas, desapareça, tornando-se

a indústria societária atraente e estimulante sobre as seguintes bases: 1) que o trabalhador seja associado por dividendos e não por salários; 2) que cada um – homem, mulher ou criança – pago seja em relação às três faculdades: capital, trabalho e talento; [...] 4) que as funções se exerçam em companhia de amigos, espontâneamente reunidos e estimulados por meio de emulações bastante ativas; [...] 6) que a divisão do trabalho seja levada ao grau extremo, a fim de caberem a cada sexo as funções que lhe convêm. (FILHO, 1961, p. 35).

Assim, após essa primeira análise em relação ao cooperativismo, passar-se-á ao estudo de seus princípios que estruturam e fundamentam essa teoria filosófica-social e que sustentam a cooperativa enquanto tipo societário. Justamente devido a essa característica tem-se a importância do estudo de tais princípios, pois, como afirmado acima, qualquer controvérsia legal sobre as cooperativas deve ser analisada primeiramente sob o enfoque deles, cuja inobservância poderá gerar o próprio desvirtuamento dessa instituição.

Nesse sentido, Fernando José Arrigoni (2000:s.p.) no artigo "Aplicações sociais das sociedades cooperativas: um modelo de demonstração contábil" pondera:

O que melhor distingue a sociedade cooperativa das demais é sua base doutrinária que coloca como centro da empresa a pessoa, visando à solidariedade e a busca do bem-estar de seus sócios e da sociedade em geral. Para que a sociedade atinja seus objetivos econômicos e sociais, é preciso que haja equilíbrio na busca de ambos, sem prejuízo de nenhum deles.

Antes do estudo de tais princípios, importante ressaltar que, por uma escolha metodológica, eles serão estudados em conjunto, de maneira a relacioná-los com os incisos XIX e XX do art. 5º da Constituição Federal de 1988, sem que haja uma segmentação mais forte de cada um.

Em relação às cooperativas, conforme Waldirio Bulgarelli (1998:12) podem ser citados os seguintes princípios como mais importantes: (i) adesão livre e voluntária; (ii) controle democrático pelos sócios; (iii) participação econômica dos sócios, (iv) autonomia e independência; (v) educação, treinamento e formação; (vi) cooperação entre cooperativas e (vii) preocupação com a comunidade. Apesar de não mencionado pelo renomado autor, podem ser citados, ainda, (viii) a busca pela economia social, (ix) a solidariedade e a (x) própria dignidade da pessoa humana.

Para Fernando José Arrigoni (2000:s.p.), a economia social tem por objetivo produzir todos os bens e serviços que são elaborados pela forma capitalista com a grande diferença dos meios de produção pertencerem aos próprios trabalhadores. A existência dessa economia pressupõe um conjunto de idéias e valores que são caros ao cooperativismo, que não deixa de ser uma forma de economia social.

Fábio Luz Filho (1961:72-73), afirma em relação à livre associação, que ela pode ser representada pelo acordo espontâneo de vontades livres. Esse princípio tem por objetivo o próprio respeito à pessoa humana[6], que para o autor é o elemento principal dentro dos quadros democráticos.

Desta maneira, segundo o autor, a cooperativa é uma organização de natureza volitiva aberta a todos, de adesão voluntária, com objetivo de formação de uma consciência ética nas relações econômicas, própria de um organismo sócio-econômico-moral em última análise, sendo de sua essência defender a liberdade e os valores humanos[7].

O princípio democrático tem seu papel na justiça social ao possuir como um de seus objetivos a distribuição de riquezas, ao combater o parasitismo dos intermediários na cadeia produtiva. Outro reflexo da busca por justiça social está na própria eliminação da renda sem trabalho, o que é possível nas sociedades tradicionais, pois a eliminação deste lucro imoral erige um princípio novo, o princípio de uma economia nova.

O princípio da participação econômica dos sócios na relação entre trabalho, "lucro", capital, democracia e administração das cooperativas é tão forte que, por ser uma união de homens e não de capitais, afirma Powell (apud LUZ FILHO, 1961) deve haver igualdade na administra-

---

6   Importante nesse ponto observar que, segundo Fábio Luz Filho (1961:72), o princípio da dignidade humana sempre foi um corolário do cooperativismo, apesar do crescimento de sua importância no contexto jurídico nacional ocorrer com a Constituição Federal de 1988 e com os posicionamentos mais recentes do Supremo Tribunal Federal, como no Agravo de instrumento 847845 AgR/ RJ – Rio de Janeiro julgado pela Primeira Turma em 11.12.2012 e publicado no DJe de 08.02.2013.

7   Uma observação essencial nesse momento do estudo diz respeito aos conceitos de cooperativismo e corporativismo. Segundo Fábio Luz Filho (1961:), o corporativismo moderno consubstancia-se em uma organização social baseada nas corporações profissionais, que, pelos seus órgãos técnicos, fiscaliza a atividade econômica de cada profissão. Além disso, são organizações fechadas e subsidiárias do poder político, possuindo um caráter de direito público, pois o Estado não deixa de controlar e dirigir as atividades profissionais através das corporações. Tal fenômeno caracterizou-se ainda pela estatização de todos os fenômenos econômicos. O cooperativismo, por sua vez, demandaria exatamente o contrário.

ção das cooperativas e proporcionalidade na responsabilidade nos lucros e perdas para cada membro.

A associação cooperativa é um instituto essencialmente distributivo, pensada para ser um verdadeiro fator de correção do capitalismo. É uma associação consensual de compradores e vendedores de força de trabalho ou de mercadorias, tendo por objetivo a melhora geral nos preços de aquisição e de venda. E isto é alcançado assumindo a cooperativa a atividade própria de seus vendedores e compradores, realizando o próprio princípio da autonomia e da independência.

Ao lutar contra a mais-valia, a cooperativa moderna cumpre o princípio democrático e os outros princípios ao criar uma associação de pessoas iguais, com iguais direitos, que procuram sua emancipação econômica mediante uma atividade explorada coletivamente. Tal atividade distribui as sobras obtidas na medida da utilização que cada um venha a fazer dela e do trabalho empregado na produção, e não na proporção do capital, constituindo verdadeiro agente socializador de riquezas.

Pode-se afirmar que o princípio fundamental da economia social cooperativa tem forte fundamentação nas teorias socialistas, pois busca no método específico de repartição do produto social eliminar gradualmente toda renda gerada sem trabalho, na proporção da recompensa ao trabalho efetivamente empregado.

Outro elemento das cooperativas é a educação, treinamento e formação de seus associados. Tal princípio representa a própria solidariedade neste tipo societário, pois se busca um crescimento cultural e pessoal de seus membros, não limitado apenas ao âmbito econômico.

A solidariedade é própria das cooperativas pela busca de crescimento em conjunto. Não há uma lógica individualista de busca de lucros e resultados, mas sim uma união solidária, fraternal, para um crescimento conjunto de seus membros.

E, finalmente, a dignidade da pessoa humana é a própria realização do fundamento da ordem constitucional brasileira, em seu artigo 1º, inciso III. Reflete em outro princípio do cooperativismo que é a neutralidade política e indiscriminação religiosa, racial e social (art. 4º, IX da Lei nº 5.764/71) e pode ser resumida na própria integridade e individualidade de cada ser humano, especificamente de cada membro.

3. A lei nº 5.764/71, O código civil de 2002 e os princípios do cooperativismo

O presente capítulo pretende observar a aplicação dos princípios do cooperativismo na Lei nº 5.764/71 e no Código Civil. O objetivo de tal abordagem é demonstrar como tais princípios são refletidos nessas legislações e no próprio estudo da cooperativa, de modo a reforçar a proposta do presente trabalho, qual seja, qualquer abordagem crítica dos institutos da cooperativa deve necessariamente observá-los.

Inicialmente, pode-se de início perceber a questão de luta contra intermediários, de solidariedade e condenação do lucro sem trabalho efetivo, que ratifica a posição da sociedade cooperativa como verdadeira sociedade de pessoas e não de capitais, como dispõe o artigo 3º da Lei nº 5.764/71, *in verbis*: "celebram contrato de sociedade cooperativa as pessoas que reciprocamente se obrigam a contribuir com bens ou serviços para o exercício de uma atividade econômica, de proveito comum, sem objetivo de lucro" (BRASIL, 1971, s.p.).

O artigo 4º e incisos da Lei nº 5.764/71, tal qual o artigo 1.094 do Código Civil[8], declara alguns princípios, tais como a adesão livre e voluntária (inciso I), o controle democrático pelos sócios (inciso VI), autonomia e independência (inciso IX), educação, treinamento e formação e a busca pela economia social (inciso X):

> Art. 4º As cooperativas são sociedades de pessoas, com forma e natureza jurídica próprias, de natureza civil, não sujeitas a falência, constituídas para prestar serviços aos associados, distinguindo-se das demais sociedades pelas seguintes características:
> I - adesão voluntária, com número ilimitado de associados, salvo impossibilidade técnica de prestação de serviços;
> [...]
> IV - incessibilidade das quotas-partes do capital a terceiros, estranhos à sociedade;
> [...]
> VI - quorum para o funcionamento e deliberação da Assembléia Geral baseado no número de associados e não no capital;

---

8 Conforme a exposição de motivos do Código Civil de 2002, no que se refere às cooperativas, o objetivo foi a: "fixação em termos gerais, das normas das sociedades anônimas e das cooperativas, para ressalva de sua integração no sistema do Código Civil, embora disciplinadas em lei especial" (BRASIL, 2005, p. 47)

VII - retorno das sobras líquidas do exercício, proporcionalmente às operações realizadas pelo associado, salvo deliberação em contrário da Assembléia Geral;
VIII - indivisibilidade dos fundos de Reserva e de Assistência Técnica Educacional e Social;
IX - neutralidade política e indiscriminação religiosa, racial e social;
X - prestação de assistência aos associados, e, quando previsto nos estatutos, aos empregados da cooperativa. (BRASIL, 1971, s.p.)

Ainda conforme todos estes princípios, tem-se em relação à responsabilidade dos sócios as seguintes previsões legais:

Art. 11. As sociedades cooperativas serão de responsabilidade limitada, quando a responsabilidade do associado pelos compromissos da sociedade se limitar ao valor do capital por ele subscrito.
Art. 12. As sociedades cooperativas serão de responsabilidade ilimitada, quando a responsabilidade do associado pelos compromissos da sociedade for pessoal, solidária e não tiver limite.
Art. 13. A responsabilidade do associado para com terceiros, como membro da sociedade, somente poderá ser invocada depois de judicialmente exigida da cooperativa. (BRASIL, 1971, s.p.)

Em relação aos princípios da solidariedade e crescimento conjunto como fruto da dignidade da pessoa humana, papel importante tem os fundos da sociedade cooperativa. Assim prevê o inciso II do artigo 28 da Lei nº 5.764/71:

Art. 28. As cooperativas são obrigadas a constituir:
[...]
II - Fundo de Assistência Técnica, Educacional e Social, destinado a prestação de assistência aos associados, seus familiares e, quando previsto nos estatutos, aos empregados da cooperativa, constituído de 5% (cinco por cento), pelo menos, das sobras líquidas apuradas no exercício. (BRASIL, 1971, s.p.)

Outro aspecto que tem fundamento no cooperativismo e é previsto expressamente na Lei nº 5.764/71 é o fato dos direitos do associado não serem determinados em função do capital - quem possui maior número de ações ou quotas[9] tem uma maior participação na

---

9   Em relação às deliberações tem-se o artigo 1010 do Código Civil que afirma "Quando, por lei ou pelo contrato social, competir aos sócios decidir sobre os negócios da sociedade, as

gestão social -. Muito pelo contrário, não existe relação alguma entre esses elementos, pois o princípio cooperativo concede um voto para cada associado, qualquer que seja o número de quotas-partes:

> Art. 38. A Assembléia Geral dos associados é o órgão supremo da sociedade, dentro dos limites legais e estatutários, tendo poderes para decidir os negócios relativos ao objeto da sociedade e tomar as resoluções convenientes ao desenvolvimento e defesa desta, e suas deliberações vinculam a todos, ainda que ausentes ou discordantes.
> [...]
> Art. 42. Nas cooperativas singulares, cada associado presente não terá direito a mais de 1 (um) voto, qualquer que seja o número de suas quotas-partes. (BRASIL, 1971, s.p.)

Finalmente[10], como afirmado anteriormente, característica única das cooperativas devido ao seu embasamento teórico, a atuação de forma coletiva no cooperativismo busca uma vantagem em dinheiro que não pode ser confundida com mero lucro. Tal vantagem não é distribuída entre os associados em tal qualidade conforme o aporte de capital, mas sim do importe das operações realizadas por cada associado. Isto é claramente percebido nas seguintes passagens de lei:

> Art. 80. As despesas da sociedade serão cobertas pelos associados mediante rateio na proporção direta da fruição de serviços.
> Parágrafo único. A cooperativa poderá, para melhor atender à equanimidade de cobertura das despesas da sociedade, estabelecer:
> I - rateio, em partes iguais, das despesas gerais da sociedade entre todos os associados, quer tenham ou não, no ano, usufruído dos serviços por ela prestados, conforme definidas no estatuto;
> II - rateio, em razão diretamente proporcional, entre os associados que tenham usufruído dos serviços durante o ano, das so-

---

deliberações serão tomadas por maioria de votos, contados segundo o valor das quotas de cada um" (BRASIL, 2002, s.p.) e parágrafo 5º do artigo 1072 do Código Civil: "as deliberações tomadas de conformidade com a lei e o contrato vinculam todos os sócios, ainda que ausentes ou dissidentes" (BRASIL, 2002, s.p.)

10   Apenas para complementação do trabalho foi elencada a classificação dos tipos de sociedades conforme Waldirio Bulgarelli, pois existem vários classificações dos mais váriados autores. Nesse sentido, afirma o autor (1998:47) que é muito difícil de congregar as sociedades cooperativas em qualquer classificação. Para o doutrinador existiriam três tipos principais: i) as cooperativas de consumo, ii) as de produção e as de crédito. Desse núcleo fundamental poderiam ser feitos desdobramentos, subdivisões, conforme os diferentes ramos de atividades.

bras líquidas ou dos prejuízos verificados no balanço do exercício, excluídas as despesas gerais já atendidas na forma do item anterior. (BRASIL, 1971, s.p.)

4. O HISTÓRICO DAS SOCIEDADES COOPERATIVAS NO BRASIL

Antes de adentrar no estudo histórico, objetivo do presente capítulo, importante tecer alguns breves comentários sobre a metodologia adotada no presente estudo, principalmente no que diz respeito à alocação dos temas no trabalho.

Apesar da maioria dos estudos científicos iniciarem sua abordagem com a análise da evolução histórica do seu objeto de pesquisa, este capítulo acerca do histórico das sociedades cooperativas e das principais legislações foi propositalmente alocado após o estudo dos princípios do cooperativismo e dos seus reflexos na legislação pertinente, pois o enfoque do trabalho é, após a apresentação do cooperativismo enquanto doutrina, mostrar como as legislações sobre cooperativas são estruturadas por seus princípios. E assim, demonstrar que, qualquer análise sobre os pontos controvertidos sobre este tipo societário deve estar atenta a este fundo teórico para lhe propor uma solução que lhe seja conforme.

Assim, neste momento, passar-se-á ao importante estudo sobre a evolução histórica das sociedades cooperativas e de sua regulação.

Segundo o sítio sobre o evento "2012 – Ano Internacional das Cooperativas"[11] a ideia de trabalhar através de um modelo cooperativo surgiu no século XVIII, após a Revolução Industrial na Inglaterra. Entretanto, tal pioneirismo coube a um grupo de 28 operários (na sua maioria tecelões) da cidade de Rochdale, Manchester, que se uniram para superar as dificuldades e buscar uma forma de organização mais justa e democrática. Assim, apesar do pensamento sobre o trabalho em formato de cooperativas ter-se iniciado no século XVIII, apenas em 1844 surgia a primeira cooperativa moderna, a Sociedade dos Probos de Rochdale, e com ela o próprio movimento cooperativista que começava a ganhar espaço no mundo. Ainda

---

11 Disponível em http://www.ano2012.coop.br/ . Acesso 24 jul 2013.

conforme o sítio, já em 1848 eram 140 membros e, 12 anos depois, 3.450 associados com um capital de 152 mil libras.

Por sua vez, no Brasil, afirma o sítio que a prática do cooperativismo teve início no final do século XIX, apesar da cultura já poder ser encontrada desde a época colonial. Com desenvolvimento tanto no meio urbano quanto no rural, teve forte influência das culturas alemã e italiana, com destaque na área agrícola.

Conforme o Ministério do Desenvolvimento, Indústria e Comércio Exterior (BRASIL, 2012) as primeiras iniciativas cooperativistas no Brasil surgiram em 1889, com a criação da Sociedade Cooperativa Econômica dos Funcionários Públicos de Ouro Preto, em Minas Gerais – que por sinal, como a cooperativa inglesa pioneira, também era do ramo de consumo.

Ainda segundo o Ministério:

> No século XIX, foram criadas as primeiras organizações integrantes do ramo que se tornaria destaque no âmbito do cooperativismo brasileiro: o agropecuário. A primeira experiência foi a Società Cooperativa delle Convenzioni Agricoli, fundada em Veranópolis, Rio Grande do Sul, em 1892. De fato, como consequência da onda migratória européia, o cooperativismo brasileiro desenvolveu-se muito fortemente na região sul do país, principalmente a partir do início do século XX, com forte influência do "modelo alemão" que, entre outras características, defendia a educação direcionada a estimular a solidariedade e a união de todos para a defesa de interesses comuns. (BRASIL, 2012, s.p.).

O Decreto nº 979, de 06 de Janeiro de 1903, foi o primeiro diploma a mencionar o cooperativismo, ao permitir aos sindicatos a organização de caixas rurais de crédito, cooperativas agropecuárias e de consumo. Em 05 de janeiro de 1907, tem-se a elaboração do Decreto nº 1.637, através do qual o Governo reconheceu a utilidade das cooperativas, sem que fosse reconhecida sua forma jurídica. Por sua vez, o Decreto nº 4.948, de 21 de dezembro de 1925, e o Decreto nº 17.339, de 02 de junho de 1926, trataram especificamente das Caixas Rurais Raiffeisen e dos Bancos Populares Luzzatti.

O Decreto nº 22.239, de 19 de dezembro de 1932, apresentou as características das cooperativas e consagrou a doutrina do sistema cooperativista - foi revogado em 1934 pelo Decreto nº 24.647/34 e restabelecido em 1938 pelo Decreto-lei nº 581. Em 1943 foi novamente revogado, para ressurgir em 1945 pelo Decreto-lei nº 8.401/45, permanecendo em vigor até 1966, quando foi revogado pelo Decreto-lei nº 59, de 21 de novembro.

Tal período foi caracterizado pela ampla liberdade de formação e funcionamento de cooperativas, inclusive com incentivos fiscais, ao contrário do que ocorreu a partir de 1966, com o Decreto-Lei nº 59 e regulamentado pelo Decreto nº 60.597, de 19 de abril de 1967, momento no qual o cooperativismo, além de ter sido submetido ao centralismo estatal, perdeu muitos incentivos fiscais e liberdades conquistadas.

No dia 16 de dezembro de 1971, foi promulgada a Lei nº 5.764 - ainda em vigor - que define o regime jurídico das cooperativas, sua constituição e funcionamento, sistema de representação e órgãos de apoio, refletindo vários princípios da doutrina do cooperativismo como demonstrado acima.

Finalmente em 1988, pela primeira vez a Constituição Federal abordou o tema do cooperativismo no artigo 5º, inciso XVIII, artigo 146, III, alínea c, art. 174, parágrafos segundo, terceiro e quarto e art. 187, inciso VI[12] recuperando a liberdade das cooperativas ao vedar a interferência estatal no funcionamento das cooperativas. Além disso, assegurou "adequado tratamento tributário ao ato cooperativo" (BRASIL, 1988, s.p.) e determinou que é dever do Estado apoiar e estimular o cooperativismo e outras formas de associativismo.

---

12   "XVIII - a criação de associações e, na forma da lei, a de cooperativas independem de autorização, sendo vedada a interferência estatal em seu funcionamento". (BRASIL, 1988, s.p.) Art. 146, III, c - "adequado tratamento tributário ao ato cooperativo praticado pelas sociedades cooperativas." (BRASIL, 1988, s.p.)
"Art. 174, § 2º - "A lei apoiará e estimulará o cooperativismo e outras formas de associativismo, [...] § 3º - O Estado favorecerá a organização da atividade garimpeira em cooperativas, levando em conta a proteção do meio ambiente e a promoção econômico-social dos garimpeiros, § 4º - As cooperativas a que se refere o parágrafo anterior terão prioridade na autorização ou concessão para pesquisa e lavra dos recursos e jazidas de minerais garimpáveis, nas áreas onde estejam atuando, e naquelas fixadas de acordo com o art. 21, XXV, na forma da lei." (BRASIL, 1988, s.p.)
"Art. 187. A política agrícola será planejada e executada na forma da lei, com a participação efetiva do setor de produção, envolvendo produtores e trabalhadores rurais, bem como dos setores de comercialização, de armazenamento e de transportes, levando em conta, especialmente [...] VI - o cooperativismo". BRASIL, (1988, s.p.)

5. A RELAÇÃO DOS MEMBROS DAS COOPERATIVAS DE TRABALHO COM A COOPERATIVA

O parágrafo único do artigo 442 da Consolidação das Leis do Trabalho (BRASIL, 1994) estabelece que qualquer que seja o ramo de atividade de sociedade cooperativa, não existe vínculo empregatício entre ela e seus associados, nem mesmo entre estes e os tomadores de serviços da sociedade.

Tal parágrafo, acrescentado pela Lei nº 8.949/94, teve por objetivo, segundo Sara Cecília Rocha (2007:248), ser ferramenta hábil no combate ao desemprego à época. Entretanto, segundo a autora, os efeitos foram nefastos, pois as cooperativas acabaram por se tornar verdadeiros instrumentos de contratação de mão-de-obra sem observação dos direitos trabalhistas. Daí que se criou até mesmo o termo "gato cooperativas" ou ainda, "pseudo cooperativas".

Desta maneira, tem-se a primeira das questões controversas que irão ser analisadas no presente trabalho, qual seja, tendo em vista a estrutura teórica fundante do cooperativismo, há algum empecilho ao reconhecimento da relação empregatícia entre as sociedades cooperativas e seus associados?

No III Seminário Brasileiro das Cooperativas de Trabalho, realizado em Belo Horizonte, em 1987, segundo Sara Cecília Rocha (2007:238) as cooperativas de trabalho foram definidas como associações de pessoas físicas, de uma ou das mais variadas categorias de trabalhadores, com o objetivo do exercício profissional comum, de modo que haja o retorno aos cooperados do resultado de sua atividade laborativa, e sejam descontados apenas os gastos essenciais à manutenção da atividade como, por exemplo, os custos administrativos, a reserva técnica e os fundos sociais.

Desta maneira, pelo enunciado, e ainda conforme a autora, características fundamentais das Cooperativas, como a espontaneidade na adesão e na realização dos serviços pelo associado e finalmente, da sua independência e autonomia, que acabarão por organizar a distribuição e avaliação das tarefas, serão traços marcantes nas cooperativas de trabalho. Tal assertiva é verdadeira a ponto de Valentin Carrion (1988:133) afirmar:

> para admitir-se a autêntica Cooperativa de Trabalho, dois requisitos serão sempre indispensáveis: a absoluta democracia, no

peso das opiniões e votos ao tomar as decisões que afetem o grupo, de um lado, e a vinculação com a clientela, que haverá de ser eventual e variada, de outro.

A previsão do parágrafo único do artigo 442 da Consolidação das Leis do Trabalho, assemelha-se com o disposto no artigo 90 da Lei nº 5.764/71, "qualquer que seja o tipo de cooperativa, não existe vínculo empregatício entre ela e seus associados" (BRASIL, 1971). Esta redação permanece até hoje e é complementada pelo artigo 91 da mesma lei, "as cooperativas igualam-se às demais empresas em relação aos seus empregados para os fins da legislação trabalhista e previdenciária" (BRASIL, 1971).

Ora, apesar das críticas e de propostas de revogação ou alteração dos dispositivos, como pretende o Projeto de Lei da Câmara dos Deputados nº 31 de 1997, os artigos devem ser interpretados conforme os princípios estruturantes do cooperativismo para aferir o julgador no caso concreto, em uma reclamação de reconhecimento da relação de emprego, se há ou não vínculo cooperativista; se se está ou não diante de uma cooperativa.

Explica-se melhor. Caso o julgador esteja diante de uma cooperativa que preze e aplique valores do cooperativismo como democracia, autonomia dos associados e desenvolvimento coletivo, entre outros, não haverá que se admitir a relação de emprego, conforme asseveram os artigos supra citados. Entretanto, se os valores do cooperativismo não são observados, e a cooperativa foi criada apenas como meio de economia de recursos, considerando como associados pessoas que atendam aos requisitos da relação de emprego do artigo 3º da CLT[13], não há que falar em cooperativa em sentido real e sim em um sentido apenas formal. Nesta hipótese será reconhecida a relação de emprego entre "cooperativas" e associados, aplicando no caso o princípio da primazia da realidade sobre as formas (art. 9º da CLT). E mais, não há qualquer impedimento ao fato das cooperativas possuírem empregados para manterem suas atividades, pois além de estar conforme os princípios

---

13   Art. 3º - Considera-se empregado toda pessoa física que prestar serviços de natureza não eventual a empregador, sob a dependência deste e mediante salário (BRASIL, 1941, s.p.).

do cooperativismo, na Lei nº 5.764/71 há diversas previsões que permitem tal relação no âmbito das cooperativas[14].

A observação dessa diferença é fundamental no caso, pois conforme o julgador esteja ou não diante de uma cooperativa o tratamento jurídico do membro será completamente diferente. O reconhecimento do vínculo de emprego nas sociedades cooperativas significa a garantia dos direitos trabalhistas de previstos no artigo 7º e seguintes da Constituição Federal e ainda da Consolidação das Leis do Trabalho. Entretanto, caso seja uma cooperativa em sentido material, nesse caso será necessária a aplicação das previsões específicas destinadas ao sócio, como participação nos lucros e perdas, contribuição para o capital social, prestação de contas e exame de livros, direto de retirada com apuração de haveres, responsabilidade limitada ou ilimitada, participação nas deliberações sociais com directo de voto na proporção do valor das quotas ou do número de ações, dentre outros[15].

Tal assertiva tanto deve ser considerada verdadeira que Francisco Lima Filho (*apud* ROCHA, 2007) afirma que grande parte dos casos submetidos à apreciação da Justiça do Trabalho tem como característica o fato das sociedades repentinamente, buscando diminuir seus custos e auferir maiores lucros, procederem à baixa dos contratos de todos seus empregados sem pagamento de qualquer valor e no, mesmo ato, os transformam em 'associados' de uma cooperativa de trabalho.

Nesse sentido, o Tribunal Superior do Trabalho já se manifestou algumas vezes, como no Recurso de Revista – 4385-22.2003.5.06.0251, julgado em 05 de maio de 2010 e cuja relatora foi a ministra Kátia Magalhães Arruda:

---

14 Como exemplos podem ser citados: i) inciso X do artigo 4º; ii) inciso II do artigo 28; iii) art. 31; artigo 91, entre outros.

15 "Art. 1007 – Salvo estipulação em contrário, o sócio participa dos lucros e das perdas, na proporção das respectivas quotas, mas aquele cuja contribuição consiste em serviços, somente participa dos lucros na proporção da média do valor das quotas." (BRASIL, 2002, s.p.)
"Art. 1095 – Na sociedade cooperativa, a responsabilidade dos sócios pode ser limitada ou ilimitada." (BRASIL, 2002, s.p.)
"Art. - 1076 – Ressalvado o disposto no art. 1061 e no parágrafo 1º do art. 1063, as deliberações dos sócios serão tomadas:" (BRASIL, 2002, s.p.)

RECURSO DE REVISTA-VÍNCULO DE EMPREGO (COOPE-RATIVA) Se o TRT afirmou que o conjunto probatório demonstrou que havia vínculo de emprego com a tomadora, bem como fraude, somente se poderia chegar a conclusão contrária mediante o revolvimento das provas, o que não se admite nesta esfera recursal, conforme a Súmula nº 126 do TST, Recurso não conhecido, nesse tema. Recurso de revista que não se conhece. MULTA DO ART. 477 DA CLT. RECONHECIMENTO DO VÍNCULO DE EMPREGO EM JUÍZO. 1- Após o cancelamento da OJ nº 351 da SBDI-1, a atual linha de entendimento adotada nesta Corte Superior é a de que o cabimento da multa do art. 477, parágrafo 8º da CLT deve ser decidido caso a caso, levando-se em conta as circunstâncias específicas da lide. 2 – No caso concreto, ficou configurada a fraude, nos termos do art. 9º da CLT, na contratação do reclamante por meio de cooperativa. 3 – A fraude, a que se refere o art. 9º da CLT, não é presumida, mas pelo contrário, é aquela que se prova nos autos, e diz respeito à prática de atos com o objetivo, com a deliberada intenção, de não cumprir a legislação trabalhista. Nesse contexto, fica afastada de plano a hipótese de eventual dúvida da empresa, reconhecida em juízo como empregadora, quanto à natureza da relação jurídica que era mantida com o trabalhador no curso da prestação de serviços. Assim, deve ser mantida a aplicação da multa do art. 477, parágrafo 8º da CLT. Recurso de Revista a que se nega provimento. (BRASIL, 2010, s.p.)

E também no Recuro de Revista – 123800-28.2007.5.15.0018, julgado em 05 de maio de 2010 e cujo relator foi o Ministro Aloysio Corrêa da Veiga:

RECURSO DE REVISTA. PROCEDIMENTO SUMARÍSSIMO. COOPERATIVA. VÍNCULO DE EMPREGO. Resta delimitada a presença dos elementos configuradores do vínculo de emprego, bem como o fato de que a arregimentação de trabalhadores por intermédio de cooperativa de trabalho deu-se com o claro propósito de fraudar os preceitos da legislação trabalhista (artigo 9º da CLT). A reforma pretendida esbarra no o óbice da Súmula 126 do C. TST. Recurso de revista não conhecido [...] (BRASIL, 2010, s.p.)

Assim, estudado este primeiro ponto controverso sobre as cooperativas com a proposta metodológica do trabalho, qual seja, a análise dos problemas jurídicos desse tipo societário sob o viés do cooperativismo, passar-se-á ao imbróglio sobre o órgão competente para o registro das sociedades cooperativas.

6. O REGISTRO DAS SOCIEDADES COOPERATIVAS E O COOPERATIVISMO

A Lei nº 5.764/71, em seu artigo 18, parágrafo 6º estabelece como órgão competente para o registro do estatuto das cooperativas as Juntas Comerciais. Fruto do seu período histórico, tal previsão legal estava dentro do contexto ditatorial pelo qual o país passava no momento de sua promulgação e exigia a autorização do governo federal para a criação e funcionamento de sociedades cooperativas.

Doutrinadores como Fábio Ulhoa Coelho[16] (2003:s.p.), Modesto Carvalhosa (2003:s.p.) e José Edwaldo Tavares Borba (2003:s.p.) afirmam que tal previsão foi revogada não só pelo artigo 5º, inciso XVIII da Constituição Federal de 1988, estabelecendo que "a criação de associações e, na forma da lei, a de cooperativas independem de autorização, sendo vedada a interferência estatal em seu funcionamento" (BRASIL, 1988, s.p.)., mas também com a sistemática do Código Civil de 2002. Isso pode ser entendido conforme as seguintes revisões:

> Art. 982. Salvo as exceções expressas, considera-se empresária a sociedade que tem por objeto o exercício de atividade própria de empresário sujeito a registro (art. 967); e, simples, as demais.

---

16 Segundo Fábio Ulhoa Coelho em parecer para o Instituto de Registro de Títulos e Documentos e de Pessoas Jurídicas do Brasil, o Centro de Estudos e Distribuição de Títulos e Documentos de São Paulo e o Registro Civil das Pessoas Jurídicas do Rio de Janeiro: "Em 1988, verificou-se a não-recepção pela Constituição Federal do art. 18 da Lei nº 5.764/71. Em princípio, teria sido eliminada, naquela oportunidade, a anacrônica sistemática, desprovida de sentido, de uma sociedade civil ser registrada na Junta Comercial. Sucessivas normas do registro comercial, contudo, mantiveram a previsão (por exemplo, o art. 32, II, a, da Lei nº 8.934/94). Com novo Código Civil, entram em vigor dispositivos de lei expressos e claros, que qualificam as cooperativas como sociedades simples e indicam-lhe o Registro Civil das Pessoas Jurídicas para o registro de seus atos constitutivos e societários. As normas do registro comercial incompatíveis com o novo Código Civil não são específicas da cooperativa e, por isto, não se encontram ressalvadas pelo art. 1.093. Assim, não sobram dúvidas de que as sociedades simples, qualquer que seja o tipo adotado (limitada, cooperativa, simples, etc.), são sempre registradas no Registro Civil das Pessoas Jurídicas, e não na Junta Comercial". (Coelho, 2003, s.p.)

Parágrafo único. Independentemente de seu objeto, considera-se empresária a sociedade por ações; e, simples, a cooperativa.
Art. 1.150. O empresário e a sociedade empresária vinculam-se ao Registro Público de Empresas Mercantis a cargo das Juntas Comerciais, e a sociedade simples ao Registro Civil das Pessoas Jurídicas, o qual deverá obedecer às normas fixadas para aquele registro, se a sociedade simples adotar um dos tipos de sociedade empresária. (BRASIL, 2002,s.p.)

O raciocínio dos defensores dessa corrente é o seguinte: sendo sociedade simples, o órgão competente para tal registro é o Registro Civil das Pessoas Jurídicas. Por isso a sistemática da Lei nº 5.764/71 teria sido implicitamente revogada pela incompatibilidade das previsões legais supra citadas, além da alínea a do inciso II do artigo 32 da Lei nº 8.934/94[17].

Apesar do posicionamento dos doutrinadores citados, em pesquisa feita junto aos sítios das Juntas Comerciais dos Estados de São Paulo, Rio de Janeiro e de Minas Gerais, as sociedades cooperativas continuam sendo registradas em tais órgãos, conforme as previsões das Leis nº 5.764/71 e 8.934/94 e da Instrução Normativa 101/2003 do Departamento Nacional de Registro do Comércio.

Tamanha é a controvérsia que tal tema gerou intenso debate na III Jornada e na IV Jornada de Direito Civil, realizadas pelo Conselho da Justiça Federal. Na primeira, o professor Ronald Amaral Sharp Júnior e o juiz federal André Ricardo Cruz Fontes propuseram enunciados determinando que, pelo fato do Código Civil de 2002 considerar a sociedade cooperativa como sociedade simples e a Constituição Federal ter revogado a Seção I do Capítulo IV da Lei nº 5.764/71, as cooperativas deveriam ser registradas no Registro Civil das Pessoas Jurídicas, conforme previsão do artigo 1.150 do Código Civil de 2002. Da mesma maneira, na IV Jornada, tal posicionamento foi corroborado com os mesmos argumentos, por Sílvio de Salvo Venosa. Cabe ressalvar que os enunciados propostos não foram aprovados pela Comissão de Direito de Empresa em ambas as Jornadas.

Entretanto, refaz-se aqui a indagação que é objeto e esteve presente ao longo de todo o trabalho: qual a melhor interpretação

---

17   "Art. 32. O Registro compreende: II - o Arquivamento: a) dos documentos relativos à constituição, alteração, dissolução e extinção de firmas mercantis individuais, sociedades mercantis e cooperativas" (BRASIL, 1994)

apta a resolver esse conflito de previsões legais frente do fundamento teórico do cooperativismo?

Neste sentido, foi analisado que dois dos princípios mais caros ao cooperativismo são a autonomia das cooperativas e a busca por democracia na sua atividade. De tal maneira que, não há o que discutir sobre a revogação dos artigos da Lei nº 5764/71 pela Constituição Federal de 1988, que exigiam autorização para a criação e o funcionamento das cooperativas, como, por exemplo, o art. 18, *caput* e os parágrafos 1º, 2º, 3º, 4º, 5º, 7º e 8º, pela incompatibilidade com o inciso XVIII do art. 5º da Constituição.

Entretando, o entendimento deve ser diferente em relação ao órgão competente para o registro. O registro de uma sociedade, seja ela civil ou empresária, é apenas formalidade para que haja a aquisição de personalidade jurídica. Nestes termos, uma análise exclusivamente conforme os princípios do cooperativismo faz com que o registro, seja ele feito no Registro Civil de Pessoas Jurídicas, seja no Registro Público de Empresas Mercantis, consiga atender o objetivo da mesma maneira, sem que haja nenhum desrespeito do arcabouço teórico do cooperativismo, ainda que pese o entendimento de respeitados doutrinadores

Entretanto, tecnicamente, a discussão não é tão simples. Para que haja a aquisição de personalidade jurídica é necessário que o registro seja feito no órgão competente, conforme leitura contrario *sensu* do artigo 985 do Código Civil: "a sociedade adquire personalidade jurídica com a inscrição, no registro próprio e na forma da lei, dos seus atos constitutivos (arts. 45 e 1.150)." (BRASIL, 2002, s.p.)

Desta maneira, a partir de uma leitura técnica, acredita-se que o órgão competente para o registro da cooperativa é a Junta Comercial. O artigo 1.093 do Código Civil afirma que a sociedade cooperativa será regida pelo Capítulo VII do Código e pela legislação específica e não pelo próprio Código Civil em outros Capítulos. Por isso, apesar da opinião dos doutrinadores citados, não há que se falar em uma leitura sistemática em relação ao registro das cooperativas.

Além disso, a Lei nº 5.764/71 tem previsão expressa em seu artigo 18 sobre o órgão competente para o registro, que não tem qualquer relação com um ato de administrativo de autorização, o que é expressamente vedado pela Constituição Federal de 1988.

E finalmente, a legislação sobre a sociedade simples e a regra do artigo 998 (BRASIL, 2002, s.p.) do Código Civil que declara a competência do Registro Civil de Pessoas Jurídicas para as sociedades simples, apenas será aplicada, confome o artigo 1.096 do mesmo Código (BRASIL, 2002, s.p.), caso não haja previsão específica no Capítulo VII e na legislação especial. Como o art. 18, § 6º da Lei nº 5.764/71 prevê expresamente que os documentos de constituição serão arquivados na Junta Comercial e publicados, após o que a cooperativa adquirirá personalidade jurídica e estará apta a funcionar.

Importante ressaltar neste momento final que, apesar da metodologia adotada pelo presente trabalho, ele não pode deixar de analisar as previsões normativas em questão. De fato, ainda que exista previsão legal expressa exigindo o registro das cooperativas nas Juntas Comerciais. Além disso, o estudo das cooperativas deve ser maior do que a mera análise dogmática, devido a sua peculiaridade, enquanto instituto pautado em uma doutrina filosófica, mas sem deixar de lado os imperativos da lei. Logo, não há empecilho para que o registro das cooperativas continue sendo realizado nas Juntas Comerciais, pois não há qualquer ofensa aos princípios estruturantes do cooperativismo e às disposições legais analisadas.

7. Conclusão

A sociedade cooperativa é fruto de um processo doutrinário--filosófico único; assim sendo, toda questão controversa que lhe diga respeito deve, necessariamente, perpassar pela análise dos princípios do cooperativismo.

Desta maneira, o presente trabalho buscou mostrar de que maneira ocorre a intensa interlocução entre os princípios maiores do cooperativismo e as disposições normativas da Lei nº 5.764/71 e do Código Civil de 2002, demonstrando uma de suas propostas, qual seja, qualquer investigação dogmática sobre os institutos da cooperativa não será suficientemente apta a resolver a questão se não houver uma análise conforme os fundamentos deste tipo societário.

Com este propósito metodológico, o presente trabalho buscou investigar duas questões das sociedades cooperativas, que tradicionalmente recebem uma análise puramente exegética, sem considerar o cooperativismo enquanto doutrina. Nestes termos, foram objetos do estudo a questão do reconhecimento do vínculo de emprego entre cooperados e a cooperativa e também, o órgão competente para o seu registro.

Em relação ao primeiro questionamento, defendeu-se que o papel do magistrado é buscar no caso concreto a existência ou não de uma cooperativa. Ou seja, estando presentes os princípios do cooperativismo, como autonomia dos sócios e o princípio democrático, haverá cooperativa e cooperativismo em um sentido verdadeiro, de modo que não há que se falar em relação de emprego. Por outro lado, se não há a observância destes princípios e a sociedade é simples meio de fraudar garantias trabalhistas, haverá cooperativa em um sentido apenas formal, e aplicando o princípio da primazia da realidade sobre a forma, o juiz do trabalho deverá reconhecer a relação de emprego entre a pessoa jurídica e os associados.

Já em relação ao segundo ponto, entende-se que não há qualquer problema no fato das cooperativas continuarem sendo registradas nas Juntas Comerciais. Tal assertiva é alcançada conforme a estrutura metodológica adotada pelo presente trabalho, qual seja, mais do que qualquer análise legal, o estudo das cooperativas deve ser pautado nos princípios do cooperativismo. Desta maneira, se não há dúvida na incompatibilidade da exigência de autorização para a criação e o funcionamento das sociedades cooperativas, conforme todo o arcabouço teórico e a inconstitucionalidade formal, não é possível vislumbrar qualquer problema com o artigo 18, § 6º da Lei nº 5.764/71 e a alínea "a" do inciso II do artigo 32 da Lei nº 8.934/94, no que se refere à exigência do registro nas Juntas Comerciais competentes.

Como afirmado, além do fato desse registro ser possível conforme a teoria do cooperativismo, existe uma sistemática legal própria das cooperativas, com previsão expressa em lei especial de registro nas Juntas Comerciais, que em nenhum momento pode ser confundida com autorização para funcionamento, o que é vedado constitucionalmente. Certo é que a sociedade não adquirirá personalidade jurídica caso não se observe o registro próprio. E isto pode trazer consequências graves para a cooperativa e seus integrantes pela incidência das normas da sociedade em comum, conforme interpretação *a contrario sensu* do artigo 985 do Código Civil.

Finalmente, é importante reafirmar que as cooperativas são peculiares pela sua criação sobre bases sólidas de uma teoria filosófica, qual seja, o cooperativismo, e como tal, exige uma fundamentação mais profunda de seus institutos, maior do que uma análise meramente legal.

8. Referências

2012 ANO INTERNACIONAL DAS COOPERATIVAS. **Cooperativismo no mundo.** Disponível em: <http://www.ano2012.coop.br/default.php?p=texto.php&c=cooperativismo_no_mundo>. Acesso em 24 jul 2013.

ARRIGONI, Fernando José. Aplicações sociais das sociedades cooperativas: um modelo de demonstração contábil. **Caderno de Estudos.** São Paulo, n. 23 jan/jun 2000. Disponível em: <http://www.scielo.br/scielo.php?pid=S1413-92512000000100004&script=sci_arttext>. Acesso em 02 ago 2013.

BORBA, José Edwaldo Tavares. **O sistema de registro das sociedades simples e sociedades empresárias.** Disponível em: <http://www.irtdpjsaopaulo.com.br/sociedade_simples_artigos6.php>. Acesso em: 07 ago 2013.

BRASIL. Constituição (1988). **Constituição da República Federativa do Brasil.** Diário Oficial da União. Brasília, DF, 05 out 1988. Disponível em: <http://www.planalto.gov.br/ccivil_03/constituicao/constituicao.htm>. Acesso em 03 ago 2013.

BRASIL. Conselho da Justiça Federal. **III Jornada de Direito Civil.** Disponível em: <http://daleth.cjf.jus.br/revista/outras_publicacoes/jornada_direito_civil/IIIJornada.pdf>. Acesso em 19 ago 2013.

BRASIL. Conselho da Justiça Federal. **IV Jornada de Direito Civil.** Disponível em: <http://columbo2.cjf.jus.br/portal/publicacao/download.wsp?tmp.arquivo=2017>. Acesso em 19 ago 2013.

BRASIL. Decreto-Lei nº5.452, de 1º de maio de 1943. Aprova a Consolidação das Leis do Trabalho. **Diário Oficial da União.** Brasília, DF, 1º de mai 2013. Disponível em: <http://www.planalto.gov.br/ccivil_03/decreto-lei/del5452.htm>. Acesso em 06 ago 2013.

BRASIL. Junta Comercial do Estado de Minas Gerais. **Registro de Cooperativa.** Disponível em: <http://www.jucemg.mg.gov.br/ibr/servicos+registro-de-cooperativa>. Acesso em 08 ago. 2008.

BRASIL. Junta Comercial do Estado do Rio de Janeiro. **Enunciados.** Disponível em: <http://www.jucerja.rj.gov.br/legislacao/enunciados/>. Acesso em 08 ago 2013.

BRASIL. Junta Comercial do Estado de São Paulo. **Registro de Cooperativas na JUCESP é Tema de Seminário Estadual.** Disponível em: <http://www.jucesp.fazenda.sp.gov.br/institucional_noticias_registro_cooperativas.php>. Acesso em 08 ago 2013.

BRASIL. Lei nº 5.764, de 16 de dezembro de 1971. Define a política nacional de cooperativismo, institui o regime jurídico das sociedades cooperativas, e da outras providências. **Diário Oficial da União.** Brasília, DF, 16 de dez 1971. Disponível em: <http://www.planalto.gov.br/ccivil_03/leis/l5764.htm>. Acesso em 02 ago 2013.

BRASIL. Lei 8.934, de 18 de novembro de 1994. Dispõe sobre o registro público de empresas mercantis e atividades afins e dá outras providências. **Diário Oficial da União.** Brasília, DF, 18 de nov de 1994. Disponível em:<http://www.dnrc.gov.br/Legislacao/lei/lei8934.htm>. Acesso em 08 ago 2013.

BRASIL. Lei nº 10.406, de 10 de janeiro de 2002. Institui o Código Civil.**Diário Oficial da União.** Brasília, DF, 10 de jan 2002. Disponível em: <http://www.planalto.gov.br/ccivil_03/leis/2002/l10406.htm>. Acesso em 02 ago 2013.

BRASIL. Lei nº 10.406, de 10 de janeiro de 2002. Institui o Código Civil. **Senado Federal.** Brasília, DF, 10 de jan 2002. Disponível em: <http://www2.senado.leg.br/bdsf/bitstream/id/70319/2/743415.pdf>. Acesso em 03 ago 2013.

BRASIL. Ministério do Desenvolvimento, Indústria e Comércio Exterior. **Cooperativismo.** Disponível em: <http://www.mdic.gov.br/sistemas_web/aprendex/cooperativismo/index/conteudo/id/297>. Acesso em 03 ago 2013.

BRASIL. Senado Federal. **Da Comissão de Assuntos Sociais Sobre o Projeto de Lei da Câmara nº 31 de 1997 (nº 2.226, de 1996, na Casa de Origem), que "Revoga o Parágrafo Único do Artigo 442 da Consolidação das Leis do Trabalho – CLT, Aprovada Pelo Decreto-Lei nº 5.452, de 1º de maio de 1943".** Disponível em: <http://www.

senado.gov.br/atividade/materia/getPDF.asp?t=29519&tp=1>. Acesso em 05 ago 2013.

BRASIL. Superior Tribunal Federal. Decisão em Agravo Regimental no Agravo de Instrumento, número 847845. Agravante: Friburgo Auto ônibus LTDA e Agravado Ministério Público do Estado do Rio de Janeiro, Relatora:Ministro Luiz Fux. Brasília, 11 de dezembro de 2012. Disponível em: <http://redir.stf.jus.br/paginadorpub/paginador.jsp?docTP=TP&docID=3390590>. Acesso em 08 set 2013.

BRASIL. Superior Tribunal do Trabalho. Decisão em Recurso de Revista, número 4385-22.2003.5.06.0251. Recorrente: Vicunha Têxtil S.A. e Recorrida Marta Leandra Alves da Silva, Relatora: Ministra Kátia Magalhães Arruda. Brasília, 05 de maio de 2010. Disponível em:<http://aplicacao5.tst.jus.br/consultaunificada2/inteiroTeor.do?action=printInteiroTeor&format=html&highlight=true&numeroFormatado=RR%20-%204385-22.2003.5.06.0251&base=acordao&rowid=AAANGhAA+AAAJSMAAI&dataPublicacao=14/05/2010&query=cooperativas>. Acesso em 06 ago 2013.

BRASIL. Superior Tribunal do Trabalho. Decisão em Recurso de Revista, número 123800-28.2007.5.15.0018. Recorrente Pepsico do Brasil LTDA. e Recorridos Amuri Arruda Alves e Cooperativa de Trabalhadores Múltiplos LTDA – COOPERBEN, Relator: Aloysio Corrêa da Veiga. Brasília, 05 de maio de 2010. Disponível em: <http://aplicacao5.tst.jus.br/consultaunificada2/inteiroTeor.do?action=printInteiroTeor&format=html&highlight=true&numeroFormatado=RR%20-%20123800-28.2007.5.15.0018&base=acordao&rowid=AAANGhAA+AAAJfxAAG&dataPublicacao=14/05/2010&query=cooperativas>. Acesso em 07 ago 2013.

BULGARELLI, Waldirio. **As sociedades cooperativas e a sua disciplina jurídica**. Rio de Janeiro: Renovar, 1998.

CARRION, Valentin. Cooperativas de Trabalho – Autenticidade e falsidade. Revista T&D, n. 18, set/1998, p. 133.

COELHO, Fábio Ulhoa. **Parecer**. Disponível em:< http://www.irtdpj-brasil.com.br/NEWSITE/parecerfabio.htm>. Acesso em 07 ago 2013.

LUZ FILHO, Fábio. **Teoria e Prática das Sociedades Cooperativas**. 5 e.d. Rio de Janeiro: Irmãos Pongetti – Editores, 1961.

OCBGO. Organização das Cooperativas Brasileiras no Estado de Goiás. **Histórico das leis e decretos que contemplaram as cooperativas no último século.** Disponível em: <http://www.ocbgo.org.br/arquivos/downloads/resolucoes-do-conselho-nacional-do-cooperativismo-591728.pdf>. Acesso em 03 ago 2013.

ROCHA, Sara Cecília. **Cooperativas de Trabalho.** Disponível em: <http://www.egov.ufsc.br/portal/sites/default/files/anexos/31292-34917-1-PB.pdf>. Acesso em 05 ago 2013.

VILLEY, Michel. **O Direito e os Direitos Humanos.** 1 e.d. São Paulo: Martins Fontes, 2007.

Judicialização e justificação na concretização dos direitos fundamentais sociais.

Eduardo Ribeiro Moreira[1]
Ivan Simões Garcia[2]

1. A filosofia na concretização de direitos fundamentais sociais

Por que ainda apostar na Constituição num momento de globalização e de redimensionamento do Estado?

Inicialmente, porque ela ainda é necessária em seu sentido normativo e ainda cumpre um papel sócio-político relevante em países periféricos. Especialmente se for como a Constituição brasileira de 1988, compromissória e dirigente, que concretiza o triângulo dialético de Canotilho: (i) resolver o problema da violência contra o arbítrio de particulares e do Estado; (ii) resolver o problema de igual participação política, condição de possibilidade para a representação[3]; (iii) resolver o problema da miséria e o acesso a bens da vida fundamentais.

O Constitucionalismo do pós 2ª guerra surge para dar mais independência ao Direito; retirá-lo da posição de caudatário da política, para, ao revés, impor limites à política através de cláusulas pétreas e

---

1 Professor Adjunto III de Direito Constitucional da UFRJ. Doutor em Direito Constitucional pela PUC-SP, pós doutor pela Castilla La Mancha, visiting scholar pela Fordham e Livre Docente pela USP, Bolsista PQ nível 2 do CNPQ.

2 Professor Adjunto II de Direito do Trabalho da UFRJ. Doutor em Direito do Trabalho pela PUC-SP, Professor Adjunto em Direito do Trabalho da UERJ e Membro do seu corpo permanente do Programa de Pós-graduação em Direito – PPGDIR / UERJ.

3 Veja-se que não se fala nem mesmo do aprimoramento da democracia participativa, perspectiva aberta pela Constituição e tão bem desenvolvida por Bonavides.

Direitos Fundamentais contra maiorias circunstanciais. A Constituição, nesse sentido, é um dos dínamos, senão o que apresenta maior concentração simbólica e potencial concretizável, que pode realizar as promessas éticas da modernidade; A Constituição é o *locus* privilegiado para basear essas transformações revolucionárias, se e enquanto compreendida como campo de batalha para o confronto de interesses em luta para lhe prover sentidos e significações.

É claro que tais transformações não se operam, de modo idealista, nas abstrações jurídicas e nem mesmo na sempre limitada atuação do Judiciário. Não se prescinde da política. Direito e Política – com maiúsculas pela igual importância – estão cada vez mais entrelaçados no desempenho das funções de um tribunal constitucional. Para entender a expansão de direitos promovida pelo Poder Judiciário e o papel centralizador do Supremo Tribunal Federal no Brasil é necessário perceber que os agentes políticos foram os primeiros a buscar o Poder Judiciário para legitimar suas reivindicações parlamentares, muitas vezes após a derrota no voto. A judicialização da política é fenômeno, em parte, produzido pelos próprios atores políticos e parece ser um caminho sem volta no neocontitucionalismo brasileiro.

O neoconstitucionalismo iniciado no 2° pós-guerra permite que Constituições invasivas (Alemanha, Itália, Espanha, Portugal, Brasil e outras) horizontalize os Direitos Fundamentais por sobre a esfera das relações entre particulares; o público penetra os antigos espaços privados. Essa mudança paradigmática exige um novo quadro teórico, que será calcado em princípios com os quais não falamos mais de um mundo abstrato, num mundo ideal no qual habita o sujeito de direito abstrato e toda a sua crise, mas que nos permite recorrer ao mundo concreto, relegitimando o direito com a volta da moral – a moral prática. A invasão da Constituição por meio dos princípios permite atirar para dentro da Constituição os conflitos sociais.

Podemos destacar que a partir dessa inversão das relações defendidas no positivismo jurídico alguns de seus alicerces foram projetados na nova ordem constitucional. É bem verdade que sem esses pressupostos sequer podemos falar de Estado Constitucional de Direito. Riccardo Guastini (GUASTINI, 2003.) organizou sete condições para que se verifique a constitucionalização do direito – facilmente percebidas pelos estudos pós-positivistas. As três primeiras condições, que chamamos de *pressupostos*, são de natureza formal, a saber: uma Constituição rígida, a presença de uma Jurisdição Constitucional e a força vinculante da Constituição. Esses três pressupostos já se encontravam presentes na formação do Constitucionalismo Moderno. As outras quatro condições são de natureza material: a aplicação direta das normas constitucionais nas relações privadas e sociais, a sobre-interpretação, a interpretação conforme a Constituição, e a influência da Constituição sobre as relações políticas. Acrescentaremos ainda o exercício da *ponderação de interesses* e a utilização de incrementos de novas metodologias constitucionais, como a *argumentação jurídica* e as técnicas de interpretação constitucional (sobre-intepretação), como elementos pressupostos ao neoconstitucionalismo. Esse rol pode ser percebido como integrador de elementos comuns que tem nos princípios o seu elemento mais concretizador e transformador dos direitos fundamentais sociais. Os princípios, na dimensão da "práxis", concreta deferem nova base de legitimação dos conflitos sociais, projetando-se de modo diferenciado para o plano da batalha ideológica e, novamente, voltando a reposicionar as relações de poder dos contendores. A transformação na ordem de poder é elemento central da relação na balança de direito e política e na terceira proposição já citada de Canotilho, "resolver o problema da miséria e o acesso a bens da vida fundamentais" (CANOTILHO, 1998).

Neste ínterim, a Constituição e seus princípios dotados de caráter normativo passam a servir de fundamento direto para pretensões deduzidas perante o Judiciário. Isso reforça a luta política e redimensiona a correlação de forças dos conflitos sociais. Decorre do neoconstitucionalismo, então, o pós-positivismo e com ele se exige um novo quadro hermenêutico que busque os sentidos na intersubjetividade (concretização da fraternidade na preocupação com o outro, os outros e as gerações futuras:solidariedade). De modo que o problema opera-se no plano estrutural, funcional e interpretativo.

Para a Metafísica Clássica como as coisas têm uma essência, têm também um sentido; o sentido está nas coisas. Na Metafísica Moderna, o sujeito cognoscente assujeita as coisas, até se transformar no sujeito solipsista. No paradigma da linguagem, o sentido está na linguagem, pois é a linguagem que nos coloca – sujeitos e objetos – no mundo. Eu não tenho a linguagem, a linguagem é que me tem. O nosso objeto de conhecimento não pode ser pensado independente do modo como nos aparece.

Isso não quer dizer seguir Nietzsche quando diz não haver fatos, mas só interpretações. Esse relativismo se coaduna com o sujeito solipsista, que com tal poder, pode mesmo negar a história. Há sempre um "mínimo é"; a necessidade de uma mínima entificação. Porém, permite compreender que o sentido do direito se dá antes do conhecimento de seu objeto. Diferente de Kelsen, o jurista não fabrica o seu objeto de conhecimento. Assim, não se interpreta para compreender, mas se compreende e pré-compreende para interpretar. Anuncia-se, pois, o fim do método (em seu sentido moderno, da objetividade e separação entre sujeito e objeto) e o fim da subsunção ou dedução. A morte desses deuses não quer dizer que tudo está permitido e que caímos num relativismo consequencialista (numa espécie de estado de natureza interpretativo). Aí é que se reforça a importância da tradição, para Gadamer (GADAMER, 2002); da integridade e coerência, para Dworkin (DWORKIN, 2001).

É preciso agora construir o sentido (dar sentido, *singebud*), e não mais mecanicamente reproduzi-lo (*auslegung*), como escravos do texto (objetivismo absoluto), mas sem que isso signifique que somos os proprietários dos meios de produção de sentido, num subjetivismo total. Palavra e coisa; texto e norma não se identificam como uma única coisa, mas tampouco estão completamente descoladas. Relacionam-se de modo dialético. A norma só é mediante um texto, e o texto só se vivifica numa norma. O problema do positivismo exegético é que diante do fracasso de sua pretensão de que o texto congregue todas as hipóteses fáticas, abre suas possibilidades normativas à discricionariedade do intérprete (moldura da norma, de Kelsen; textura aberta da norma, de Hart, e etc.).

Ora, o problema do positivismo e seu aguilhão semântico (DWORKIN, 2007, p.56) se superdimensiona com a descontextualizada assimilação da jurisprudência dos valores alemã, ou da teoria da argumentação de Alexy e sua ponderação que não supera a separação sujeito-objeto, na cisão semântica entre regras e princípios, como se princípios subsistissem sem regras ou como se houvesse regras sem base num princípio.

Na dupla dimensão do Direito de Alexy, a dimensão ideal corrige, a partir da moral, a dimensão real. Habermas já denunciava que direito e moral são co-originários e um não pode corrigir os problemas do outro.

Os estudiosos de uma metaética não cognitivista, com base na filosofia analítica, tratam dos valores, seus significados e recusam-se a conhecê-los objetivamente. O desenvolvimento, que usa a teoria não cognitivista se divide em diversas propostas, que têm como base comum a não atribuição de significado moral aos termos utilizados de forma motivacional. O não cognitivismo diz que substitui crença por aceitação, mas, com isso, afasta-se das balizas sociais, o que, como consequência serve de desculpa para um comportamento eticamente reprovável. Esse substrato teórico serviu de sustentáculo para o positivismo exclusivista, que defende a tese de separação total entre o direito e a moral, pois a última pertenceria somente à ética filosófica[4]. Já o cognitivismo moral percebe no juízo moral um juízo que motiva cognitivamente e não deve ser equiparado a apenas uma condição de verdade. O juízo moral presente hoje no discurso jurídico e filosófico cognitivista é fruto dos trabalhos iniciados por Kant, por isso, diz-se que as teorias que trabalham, em alguma medida a razão aplicada à moral são teorias neokantianas. A base da filosofia do direito do século XXI é neokantiana. Habermas (HABERMAS, 1997), filósofo que parte dessa base teórica, que seria em última instância inspirada em Kant, explica o que acarreta tripartição kantiana do mundo em:

- Mundo objetivo – pretensão de verdade, relação com o mundo externo;

- Mundo social – pretensão de correção, relação com as demais pessoas pelo agir comunicativo;

- Mundo subjetivo – pretensão de veracidade, relação com o próprio eu, em torno de si (e o inconsciente).

A partir das três visões de mundo, Habermas destaca os três tipos dos atos da fala: o tipo constatativo; o tipo regulativo; e o tipo expressivo. Os dois primeiros são discursivamente rejeitáveis, já o último é resgatável no próprio agir comunicativo. A ética do discurso, tão em voga em Habermas, transporta-se ao direito e corresponde à ética proposta pela argumentação[5]. A proposta ética cognitivista

---

4   O positivismo jurídico como proposta de teoria universal, a fim de explicar cientificamente o direito em todos os países também se afastou da moral pelas distintas concepções morais obtidas em diferentes tradições. Habermas também aposta em uma teoria universal, talvez por isso se limite a propor uma moral procedimental. A nossa proposta é menos pretensiosa ao estabelecer critérios de justiça para as tradições ocidentais.

5   Aqui a argumentação jurídica deve ser entendida com as propriedades de teoria da argumentação padrão, desenvolvidas pós a década de 80. A argumentação jurídica pode ser conectada ao agir comunicativo como uma percepção moral deste.

contemporânea postula uma filosofia aplicada – aplicada ao direito, à política – superando as incertezas trazidas no pensamento crítico pós-moderno,[6] o qual acentua o uso da linguagem. Vejamos a comparação entre o panorama do ser, panorama da mente, panorama da linguagem e também o panorama da ética, possível a partir da reabilitação da razão prática e incluído exclusivamente por nossa percepção:

- Panorama do ser = filosofia clássica = filosofia metafísica

- Panorama da mente = filosofia moderna = filosofia do conhecimento

- Panorama da linguagem = filosofia pós-moderna = filosofia da linguagem

- Panorama da ética = filosofia contemporânea = filosofia prática

A Filosofia prática não se confunde com a pragmática. Problemas de desvelamento e de compreensão do panorama já estão lá na base filosófica, aguardando a crítica. A mudança de panorama é o modo de não se fechar na tradição filosófica; sobretudo, o foco é realizar a ponte entre a filosofia e a construção possível. O possível pode operar contrafaticamente, pois não se pode esquecer que uma das funções da filosofia é desafiar a realidade enquanto a reconhece.

Com esse referencial de filosofia do direito posto, algumas vertentes da teoria da argumentação – como Alexy ou Atienza – trabalham com essa dicotomia regras/princípios ou subsunção/ponderação, na verdade, retomam, com nova coloração, a teoria de Herbert Hart, para quem toda regra tem uma zona dura de significado, donde se extraem os casos fáceis, e, eventualmente trazem também uma zona de penumbra, donde o significado não é imediato, derivando nos casos difíceis, nos quais se delega ao juiz a significação de forma discricionária.

Ora, não existem casos fáceis ou difíceis em si. Os casos somente são fáceis ou difíceis de acordo com a compreensão de quem os interpreta. Um caso "difícil" pode se tornar "fácil" assim que seja resolvido. Mas isso pode ter efeitos e consequências extremamente deletérias na prática dos Tribunais.

---

6 Zygmunt Bauman, *O mal estar na pós-modernidade.*

Criou-se no Brasil uma ponderação calcada em meros subjetivismos pragmatistas, uma espécie de ideologia do caso concreto, um neonominalismo. O Direito é sempre uma questão de caso, mas o caso concreto não é um álibi para o decisor mudar de ideia a cada momento, sem nenhuma preocupação com a justificação racional. A atribuição de sentido na interpretação jurídica não significa dizer qualquer coisa sobre algo.

Explicite-se: judicialização da política não se confunde com ativismo. A judicialização significa uma transferência de poder, das instâncias políticas tradicionais – o Legislativo e o Executivo – para o órgão Judiciário, que passa a ocupar certo protagonismo na definição de questões de largo alcance social, político, econômico e moral. Esta deve ser aceita dentro do paradigma constitucional brasileiro, mas com limitações diferenciações com o ativismo e, sobretudo, mudança no paradigma ideológico.

2 A JUDICIALIZAÇÃO DOS DIREITOS FUNDAMENTAIS SOCIAIS

A judicialização é um fenômeno mundial, que assinala a organização política das democracias ocidentais no 2º pós-guerra, centradas nas Constituições e, quase sempre, dotadas de Tribunais Constitucionais. Quanto mais analítica é a Constituição, menos se reserva à competência e à atuação do legislador, do parlamentar ou dos tradicionais atores da democracia representativa. É retirar matérias do debate majoritário da última hora e transformá-las em norma constitucional.

A expansão da jurisdição e da jurisdição constitucional é um efeito necessário do neoconstitucionalismo. A reaproximação entre Direito e Moral pela via dos princípios tornou as Constituições invasivas, penetrando espaços, até então intangíveis, das relações privadas. Ainda mais quando, nos países da semiperiferia e da periferia do mundo, as Constituições se tornaram também dirigentes e compromissórias.

A judicialização é um fato que decorre do arranjo institucional existente na opção política feita pelo constituinte, que constitucionalizou muitas matérias e converteu todos os juristas e juízes em intérpretes e aplicadores da Constituição. Ressalte-se que, em uma via comparativa, a observância e o cumprimento da Constituição na implementação das políticas públicas é mais restritiva na função do julgador do que na do agente político, principalmente em relação ao administrador do Estado. Este cria e executa as políticas públicas em uma combinação de conveniência e oportunidade, com respeito às metas constitucionais. Já os juízes agem pautados em critérios normativos-constitucionais materiais: o limite sempre deve ser o jurídico.

A judicialização vem carregando consigo ampla possibilidade de distorções no emprego inadequado e parcial da teoria pós-positivista (ou do positivismo ético). Na melhor das intenções, muitos juristas acreditam que os princípios, por sua abertura normativa, ampliam a discricionariedade, quando a nova hermenêutica pós--positivista aponta precisamente para o contrário.

A nova hermenêutica neoconstitucional serve para limitar a discricionariedade de quem exerce poder legal; serve para controlar esse grande fenômeno contemporâneo que é o alargamento do espaço da jurisdição e da discrição dos atores políticos e sociais.

A judicialização da política deve trazer limites, pois não é qualquer política pública que o Judiciário pode controlar, mas aquela com base em metas previstas na Constituição. Os direitos fundamentais são erigidos a fundamentos do controle, verdadeiros vetores de atuação do Poder Judiciário, corrigindo as impropriedades das políticas públicas em julgamentos. Isso fica mais bem contextualizado à visão de que o Poder Judiciário é, também ele, condutor da democracia. Para tanto, a racionalidade prática atinge as políticas públicas, dá critérios e parâmetros de controle, divide as situações e estabelece limites. Com esse objeto traçado fica mais fácil pô-la em prática. O Poder Judiciário deve traçar rumos para a política pública, não fazê-la.

> "As políticas públicas são indispensáveis para a garantia e a promoção de direitos fundamentais – o fato é que toda e qualquer ação estatal envolve gasto de dinheiro público e os recursos públicos são limitados. Essas são evidências fáticas e não teses jurídicas. (...) As políticas públicas, igualmente, envolvem gastos. E como não há recursos ilimitados, será preciso priorizar e escolher em que o dinheiro público disponível será investido."[7]

---

7   Ana Paula de Barcellos, Constitucionalização das Políticas Públicas em Matéria de Direitos Fundamentais: o Controle Político Social e o Controle Jurídico no Espaço Democrático, p. 12.

No Brasil, os primeiros textos sobre o tema aparecem agora, produzidos no século XXI. Diversamente, nos Estados Unidos, o tema é amplamente debatido já há algum tempo, pois é a fonte materializada do debate entre o ativismo judicial[8], a autocontenção[9], o originalismo[10] e o minimalismo[11], como forma de atuação

---

8   O ativismo judicial foi a postura adotada nos Estados Unidos em três oportunidades. A mais festejada ocorreu meados do século XX quando foram introduzidos uma série de mudanças no Estado social, cultural e econômico, a partir das decisões da Suprema Corte, que culminou com a autorização do aborto nos anos 70 (Roe vs. Wade). O ativismo defende que os juízes devem adotar uma postura crítica, construtiva, impondo resultados. Os procedimentos judiciais devem ouvir diversas manifestações sociais. O orçamento pericial das cortes de justiça é levado a sério, e, geralmente, defendido pelos liberais. Os juízes adeptos do ativismo judicial geralmente impõem a barreira da responsabilidade ética nos padrões sociais e governamentais. São acusados de enfraquecer a barreira da democracia majoritária, por se usurparem de funções criadoras. O termo nos Estados Unidos é acompanhado de uma carga pejorativa.

9   A autocontenção, contrariamente ao ativismo, entende que se o Legislativo não atuou, o Judiciário não deve completar lacunas criando direitos, nem pretender consertar políticas, mas deve conectar-se e tratar somente das demandas estritamente jurídicas e nada políticas-sociais o assuntos militares e tipicamente governamentais.

10 A razão política do originalismo é oferecer resistência ao ativismo judicial. O originalismo foi a primeira resposta teórica trabalhada por aqueles que desejavam outra postura judicial. Suscintamente, o originalismo diz que a Suprema Corte não pode criar direitos fundamentais não positivados ao interpretar. Não pode criar direitos que não estejam previstos na Constituição. O originalismo prende-se à filosofia da interpretação do momento de criação da Constituição (*Founding Fathers*). Devem seus adeptos procurar o significado da norma quando a mesma foi concebida, contextualizando-se a norma na história e trazer, daí, uma correlação necessária entre o momento legislativo, causas da norma e o momento de aplicação. Por trazer mais problemas do que se propõe solucionar, mesmo entre os conservadores dos Estados Unidos, o originalismo não goza de preferência interpretativa atualmente, sendo apenas mais uma forma de interpretar.

11 O minimalismo exerce influência sobre a extensão da decisão, pois, segundo seus defensores, a decisão deve se limitar à matéria a ser decidida, de forma clara e mínima. Não se deve esgotar o assunto objeto de decisão, assim, novas decisões poderão ter um parâmetro e criar, a margem do que já foi decidido, outra complementação. O minimalismo prega, sobretudo, que matérias alheias à questão principal não sejam decididas inutilmente, porque poderão ser objeto de livre deliberação futura. A participação democrática, em tese, restaria privilegiada pelo minimalismo, pois os participantes sociais construiriam em torno do ponto específico que foi decidido. Por uma justificativa pragmática, o minimalismo conduz a um processo mais rápido de decisão em um país que tem Tribunais assoberbados de processos. Essa forma de julgar conduz ao exame principal de um maior número de processos – não se quer que o julgador seja doutrinador. Representa, em parte, o foco da democracia deliberativa em defesa do procedimentalismo, sem, contudo, com este se confundir. Há um problema estrutural em se adotar o minimalismo onde se defende a teoria da argumentação jurídica. Chega a ser contraditório que uma aposta deliberadamente pontual seja conectada a um padrão de fundamento discursivo, de legitimação da tomada de decisão e de justificação máxima. Por esse motivo, que é preponderante, o minimalismo é incompatível com a defesa da argumentação jurídica substancial e corretiva.

correta da Suprema Corte[12] dos Estados Unidos. Não podemos esquecer que por lá ativismo quase sempre tem um significado pejorativo de justiça política e atécnica.

Daí, ser essencial distinguirmos judicialização da política de ativismo judicial, mas do que na teoria os efeitos dessa equivocada equiparação são sentidos na prática jurídica. O ativismo é uma atitude dos juízes; um modo expansivo de interpretar a Constituição, permitindo atuação excessiva do Judiciário por sobre as demais instâncias políticas[13].

No Brasil, o ativismo judicial justamente se converter numa vulgata da judicialização (essa sim contingente e inexorável), se transformou num "panprincipiologismo", uma bolha especulativa dos princípios[14].

É bem de ver que o ativismo, no varejo das ações judiciais, tem atendido a demandas sociais relevantes, que jamais foram atendidas pelo processo político majoritário no país, notadamente pelo Con-

---

12 O consequencialismo é uma forma de decisão adotada por alguns (ex)integrantes da Suprema Corte dos Estados Unidos, identificada em considerar, precipuamente, o resultado a ser alcançado, chegando até a ser questionado o Direito, abstratamente tutelado, em confronto com a repercussão ou resultado do caso. Muitas críticas são direcionadas a posições identificadas como conseqüencialistas, que, na origem filosófica, implicava buscar o resultado bom e ideal. Com a formulação do ideal utilitarista, de Jeremy Bentham, é que o consequencialismo passa como política de decisão, sem que esta tenha valor em si mesma. A partir do desenvolvimento do consequencialismo judicial, que foi somado a um utilitarismo pragmático para a resolução dos processos – quantificação dos custos do processo, identificação do padrão da eficiência, acima de tudo – foi gerada a teoria da análise econômica do Direito, muito combatida por Dworkin, pelos conflitos que ela propõe, ao passar por cima de construções jurídicas. Em oposição ao consequencialismo filosófico, encontramos o universalismo idealizado por Kant. O teste de universalidade é formado por um imperativo categórico, na formação de uma lei universal. A universalização como conduta humana é impregnada de um qualitativo de valor, a moral, presente na ideia de um dever de cumprimento e, assim, passa a ser considerada uma propriedade integrante do Direito. Em suma, em Kant, a moral tem um fim em si, já no consequencialismo a moral é enxergada pelo resultado a ser obtido, e, com isso, ela é racionalizada em direção ao resultado pretendido.

13 Frise-se que o ativismo não é bom ou mal em si, mas é um problema. Veja-se, por exemplo, o ativismo da Suprema Corte Norte Americana na "era Lochnner", da década de 1930 e depois, de 1954 a 1969, na chamada "corte Warren".

14 Com base no ativismo, segundo Barroso, é possível 3 modos de ação: (i) a imposição de princípios constitucionais em situações que não foram previstas nem pelo constituinte nem pelo legislador, como, por exemplo, o STF fez no caso da fidelidade partidária; (ii) declaração de inconstitucionalidade quando não se vislumbra imediatamente patente afronta de regra constitucional, como foi o caso da verticalização dos partidos e da cláusula de barreira; (iii) na imposição de condutas, sobretudo ao Executivo, fixando políticas públicas ou determinando modos de realizar políticas públicas

gresso Nacional, em matéria de liberdade política, de moralidade pública e de direitos sociais. Porém, essa atuação judicial engendra um problema de legitimidade democrática, que esvazia ainda mais a instância parlamentar. De parte isso, os princípios viraram uma espécie de terceiro turno do processo constituinte: felicidade, afetividade, cooperação processual, humanidade, etc. A que regras esses princípios estariam ligados? Os princípios passam a ser entoados como mantras, meros enunciados performativos, uma farra principiológica que só fortalece o positivismo (cf. Alf Ross).

Há que se reconhecer que os Tribunais e o STF têm avançado na efetivação da Constituição valendo-se das teorias da argumentação e valendo-se da ponderação. Mas não se supera com tal arcabouço o problema do sujeito solipsista, a discricionariedade do intérprete, nem se alcança com isto a solução para a questão dos direitos sociais. A emblemática situação de controle judicial das políticas públicas omissivas foi sentida na ADPF nº 45, Ministro Relator Celso de Mello, donde se extrai da ementa:

> "Argüição de descumprimento de preceito fundamental. A questão da legitimidade constitucional do controle e da intervenção do Poder Judiciário em tema de implementação de políticas públicas, quando configurada hipótese de abusividade governamental."[15]

Essa decisão é paradigmática no tema[16] na jurisprudência brasileira, e é trabalhada exaustivamente pela doutrina. Resta-nos debater e escolher os parâmetros, e, principalmente os limites e as medidas de controle judicial das políticas públicas. Aqui, algumas

---

15 STF – ADPF nº 45, Ministro relator Celso de Mello.

16 A ADPF nº 45 dizia respeito ao veto do Presidente da República ao projeto de lei sobre diretrizes orçamentárias para 2004, convertido na lei n. 10.707/03. O referido veto implicou em não observar o mínimo orçamentário destinado à saúde, questão de intensidade de controle média. No trâmite da ADPF, foi rapidamente aprovada a lei n. 10.777/03, que corrigiu o problema, e, de certa forma, a possibilidade de revisão dos atos da Administração Pública pelo Poder Judiciário serviu de pressão indireta para a produção legislativa da última medida provisória. O Ministro Relator da ADPF nº 45, Celso de Mello, mesmo com a perda de objeto pela ulterior Medida Provisória, decidiu sobre o controle exercido por ADPF: "(...) apresenta-se como instrumento idôneo e apto a viabilizar a concretização de políticas públicas, quando, previstas no texto da Carta Política, venham a ser descumpridas, total ou parcialmente, pelas instâncias governamentais destinatárias do comando inscrito na própria Constituição da República."

balizas foram levantadas, mas é no teste da justificação que os resultados poderão ser aferidos.

3. POR UMA ALTERNATIVA NA JUSTIFICAÇÃO DOS DIREITOS FUNDAMENTAIS SOCIAIS

Para se contrapor ao processo de justificação dominante no direito, carregado da percepção liberal ou positivista é preciso afirmar a autonomia do direito (após seu fracasso simbolizado por Auschwitz) contra:

a) *os predadores exógenos do Direito:* (i) a tentativa da moral corretiva; (ii) a economia e os "law & economics"; e (iii) a política tradicional enquanto espaço de atuação discricionária de maiorias circunstancialmente formadas que detém o poder, colonizando-o a partir de interesses de grupos privados.

O direito não é alheio a nada disso, mas há uma co-originariedade entre direito e política que deve se dar num enfrentamento na esfera pública (HABERMAS, 1997).

Os ativismos têm substituído os juízos dos legisladores pelos juízos morais ou políticos dos juízes. Para Lênio Streck, os princípios como mandados de otimização sobrevalorizam a moral em detrimento do Direito e, no caso, Alexy termina por adotar a fórmula Radbruch, jusnaturalista, independente de todas as fórmulas matemáticas que se empenhavam em dar segurança para a escolha do juiz na decisão (STRECK, 2007). Trata-se de uma axiologia, justificada na Alemanha em que princípios como valores tinham que valer mais do que o próprio Direito quando esse Direito estava associado à ordem (nazista) com que se rompia.

O efeito deletério dessa moralização excessiva do Direito se expressa quando moralidades particulares, como visões de mundo restritas a pequenos grupos da sociedade, passa a determinar – como ideologia hegemônica – o conteúdo e o sentido das normas jurídicas.

Isso não se sustenta no Brasil, pois as formulas de lógica analítica, matemáticas ou de cunho jusnaturalistas só enfraquecem a normatividade dos princípios, estatuídos a partir de pressupostos democráticos mais amplos.

b) os predadores endógenos do Direito: (i) a discricionariedade dos juízes que leva a uma arbitrariedade; (ii) a falta de fundamentação das decisões (a sociedade não é indiferente às decisões judiciais – democracia é controle social); (iii) cada um cidadão tem o direito de ver sua causa julgada de acordo com a Constituição e a decisão está adequada em face dela.

Algumas teorias vêm analisando de modo diferente essas questões apresentando alternativas ao problema do sujeito:

1) Analíticos – tentam resolver o problema apenas no nível semântico, ou seja tratando do sentido em abstrato, preso a fórmulas matemáticas ou estruturas formais vazias;

2) teorias sistêmicas: Luhmann não está preocupado com o assunto na sua construção de uma rede de sentidos;

3) tópica/retórica – posturas axiológicas que acabam subvertendo o próprio texto, sem o olhar hermenêutico e discursivo, ou seja, a argumentação torna-se tão ampla que dificilmente se viabiliza a aplicação da norma jurídica;

4) teorias do discurso – intersubjetividade calcada na ação comunicativa que deve engendrar a democracia procedimental. Aposta na melhor resposta na que possui pretensão de correção, e de justiça que não raro terminam por recorrer a esquemas metafísicos (contrafáticos) para ancorar a aplicação do Direito, como se das ideias decorresse logicamente a prática;

5) teorias da argumentação – Alexy/Atienza. No Brasil, Barroso e Virgílio. Há várias respostas interessantes, mas que não solucionam a questão da justificação dos direitos sociais isoladamente aplicadas, pois acabam perdendo-se em procedimentos formais tão abstratos que terminam por elidir a concretização do direito;

6) teorias dogmáticas – estado de natureza hermenêutico; cada um decide como quer, cada qual enunciando a verdade. Funda-se hoje no "panprincipiologismo", que o sistema fecha com, por exemplo, a súmula vinculante, e que são insuficientes sem a base filosófica;

Dessa forma é preciso construir teorias de constrangimento epistemológico que façam com que as decisões independam da ideologia ou opinião pessoal de cada juiz. Necessita-se de teorias que possam conformar e informar esse processo decisional num Estado democrático. O problema é saber quando isso é possível

139

numa sociedade em luta de classes. Liberdade de interpretação não significa livre atribuição de sentido: Direito tem DNA, que gera um princípio aplicado a casos diferentes, e que deve ser respeitado. A questão é saber qual é o DNA (teoria geral) do Direito e qual ideologia subjaz a ele.

Os direitos humanos como expressão mais ampla do complexo jurídico estão vinculado as contradições da totalidade social representando, por uma lado, os limites. A crítica marxista aos direitos do Homem, declarados pela Revolução Francesa subsiste válida no seu teor fundamental em relação aos Direitos Fundamentais, em geral e os sociais em especial. Tal crítica, hoje no Brasil, tem como fundamento a forma contraditória de estruturação e apresentação destes direitos pela classe dominante e pelo Estado, em que o interesse particular da classe dominante é apresentado abstratamente como "interesse de todos"; como racionalização *a priori* das estruturas de desigualdade e de dominação. Sua crítica tem o objetivo de demonstrar a precariedade de significação prática destas declarações. Os direitos humanos, como todo o complexo singular do direito correspondente aos interesses da humanidade, estão permeados pelas contradições estruturais da sociedade de classes.

A construção dos direitos humanos não é um processo natural, evolucionista e consensual, mas sim, um processo de construção histórica e social dos homens, possuindo, portanto, como pano de fundo, os interesses dos segmentos da sociedade – em constante luta e disputa ideológica.

Assim, os direitos do homem ora aparecem à serviço do poder dominante, como v. g. o mecanismo de controle e legitimação burguesa na sociedade capitalista; ora pode assumir o papel de instrumento simbólico de luta para os grupos populares dominados e explorados, em busca de uma sociedade mais justa, em seu processo de "práxis" libertadora.

No presente momento, mesmo que expressas nas leis, e declarados nas Constituições, os direitos humanos estão sob o pálio capitalista, e, assim, em larga medida a efetividade plena desses direitos há de ser sonegada para a maioria da população mundial.

Com efeito, o aparelho de Estado como instrumento de dominação define as condições de funcionamento sociais adequadas à produção e reprodução da ordem burguesa, e isso inclui que as ideias das classes dominantes sejam acolhidas como ideias dominantes.

Para que essa absorção ocorra, é necessário que a classe dominante projete de forma generalizada – ainda que apenas retoricamente – os direitos humanos, consagradores da liberdade e da igualdade.

Obviamente seria necessário superar o sistema capitalista para garantir a divisão igual e plena das riquezas produzidas, bem assim do conhecimento, do poder e das objetivações mais importantes para a humanidade. Porém, lutar pela efetivação e ampliação dos direitos, ainda, nas leis, é uma etapa necessária.

Atuando nas contradições da sociedade capitalista, cujas bases são as desigualdades sociais, a competição individualista exacerbada, o consumo conspícuo, a valorização imediatista e superficial dos homens segundo suas posses, o postulado ético plasmado nos direitos civis, políticos e sociais deve servir para fortalecer a luta das classes que vivem do trabalho.

É necessário perceber que ao lado da tradição kantiana, de Rawls, Dworkin e outros importantes aportes jusfilosóficos para o direito brasileiro, subsiste a tradição hegeliana, bem como a heidegariana, ambas muito úteis no campo dos direitos sociais e especialmente eficiente na análise das relações de poder e justiça. É de Hegel que Marx e os neomarxistas, como Mészáros, revelam as implicações que direitos podem trazer a uma sociedade tão desigual. As implicações das justificações e práticas correlatas que definem como os direitos são efetivados, e, consequentemente, como podem direcionar respostas do Estado de forma a corrigir desigualdades ou apenas manter o *status quo*, com uma justiça meramente retributiva.

Privilegiar os direitos e liberdades individuais perante o poder do estado, como defende Dworkin chamando os princípios com carga de direitos individuais como "trunfos perante a maioria" (DWORKIN, 2001) produz resultado indevido no campo dos direitos fundamentais sociais no brasil. A carga liberal igualitária não liberta certas mazelas discursivas como as apontadas por Mészáros que nos revela:

> *"As teorias burguesas que defendem de maneira abstrata os "direitos dos homens" são intrinsecamente suspeitas, porque também defendem o direito à alienabilidade universal, posse exclusiva e, dessa maneira, contraditam necessariamente e invalidam efetivamente os "direitos do homem" que pretendem estabelecer. De acordo com Marx, a solução para essa contradição só pode ser examinada no terreno da prática social, onde ela se origina. E ele identifica a solução enquanto extinção neces-*

sária do direito à posse exclusiva: o direito que serve de suporte legal supremo a toda a rede de relações de exploração que transformam os "direitos do homem" em uma chacota obscena da sua própria retórica." (MESZÁROS,1993:205).

Ao reconhecer os direitos fundamentais como categoria mais ampla das relações jurídicas, ou seja, como associadas ao interesse de toda a humanidade, a ordem social capitalista expande ao máximo a possibilidade de projeção ética na história. Porém, ao usar este postulado como mero instrumento retórico de legitimação do poder, a burguesia limita a concretização de tais direitos, permitindo que sejam eles tolerados apenas até o limite em que não ponham em causa os fundamentos de todo o sistema.

Mas é justamente essa possibilidade de se alcançar o ser genérico humano por meio de direitos humanos, que se potencializa o processo de emancipação social, rompendo com a lógica que o informa na sociedade capitalista – ao incorporarem o interesse particular de determinada classe, e, por isso só serem concebidos em sua redução ao direito subjetivo do indivíduo[17] – e o apresenta como interesse geral, da generidade humana.

Assim, a fundamentação de uma alternativa a ordem social do capital não pode ignorar a questão dos direitos humanos. Esta alternativa *"deve provar a sua superioridade face ao capitalismo precisamente ao superar as contradições da parcialidade, liberando as energias reprimidas da realização humana de todos os indivíduos"* (MÉSZÁROS, 1993, p. 213).

A questão dos direitos humanos, deste ponto de vista, adquire uma dimensão relevante, na medida em que na esfera das relações jurídicas a defesa dos interesses da humanidade em oposição aos interesses particulares de determinada classe são essenciais para a construção do processo de emancipação social frente aos interesses do capital. A alternativa dos direitos sociais emancipatórios fica debilitada sem o olhar (neo)marxista.

---

17 Veja-se, por exemplo, as concepções que atrelam a percepção da dignidade humana apenas à figura do indivíduo. Pelo óbvio tais visões não conseguem lobrigar que o ser individual é indissociável de sua dimensão genérica, como requisito inexorável de sua reprodução biológica, existencial e social. Por conseguinte, somente pode haver dignidade para um ser humano quando toda a coletividade pode desfrutar de vida digna.

4. Notas conclusivas

As recorrentes tentativas dos marxistas de elaborar "enunciados diretos sobre o ser do Direito" (uma filosofia "pura" do Direito) tiveram curso e fixaram-se em três grandes tendências teóricas, classificação esta que é também meramente indicativa:

i) o caminho de Pashukanis (o ponto de partida é a relação real entre os sujeitos, não a norma). Para ele, *a teoria marxista do Estado e do Direito é política. Ignora o dualismo entre o ser e o dever ser porque num mundo caracterizado pela necessidade causal, dificilmente se pode falar de um dever ser, de uma norma em geral. E ainda quando a teoria materialista do Estado e do Direito fale de um dever ser, o faz de tal modo que o dever ser determina-se pelo ser e o reflete. A teoria jurídica marxista vê o direito como fenômeno em seu completo enlace com os demais fenômenos, em particular com os da economia.*
Pashukanis retira o fundamento de sua concepção no Marx do "Prefácio à Contribuição à Crítica da Economia Política", texto no qual o autor deixa evidente a concepção radical de que os sujeitos são movidos exclusivamente pelos seus interesses de classe, duramente constrangidos pela estrutura de produção[18];

ii) o caminho de Wishinsky (o ponto de partida é a relação do Direito com o poder de Estado, que legitima a norma da "classe" no poder). Fundamenta-se nos escritos marxianos sobre a ditadura do proletariado, classe com a vocação de universalidade que legitima o Direito por esta destinação messiânica;

iii) e o caminho reformista de Karl Renner (o ponto de partida são as categorizações centrais do iluminismo jurídico, que devem ser adequadas aos interesses da classe universal, ou seja, da classe operária). Retira seu fundamento no Jovem Marx, para quem

---

18   MARX, Karl. "Prefácio à Contribuição à Crítica da Economia Política". In: "Obras Escolhidas". São Paulo: Editora Alfa-Omega,, vol. 1, p. 301: *"Ao chegar a uma determinada fase de desenvolvimento, as forças produtivas materiais da sociedade se chocam com as relações de produção existentes, ou, o que não é senão a sua expressão jurídica, com as relações de propriedade dentro das quais se desenvolveram até ali. De formas de desenvolvimento das forças produtivas, estas relações se convertem em obstáculos a elas. E se abre, assim, uma época de revolução social. Ao mudar a base econômica, revoluciona-se, mais ou menos rapidamente, toda a imensa superestrutura erigida sobre ela".*

"as coisas têm uma natureza própria, especificamente jurídica"[19], que o Direito apanha, organiza e constrange em categorias formais, por decisão política

Assim, a tradição do marxismo foi expandida como teoria jurídica, fundamentalmente através de um corte histórico-sociológico de caráter pouco propositivo, em relação ao novo tipo de Estado. E também através de um limitado esforço para propor um sistema jurídico, suficientemente realista para ser efetivo e, ao mesmo tempo, suficientemente utópico, para ser emancipatório. É uma tradição que se encontra, agora, numa situação peculiar: **viu a sua própria crítica do Estado e do Direito voltar-se contra as suas experiências "reais", que se identificaram com a sua negação.**

5. Bibliografia

BARCELLOS, Ana Paula. Neoconstitucionalismo, Direitos Fundamentais e controle das políticas públicas. *In: Direitos Fundamentais, estudos em homenagem ao professor Ricardo Lobo Torres.* Rio de Janeiro: Renovar, 2006.

DWORKIN, Ronald. *Levando os Direitos à Sério.* **São Paulo: Martins Fontes, 2002.**

CANOTILHO, J. Gomes. *Direito Constitucional e Teoria da Constituição.* 2ª ed. Coimbra: Editora Almedina, 1998.

GADAMER, Hans-Georg. *Verdade e Método.* Petrópolis: Editora Vozes, 2002.

GUASTINI, Ricardo. *La Constitucionalizacíon del Ordenamento Jurídico: el caso italiano.* In: CARBONEL, Miguel (coord.). *Neoconstitucionalismo(s).* 2ª ed. Madrid: Ed. Trotta, 2005.

HABERMAS, Jürgen. *Direito e Democracia entre Faticidade e Validade.* Rio de Janeiro: Tempo Brasileiro, 1997.

---

19 GUASTINI, Ricardo. "El léxico jurídico del Marx liberal". México: Universidad Autónoma de Puebla, 1984, p. 157.

LEAL, Rogério Gesta. *O Controle Jurisdicional de Políticas Públicas no Brasil: possibilidades materiais.* In: SARLET, Ingo (org.). Jurisdição Constitucionale Direitos Fundamentais, Porto Alegre p. 157-179.

MÉSZÁROS, István. *Filosofia Ideologia e Ciência Social: ensaios de negação e afirmação.* São Paulo: Ensaio. 1993.

SOUZA NETO, Claudio Pereira de. *Ponderação de Princípios e Racionalidade das Decisões Judiciais: Coerência, razão pública, decomposição analítica e standards de ponderação.* Revista Virtú. Revista Virtual de Filosofia Jurídica e Teoria constitucional. Nº1, 2007.

STRECK, Lenio Luiz. *Verdade e Consenso.* 2ª ed., Rio de Janeiro: Lumen Juris, 2007.

As relações trabalhistas dos Estados estrangeiros face à ordem jurídica brasileira

José Gabriel Assis de Almeida[1]

1. Introdução.

O presente texto trata da posição dos Estados estrangeiros, nas relações trabalhistas com empregados contratados no Brasil, para atuarem no âmbito das suas Embaixadas e Consulados. Esta questão é enfocada em especial sob a ótica das regras do FGTS e das contribuições previdenciárias do INSS.

Estas questões decorrem da redefinição da posição dos Estados na ordem econômica e jurídica, como uma das inúmeras conseqüências da globalização. E esta redefinição acabou por afetar um ponto de direito internacional - que estava razoavelmente definido, ainda que, talvez, de forma não ideal - e que é o da imunidade de jurisdição e de execução dos Estados perante os tribunais nacionais de outros Estados, nomeadamente em matéria de relações trabalhistas.

O presente texto pretende abordar estas questões à luz de diversos elementos novos que surgiram nos últimos dez anos, nomeadamente fazendo um balanço da jurisprudência do Supremo Tribunal Federal.

O tema ora em causa pode ser encarado de forma política, ideológica, ou social. O presente trabalho pretende, porém, centrar a análise desta questão do ponto de vista exclusivamente jurídico, no quadro da legalidade atualmente vigente no Brasil. Certo é que, ine-

---

1 Doutor em Direito pela Université Panthéon Assas – Paris II. Professor Adjunto da UERJ Universidade do Estado do Rio de Janeiro e da UNIRIO Universidade Federal do Estado do Rio de Janeiro. Advogado.

xoravelmente, a análise jurídica levará em conta o contexto social mais geral.

2. O direito aplicável às relações trabalhistas entre os empregados locais e as embaixadas e consulados de Estados estrangeiros, no Brasil.

O direito aplicável às relações trabalhistas entre os empregados locais que trabalham nas Embaixadas e Consulados de Estados estrangeiros, no Brasil, é o direito brasileiro.

Este princípio foi assentado pela jurisprudência trabalhista, através do Enunciado 207 da Súmula do Tribunal Superior do Trabalho, segundo o qual:

"A relação jurídica trabalhista é regida pelas leis vigentes no país da prestação de serviço." [2]

Consequentemente, as relações trabalhistas entre os empregados locais que trabalham nas embaixadas e consulados de Estados estrangeiros, no Brasil, são compostas pelos direitos e pelos deveres previstos no direito brasileiro.

3. As obrigações tributárias e previdenciárias e outras vinculadas às relações trabalhistas.

Uma das questões importantes relativas à posição do Estado estrangeiro, diz respeito às obrigações tributárias, previdenciárias e outras vinculadas às relações trabalhistas. Entre essas obrigações destacam-se as contribuições para o FGTS.

Assim, é relevante determinar qual a posição do Estado estrangeiro no tocante a essas obrigações relativas ao FGTS.

Esta questão ainda não foi examinada diretamente pelo Supremo Tribunal Federal ou pelo Superior Tribunal de Justiça.

Mas estes dois tribunais já se pronunciaram a respeito de questões semelhantes, a partir das quais é possível deduzir algumas conclusões.

---

2   sem entrar aqui no mérito da discussão sobre a qualificação territorial dos locais das representações diplomáticas e consulares

Com efeito, o Superior Tribunal de Justiça já decidiu sobre o litígio envolvendo a cobrança, por parte de um Município, de IPTU ou Imposto sobre a Propriedade Territorial Urbana e taxas de conservação e de limpeza, em face de um Estado estrangeiro que era o proprietário do imóvel [3]. E nessa situação o Superior Tribunal de Justiça entendeu que o Estado estrangeiro não podia beneficiar-se da imunidade de jurisdição. O fundamento do Superior Tribunal de Justiça é que o Estado estrangeiro, ao adquirir imóveis, pratica ato de gestão.

No entanto, sobre esta mesma questão, o Supremo Tribunal Federal tem posição exatamente oposta.

Com efeito, o Supremo Tribunal Federal decidiu, em duas oportunidades:

> *"A imunidade de jurisdição não sofreu alteração em face do novo quadro normativo que se delineou no plano do direito internaiconal e no âmbito do direito comparado (cf. AgRg 139.671, Min. Celso de Mello e AC 9.696, Min Sydney Sanches), quando o litígio se trava entre o Estado brasileiro e o Estado estrangeiro, notamente em se tratando de execução."* [4]
>
> *"Imunidade e Jurisidição*
> *"O Estado estrangeiro tem imunidade de jurisdição relativamente à matéria tributária. Com esse entendimento, o Tribunal, por maioria, reafirmando orientação adotada no julgamento da ACO 522-SP (v. Informativo 124), não conheceu de execução fiscal promovida pela União Federal contra a Embaixada dos Estados Unidos da América visando a cobrança de IPI. Ação Cível Originária."* [5]

Destes acórdãos, é possível tirar as seguintes conclusões:

a) apesar de divergentes, a posição do Supremo Tribunal Federal é a que deve prevalecer, haja em vista que se trata da corte hierarquicamente superior;

---

3   acórdão do STJ, de 18/11/96, proferido no Recurso Ordinário 02/RJ, relator Min. José Delgado, Município do Rio de Janeiro v. Governo da República Argentina, publicado no DJU 06/12/96 e acórdão do STJ, de 23/03/99, proferido no Recurso Ordinário 06/RJ, relator Min. Garcia Vieira, Município do Rio de Janeiro v. Consulado do Japão, publicado no DJU 10/05/99

4   acórdão do Supremo Tribunal Federal, de 16/09/98, proferido no ACO (AgRg) 522-SP, rel. Min. Ilmar Galvão, União Federal v. Consulado Geral da República Federal da Alemanha, publicado na RTJ 167/761

5   acórdão do Supremo Tribunal Federal, de 30/09/98, proferido no Ag Rg ACO 527-SP, rel Min. Nelson Jobim, , publicado no Informativo nr. 125 do Supremo Tribunal Federal

b) na posição do Supremo Tribunal Federal, o Estado estrageiro goza de imunidade de jurisdição, quando o autor da ação é o Estado brasileiro.

Ao trazer estas conclusões para as obrigações de caráter tributário, previdenciário e, principalmente, relativas ao FGTS, vinculadas às relações trabalhistas, é possível deduzir que:
a) sempre que o autor da ação onde se pretenda a cobrança destas verbas seja o Estado brasileiro, estas ações não poderão prosperar;
b) sempre que o autor da ação onde se pretenda a cobrança destas verbas seja um particular, no caso um empregado ou ex-empregado do consulado, estas ações poderão prosperar [6].

Deste modo, cumpre examinar quem é o titular do direito de exigir o pagamento dos valores em causa.
Quanto ao FGTS, estabelece o art. 25 da Lei 8.306/90 (que dispõe sobre o FGTS):

> *"Poderá o próprio trabalhador, seus dependentes e sucessores, ou ainda o Sindicato a que estiver vinculado, acionar diretamente a empresa por intermédio da Justiça do Trabalho, para compeli-la a efetuar o depósito das importâncias devidas nos termos desta lei."*

Ora, o art. 15 da mesma lei determina:

> *"Para os fins previstos nesta lei, todos os empregadores ficam obrigados a depositar, até o dia 7 (sete) de cada mês, em conta bancária vinculada, a importância correspondente a 8 (oito) por cento da remuneração paga ou devida, no mês anterior, a cada trabalhador, [...]"*
> *"§ 1º – Entende-se por empregador a pessoa física ou a <u>pessoa jurídica</u> de direito privado ou <u>de direito público</u>, da administração pública direta, indireta ou fundacional de qualquer dos Poderes, da União, dos Estados, do Distrito Federal e dos Municípios, <u>que admitir trabalhadores a seu serviço</u>, [...]"*

Deste modo, impõe-se a seguinte conclusão:
a) os Estados estrangeiros, enquanto entes de direito público, enquadram-se na qualidade de empregadores;

---

6   observados, no entanto, os limites traçados no acórdão Geny de Oliveira que será versado mais adiante

b) os Estados estrangeiros, através das suas representações diplomáticas e consulares, estão obrigados a realizar os depósitos relativos ao FGTS;

Definida a questão acima, é importante levar em consideração que o regime do FGTS foi instituido pela Lei 5.107/66 e que inicialmente era concedida ao empregado a faculdade de optar entre o chamado regime da estabilidade ou o regime do FGTS, conforme disposto no art. 1o da referida Lei 5.107/66.

No entanto, o art. 7, III, da Constituição da República, promulgada em 05/10/88, tornou o regime do FGTS obrigatório, de modo a que todos os empregados passaram, compulsoriamente, a estar subordinados a este regime. E o regime do FGTS veio posteriormente a ser reformulado e consolidado com a Lei 8.306/90.

Assim, a partir de 05/10/88, os Estados estrangeiros deveriam ter inscrito, de ofício, no FGTS, os seus empregados a serviço de missões diplomáticas e repartições consulares no Brasil.

Consequentemente, desde 1988 são devidos os depósitos para o FGTS, depósitos esses que deveriam ter sido realizados pelos Estados estrangeiros.

Uma outra questão, paralela à presente, é relativa à possibilidade dos empregados optarem retroativamente pelo regime do FGTS. Isto é, a possibilidade dos empregados, que estavam sob o regime da estabilidade, se enquadrarem no regime do FGTS pelo período anterior à Constituição da República de 1988.

Com efeito, o art. 1o da Lei 5.958/73 prevê que os empregados poderiam optar pelo regime do FGTS com efeitos retroativos ao início da relação de trabalho.

No mesmo sentido, o art. 14 da Lei 8.036/90 indica que:

> *"Fica ressalvado o direito adquirido dos trabalhadores que, à data da promulgação da Constituição Federal de 1988, já tinham direito à estabilidade no emprego, nos termos do capítulo V do Título IV, da CLT.*
> *"[...]*
> *"§ 4o – Os trabalhadores poderão a qualquer momento optar pelo FGTS com efeito retroativo a 1o de janeiro de 1967 ou à data de sua admissão, quando posterior àquela."*

A questão consiste em saber se essa opção pode ser realizada unilateralmente, pelo empregado, sem consentimento do empregador, no caso o Estado estrangeiro.

A este respeito, a jurisprudência aponta no sentido da necessidade de concordância do empregador, conforme assentado na Orientação Jurisprudencial 146 da Seção de Dissídios Individuais do Tribunal Superior do Trabalho.

No mesmo sentido, são os seguintes acórdãos também do Tribunal Superior do Trabalho:

> *"A opção do empregado pelo regime do FGTS com efeito retroativo depende de anuência do empregador. Aplica-se a Lei 5.958/73, que continua em vigor, haja vista que não foi revogada expressamente pelas Lei 7.839/89 e 8.036/90, na parte em que trata daquela exigência, nem contém disposição incompatível com elas. [...]"* [7]
>
> *"A Lei 8.036/90 tornou a opção retroativa e direito do empregado (artigo quatorze); no entanto, sendo a conta vinculada do empregado não optante de propriedade do empregador, a opção retroativa depende, no caso, de anuência deste, em face do disposto no art. 5o, XXII e XXXVI, c/c o art. 1o, da Lei 5.958/73, que não foi revogado expressamente pelas leis 7.839/89 e 8.036/90."* [8]

A doutrina, ainda que com algumas divergências[9], admite também a necessidade de concordância do empregador.

Cabe salientar ainda uma terceira questão relativa ao FGTS, que é a da prescrição da ação para cobrança dos depósitos não realizados pelo Estado estrangeiro, na qualidade de empregador.

A este propósito também já existe jurisprudência formada no Tribunal Superior do Trabalho.

---

7   acórdão do Tribunal Superior do Trabalho de 02/10/01, proferido na RXOFAR 617.693-08, relator Min. Ronaldo José Lopes Leal, Estado do Pará v. Wilson Gomes, publicado no DJU de 09/11/01, p. 649

8   acórdão do Tribunal Superior do Trabalho de 20/05/98, proferido na RR 265.488-RJ, relator Min. Lourenço Prado, Santa Casa da Misericordia do Rio de Janeiro v. Edson da Fonseca, publicado no DJU de 25/09/98, p. 276

9   v. por todos CARRION. Valentim. Comentários à consolidação das leis do trabalho. 25a ed., São Paulo : Saraiva : 2000, p. 346 ; v. a favor da opção como direito potestativo, dispensada a concordância do empregador. SUSSEKIND, Arnaldo, MARANHÃO, Délio, VIANNA, Segadas. Instituições de Direito do Trabalho. 14a ed. Atualizada por SUSSEKIND, Arnaldo e TEIXEIRA FILHO, João de Lima, São Paulo : LTr, 1994, p. 600

Segundo esta jurisprudência, o empregado deverá, no prazo de dois anos após extinto o contrato de trabalho ajuizar a reclamação relativa aos depósitos do FGTS. E, se assim o fizer, a reclamação abrangerá os últimos trinta anos anteriores à extinção do contrato de trabalho.

Esta posição encontra-se cristalizada nos Enunciados 95, 206 e 362 do Tribunal Superior do Trabalho:

> *"95 – É trintenária a prescrição do direito de reclamar contra o não recolhimento da contribuição para o Fundo de Garantia de Tempo de Serviço."*

> *"206 – A prescrição bienal relativa às parcelas remuneratórias alcança o respectivo recolhimento da contribuição para o FGTS."*

> *"362 – Extinto o contrato de trabalho, é de dois anos o prazo prescricional para reclamar em Juízo o não recolhimento da contribuição para o Fundo de Garantia de Tempo de Serviço."*

Por último cumpre lembrar que, de acordo com o disposto na Lei 6.887/80, e confirmado pela Lei 8.212/91, os empregados locais que trabalham nas Embaixadas e Consulados situados no Brasil estão sujeitos ao regime da previdência social.

Assim, as contribuições previdenciárias, tanto a cargo do empregado como a cargo do empregador, devem ser pagas ao INSS Instituto Nacional de Seguridade Social.

Porém, nos termos do acima citado acórdão do Supremo Tribunal Federal[10], o não pagamento e/ou recolhimento, pelo Estado estrangeiro, das contribuições em causa não enseja o ajuizamento de ação de execução.

A questão seguinte é determinar se a realização do depósito das quantias relativas ao FGTS pode ser exigido, por via judicial, pelo empregado ao Estado estrangeiro, através de ação judicial ajuizada em face desse Estado estrangeiro.

Para responder a esta questão é crucial examinar a aplicação ou não da imunidade de jurisdição.

---

10 v. acórdão citado na nota 3

4. A ORIGEM E A EVOLUÇÃO DA IMUNIDADE DE JURISDIÇÃO, NO CONTEXTO INTERNACIONAL.

Ocorre que, eventualmente, podem surgir litígios entre os empregados locais e os seus empregadores.

Assim, para além de definir o direito material aplicável às relações de trabalho, é preciso examinar a possibilidade/impossibilidade do Estado estrangeiro ser demandado, perante um tribunal brasileiro, por um empregado local.

A imunidade de jurisdição dos Estados estrangeiros decorre de uma antiga regra costumeira do direito internacional.

Esta regra tem origem ainda na Idade Média, quando era necessário garantir um direito de passagem aos monarcas e aos demais dignatários pelos territórios dominados por outros monarcas ou senhores.

Esta imunidade decorria em razão do respeito que os monarcas e senhores se deviam reciprocamente, por se encontrarem em situação de igualdade.

Posteriormente, com a afirmação da idéia do Estado Nação e o surgimento da soberania, o fundamento da imunidade de jurisdição resvalou e passou a ser a soberania. Com efeito, uma das expressões da soberania era o fato de que um Estado não se submeteria aos tribunais de outro Estado. Uma submissão deste tipo significaria colocar o Estado estrangeiro em posição de subordinação com relação ao Estado julgador.

Assim, a imunidade de jurisdição tinha como fundamento a soberania e estava expressa no célebre brocado "pare in parem non habet judicium".

O princípio da imunidade de jurisdição foi, em seguida, consagrado em inúmeros textos de direito internacional, que reconheciam a soberania de cada Estado. Perdeu assim a sua característica de norma costumeira, para passar à categoria de norma convencional [11].

Um exemplo recente é a Declaração de Bogotá (Carta de Organização dos Estados Americanos), aprovada pelo Brasil via Decreto Legislativo n. 64, DO de 08.12.49, que menciona:

---

11   não é assim totalmente correta a afirmação de que a imunidade de jurisdição é um regra de direito unicamente de caráter costumeiro

"Capítulo II - PRINCÍPIOS
"Artigo 5 - Os Estados Americanos reafirmam os seguintes princípios:
"O direito internacional é a norma de conduta dos Estados em suas relações recíprocas;
"A ordem internacional é constituída essencialmente pelo respeito à personalidade, soberania e independência dos Estados e pelo cumprimento fiel das obrigações emanadas dos tratados e de outras fontes do direito internacional."

No entanto, com o passar dos tempos, os Estados deixaram de se relacionar unicamente com outros Estados. Os Estados passaram a ter uma participação direta e progressivamente importante na atividade econômica. Assim, surgiram diversos litígios envolvendo os Estados e empresas privadas. Ora, no quadro destes litígios, a imunidade de jurisdição gerava algumas situações de injustiça, pois o Estado estrangeiro atuava como se fosse um empreendedor privado e, em caso de dificuldades, refugiava-se atrás da imunidade de jurisdição.

Para tentar resolver este obstáculo, o princípio da imunidade de jurisdição sofreu uma adaptação, com o surgimento da distinção entre os atos de gestão e os atos de império. Os atos de gestão eram os atos praticados pelo Estado enquanto empreendedor privado e os atos de império os praticados pelo Estado no exercício do Poder Público. Deste modo, os atos de império gozavam da imunidade de jurisdição, enquanto que os atos de gestão estavam sujeitos aos tribunais nacionais.

Contudo, esta distinção cedo se revelou insatisfatória. Com efeito, os Estados agem naturalmente de acordo com o interesse público. Assim, em praticamente todos os atos era possível detectar uma parcela deste interesse o que permitia ao Estado estrangeiro invocar o caráter de "império".

Face a este impasse, houve uma nova mudança no tratamento da questão da imunidade de jurisdição, a partir da década de 1970. Esta mudança deu-se, seja a nível nacional, seja a nível internacional. A nível nacional, diversos Estados passaram a adotar normas nacionais, através das quais afastavam a imunidade de jurisdição. A nível internacional, foram celebradas diversas convenções que restringiram a imunidade de jurisdição do Estado estrangeiro.

5. A ordem jurídica brasileira e o afastamento da imunidade de jurisdição.

A situação do princípio da imunidade de jurisdição no Brasil refletiu a evolução internacional.

No início foi claramente reconhecida, em caráter absoluto, a imunidade de jurisdição, posição que perdurou até recentemente [12].

Porém, é hoje possível detectar, na ordem jurídica brasileira, duas categorias de situações. As situações em que o princípio da imunidade de jurisdição não se aplica e as situações onde o princípio da imunidade de jurisdição é ainda plenamente aplicável.

O caráter absoluto da imunidade de jurisdição foi afastado, de forma estrondosa, pelo Supremo Tribunal Federal, no célebre acórdão Geny de Oliveira [13].

Nesse acórdão, o Supremo Tribunal Federal afirmou que a imunidade de jurisdição decorria sobretudo de uma norma costumeira, e que essa norma costumeira havia deixado de ser aplicada a partir da década de 1970. Assim, o Supremo Tribunal Federal afastou a aplicação do princípio da imunidade de jurisdição.

No entanto, é preciso compreender que o acórdão do Supremo Tribunal Federal estabeleceu um limite para o afastamento da noção de imunidade de jurisdição. É que este princípio decorra de uma norma costumeira. Assim, sempre que a imunidade de jurisdição decorrer de norma convencional a solução poderá ser diferente.

Por outro lado, é ainda de referir que o acórdão do Supremo Tribunal Federal deixou em aberto a questão da imunidade de execução.

Cumpre, portanto, analisar os limites da posição do Supremo Tribunal Federal.

---

12   v. por exemplo, acórdão do Supremo Tribunal Federal de 22/10/1987, proferido na Apelação Cível 9.701-3, relator Min. Néri da Silveira, Raimunda Fernandes Almeida v. Embaixada da Espanha, Ementário Supremo Tribunal Federal nr. 1479-1

13   acórdão do Supremo Tribunal Federal de 31/05/1989, proferido na Apelação Cível 9.696-SP, relator Min. Sydeny Sanches, Geny de Oliveira v. República Democrática Alemã, publicado na LTr 55-01/45

6. A ORDEM JURÍDICA BRASILEIRA E A REAFIRMAÇÃO DA IMUNIDADE DE JURISDIÇÃO: OS LIMITES DO ACÓRDÃO GENY DE OLIVEIRA.

6.1. A IMUNIDADE DE JURISDIÇÃO E A EXISTÊNCIA DE NORMA CONVENCIONAL.

A leitura do acórdão do Supremo Tribunal Federal no caso Geny de Oliveira deixa claro que o Supremo Tribunal Federal considera que a imunidade de jurisdição não se aplica, sempre que a mesma decorrer de norma costumeira.

Com efeito, a decisão do Supremo Tribunal Federal foi claramente fundada na inexistência, no caso concreto, de uma norma internacional expressa que reconhecesse a imunidade de jurisdição. Nesse sentido, veja-se o seguinte trecho do acórdão:

> *"Aquela antiga e sólida **regra costumeira** de direito internacional público, a que repetidamente este Plenário se referiu, deixou de existir na década de setenta."* [14]

Cabe então perguntar o que ocorrerá se a imunidade de jurisdição decorrer de norma convencional. Esta resposta já foi dada pelo próprio Supremo Tribunal Federal

Com efeito, a jurisprudência do Supremo Tribunal Federal é no sentido de reconhecer a imunidade de jurisdição sempre que existir norma expressa (e não simplesmente costumeira), a respeito.

Nesse sentido é o acórdão do Supremo Tribunal Federal proferido no caso OACI [15]. De salientar que este acórdão foi proferido no mesmo ano em que foi proferido o acórdão Geny de Oliveira, razão pela qual não se pode sequer invocar que este acórdão OACI faz parte da antiga jurisprudência, afastada pelo Supremo Tribunal Federal no caso Geny de Oliveira.

---

14 acórdão acima citado, publicado na Ltr 55-01/45, voto do Min Rezek, p. 48

15 acórdão do Supremo Tribunal Federal de 28/09/88, proferido na Apelação Cível 9.703-0-SP, relator Min. Djaci Falcão, Isabel Fátima de Andrade v. Organização de Aviação Civil Internacional, publicado na Ltr 54-5/539

No acórdão OACI, o Supremo Tribunal Federal concedeu imunidade de jurisdição a uma outra pessoa de direito público externo, no caso a Organização de Aviação Civil Internacional (OACI), uma organização internacional que pertence ao sistema das Nações Unidas.

Para conceder a imunidade de jurisdição, o Supremo Tribunal Federal fundou-se expressamente no fato da convenção internacional que criou a OACI ter-lhe atribuido imunidade de jurisdição:

> *"Imunidade de jurisdição de que desfruta a Organização de Aviação Civil Internacional (art. 267, inciso IV, do Código de Processo Civil). Organismo internacional vinculado à ONU, da qual faz parte o Brasil. Convenção sobre Privilégios e Imunidades das Agências Especializadas. Legítima é a alegação de imunidade de jurisdição."*

A diferença é clara. No caso do acórdão Geny de Oliveira a hipótese era de uma reclamação trabalhista dirigida em face da Representação Comercial da República Democrática Alemã. E a República Democrática Alemã não tem tratado algum com o Brasil que preveja a imunidade de jurisdição.

Deste modo, a leitura conjunta dos acórdãos Geny de Oliveira e OACI permite compreender o verdadeiro alcance da jurisprudência do Supremo Tribunal Federal e definir a correta aplicação do princípio da imunidade de jurisdição no Brasil.

Se a imunidade de jurisdição decorrer apenas da norma costumeira, esta imunidade de jurisdição não é reconhecida pela ordem jurídica brasileira.

Porém, se houver uma norma internacional expressa no sentido da imunidade de jurisdição em determinado contexto, a imunidade de jurisdição deve ser reconhecida.

Deste modo, em caso de litígio envolvendo um Estado estrangeiro, o primeiro passo deverá sempre ser a verificação da existência, ou não, de norma convencional prevendo a imunidade de jurisdição.

Existem diversos tratados, convenções e acordos internacionais que expressamente referem a imunidade de jurisdição.

A este propósito, os primeiros textos que são comumente citados são:

a) a Convenção de Viena sobre Relações Diplomáticas de 18.04.61, acolhida em nosso direito positivo através do Decreto n°. 56.435, de 08.06.65, e;

b) a Convenção de Viena sobre Relações Consulares de 1963, recebida no direito brasileiro pelo Decreto n° 61.078/67.

No entanto, estes dois textos dizem menos do que aquilo que os seus interpretes normalmente pretendem que eles digam. Na verdade, ambas as convenções não explicitam a imunidade de jurisdição, referindo-se apenas à imunidade do pessoal dos corpos diplomático e consular e à imunidade e inviolabilidade dos locais diplomáticos e consulares.

Há, contudo, outros casos onde a imunidade de jurisdição ficou estabelecida claramente, através de uma disposição particular, expressa e positivada em tratado internacional. Ou seja, casos onde a imunidade de jurisdição não decorre de uma norma genérica do direito internacional.

E um dos principais tratados internacionais onde existe uma disposição particular, expressa e positivada a favor da imunidade de jurisdição, é na Convenção de Havana de 1928, promulgada pelo Brasil pelo Decreto nr. 18.871 de 13/08/29, também denominada Código de Bustamante.

Ora, segundo o art. 333 dessa Convenção:

> *"Os juizes e tribunais de cada Estado contratante serão incompetentes para conhecer dos assuntos cíveis ou comerciais em que sejam parte demandada os demais Estados contratantes ou seus chefes, se se trata de uma ação pessoal, salvo o caso de submissão expressa ou de pedido de reconvenção."*

Assim, em matéria cível e comercial, os Estados estrangeiros signatários do Código de Bustamante [16] gozam, no Brasil, de imunidade de jurisdição.

O texto do dispositivo fala em "assuntos cíveis ou comerciais" mas deve-se entender que entre estes, estão também incluídos os assuntos trabalhistas. Isto porque, à data da convenção - 1928 - o direito do trabalho ainda não gozava de autonomia científica.

Com efeito, em 1928 as relações de trabalho eram ainda reguladas ou pelo Código Civil ou, em alguns casos, pelo Código Comercial.

---

16 ratificado por todos os Estados americanos, salvo Estados Unidos, México, Colômbia, Argentina, Uruguai e Paraguai

Cumpre lembrar que a Justiça do Trabalho foi organizada somente em 1939. E somente em 1943 é que foi aprovada a CLT ou Consolidação das Leis do Trabalho [17].

Portanto, sempre que houver uma norma específica, não cabe sequer discutir se existe ou não, no direito internacional uma norma geral relativa à imunidade de jurisdição. O que importa é examinar, em caso de litígio envolvendo um Estado estrangeiro, se, no caso concreto daquele Estado estrangeiro, essa norma específica sobre a imunidade de jurisdição existe e está em vigor. Em caso de resposta positiva, a regra da imunidade de jurisdição deve ser respeitada.

Assim, é indispensável verificar previamente, em caso de litígio, se nas relações entre o Brasil e o Estado estrangeiro em causa, existe uma norma específica, prevendo a imunidade de jurisdição do Estado estrangeiro nas relações com o Brasil.

6.2. A IMUNIDADE DE JURISDIÇÃO E A NATUREZA DOS ATOS PRATICADOS: OS ATOS DE IMPÉRIO E OS ATOS DE GESTÃO.

Conforme referido acima, a questão da imunidade de jurisdição também pode ser abordada pelo ângulo da natureza do ato praticado pelo Estado estrangeiro, de acordo com a classificação em atos de império e atos de gestão. Também como referido acima, esta abordagem, se afasta alguns problemas, dá origem a diversos outros. No entanto, o acórdão Geny de Oliveira também pode ser lido sob este ponto de vista.

Com efeito, ao examinar a situação que lhe era apresentada, o Supremo Tribunal Federal, ainda que de forma indireta, aplicou a teoria dos atos de império e dos atos de gestão

A este propósito cabe, em primeiro lugar, recordar que a hipótese examinada pelo Supremo Tribunal Federal era a de uma reclamação trabalhista ajuízada não contra atos de um Estado estrangeiro, mas contra atos de uma Representação Comercial de um Estado estrangeiro:

---

17   neste sentido, ver também SILVA. Agustinho Fernandes Dias da. *A Imunidade Internacional de Jurisdição perante o Direito Constitucional Brasileiro*. Rio de Janeiro: Forense, 1984, esp. p. 67 e sgts

*"Perante a 16a Junta de Conciliação e Julgamento de São Paulo, Genny de Oliveira, em 25.10.76, propôs reclamação trabalhista contra a **Representação Comercial** da República Democrática Alemã, (...)"* [18]

E foi em razão deste fator específico que o Supremo Tribunal Federal, seguindo o voto de vista do Min. Rezek, reconheceu a jurisidição brasileira:

*"A nosso ver, certas quebras tópicas do princípio da imunidade absoluta estavam ocorrendo nas capitais de determinados países do Ocidente, onde **Estados estrangeiros se faziam representar não só para atos de rotina diplomática ou consular, mas também para atividades inteiramente estranhas a esse intento.** Assim acontecia em Londres, assim acontecia em Berna, assim acontecia em certos outros núcleos de grande efervescência capitalista. **Estados estrangeiros ali estavam presentes com suas embaixadas e seus consulados, mas também com escritórios, nem sempre muito transparentes, embora desenganadamente governamentais, que ali mercadejavam em bolsas de valores, comerciavam e especulavam a diversos títulos.** Era mais que normal que os Governos locais em certo momento se advertissem de que semelhante ação não podia ser alcançada pela imunidade."* [19]

Ao decidir desta forma, o Supremo Tribunal Federal aderiu à corrente que procurava responder aos excessos cometidos pelos chamados Países de comércio de Estado. Estes Países eram assim denominados pelo fato do seu comércio exterior ser realizado, não através de entidades privadas, mas pelo Estado ou por órgãos, mais ou menos autônomos, do Estado. Ao invés das habituais empresas privadas, atuava o Estado. Fácil é compreender que o Estado, ao agir como participante direto da atividade econômica – desempenhando um papel em tudo igual ao que era normalmente realizado pelas empresas privadas nos demais Estados – praticava atos de gestão e não atos de império. Portanto, nessas situações não se justificava conceder ao Estado o escudo a imunidade de jurisdição.

Deste modo, foi também em virtude do caráter empresarial das atividades desenvolvidas que o Supremo Tribunal Federal en-

---

18   idem, p. 45

19   idem, p. 48

tendeu, no acórdão Geny de Oliveira, que o direito costumeiro da imunidade absoluta de jurisdição deveria ser abrandado.

É portanto cabível concluir que, se o litígio envolver somente "atos de rotina diplomática ou consular" e se o Estado estrangeiro não "mercadejar em bolsas nem comerciar nem especular", a imunidade de jurisdição deve ser reconhecida.

Cumpre, então, tentar diferenciar entre os "atos de rotina diplomática e consular" e os outros atos. A este respeito, os litígios envolvendo os empregados que trabalham nas Embaixadas e nos Consulados constituem uma interessante hipótese de exame.

É inegável que as Embaixadas e os Consulados realizam, normalmente atividades próprias da diplomacia ou das relações consulares, tais como descritos no art. 3° da Convenção de Viena sobre Relações Diplomáticas e no art. 5° da Convenção de Viena sobre Relações Consulares, já referidas.

Assim, deverá haver uma presunção, ainda que relativa, de que os atos praticados pelos empregados que prestam serviços às Embaixadas e aos Consulados, e por maioria de razão, os atos de contratação destes empregados são atos de rotina diplomática e consular.

Com efeito, os empregados são contratados para atender as necessidades do serviço diplomático ou consular dos Estados estrangeiros. Nesta condição, o ato de contratação dos empregados é um ato oficial ou funcional. Ato, portanto, que se encontra sob o manto da imunidade de jurisdição.

A este propósito é interessante inclusive recordar um acórdão recente proferido pelo Tribunal Regional do Trabalho da 10ª Região [20]. Este acórdão decidiu um litígio envolvendo um empregado doméstico e o seu empregador, que era funcionário diplomático da Embaixada de Portugal no Brasil. O acórdão reconheceu que o dito empregador, por ser funcionário diplomático, gozava de imunidade de jurisdição. Ora, no ato de contratação, pelo agente consular, de um empregado para o seu serviço doméstico não haveria a prática de um ato funcional mas de um ato de mero interesse particular.

Assim, é forçoso reconhecer que, por maioria de razão, deve ser reconhecido o caráter funcional ao ato de contratação de um empregado para prestar serviços de rotina diplomática e consular.

---

20   acórdão do TRT da 10a Região, de 29/09/00, proferido no Recurso Ordinário 2.864/2000, relator Juiz Douglas Alencar Rodrigues, Delmira Nunes Cirqueira v. António José Alves de Carvalho, publicado na LTr 65-03/342

Por outro lado, é possível estabelecer uma presunção, igualmente relativa, segundo a qual os atos praticados pelos empregados de Escritórios Comerciais de um Estado estrangeiro, ou de emanações de caráter econômico mais ou menos autônomas de Estados estrangeiros participam de atividades de cunho empresarial e, como tal, não estão abrangidos pela imunidade de jurisdição.

Por último, note-se que a distinção entre atos de gestão e atos de império tem sido também seguida pelos tribunais inferiores, Veja-se a este propósito o acórdão do Tribunal Regional do Trabalho da 4a Região, com a seguinte ementa:

> *"Inquestionabilidade da distinção entre atos de império e atos de gestão. Reconhecimento de que os Estados estrangeiros estão imunes à jurisdição brasileira em matéria de tal natureza."* [21]

7. A IMUNIDADE DE JURISDIÇÃO E A CONSTITUIÇÃO DA REPÚBLICA.

A imunidade de jurisdição do Estado estrangeiro, no Brasil, não decorre apenas dos limites do acórdão Geny de Oliveira. Com efeito, é preciso levar em consideração que o acórdão Geny de Oliveira afastou a imunidade de jurisdição sob o ponto de vista das normas internacionais.

Mas a questão da imunidade de jurisdição deve também ser examinada sob o ponto de vista das normas nacionais brasileiras, e mais especificamente, no plano da Constituição da República.

Ora, o art. 114 da Constituição da República determina que :

> « *Compete à Justiça do Trabalho conciliar e julgar os dissídios individuais e coletivos entre trabalhadores e empregadores, abrangidos* **os entes de direito público externo** *e da administração pública direta e indireta dos Municípios, do Distrito Federal, dos Estados e da União, e, na forma da lei, outras controvérsias decorrentes da relação de trabalho, bem como os litígios que tenham origem no cumprimento de suas próprias sentenças, inclusive coletivas.* »

---

21 acórdão do TRT da 4a Região, de 22/08/84, proferido no Recurso Ordinário 929/84, relator Juiz Antônio Salgado Martins, Marcus Vinicius da Silva v. Consulado General del Uruguay, publicado na LTR 49-2/163

Este artigo tem sido interpretado, de uma forma precipitada, como dando competência ampla à Justiça do Trabalho, para julgar as causas trabalhistas em que seja parte Estado estrangeiro [22]. Com efeito, alguns entenderam que, a partir da promulgação da Constituição da República em 1988, os Estados estrangeiros não gozam mais de imunidade de jurisdição.

No entanto, este artigo não visa sujeitar, indiscriminadamente, os Estados estrangeiros, à jurisdição brasileira. Na verdade, este artigo veio apenas solucionar um antigo conflito de competência interna entre a Justiça Federal e a Justiça do Trabalho.

Com efeito, antes da promulgação da Constituição da República de 1988, alguns acórdãos entendiam que para o conhecimento e julgamentos dos litígios trabalhistas era competente a Justiça Federal [23] tendo finalmente o conflito de competência sido solucionado com a Súmula 83 do extinto Tribunal Federal de Recursos, em benefício da Justiça Federal comum.

No entanto, esse conflito interno somente era suscitado quando o Estado estrangeiro renunciava à sua imunidade e aceitava, livremente, submeter-se à jurisdição brasileira.

Assim, o art. 114 da Constituição da República não tem o sentido de subordinar inexoravelmente e amplamente o Estado estrangeiro à jurisdição brasileira.

Esse artigo tem o sentido de, caso o Estado estrangeiro renuncie à sua imunidade e aceite sujeitar-se à jurisdição brasileira, então será julgado, em matéria trabalhista, pela Justiça do Trabalho (com a ressalva do disposto no art. 105, II, letra c) da Constituição da República, segundo o qual compete ao Superior Tribunal de Justiça o julgamento, em grau de recurso ordinário, das causas em que for parte Estado estrangeiro, de um lado, e pessoa residente e domiciliada no Brasil, de outro).

Esta intepretação foi reconhecida pelo Supremo Tribunal Federal, no já citado acórdão Geny Oliveira, do qual se transcreve o seguinte trecho do voto do Min. Rezek:

> *"O art. 114, por quanto sua redação exprime, diz apenas da competência da Justiça do Trabalho, e não exclui a possibilidade de que essa compe-*

---

22   este artigo também tem sido equivocadamente interpretado no tocante à competência recursal da Justiça do Trabalho, conforme se demontrará no nr. 8.4. abaixo

23   cf. acórdão publicado na Ltr 45-05/571

tência resulte acaso inexercitada, se concluímos que a norma consagratória da imunidade prossegue valendo entre nós." [24]

8. A Imunidade de execução.

8.1. A imunidade de execução face ao disposto nas convenções internacionais.

Ultrapassada a questão da imunidade de jurisdição, cumpre examinar a imunidade de execução.

A imunidade de execução está textualmente prevista no art. 22 da Convenção de Viena sobre Relações Diplomáticas de 1961 e na Convenção de Viena sobre Relações Consulares.

Com efeito, determina o art. 31 da Convenção sobre Relações Consulares que:

> *"1. Os locais consulares serão invioláveis, na medida do previsto pelo presente artigo.*
> *"2.*
> *"3. (...) O Estado receptor terá a obrigação especial de tomar as medidas apropriadas para proteger os locais consulares contra qualquer invasão ou dano, bem como para impedir que se perturbe a tranquilidade da repartição consular ou se atente contra sua dignidade.*
> *"4. Os locais consulares, seu móveis, os bens da repartição consular e seus meios de transporte não poderão ser objeto de qualquer forma de requisição para fins de defesa nacional ou de utilidade pública."*

Essa mesma imunidade já era reconhecida no Código de Bustamente acima mencionado, cujo art. 339 estabelece:

> *"Em nenhum caso poderão os juizes ou tribunais ordenar medidas coercitivas ou de qualquer outra natureza que devam ser executadas no interior das legações ou consulados ou em seus arquivos, nem a respeito da correspondência diplomática ou consular, sem o consentimento dos respectivos funcionários diplomáticos ou consulares."*

---

24   idem, p. 48

A imunidade de execução tem sido reconhecida pelos tribunais trabalhistas brasileiros, como demonstra acórdão recente do Eg. Tribunal Regional do Trabalho da 10ª Região [25].

A imunidade de execução é reconhecida pelo próprio Min. Francisco Rezek, autor do voto proferido no acórdão Geny de Oliveira, onde o Supremo Tribunal Federal afastou, em condições excepcionais, a imunidade de jurisdição do Estado estrangeiro.

Em obra doutrinária publicada em 1996, portanto, já após o acórdão acima citado, o Min. Francisco Rezek escreveu:

> *"(...) a execução não pode materializar-se forçadamente sobre bens diplomáticos ou consulares (no que concordo plenamente). Aí estaríamos agredindo, de modo frontal, norma escrita, norma convencional que nos obriga e lançando o País em ilícito internacional."* [26]

No mesmo sentido é a opinião de Georgenor de Sousa Franco Filho, certamente uma das maiores autoridades na matéria:

> *"Forçoso assinalar que a imunidade de execução continua, e não se pode pretender que lei interna regule a execução da sentença condenatória do Estado estrangeiro, (...)*
> *"Não tenho dúvidas de que a imunidade prevalece, inclusive em matéria trabalhista, e deve ser proclamada de ofício pelo juiz.*
> *"(...)*
> *"(...) é impossível a execução forçada contra bens diplomáticos e consulares"* [27]

Consequentemente, em respeito à imunidade de execução, eventual decisão contrária aos interesses de um Estado estrangeiro deverá assim ser executada mediante expedição de Carta Rogatória aos tribunais do Estado estrangeiro executado, para ser cumprida nesse Estado, após o exame dos seus requisitos extrínsecos e intrínsecos.

---

25   acórdão nr. 2683/94 do TRT da 10a Região, proferido no Agravo de Petição 136/93, relator Juiz Roberto Maurício Moraes, José Orlando Silva v. OEA, publicado no DJU de 10/03/95

26   REZEK, José Francisco. A imunidade do Estado estrangeiro à jurisdição local. O problema da execução na Justiça do Trabalho" in Synthesis. São Paulo, (22): 106, 1996

27   FILHO, Georgenor de Sousa Franco. Competência Internacional da Justiça do Trabalho. São Paulo: LTr, 1998, esp. p. 82-84)

De salientar que o Supremo Tribunal Federal reconheceu, ainda que indiretamente, a imunidade de execução, através dos dois acórdãos seguintes:

> *"A imunidade de jurisdição não sofreu alteração em face do novo quadro normativo que se delineou no plano do direito internacional e no âmbito do direito comparado (cf. AgRg 139.671, Min Celso de Mello, e AC 9.696, Min., Sydeny Sanches), quando o litígio se trava entre o Estado brasileiro e o Estado estrangeiro, notamente em se tratando de execução."* [28]
>
> *"O Estado estrangeiro tem imunidade de jurisdição relativamente à matéria tributária. Com esse entendimento, o Tribunal, por maioria, reafirmando orientação adotada no julgamento da ACO 522-SP (v. Informativo 124), não conheceu de execução fiscal promovida pela União Federal contra a Embaixada dos Estados Unidos da América visando a cobrança de IPI."* [29]

Ainda a propósito tanto da imunidade de jurisdição quanto da imunidade de execução, cumpre esclarecer que os atos processuais praticados pelo Estado estrangeiro, em sua defesa, nas reclamações trabalhistas não significam abandono ou renúncia às referidas imunidades.

A renúncia ou abandono da imunidade somente pode ser realizada por ato de expressa manifestação de vontade.

8.2. A imunidade de execução face ao art. 100 da Constituição da República.

Por oportuno, cabe ainda fazer uma analogia entre a imunidade de execução do Estado estrangeiro e a imunidade dos bens pertencentes ao Poder Público no Brasil.

Como determina o art. 100 da Constituição da República, os bens pertencentes à União, aos Estados, ao Distrito Federal e aos Municípios são imunes e não podem ser objeto de penhora ou de medidas de execução.

---

28 acórdão do Supremo Tribunal Federal de 16/09/98, proferido na ACO (AgRg) 522-SP, relator Min. Ilmar Galvão, União Federal v. Consulado Geral da República Federal da Alemanha, publicado no Informativo nr. 124 do Supremo Tribunal Federal.

29 acórdão do Supremo Tribunal Federal, de 30/09/98, proferido no Ag Rg ACO 527-SP, rel Min. Nelson Jobim, , publicado no Informativo nr. 125 do Supremo Tribunal Federal

Esta regra está inserida na Constituição da República com o intuito de proteger os bens públicos que, na verdade, pertencem à coletividade.

Assim, se o empregado do Estado estrangeiro, ao invés de reclamar contra esse Estado estrangeiro, reclamasse contra a União Federal, esta estaria imune à execução e não poderia ter os seus bens penhorados.

Assim, por analogia, não se pode admitir que um Estado estrangeiro não esteja imune à execução e tenha os seus bens penhorados.

Na verdade, o art. 100 da Constituição da República aplica-se forçosamente ao Estado estrangeiro, da mesma forma como se aplica à União, aos Estados, ao Distrito Federal e aos Municípios.

Pois não há razão para que os bens do Estado estrangeiro devam merecer uma menor proteção que os bens do Estado brasileiro, se ambos servem aos mesmos interesses coletivos.

9. Outras questões processuais.

9.1. O destinatário da ação judicial.

As relações trabalhistas dos Estados estrangeiros, face à ordem jurídica brasileira, suscitam ainda questões diversas de ordem processual.

A primeira dela é a determinação de quem deve ser citado, ou seja, a determinação de quem deve figurar no polo passivo da ação judicial.

Esta questão é relevante, uma vez que as ações judiciais costumam ser indistintamente endereçadas tanto aos Consulados quanto às Embaixadas.

No entanto, o correto é que a ação judicial seja endereça às Embaixadas, eis que os Consulados não tem personalidade jurídica, nem poderes de representação do Estado estrangeiro.

Nesse sentido, é o art. 13 do Código Civil que reconhece a personalidade jurídica do Estado Estrangeiro e não dos Consulados.

Os Consulados de um Estado Estrangeiro nada mais são do que uma repartição administrativa desse Estado.

A representação jurídica do Estado Estrangeiro cabe, com exclusividade, à Embaixada desse Estado no país acreditante.

É o que decorre dos textos das duas já referidas Convenções de Viena, uma sobre Relações Diplomáticas e outra sobre Relações Consulares, assinadas em 1961 e 1963, e promulgadas no Brasil, através, respectivamente, dos Decretos nrs. 56.435/65 e 61.078/67.

Nomeadamente, o art. 3º, nr. 1, da Convenção de Viena sobre Relações Diplomáticas expressamente indica :

> « As funções de uma Missão Diplomática consistem, entre outras, em: representar o Estado acreditante perante o Estado acreditado; »

Em contrapartida, o art. 5º da Convenção de Viena sobre Relações Consulares, ao listar as funções das Repartições Consulares não inclui poderes de representação.

No mesmo sentido, o Provimento 16 do Corregedor-Geral da Justiça Federal da 4ª Região [30] determinou, no art. 1º :

> "As ações contra Estado estrangeiro deverão ser propostas contra o país (p. ex. República Oriental do Uruguai) e não contra Embaixada, Consulado, ou outro nome semelhante."

9.2. A FORMA DA CITAÇÃO DO ESTADO ESTRANGEIRO

Uma outra questão processual relevante é a da forma da citação do Estado estrangeiro.

Sendo o Estado estrangeiro uma pessoa jurídica de direito público externo, nos termos do art. 13 do Código Civil -, a citação só pode ser realizada através dos canais diplomáticos competentes ou através de carta rogatória.

Esta é também a determinação dos arts. 2º, 3º e 4º, do referido Provimento 16 do Corregedor-Geral da Justiça Federal da 4ª Região:

> "Art. 2º - Não é admissível a citação de Estado estrangeiro por via postal, por ser pessoa jurídica de Direito Público externo (CPC, art. 222, alínea c").
>
> "Art. 3º – Não será expedido mandado para citação de Estado estrangeiro na pessoa do Cônsul, nas capitais do Estados da 4ª Região, nem carta precatória para a Seção Judiciária do Distrito Federal, para que se faça

---

30 publicado no DJ de 21/06/00

a citação por Oficial de Justiça, pois os locais de Missão são invioláveis, não podendo os agentes do Estado acreditado (Brasil) neles penetrar sem o consentimento do Chefe da Missão.

"Art. 4º – As citações serão feitas através de ofício do Juízo Federal ao Diretor-Geral de Assuntos Consulares e Jurídicos do Ministério das Relações Exteriores, Esplanda dos Ministérios, Anexo I, Brasília, DF, CEP 70.170-900, tel: 0-xx-61-411.62.37 e fac-símile 0-xx-61-321.49.06."

9.3. A DECRETAÇÃO DE REVELIA DO ESTADO ESTRANGEIRO.

Por vezes ocorre que o Estado estrangeiro limita-se a invocar, no processo judicial, as imunidades de jurisdição e de execução, e o tribunal em causa – após afastar as imunidades – decreta a revelia do Estado estrangeiro.

No entanto, ao assim decidir, os tribunais violam o disposto no art. 320, II, do Código de Processo Civil segundo o qual :

> « *A revelia não induz, contudo, o efeito mencionado no artigo antecedente :*
> « *[...]*
> « *II – se o litígio versar sobre direitos indisponíveis ;*

Ora, os interesses dos Estados, inclusive os interesses dos Estados estrangeiros, são interesses indisponíveis.

É em razão dessa indisponibilidade dos interesses do Estado que as normas processuais preveêm uma série de salvaguardas, como por exemplo, o recurso de ofício, em caso de decisão condenatória do Estado.

Assim, não podem os tribunais simplesmente decretar a revelia do Estado estrangeiro, declarando-o confesso quanto à matéria de fato, caso este não apresente defesa.

9.4. A COMPETÊNCIA PROCESSUAL E RECURSAL PARA JULGAR OS CONFLITOS DECORRENTES DAS RELAÇÕES DE TRABALHO ENTRE O ESTADO ESTRANGEIRO E OS SEUS EMPREGADOS LOCAIS

O art. 114 da Constituição da República determina que :

> « *Compete à Justiça do Trabalho conciliar e julgar os dissídios individuais e coletivos entre trabalhadores e empregadores, abrangidos **os en-***

tes de direito público externo e a da administração pública direta e indireta dos Municípios, do Distrito Federal, dos Estados e da União, e, na forma da lei, outras controvérsias decorrentes da relação de trabalho, bem como os litígios que tenham origem no cumprimento de suas próprias sentenças, inclusive coletivas. »

Tal como referido acima, este artigo tem sido interpretado, de uma forma precipitada, como dando competência ampla à Justiça do Trabalho, para julgar as causas trabalhistas em que seja parte Estado estrangeiro.

Ou seja, segundo esta interpretação, a partir da promulgação da Constituição da República em 1988, somente a Justiça do Trabalho, com exclusão de qualquer outro órgão jurisdicional, tem competência para apreciar as causas trabalhistas em que seja parte Estado estrangeiro.

No entanto, esta interpretação está equivocada pois viola frontalmente o disposto no art. 105, II, letra c) da Constituição da República.

Segundo este dispositivo :

« *Compete ao Superior Tribunal de Justiça :*
II – julgar, em recurso ordinário :
c) **as causas em que forem partes Estado estrangeiro** *ou organismo internacional,* **de um lado, e, de outro,** *Município ou* **pessoa residente e domiciliada no País ;** »

Ora, não podem existir disposições constitucionais contraditórias ou inúteis.

Assim, cabe ao intérprete, dar às disposições aparentemente conflitantes um sentido útil e de acordo com a finalidade do texto.

Deste modo, os artigos 114 e 105, II, letra c), da Constituição da República devem ser lidos e interpretados de forma harmônica, nos seguintes termos:.

a) a Justiça do Trabalho é competente para apreciar os litígios trabalhistas envolvendo Estado estrangeiro;

b) no entanto, <u>o recurso ordinário</u> interposto de sentença proferida em primeiro grau será examinado diretamente pelo Superior Tribunal de Justiça e não pelo Tribunal Regional do Trabalho da região em questão.

Assim, se asssegura, ao Estado estrangeiro – por considerações de ordem diplomática – o direito de ter a causa em que é parte examinada por dois órgãos diferentes do Poder Judiciário.

Julgado em definitivo o recurso ordinário pelo Superior Tribunal de Justiça, os autos voltarão para a Justiça do Trabalho, para o seguimento do curso processual.

10. Conclusão

Para finalizar, é útil afastar alguns argumentos de ordem não exclusivamente jurídica, normalmente usados nas controvérsias judiciárias para assegurar a sujeição do Estado estrangeiro ao Poder Judiciário brasileiro.

Em primeiro lugar, é preciso compreender que a imunidade de jurisdição e de execução não significam soberba ou desconfiança no Judiciário, por parte dos Estados estrangeiros.

Da mesma forma, é preciso rejeitar o argumento de que reconhecer a imunidade do Estado estrangeiro seria atentar contra a soberania brasileira.

Assim não o é porque a imunidade do Estado estrangeiro decorre de textos legais internacionais, assinados pelo Poder Executivo e aprovados pelo Poder Legislativo, conforme determina inclusive a Constituição da República. E decorre ainda de textos legais brasileiros, regularmente promulgados.

Ou seja, textos que, soberanamente, o Brasil incorporou à sua ordem jurídica por sua livre e expontânea vontade. Não há pois que se cogitar de atentado à soberania.

Na verdade, a imunidade de jurisdição é a garantia do exercício da democracia no direito internacional.

A imunidade de jurisdição visa colocar todos os Estados em situação de igualdade, independentemente do seu tamanho, importância ou grau de desenvolvimento.

Assim, da mesma maneira que o Estado brasileiro goza de imunidade de jurisdição perante os tribunais dos Estados estrangeiros, a esses Estados deve ser assegurada, pelos tribunais brasileiros, igual imunidade.

Agindo desta forma, os tribunais brasileiros, além de honrarem internacionalmente a merecida credibilidade brasileira, estarão contribuindo para a manutenção do equilíbrio e da democracia entre os Estados da comunidade internacional.

E os Estados estrangeiros, ao invocarem as suas imunidades, exercem uma prática do bom convívio da ordem internacional.

Considerações sobre a fundamentalidade do direito previdenciário

Marcelo Leonardo Tavares[1]

1. Introdução

Passado quase um século do início da organização previdenciária brasileira, considerada a partir da edição da Lei Eloy Chaves, em 1923, pode-se afirmar que o Direito Previdenciário tem hoje suficiente substrato de sistema normativo, científico e didático próprio capaz de regular as relações jurídicas dessa natureza securitária, bem como de desenvolver uma teoria consistente para a solução de seus problemas jurídicos.

O Direito Previdenciário, nascido como um apêndice científico do Direito Trabalho, do qual até hoje recebe importante influência, constitui, em sua legislação, um ordenamento juridicamente definido e dotado de coerência intrínseca e extrínseca, com relativa homogeneidade. Assim é que, nesse caminho, foi se configurando como Direito Misto ou Social, um ponto científico de encontro entre as instituições de Direito Privado e de Direito Público, com forte influência dos paradigmas dos ramos desse último, em especial, do Direito Administrativo, no Regime Geral.[2]

---

1 Professor Adjunto de Direito Previdenciário da Faculdade de Direito da Universidade do estado do Rio de Janeiro – UERJ. Doutor em Direito Público pela UERJ/*Université Panthéon--Assas*. Mestre em Direito pela UERJ. Professor. Juiz Federal.

2 O Direito Previdenciário, em Portugal, também evoluiu da mesma forma. Lá, podem ser identificadas quatro fases: 1ª.) unidade intrínseca com o Direito do Trabalho, com prevalência deste, 2ª.) mesmo com a base jurídica comum, a seguridade social desenvolveu-se entre as duas Grandes Guerras, 3ª.) nos "trinta anos gloriosos" (final da década de 40 ao início da década de 70), houve a separação científica do Direito do Trabalho, e 4ª.) surgimento do gênero Direito Social, englobando o Direito do Trabalho e o Direito Previdenciário, sem

A consequência da evolução normativa e acadêmica do Direito Previdenciário foi, ao se descolar do Direito do Trabalho, passar a ombrear em igualdade de importância com este na formatação do denominado interesse social, um meio caminho entre o interesse individual e o interesse público. Assim, com o passar do tempo, os princípios aplicáveis ao Direito do Trabalho foram sendo mitigados em sua utilização direta nas instituições de Previdência, ao mesmo tempo em que outros paradigmas foram vivenciados na estrutura previdenciária que não encontravam, antes, referência trabalhista.

Atento ao atual estágio da evolução do Direito Previdenciário, não seria cientificamente correto aplicar-lhe os princípios do Direito do Trabalho sem maior reflexão no que diz respeito à verificação das condições em que isso se dá. Os princípios do Direito Trabalhista devem ser objeto de análise a respeito da oportunidade de incidência no Direito Previdenciário e, nesse caso, quanto à forma e a medida dessa aplicação. Eventualmente, determinado paradigma trabalhista pode não ser adaptado à Previdência em virtude de influências sentidas, neste, do Direito Público em geral e do Direito Administrativo em particular. E, se aplicado, pode sofrer uma leitura diferenciada para atender a peculiaridades.

Tomemos como referência o importante princípio da proteção que, segundo o jurista uruguaio Américo Plá Rodriguez,[3] desdobra-se em princípio da norma mais benéfica e princípio da condição mais benéfica. O princípio da norma mais benéfica, que determina a aplicação do dispositivo mais favorável ao trabalhador, dificilmente teria aplicação em um regime público de previdência, em virtude da contraposição com o princípio da legalidade, que exige respeito à hierarquia normativa do ordenamento jurídico. A solução do conflito entre normas previdenciárias, por influência da legalidade do Direito Administrativo, deve-se basear nos métodos hermenêuticos da hierarquia, da especialidade e temporal e, diante de casos difíceis, na utilização da ponderação de interesses a ser realizada no caso concreto. O princípio da condição mais benéfica teria um campo de maior utilização, naquilo que a relação trabalhista refletisse efeitos

---

prevalência de um sobre o outro. Ver NEVES, Ilídio das. Direito da Segurança Social. Coimbra: Coimbra Editora, 1996, p. 82/86.

3   *Princípios de Direito do Trabalho*. Trad. Wagner D. Giglio. São Paulo: LTr/EDUSP, 1993, p. 42-43.

na relação previdenciária, mas não no que se refere à relação diretamente previdenciária entre o beneficiário e o INSS.

O mesmo se dá ao contrário. Há certa tendência de se tentar aplicar os princípios do Direito Administrativo de maneira direta ao Direito Previdenciário, sem que se atente para as particularidades científicas desse ramo do Direito que hoje encontra amplo desenvolvimento normativo e teórico.

É importante destacar, ainda, em relação a esse tema, que o próprio Direito Previdenciário brasileiro não é uniforme internamente, havendo diferenças estruturais nas concepções de previdência como Regime Geral, ainda bastante influenciado pelo Direito do Trabalho, naquilo que se refere às consequências previdenciárias das relações de emprego; como Regime Próprio, com destacada influência do Direito Administrativo, em virtude da relação institucional mantida entre os servidores e a Administração, e como Previdência Privada, muito mais sujeita aos parâmetros securitários do Direito Civil e Empresarial.

Tudo isso deve ser colocado desde o início, se o objetivo do trabalho é examinar alguns aspectos da teoria da prova no processo previdenciário.

2. Linhas básicas sobre o Regime Geral

No que nos interessa mais de perto, o Regime Geral de Previdência Social, da forma como se organizou a partir da década de sessenta do século passado, aproximou-se do modelo de seguro social idealizado pelo inglês William Beveridge, caracterizado pela generalidade na proteção dos trabalhadores, regime universal e relativamente uniforme na previsão das prestações, mediante pagamento de valores limitados entre padrões mínimo e máximo estipulados.

O Regime, organizado dessa forma, é baseado na solidariedade horizontal (entre categorias profissionais, que se encontram protegidas conjuntamente), vertical (entre os diversos estratos econômicos da sociedade) e temporal (intergeracional, se, como é o caso, baseia-se no modelo econômico de repartição simples, em que os atuais trabalhadores sustentam os atuais aposentados e pensionistas).

No caso do sistema básico brasileiro, existem ainda peculiaridades que lhe são próprias, não comuns nos correspondentes do mundo ocidental: 1) o sistema é aberto à participação de toda sociedade, incluindo pessoas que não exercem de atividades laborais (segurado facultativo), o que o configura, em certa medida, um enfrentamento mais amplo da necessidade humana desvinculada da previsão estrita do pertencimento a uma categoria profissional; 2) previsão de que a manutenção financeira do sistema é uma responsabilidade de toda a sociedade (art. 194, da Constituição), pressupondo que eventuais resultados negativos no equilíbrio contábil devam ser suportados por ingressos públicos não vertidos especificamente para o Regime; 3) múltiplos parâmetros assistenciais no sistema previdenciário, tais como a proteção dos segurados especiais, sem a suficiente contrapartida contributiva, e a inexistência de carência para a fruição de pensão, dentre outros.

Essa concepção de previdência é denominada de universalista ou omnigarantista, pois pretende maximizar o âmbito pessoal da proteção, com relativa igualdade nas prestações.[4]

3. O INTERESSE SOCIAL COMO EQUILÍBRIO ENTRE O DIREITO FUNDAMENTAL E A NATUREZA SECURITÁRIA DO SISTEMA

O Estado, aqui, chama para si duas responsabilidades estruturais ao se tornar gerente institucional: 1) coordenar o mutualismo entre os participantes, uma solidariedade restrita ao grupo, e 2) coordenar a solidariedade da sociedade para com o sistema, que lhe confere outro traço importante: a redistributividade de renda.

Esse é um ponto interessante, pois coloca o INSS, na administração do Regime Geral, como responsável, não apenas pela proteção adequada do indivíduo participante em relação ao grupo total de protegidos, mas também pelo gerenciamento compulsório insti-

---

4   No Brasil, existem outras concepções previdenciárias. Os Regimes Próprios de Previdência dos Servidores adotam uma estrutura conceitual laborista ou segurista. Assumem uma função comutativa e mutualista de proteção, somente sendo integrado por uma categoria ou categorias profissionais específicas, com proteção mais limitada no que concerne à eleição dos benefícios e com cobertura destinada à reposição integral da renda do trabalhador. Seu financiamento é realizado por quotização estrita (um modelo mais adequado historicamente às ideias da formatação previdenciária alemã do final do século XIX, cuja implantação foi capitaneada pelo Chanceler Otto Von Bismark). A Previdência Privada, de cunho mutualista privado ou individualista, organizada de forma Fechada e Aberta (art. 202, da Constituição e Lei no. 109/2001), é um sistema complementar ou suplementar, respectivamente, de gestão não pública.

tucional do valor moral da solidariedade da sociedade em relação ao grupo e ao indivíduo.

A consequência é a responsabilidade pela manutenção do equilíbrio entre três interesses: o individual daquele que é beneficiário do sistema, o coletivo do grupo protegido e o público da sociedade

Daí nasce o que deve ser definido como interesse social no Regime Geral de Previdência. O interesse social previdenciário é a proteção adequada ao indivíduo em relação às necessidades constitucionalmente e legalmente previstas pelo seguro, de modo a garantir que lhe seja deferida a correta prestação, na medida em que faz jus a ela, não onerando indevidamente o grupo e a sociedade com um mutualismo e com uma redistributividade de renda além daquilo que seja jurídica e moralmente correto.

As instituições previdenciárias, suas normas legais e administrativas e a interpretação e aplicação que se lhes dê serão tão adequadas aos valores morais constitucionalmente definidos na medida em que atendam a essa definição. Para tanto, sobrelevam-se os princípios que vão definir o direito individual ao benefício de previdência básica como um direito fundamental, mas também os princípios administrativos e econômicos de respeito ao equilíbrio financeiro e atuarial, necessários à existência do próprio sistema.

Com isso, esclareço que não comungo de um posicionamento que, curiosamente se apropriando do discurso histórico do liberalismo mais radical, coloca o Estado (aqui personificado na autarquia previdenciária) como inimigo público do indivíduo que pretenda uma prestação. A referida postura pode dar sustento indevido a benefícios moralmente questionáveis, a partir da invocação de fórmulas de justiça social sem juridicidade adequada.

Da mesma forma que negar um benefício devido é aviltante ao direito subjetivo individual, garantir uma proteção indevida é agressivo ao interesse coletivo do grupo e público da sociedade.

O INSS, quando se comporta de forma indevida, isto é, negando um benefício que seria jurídica e moralmente devido, merece correção do Judiciário através da ação própria. Mas isso não deve servir para a generalização da percepção de que agirá assim. Não parece adequada a postura preconcebida de encarar o Estado como oponente do indivíduo na aplicação dos direitos sociais e não como a entidade, a partir da noção de direitos fundamentais de segunda geração, capaz de, ao intervir na ordem social, garantir-lhe condições de liberdade real e de igualdade de chances.

Assim é que a hermenêutica do pós-positivismo, fundada na primazia dos direitos humanos e impregnada com a normatividade dos princípios constitucionais, com sobreposição aos parâmetros de um positivismo vazio de moralidade, não pode servir para, sob visão extremada, fundar o discurso de desconsideração da previdência também como seguro. Em um regime como o Geral brasileiro, previdência é direito fundamental, mas também é seguro.

Disso decorrem duas colocações: 1) não se compartilha do discurso de deslegitimação prévia do princípio do equilíbrio financeiro e atuarial, pois ele é necessário à concepção da Previdência como tal e impede a desestruturação do sistema e sua transformação em Assistência Social, e 2) deve-se procurar encontrar, na hermenêutica previdenciária, o ponto de equilíbrio entre a aplicação de parâmetros próprios do Direito do Trabalho e do Direito Administrativo em um Direito Previdenciário que se encontra no meio do caminho entre os interesses individual e público.

Os posicionamentos têm fundamento constitucional.

Primeiro, a Previdência do Regime Geral é configurada como direito fundamental.

A Constituição de 1988 reuniu as coberturas de previdência, assistência e saúde em um sistema de seguridade social, imantando-as com princípios e objetivos comuns (art. 194). Além disso, consolidou a previdência como um conjunto de prestações vinculadas aos princípios básicos fundamentadores do Estado Social e Democrático de Direito, em especial à dignidade da pessoa humana.

Os valores que inspiraram a elaboração da Constituição de 1988 foram gravados no Preâmbulo da Carta e serviram para criar um Estado Democrático destinado a assegurar "o exercício dos direitos sociais e individuais, a liberdade, a segurança, o bem-estar, o desenvolvimento, a igualdade e a justiça como valores supremos" de nossa sociedade.[5]

---

5   SILVA, José Afonso da. *Aplicabilidade das normas constitucionais.* 3' ed. São Paulo: Malheiros, 1998, p. 202-204, ressalta que há controvérsia na doutrina sobre a natureza do preâmbulo, destacando a posição de Kelsen, para quem o preâmbulo expressa idéias políticas, morais e religiosas que a Constituição tende a promover, e Burdeau, que entende que o preâmbulo tem o poder de fixar a atitude do Estado frente aos grandes problemas sociais, políticos e internacionais.

A partir desses valores, o art. 1º da Constituição enuncia os fundamentos da República Federativa do Brasil, princípios sobre os quais repousam as opções políticas mais relevantes na construção do Estado: a soberania, a cidadania, a dignidade da pessoa humana, os valores sociais do trabalho e da livre iniciativa. Ficam designados também, os objetivos principais a serem atingidos (art. 3º): a construção de uma sociedade livre, justa e solidária, a garantia do desenvolvimento nacional, a erradicação da pobreza e da marginalização, a redução das desigualdades sociais e regionais e a promoção do bem de todos, sem preconceitos de origem, raça, sexo, cor, idade e quaisquer outras formas de discriminação.

Esses princípios fundamentais relacionam-se diretamente com a consolidação dos direitos fundamentais: 1) a soberania e a cidadania[6] apoiam a estruturação de uma rede de ações do Estado destinada a possibilitar o desenvolvimento do homem como sujeito ativo de seu destino e dos desígnios políticos do país. Ter esses dois princípios como esteio dos direitos sociais significa que os poderes públicos, para cumprirem a Constituição, devem empenhar-se em garantir a real capacidade de participação política dos brasileiros nas decisões do Estado.

É, no entanto, a dignidade da pessoa humana o grande valor vetor dos direitos fundamentais e, dentre eles, dos direitos sociais prestacionais.[7]

Em relação aos direitos sociais, da dignidade humana resulta a obrigação de o Estado garantir um mínimo de recursos materiais suficientes para que, a partir daí, a pessoa possa exercer sua própria autonomia.[8] A dignidade humana, ao servir de princípio fundamentador

---

6   TORRES, Ricardo Lobo. A cidadania multidimensional na era dos direitos. In: (Org.). *Teoria dos direitos fundamentais*, Rio de Janeiro: Renovar, 1999, p. 239-335, discorre sobre as diversas dimensões do conceito de cidadania (temporal, espacial, bilateral e processual), vinculando-a à realização dos direitos da liberdade.

7   SANTOS, Fernando Ferreira dos. *Princípio constitucional da dignidade da pessoa humana.* São Paulo: Celso Bastos Editor, 1999, p. 79: "Instituir a dignidade da pessoa humana como fundamento do Estado Democrático de Direito importa, ainda, em consequência, não apenas o reconhecimento formal da liberdade, mas a garantia de condições mínimas de existência, em que uma existência digna se imponha como fim da ordem econômica, não tolerando, pois, profundas desigualdades entre os membros de uma sociedade."

8   NOBRE JUNIOR, Edilson Pereira. "O Direito brasileiro e o princípio da dignidade da pessoa humana." *Revista de Informação Legislativa.* Brasília: Senado Federal, Trimestral, ano 37, janeiro-março, 2000, p. 192: "Doutro lado, o direito à existência digna não é assegurado ape-

dos direitos prestacionais, consolida o conceito de "mínimo social"[9] e gera, por consequência, a incorporação dos direitos prestacionais mínimos à concepção material de direitos fundamentais.[10] Sendo assim, os direitos prestacionais, previstos formalmente na Constituição, passam a ter um núcleo material de direitos fundamentais.

O Estado brasileiro deve implementar as prestações sociais para garantir a dignidade humana, a liberdade real, a igualdade de chances, a exclusão da miséria e da marginalização. É uma obrigação inescusável.

Segundo, a Previdência é também seguro.

A Constituição da República insere a Previdência no sistema de seguridade social do Título da Ordem Social, que tem por base o primado do trabalho. Além disso, o art. 201, quando dispõe sobre a estrutura básica no Regime, prevê a filiação obrigatória, de caráter contributivo, com observância de critérios que preservem o equilíbrio financeiro e atuarial. Ao organizar o sistema tributário previdenciário, veda a utilização de recursos arrecadados com as contribuições estritamente previdenciárias (contribuição sobre a folha-de-salários e a contribuição dos segurados) em despesas distintas do RGPS (art. 167, XI), prevê o financiamento também por parte da sociedade em geral e veda que um benefício seja criado, estendido ou majorado sem a correspondente fonte de custeio total (art. 195, § 5º).

O Regime Geral caracteriza-se, portanto, como sistema de seguro de filiação compulsória (em regra, exceto para o segurado facultativo), de natureza institucional. O Estado, nesse sentido, garante o pagamento de prestações na ocorrência de risco sociais àqueles que pertençam ao grupo genérico de segurados.

---

nas pela abstenção do estado em afetar a esfera patrimonial das pessoas sob a autoridade. Passa também pelo cumprimento de prestações positivas."

9　No mesmo sentido, relacionando a dignidade da pessoa humana com o mínimo social, BARCELLOS, Ana Paula de. *A eficácia jurídica dos princípios constitucionais – o princípio da dignidade da pessoa humana*. Rio de Janeiro: Renovar, 2002, p. 194: "Note-se que em um Estado democrático e pluralista é conveniente que seja assim, já que há diversas concepções da dignidade que poderão ser implementadas de acordo com a vontade popular manifestada a cada eleição. Nenhuma delas, todavia, poderá deixar de estar comprometida com essas condições elementares necessárias à existência humana (mínimo existencial), sob pena de violação de sua dignidade que, além de fundamento e fim da ordem jurídica, é pressuposto da igualdade real de todos os homens e da própria democracia."

10　Este efeito também se mostra com toda força na Lei Fundamental Alemã de 1949 (art. 1.1), na Constituição Portuguesa de 1976 (art. 1º) e na Espanhola de 1978 (art. 10).

A natureza contributiva limita, a par das previsões de proteção de caráter eminentemente assistencial inseridas por vontade constituinte nesse sistema (como é o caso da proteção do segurado especial), a fruição de prestações apenas àqueles que contribuírem na forma da lei.

O equilíbrio financeiro e atuarial é princípio fundamental na estrutura do seguro, que exige correção de encontro de contas entre receitas e despesas atuais (aspecto financeiro) e sustentabilidade econômica na projeção futura (aspecto atuarial). Em princípio, portanto, os valores de ingresso devem ser suficientes para o cumprimento dos compromissos com os gastos das prestações. Tratando-se de sistema de repartição simples, em regime de contribuição definida, a avaliação do equilíbrio é realizada de forma coletiva no grupo de segurados, que solidarizam na proteção dos riscos. Os prejuízos finais são cobertos por recursos públicos para os quais participa toda a sociedade, mediante o pagamento de contribuições sociais para a seguridade ou com ingressos públicos de receitas de tributos não vinculados, como os impostos.

Apesar de o regime ter característica de repartição simples, faz-se também necessário que se busque arrecadação e um correto gerenciamento do fundo de modo a ser possível atender às expectativas futuras de pagamento de benefícios. Portanto, mesmo em um sistema econômico de repartição (*pay-as-you-go*), deve-se procurar saber, para o futuro, as condições de manutenção do equilíbrio econômico atuarial.

Dessa forma, o Regime Geral deve ser compreendido como um sistema de seguro que protege o direito fundamental à previdência. De um lado, pretende garantir o sustento do trabalhador e de sua família na ocorrência dos riscos sociais eleitos juridicamente. Por outro, não deve onerar indevidamente o grupo protegido e a sociedade. As características do sistema como seguro fundamental equilibrado impede que o intérprete, preconcebidamente, adote um discurso de deslegitimação da base de organização, em especial do princípio do equilíbrio financeiro e atuarial, passando a tratá-lo como empecilho à justa realização da justiça social.

A justiça social deve ser realizada, mas através dele, pois o interesse social é objeto de proteção previdenciária, a partir da garantia individual ao benefício justo.

4. Conclusão

As conclusões do presente ensaio são:

O Direito Previdenciário tem hoje suficiente substrato de sistema normativo, científico e didático próprio capaz de regular as relações jurídicas dessa natureza securitária, bem como de desenvolver uma teoria consistente para a solução de seus problemas jurídicos. Os dois ramos do Direito que mais o influenciam, além do Constitucional, é o do Trabalho e o Administrativo.

O INSS é responsável, não apenas pela proteção adequada do indivíduo participante em relação ao grupo total de protegidos, mas também pelo gerenciamento compulsório do valor moral da solidariedade da sociedade em relação ao grupo e ao indivíduo. Existem, pois, três interesses em jogo na relação previdenciária: o individual, o coletivo do grupo protegido e o público da sociedade.

Não se compartilha do discurso de deslegitimação prévia do princípio do equilíbrio financeiro e atuarial. Deve-se encontrar, ainda, na hermenêutica previdenciária, o ponto de equilíbrio entre a aplicação de parâmetros próprios do Direito do Trabalho e do Direito Administrativo em um Direito Previdenciário que se encontra no meio do caminho entre o interesse individual e o interesse público.

5. Referências bibliográficas

BARCELLOS, Ana Paula de. *A eficácia jurídica dos princípios constitucionais – o princípio da dignidade da pessoa humana*. Rio de Janeiro: Renovar, 2002.

NEVES, Ilídio das. Direito da Segurança Social. Coimbra: Coimbra Editora, 1996.

NOBRE JUNIOR, Edilson Pereira. "O Direito brasileiro e o princípio da dignidade da pessoa humana." *Revista de Informação Legislativa*. Brasília: Senado Federal, Trimestral, ano 37, janeiro-março, 2000.

PLÁ RODRIGUEZ, Américo. *Princípios de Direito do Trabalho*. Trad. Wagner D. Giglio. São Paulo: LTr/EDUSP, 1993, p. 42-43.

SANTOS, Fernando Ferreira dos. *Princípio constitucional da dignidade da pessoa humana*. São Paulo: Celso Bastos Editor, 1999.

SILVA, José Afonso da. *Aplicabilidade das normas constitucionais*. 3ª ed. São Paulo: Malheiros, 1998.

TORRES, Ricardo Lobo, A cidadania multidimensional na era dos direitos. In: (Org.). *Teoria dos direitos fundamentais*, Rio de Janeiro: Renovar, 1999.

O ACESSO À JUSTIÇA NO PROCESSO DO TRABALHO

CAROLINA TUPINAMBÁ[1]

1. CONTEÚDO MÍNIMO DA GARANTIA DE ACESSO À JUSTIÇA

O princípio do acesso à justiça, visto sob o ângulo do liberalismo, correspondia, quase que exclusivamente, "acesso ao Poder Judiciário", pouco importando se ao final do processo a parte teria, efetivamente, tutelado o seu direito. Tratava-se, portanto, de uma visão limitada e estritamente formal do acesso à justiça, como mero contraponto à institucionalização do poder político e a subsequente vedação, imposta pelo Estado, à autotutela[2].

Com o advento do Estado do bem-estar social, todavia, o conceito de acesso à justiça passa a ser repensado, mergulhado nas concepções sociais, adequando-o, portanto, aos escopos e anseios advindos da adoção dessa nova filosofia política pelo Estado. O princípio transveste-se de garantia fundamental. Este é exatamente o desafio que se verifica no Brasil e alhures. Mister a desvinculação da concepção liberal para a adequação da garantia aos fins primordiais de um Estado Social, propugnado pela Constituição Federal de 1988. Assim, "a prestação jurisdicional, antes a única face do acesso à justiça, passa, então, a sofrer adjetivações: deve ser célere; deve ser efetiva; deve ser adequada. Não basta ser prestação para ser justa. Não basta o judiciário para que se tenha o acesso à justiça. Aos

---

1 Doutora em Direito Processual Civil pela UERJ. Professora Adjunta de Processo do Trabalho da UERJ.

2 Nesse sentido, trabalho de consulta valiosa: BARREIROS, Lorena Miranda Santos. Breves considerações sobre o princípio do acesso à justiça no direito brasileiro. *Revista de Direito do Trabalho*. São Paulo, ano 35, n.º 134, p. 168-201, abr/jun, 2009.

poucos, esse conceito vai se agigantando, entremeado de ideias e de possibilidades antes sequer cogitadas."[3]

O acesso à justiça comprometido e substancial, hoje, transborda os limites do Poder Judiciário, compreendido enquanto meio de alcance de igualdade material e concretização de direitos[4]. Daí, a garantia de acesso à justiça corresponde a um direito fundamental e a um caminho para a concretização de outros direitos fundamentais. O Processo do Trabalho estará dedicado especialmente à tutela jurisdicional dos direitos sociais, ou seja, opera em circuito próprio do amplo leque que hoje se identifica como acesso à justiça.

Pois bem. Ter acesso é o mesmo que poder entrar, é ter as chaves, é ter a senha. E pode ser mais: entrar sem longas e prévias esperas em filas, chegar e encontrar quem fale sua língua, usar e participar do que haja à disposição, é poder sair quando quiser. O acesso à justiça[5] deve ser caracterizado, portanto, pelo amplo alcance e apreensão das formas de penetração bem como do próprio conteúdo da ordem jurídica justa[6] [7].

---

3   BARREIROS, Lorena Miranda Santos. Breves considerações sobre o princípio do acesso à justiça no direito brasileiro. *Revista de Direito do Trabalho*. São Paulo, ano 35, n. 134, p. 168-201, abr/jun, 2009.

4   "Para o homem e para a sociedade, o Direito não constitui um fim, apenas um meio para tornar possível a convivência e o progresso social. Apesar de possuir um substrato axiológico permanente, que reflete a estabilidade da natureza humana, o Direito é um engenho à mercê da sociedade e deve ter a sua direção de acordo com os rumos sociais". (NADER, Paulo. *Introdução ao estudo do Direito*. 9ª Ed., Rio de Janeiro: Forense, 1994. p. 20).

5   Assim entende o Supremo Tribunal Federal: "A Constituição da República estabeleceu que o acesso à justiça e o direito de petição são direitos fundamentais (art. 5º, XXXIV, a, e XXXV), porém estes não garantem a quem não tenha capacidade postulatória litigar em juízo, ou seja, é vedado o exercício do direito de ação sem a presença de um advogado, considerado 'indispensável à administração da justiça' (art. 133 da Constituição da República e art. 1º da Lei 8.906/1994), com as ressalvas legais. (...) Incluem-se, ainda, no rol das exceções, as ações protocoladas nos juizados especiais cíveis, nas causas de valor até vinte salários mínimos (art. 9º da Lei 9.099/1995) e as ações trabalhistas (art. 791 da Consolidação das Leis do Trabalho), não fazendo parte dessa situação privilegiada a ação popular." (AO 1.531-AgR, voto da Min. Cármen Lúcia, julgamento em 3-6-2009, Plenário, DJE de 1º-7-2009.)

6   Frederico Marques pondera que "a Justiça, ao mesmo tempo em que constitui valor indispensável à vida em sociedade, aparece também como garantia essencial da liberdade da pessoa humana" (MARQUES, José Frederico. *Manual de direito processual civil*. Volume I, 9ª Ed., Campinas: Millennium, 2003, p. 125).

7   No tocante ao princípio do acesso à justiça, mesmo já sendo consagrado na Constituição da República, o anteprojeto do novo Código de Processo Civil o traz, até como forma de afirmação, no artigo 3º, ao dispor que "não se excluíra da apreciação jurisdicional ameaça ou lesão a direito, ressalvados os litígios voluntariamente submetidos à solução arbitral, na forma da lei". Além disso, "ao aplicar a lei, o juiz atenderá aos fins sociais a que ela se dirige

Do artigo 6° da *Declaração Universal dos Direitos Humanos* advém previsão de que "qualquer pessoa tem direito a que a sua causa seja examinada, equitativa e publicamente, num prazo razoável, por um tribunal independente e imparcial, estabelecido pela lei, o qual decidirá, quer sobre a determinação dos seus direitos e obrigações de caráter civil, quer sobre o fundamento de qualquer acusação em matéria penal dirigida contra ela. (...)"

Outrossim, por diferente ponto de observação, na Convenção Europeia dos Direitos do Homem encontra-se expressamente prevista a garantia de acesso a um processo equitativo, contemplando-se, segundo autores que se dedicaram ao tema, as seguintes garantias: (i) acesso aos tribunais; (ii) publicidade; (iii) juiz natural e imparcial; (iv) celeridade; e (v) gratuito patrocínio a quem não tenha condições de arcar com os custos do processo, assegurando um "acesso efetivo à justiça".

Destarte, vale insistir no sentido de que o acesso à justiça não se limita a possibilitar acesso aos tribunais ou ao Poder Judiciário, mas, implica, sim, verdadeiramente se viabilizar o acesso à ordem jurídica justa, a saber: (i) o direito à informação; (ii) o direito à adequação entre a ordem jurídica e a realidade socioeconômica do país; (iii) o direito ao acesso a uma justiça adequadamente organizada, formada por juízes inseridos na realidade social e comprometidos com o objetivo de realização da ordem jurídica justa; (iv) o direito à preordenação dos instrumentos processuais capazes de promover a objetiva tutela dos direitos; (v) o direito à remoção dos obstáculos que se anteponham ao acesso efetivo a uma justiça que tenha tais características[8].

Sob o percuciente ponto de vista de Paulo Cezar Pinheiro Carneiro, o acesso à justiça, enquanto garantia da inafastabilidade do controle jurisdicional, deve ser norteado pelos princípios da acessibilidade, da operosidade, da utilidade e da proporcionalidade[9], um conjunto homogêneo de atos que circundam o processo desde o di-

---

e às exigências do bem comum, observando sempre os princípios da dignidade da pessoa humana, da razoabilidade, da legalidade, da impessoalidade, da moralidade, da publicidade e da eficiência", consoante artigo 6° do mesmo diploma.

8   WATANABE, Kazuo. Acesso à Justiça e Sociedade Moderna. *In: Participação e Processo*. GRINOVER, Ada Pellegrini (Coord.). Rio de Janeiro: Revista dos Tribunais, 1988.

9   CARNEIRO, Paulo Cezar Pinheiro. *Acesso à justiça: juizados especiais cíveis e ação civil pública: uma nova sistematização da teoria geral do processo*. Rio de Janeiro: Forense, 1999, p. 57 e ss.

reito dos cidadãos à informação até a tutela positiva do direito de quem está com a razão.

Segundo o aludido doutrinador da Universidade do Estado do Rio de Janeiro - UERJ, o primeiro elemento da acessibilidade seria o conhecimento dos direitos e respectivos métodos de exigibilidade. Neste sentido, pode-se afirmar que o direito à informação seria "ponto de partida e de chegada" para que o acesso à justiça fosse real e, por isso, ao alcance de todos.[10] [11] O segundo elemento garantidor da acessibilidade estaria intimamente ligado à escolha, com a indicação das pessoas mais adequadas, para a efetiva defesa de direitos que possam existir.[12] Assim, o magistrado deve prestar atenção no desempenho das partes, através de seus patronos, para evitar que haja eventual desequilíbrio, vigilante para que o resultado não seja favorável justamente àquele que não seja o detentor do direito material. Trata-se de uma relação entre o desempenho e o princípio da igualdade previsto no artigo 3º da Constituição. Neste aspecto, regra diferente existirá no âmbito dos direitos difusos e coletivos, onde o titular individualmente considerado de uma porção do direito indivisível não será abstratamente a pessoa mais indicada para a sua defesa em juízo, mas sim os titulares desses direitos coletivamente considerados.[13] Ainda no que tange à acessibilidade, o doutrinador

---

10 Sobre o tema, Paulo Cezar Pinheiro Carneiro coloca que "o direito a tais informações é o ponto de partida e ao mesmo tempo de chegada para que o acesso à justiça, tal como preconizamos, seja real, alcance a todos. É ponto de partida porque, sem ele, uma série de direitos, notadamente no campo individual, não seriam reclamados, e ponto de chegada na medida em que, agora no campo coletivo, eventuais direitos reclamados e obtidos fossem realidade para poucos". (PINHEIRO, Paulo Cezar. *Ob. Cit.*, 2003, p. 57).

11 Mauro Cappelletti leciona: "é o problema da informação jurídica, o que mais falta ao não abastado - pobreza econômica grande, significando ainda carência de informações." (CAPPELLETTI, Mauro. O acesso à Justiça e a função do jurista em nossa época. *Revista de Processo*. São Paulo, ano 16, n°. 61, Janeiro-Março de 1991).

12 Paulo Cezar Pinheiro Carneiro, explica que "no plano individual e em especial no campo da defesa de direitos individuais homogêneos, o titular do direito material não seria, em regra, no Brasil, a pessoa mais adequada, quer para a defesa coletiva desses direitos, quer para a sua própria defesa individualmente considerada. Isto não só pela situação do nosso país, de maioria pobre e com pouquíssimo preparo, mas também pelo peso dos adversários, em regra mais fortes, mais estruturados, com maior poder econômico e, portanto, mais preparados." (CARNEIRO, Paulo Cezar Pinheiro. *Ob. Cit.*, 2003, p. 59).

13 Para assegurar o princípio da acessibilidade, Paulo Cezar Pinheiro Carneiro ensina que "não pretendemos menosprezar ou tirar a importância que o titular do direito material tem para o estudo e para a fixação da legitimidade. Mas sim priorizar outro aspecto, uma mudança de enfoque, voltado para a pessoa, qualquer que seja ela, mais adequada para o desempenho da defesa do direito em jogo". (CARNEIRO, Paulo Cezar. *Ob. Cit.*, 2003, p. 60).

salienta que os custos do processo não podem inibir ou dificultar o acesso à justiça de qualquer jurisdicionado, principalmente nas causas de baixo valor econômico e nas de natureza coletiva.

No que se refere à operosidade, o doutrinador ensina que os sujeitos que participam de qualquer modo da atividade jurisdicional devem atuar da forma mais produtiva e laboriosa possível, com ética e uso eficiente do instrumental.

A utilidade, por sua vez, deve assegurar que o processo conceda ao vencedor tudo aquilo a que teria direito, da forma mais rápida e proveitosa possível, com mínimo sacrifício para o vencido, neste sentido prestigiando sempre a execução específica e otimizando a teoria das nulidades para o melhor aproveitamento do ato processual.

Por fim, ao falar da proporcionalidade, defende Paulo Cezar Pinheiro Carneiro que o julgador deve projetar e examinar os possíveis resultados e soluções, fazendo ponderação entre os interesses em jogo, com opção inteligente e harmoniosa com os princípios e fins que informam o direito.

A vivência destes quatro conceitos garantidores do acesso à justiça desafia processualistas à criação de mecanismos processuais que demandem menor esforço e gasto possível, sempre buscando prestigiar as garantias fundamentais.

Retornando ao ponto de partida, o acesso à justiça, para além de ser necessário como meio de garantia e de proteção da dignidade da pessoa humana, enquanto possibilidade de exercício das posições jurídicas individuais e coletivas, revela-se também em consectário natural da democracia e do Estado de Direito[14] [15].

Neste contexto, o acesso à justiça advém do princípio constitucional[16] assinalado no inciso XXXV do artigo 5º da Constituição: a

---

14 "Com sede constitucional no art. 5º, XXXV, o referido princípio impede que o legislador restrinja o acesso à ordem jurídica ou ao ordenamento justo, bem como impõe ao juiz o dever de prestar a jurisdição, isto é, garantir a tutela efetiva a quem detenha uma posição jurídica de vantagem" (PINHO, Humberto Dalla Bernardina de. *Teoria Geral do Processo Civil Contemporâneo*. Rio de Janeiro: *Lumen Iuris*, 2007, p. 30)

15 "Em um Estado de Direito, como já se referiu, não basta a mera consagração normativa: é preciso existir uma autoridade que seja capaz de impor coativamente a obediência aos comandos jurídicos. Dizer que o acesso à Justiça é um dos componentes do núcleo da dignidade humana significa dizer que todas as pessoas devem ter acesso a tal autoridade: o Judiciário". (BARCELLOS, Ana Paula de. *A Eficácia Jurídica dos Princípios Constitucionais. O Princípio da Dignidade da Pessoa Humana*. Rio de Janeiro: Renovar, 2002, p. 293)

16 Vale a transcrição sobre Direito Processual Constitucional: "Não se trata de um ramo autônomo do direito processual, mas de uma colocação científica, de um ponto de vista

inafastabilidade da jurisdição, preceito derivado da instrumentalidade da máquina Estatal para a plena efetivação de conteúdo constitucional fundamental, qual seja, a garantia da paz social, condição essencial para se promover a tutela do primado dos demais direitos fundamentais. Em suma, o acesso à justiça promove a segurança jurídica, valor prestigiado em um Estado Democrático de Direito.

À soberania popular, como direito de autodeterminação política do povo por intermédio do sufrágio universal, ajunta-se a ideia de que é o povo o fim último dos atos do poder. É a serviço do homem que se coloca o Estado, impondo-se, ainda, como consectários da noção moderna de Estado, a promoção e o respeito às liberdades e direitos fundamentais. Também neste contexto, a ideia de Estado de direito prende-se à exigência de que nele se observe uma ordem jurídica justa. Assim, o Estado democrático de direito prescinde que aos seus cidadãos seja garantida, em toda sua plenitude, a possibilidade de, em igualdade de condições, desfrutarem de proteção jurídica[17].

Aliás, algumas garantias, tais como a independência dos juízes, a vinculação da atuação jurisdicional à lei ou mesmo a própria garantia do acesso à justiça e ao direito, são identificadas como sendo alguns dos "momentos formais" do Estado de Direito, no sentido de

---

metodológico e sistemático, do qual se pode examinar o processo em suas relações com a Constituição. O direito processual constitucional abrange, de um lado, (a) a tutela constitucional dos princípios fundamentais da organização judiciária e do processo; (b) de outro, a jurisdição constitucional. A tutela constitucional dos princípios fundamentais da organização judiciária corresponde às normas constitucionais sobre os órgãos da jurisdição, suas competências e garantias. A jurisdição constitucional compreende, por sua vez, o controle judiciário da constitucionalidade das leis - e dos atos da administração, bem como a denominada jurisdição constitucional das liberdades, com o uso dos remédios constitucionais-processuais - habeas corpus, mandado de segurança, mandado de injunção, habeas data e ação popular." (CINTRA, Antonio C. A.; GRINOVER, Ada Pellegrini; DINAMARCO, Cândido Rangel. *Teoria Geral do Processo*. 24ª Ed. São Paulo: Malheiros. 2007. P. 81).

17 Para Greco: "A Constituição Portuguesa, com muita razão, associa no artigo 20 o acesso à justiça ao acesso ao direito, como a indicar que, antes de assegurar o acesso à proteção judiciária dos direitos fundamentais, deve o Estado investir o cidadão diretamente no gozo dos seus direitos, ficando a proteção judiciária através dos tribunais, como instrumento sancionatório, no segundo plano, acionável apenas quando ocorrer alguma lesão ou ameaça a algum desses direitos". (GRECO, Leonardo. *Estudos de Direito Processual. Campos dos Goytacazes*: Ed. Faculdade de Direito de Campos, 2005, p. 197)

serem uma imposição constitucional ao exercício da função jurisdicional[18] típica do Estado[19].

Finalmente, a garantia de acesso à justiça protege, ainda, o direito fundamental de ação, a exprimir que qualquer sujeito detenha o direito de requerer ao Estado - por intermédio do Poder Judiciário - a apreciação de lesão ou ameaça ao seu bem juridicamente tutelado, também conforme dispõe o artigo 5°, XXXV da CRFB/88.

Em suma, a compreensão do conteúdo substancial do acesso à justiça perpassa (i) a inafastabilidade da lesão ou mera ameaça de lesão do Poder Judiciário, (ii) a estabilidade de valores prestigiados em um Estado Democrático de Direito e (iii) o exercício amplo do direito de ação.

2. A EVOLUÇÃO DA COMPREENSÃO DO ACESSO À JUSTIÇA.

O movimento de acesso à justiça configura-se uma expressiva reação processual à Segunda Guerra Mundial, momento histórico que abriga registros de forte expectativa em prol da efetividade do processo, já compreendido como instrumento de realização de direitos.

O despontar do *welfare state* e a consequente expansão de novos direitos sociais, econômicos e culturais implicou o incremento de participação popular nos circuitos de consumo e mercado de trabalho. Disto, resultaram alterações substanciais nas relações subjetivas tradicionais, ampliando significativamente os conflitos de interesses passíveis de serem levados a juízo.

Assim, se faz oportuna a leitura da transcrição da lição ministrada por Mauro Cappelletti:

---

18   CANOTILHO, Joaquim José Gomes. *Direito Constitucional e Teoria da Constituição*. 7ª Ed., Coimbra: Almedina, 2010, p. 255.

19   Sobre o tema, interessante decisão do Tribunal Constitucional de Portugal que afirma que as garantias constitucionais do processo (designadas por princípios) são uma imposição do princípio democrático. Na dicção da referida corte, "verificando-se a violação dos princípios da igualdade de armas ou do contraditório, estaremos perante uma inconstitucionalidade por violação do princípio da igualdade e do direito de acesso aos tribunais, ou direito à tutela jurisdicional efectiva, expressão do princípio do Estado de direito democrático". (Acórdão n.º 497, de 20 de março de 1996, publicado em ATC. Lisboa: Tribunal Constitucional, 1996, vol. 33.º, p. 677).

(...) o movimento para o "acesso à Justiça" é também um aspecto central do moderno Estado Social ou Welfare State. Adverte-se que não se trata de um movimento limitado à Justiça em seu significado judicial; abarca, ao contrário, áreas muito mais vastas, como o acesso à educação, ao trabalho, ao descanso, à saúde etc. Reconheceu- se, por outro lado, que o aspecto judicial se encontra entre aqueles que mais clara e vivamente atraíram a atenção dos estudiosos e dos reformadores em um número crescente de países. Juízes e tribunais concretizaram elementos fundamentais do Estado Social, pelo que se falou de um "gigantismo jurisdicional", que se fez acompanhar de um gigantismo dos braços "políticos", Legislativo e Executivo. E é justamente no campo jurisdicional onde se encontra individualizada uma sucessão, quiçá também cronológica, quase em forma de "ondas" (waves) reformadoras.[20]

Desse modo, na medida em que se verificava um substancial aumento de demanda por tutela jurisdicional, mais evidente se tornava a capacidade estatal de "expandir os serviços de administração da justiça de modo a criar uma oferta compatível com a procura então verificada. Isto porque, consoante nos ensina Boaventura de Sousa Santos, particularmente no Brasil, esta explosão de litigiosidade se deu justamente na década de 70, momento de crise do Estado-providência, de redução progressiva dos recursos financeiros estatais e da sua crescente incapacidade de arcar com os compromissos assistenciais e previdenciários assumidos com as classes populares na década anterior".[21]

Neste sentido, aqui e acolá, o acesso à justiça tornou-se o direito dos direitos, o pressuposto inafastável de efetivação de todos os demais direitos.[22]

---

20 CAPPELLETTI, Mauro. O acesso à justiça como programa de reformas e método de pensamento. *Revista Forense.* São Paulo, vol. 395, ano 2008, p. 210-224

21 SANTOS, Boaventura de Sousa. Introdução à Sociologia da Administração da Justiça. *in* FARIA, José Eduardo. *Direito e justiça - A função social do judiciário.* São Paulo: Editora Ática, 1994, p. 44.

22 Neste sentido, Mauro Cappelletti e Bryant Garth, *in* Acesso à Justiça: "Nos estados liberais 'burgueses' dos séculos dezoito e dezenove, os procedimentos adotados para solução de litígios civis refletiam a filosofia essencialmente individualista dos direitos, então vigorante. Direito ao acesso à proteção judicial significava essencialmente o direito formal do indivíduo agravado de propor ou contestar uma ação. A teoria era de que, embora o acesso à justiça pudesse ser um 'direito natural', os direitos naturais não necessitavam de uma ação do Estado para sua proteção. Esses direitos eram considerados anteriores ao Estado; sua preservação exigia apenas que o Estado não permitisse que eles fossem infringidos por

A crescente preocupação com a maior das garantias aprofundou reflexões sobre o tema. Não obstante a inafastabilidade da tutela jurisdicional das liberdades, paulatinamente foram sendo identificados reais obstáculos impeditivos do efetivo acesso dos cidadãos à justiça.

Com este escopo foi que, nos anos 60[23], Mauro Cappelletti liderou um significativo movimento especificamente direcionado em diagnosticar as causas da ineficiência da justiça. O conjunto deste árduo trabalho, como é cediço, ficou conhecido como Projeto Florença, cujos principais resultados foram expostos na obra *Acesso à*

---

outros. O Estado, portanto, permanecia passivo, com relação a problemas tais como aptidão de uma pessoa para reconhecer seus direitos e defendê-los adequadamente, na prática. Afastar a 'pobreza no sentido legal' – a incapacidade que muitas pessoas têm de utilizar plenamente a justiça e suas instituições – não era preocupação do Estado. A justiça, como outros bens, no sistema do laissez-faire, só podia ser obtida por aqueles que pudessem enfrentar seus custos...O acesso formal, mas não efetivo à justiça, correspondia à igualdade, apenas formal, mas não efetiva. (...) À medida que as sociedades do laissez-faire cresceram em tamanho e complexidade, o conceito de direitos humanos começou a sofrer uma transformação radical. A partir do momento em que as ações e relacionamentos assumiram, cada vez mais, caráter mais coletivo que individual, as sociedades modernas necessariamente deixaram para trás a visão individualista dos direitos, refletida nas "declarações de direitos", típicas dos séculos dezoito e dezenove. O movimento fez-se no sentido de reconhecer os direitos e deveres sociais dos governos, comunidades, associações e indivíduos. (...) Entre esses direitos garantidos nas modernas constituições estão os direitos ao trabalho, à saúde, à segurança material e à educação. Tornou-se lugar comum observar que a atuação positiva do Estado é necessária para assegurar o gozo de todos esses direitos básicos. Não é surpreendente, portanto, que o direito ao acesso efetivo à justiça tenha ganhado particular atenção na medida em que as reformas do welfare state têm procurado armar os indivíduos de novos direitos substantivos em sua qualidade de consumidores, locatários, empregados e, mesmo, cidadãos. De fato, o direito ao acesso efetivo tem sido progressivamente reconhecido como sendo de importância capital entre os novos direitos individuais e sociais, uma vez que a titularidade de direitos é destituída de sentido, na ausência de mecanismos para sua efetiva reivindicação. O acesso à justiça pode, portanto, ser encarado como o requisito fundamental – o mais básico dos direitos humanos – de um sistema jurídico moderno e igualitário que pretende garantir, e não apenas proclamar os direitos de todos." (CAPPELLETTI, Mauro; GARTH, Bryant. *Acesso à justiça*. Tradução: Ellen Gracie Northfleet. Porto Alegre: Editora Fabris, 2002).

23   A constatação do problema da ineficiência da Justiça, em verdade, remonta passado mais distante. Em 1895, o austríaco Franz Klein já propugnava a diminuição dos formalismos processuais, bem como as ideia s da economicidade, da celeridade e do acesso dos mais pobres à Justiça, com o nobre intuito de melhorar a prestação jurisdicional. Como se sabe, tais propostas foram incorporadas ao Código Processual Austríaco daquele mesmo ano e muitos países, depois, copiaram seus dispositivos.

Justiça[24] [25]. *Na referida compilação, as barreiras ao acesso à justiça foram organizadamente descortinadas.*

O primeiro problema reconhecido foi o "obstáculo econômico, isto é, a pobreza de muitas pessoas que, por motivos econômicos, nenhum ou pouco acesso têm à informação e à representação adequada". Atenções se voltam a, basicamente, quatro empecilhos de ordem econômica que dificultam se concretize em toda sua plenitude e extensão o direito de ação, quais sejam, (i) os custos do processo, (ii) a desinformação, (iii) a morosidade do Judiciário e (iv) o valor da causa.[26] **Embora a prestação jurisdicional mostre-se cara para o cidadão em geral, inegável que é proporcionalmente mais cara para o indivíduo economicamente débil. Isto porque é este normalmente quem figura como protagonista das causas de menor valor, e é justamente sobre estas que as custas processuais incidem em proporções mais elevadas.**

---

24   A pesquisa foi concluída com a publicação de quatro volumes em seis tomos, dos quais participaram uma centena de especialistas (juristas, sociólogos, economistas, antropólogos, políticos e psicólogos) dos cinco continentes. Nos volumes, ampla informação e bibliografia. Para uma análise comparativa remete-se ao relatório geral produzido por Cappelletti e Garth, publicado no vol. I, Livro I, *Acess to Justice: The Worldwide Movement to Make Rights Effective*. Traduzido para o português: CAPPELLETTI, Mauro; GARTH, Bryant. *Acesso à justiça*. Tradução: Ellen Gracie Northfleet. São Paulo: Sergio Antonio Fabris Editor. 2002.

25   Apontem-se, ainda, três outras obras coletivas que representaram pesquisas preliminares àquela do projeto florentino sobre acesso à Justiça de Cappelletti: M. Cappelletti, J. Gordley e E. Johnson Jr., *Toward Equal Justice: A Comparative Study of Legal Aid in Modern Societies*, New York, Milano & Dobbs Ferry, 1975; M. Cappelletti e Jolowicz, *Public Interest Parties and the Active Role of the Judge in Civil Litigation*, NewYork, Milano & Dobbs Ferry, 1975; e M. Cappelletti e D. Tallon (*eds.*), *Fundamental Guarantees of the Parties in Civil Litigation - Les garanties fondamentales des parties dans le proces civil*, NewYork, Milano & Dobbs Ferry, 1973.
Entre as obras principais que podem ser consideradas precursoras do movimento se deve recordar, especialmente: R. H. Smith, *Justice and the Poor*, New York, 1919 (reimpressão, 1964); e P. Calamandrei, *Processo e Democrazia*, Padova, 1954

26   Este primeiro obstáculo deu origem, segundo Cappelletti, a partir de 1965, à denominada "primeira onda" reformista (de um total de três). Foram publicados trabalhos - na Inglaterra, p. ex., muitas referências podem ser encontradas, em publicações da *Society of Labor Lawyers. Justice for all*, em 1968 - e introduzidas significativas alterações em diferentes sistemas jurídicos. A primeira mudança significativa, dentro desta onda, ocorreu nos EUA em 1965, com o *"Office of Economic Opportunity"*, seguida da França, em 1972, que substituiu seu sistema de assistência judiciária do século XIX, baseada em um serviço gratuito prestado pelo advogado, por outro moderno de *"securité sociale"*, inteiramente custeado pelo Estado. Todavia, antes de formada esta onda, como o próprio Cappelletti admite, já havia sistemas mais eficazes de assistência judiciária. Na Alemanha, em 1919, o Estado já remunerava o advogado da parte que pleiteasse esse benefício (CAPPELLETTI, Cappelletti; GARTH, Bryant. *Ob. Cit.*).

Estudos realizados na Itália demonstraram que os custos do litígio poderiam, naquele país, atingir 8,4% do valor da causa nas lides com valor elevado, enquanto nas causas com valor diminuto essa percentagem poderia elevar-se a 170%.[27] Desta forma, os custos poderiam ultrapassar o montante da própria demanda ou mesmo confundir-se com este, o que, sem dúvida, torna a ação judicial absolutamente vã. Acresce-se a isto, as pequenas causas costumam desestimular a procura pelo Judiciário.

Desinformação, burocracia, formalidade e morosidade da prestação jurisdicional afiguram-se, outrossim, como entraves ao acesso à justiça. Ao ponderar acerca do custo-benefício de se ajuizar uma ação de pequena monta, indivíduos, literalmente, optam "por deixar pra lá", eis que o dispêndio de tempo e os aborrecimentos decorrentes de uma ação não compensam os irrisórios ganhos finais. Assim, direitos são violados constantemente sem que os indivíduos demonstrem qualquer disposição moral para lutar pela sua composição.

O segundo fator exposto na comemorada obra, que também pode ser citado como obstáculo organizacional, se exterioriza diante de interesses difusos. Para a superação desta barreira percebeu-se que a reunião de pequenas causas em uma única fortalecia, judicialmente, o poder de barganha e persuasão de indivíduos pertencentes a grupos sociais até então pouco beneficiados com os direitos solenemente positivados nas Cartas Políticas dos Estados Democráticos de Direito. Surgiam, pois, as denominadas ações coletivas, exigindo a revisão de institutos processuais clássicos, já então inadequados à feição coletivista das ações ajuizadas. A abstração e a imaginação dos operadores do direito lograram ampliar a perspectiva estritamente individualista do interesse de agir, da legitimidade, da representação e da extensão dos efeitos da sentença, amoldando tais institutos à tutela de interesses comuns a uma determinada classe de homens.[28]

---

27   SANTOS, Boaventura de Souza. *Pela mão de Alice*. São Paulo: Editora Cortez, 2009, p 46.

28   Para Cappelletti, restringir a legitimação da tutela dos direitos difusos apenas aos indivíduos, no mais das vezes, sem informações, motivação ou recursos financeiros suficientes é relegar a proteção desta categoria de direito a um plano secundário. A "segunda onda" de movimento de acesso à Justiça enfrentou "o problema da representação dos interesses difusos, assim chamados os interesses coletivos ou grupais, diversos daqueles dos pobres", Cappelletti identificou este movimento, em sua segunda versão, especialmente nos EUA, entre 1965 e 1970. O surgimento das *class actions* no Direito norte-americano, neste período,

O terceiro obstáculo foi chamado por Cappelletti de processual, significando que, em certas áreas, seriam inadequados os tipos ordinários de procedimento. Ou seja, para determinados litígios, o processo contencioso tradicional não mais seria a melhor solução. Este obstáculo deu origem à denominada "terceira onda de movimento de acesso à justiça", que, atualmente e especialmente no Brasil, continua em processo de vigoroso crescimento. Dentre as alternativas propostas por Cappelletti para superação deste terceiro obstáculo está a busca de métodos alternativos de solução de conflitos, os denominados ADR's.[29] Assim, para a superação específica deste obstáculo, tem lugar de destaque a "justiça coexistencial", de índole privatística e baseada em formas conciliatórias.

O próprio autor resumiu suas conclusões:

> (...) primeira "onda" é aquela que procurou superar os obstáculos representados pela "pobreza", com intervenções do Estado objetivando realizar formas mais eficazes de assistência jurídica para os pobres, enquanto que, em uma segunda "onda", os obstáculos que se trataram de superar tenham sido mais complexos e articulados. Trata-se aqui, de fato, de fazer acessível à tutela jurisdicional daqueles direitos e interesses que surgem particularmente importantes, e especialmente vulneráveis, na sociedade industrial moderna, como aqueles dos consumidores, aqueles destinados à proteção do ambiente, e, em geral, para aqueles da coletividade, categorias ou grupos organizados ou dificilmente organizáveis. Estes direitos e interesses são muito frequentemente excessivamente "fragmentados" ou "difusos" para que se possa recorrer às formas tradicionais, típicas do "processo entre duas partes", de procedimento e de tutela jurisdicional. (...) Resta assinalado que estes interesses na atualidade cobraram fundamental importância em razão das características da economia moderna, baseada em formas de produção, distribuição e consumo, tipicamente coletivas; do mesmo modo, deve ser sublinhado que a dificuldade de proteção de tais interesses se acentua frequente-

---

foi um marco na história da tutela dos direitos difusos. Foram superados dogmas tradicionais do estudo do processo tais como o da "citação de todos os interessados e o direito de todos estes serem ouvidos". A noção tradicional de coisa julgada, no tocante à sua extensão, foi modificada. Isto tudo pressupondo uma representação adequada do interesse difuso (CAPPELLETTI, Cappelletti; GARTH, Bryant. *Ob. Cit.*).

29 "Alternative Dispute Resolution", nome dado ao conjunto de regras que normatizam os procedimentos alternativos de solução de conflitos no Direito norte-americano.

mente quando estes entram em conflito com interesses que, pelo contrário, se vinculam com centros de poder econômico-político, públicos e privados, perfeitamente organizados, de maneira que a *equality of arms* é dificilmente realizável. A profunda diferença entre aqueles interesses e direitos tradicionais interindividuais não pode deixar de traduzir-se em diferenças profundas também sobre o plano de sua tutela. Para tais diferenças, analisadas em outra ocasião, que concernem à responsabilidade das partes, aos poderes e deveres de iniciativa e controle dos juízes, ao desenvolvimento do procedimento, aos tipos de *remedies* disponíveis, aos efeitos mesmos das decisões, surge uma profunda metamorfose do direito processual, não somente civil mas também penal e administrativo[30].

De qualquer modo, a terceira onda, de uma forma ou de outra, abriga as demais, pelo que um processo simplificado revela-se melhor sucedido na oferta de Direito aos pobres e aos grupos interessados. Neste particular, Cappelletti assevera que "(...) *É aqui onde se manifesta a terceira e mais recente - porém também mais complexa e, talvez, potencialmente, mais grandiosa – "onda" do movimento mundial por um direito e uma Justiça mais acessíveis. Tal onda de reformas, que se encontra ainda em uma fase inicial e experimental e que somente como resultado de uma análise superficial pode aparecer em contraste com as outras duas, se traduz em múltiplas tentativas de acordo, na perseguição de fins distintos, porém, relacionados entre eles de várias formas e maneiras. Entre esses ressaltam-se: a) os fins que estabelecem procedimentos mais acessíveis quanto à sua simplicidade e racionalização, mais econômicos, eficientes e especializados para certos tipos de controvérsia; b) o fim de promover e fazer acessível um tipo de Justiça que, em outra parte, definimos como "coexistencial", quer dizer: baseada na conciliação e mediação, e sobre critérios de equidade social distributiva, uma vez que se revela importante "cuidar" das situações complexas e duradouras decorrentes da correlação entre indivíduos e grupos, em lugar de apenas "definir" simplesmente (trancher) uma posição determinada, com rígidos critérios jurídicos, ao estilo "com razão"/"sem razão", essencialmente voltados ao passado; c) o fim de submeter a atividade pública a formas, muitas vezes novas e de qualquer modo mais alargadas e acessíveis, de controle; e, em geral, de criar formas de Justiça mais acessíveis*

---

30 CAPPELLETTI, Mauro. O acesso à justiça como programa de reformas e método de pensamento. *Revista Forense.* São Paulo, volume 395, ano 2008, p. 210-224

enquanto mais descentralizadas, "participativas", com a presença, em particular, dos membros desses mesmos grupos sociais e comunidades que estão diretamente envolvidos na situação ou controvérsia".[31]

Em suma, a doutrina de Cappelletti tem por premissa o ceticismo normativo decorrente da descrença no modelo "liberal" do Estado de Direito. Em outras palavras, parte da compreensão de que não basta apenas assegurar, no ordenamento positivo, o direito, mas torná-lo efetivo. Assim, a concepção meramente contextual do direito, unidimensional, que se limita à declaração de normas, cedeu lugar a uma concepção tridimensional, em que (i) uma primeira dimensão reflete o problema, necessidade ou exigência social que induz à criação de um instituto jurídico; (ii) a segunda dimensão reflete a resposta ou solução jurídica que, além das normas, inclui as instituições e processos destinados a tratar daquela necessidade, problema ou exigência social; (iii) enfim, uma terceira dimensão encara os resultados, ou o impacto desta resposta jurídica sobre a necessidade, problema ou exigência social.

Dentro desta perspectiva tridimensional, cumpre aos operadores do direito um papel mais ativo, não limitado à mera descrição e interpretação de normas. O enfoque tridimensional exige a tomada de consciência das necessidades, problemas e expectativas sociais, aos quais um instituto jurídico visa dar resposta.[32] Partindo desta compreensão, é de se ter em mente o processo como derivação da necessidade de se materializar o direito de forma efetiva para todos aqueles que são contemplados pela Lei, sem distinções de ordem cultural ou econômica.

3. O movimento de acesso à justiça no Brasil.

Em princípio, poder-se-ia imaginar que o interesse dos pesquisadores brasileiros sobre a questão do acesso à justiça nos anos 80 estivesse diretamente relacionado com o movimento que havia começado na década anterior em diversos países do mundo, que, certamente, teve suas repercussões no Brasil[33].

---

31   CAPPELLETTI, Mauro.*Ob cit.*, p. 210-224

32   *Idem.*

33   Interessante notar o fato de o Brasil não ser mencionado nos relatórios do projeto internacional. Aliás, chama ainda mais a atenção a ausência do Brasil no Projeto de Florença,

No entanto, a análise das primeiras produções brasileiras revela que a principal questão naquele momento, diferentemente do que ocorria nos demais países, sobretudo nos países centrais, não foi propriamente a expansão do *Welfare State* e a necessidade de se tornarem efetivos os novos direitos conquistados principalmente a partir dos anos 60 pelas minorias étnicas e sexuais, mas, sim, a necessidade de se expandirem para o conjunto da população direitos básicos aos quais a maioria não tinha acesso tanto em função da tradição liberal-individualista do ordenamento jurídico brasileiro, como em razão da histórica marginalização sócio-econômica dos setores subalternizados e da exclusão político-jurídica provocada pelo regime Pós-64.[34] Aliás, a versão resumida da obra de Cappelletti e Garth só foi publicada em português em 1988.

Assim, os motivos para o despertar do interesse brasileiro para a temática do acesso à justiça devem ser procurados não só e propriamente no movimento internacional de ampliação do acesso à justiça, mas, sim, internamente, no processo político e social da abertura política e, em particular, na emergência do movimento social que então se inicia. Destarte, o caso brasileiro não acompanha de perto o processo analisado por Cappelletti e Garth. Aqui, nos anos 80 a discussão sobre direitos do pobre, direitos coletivos e simplificação processual não foi diretamente provocada pela crise do Estado de bem-estar social, mas pela exclusão da grande maioria da população de direitos sociais básicos, entre os quais o direito à moradia e à saúde[35].

No Brasil, o movimento teve três focos principais muito marcantes. Primeiramente, o acesso coletivo à justiça registrado, principalmente, na primeira metade dos anos 80. Em um segundo momento, as investigações sobre formas estatais e não estatais de resolução de conflitos individuais desaguaram no desenvolvimento de

---

enquanto outros países da América Latina (como Chile, Colômbia, México e Uruguai) se fizeram representar, relatando as suas experiências no campo do acesso à Justiça.

34 Nesse sentido está Elaine Botelho Junqueira. (JUNQUEIRA, Elaine Botelho. Acesso à Justiça: um olhar retrospectivo. *Revista Estudos Históricos*. Rio de Janeiro, vol. 9, n° 18, 1996, p. 389-391, 398-400).

35 Sobre o tema tem destaque a influência de Boaventura de Sousa Santos, que se tornou conhecido da comunidade acadêmica a partir da pesquisa realizada nos anos 70 em favela situada no município do Rio de Janeiro. (SANTOS, Boaventura de Souza. *Pela mão de Alice*. São Paulo: Editora Cortez, 2009, p. 46).

novos mecanismos informais de solução de conflitos, tais como os então denominados Juizados Especiais de Pequenas Causas[36]. Mais para frente, a década de 90 vem marcada por reformas processuais voltadas à agilização da Justiça.

4. Restrições ao acesso à justiça.

Como já defendemos, a garantia do acesso à justiça deriva primordialmente do princípio da inafastabilidade do controle jurisdicional, insculpido no artigo 5º, XXXV da Constituição Federal, cujo conteúdo vai além do simples direito de petição e de acesso aos tribunais; devendo ser assegurado pelo efetivo direito à obtenção de tutela jurisdicional justa.

O princípio fundamental processual da inafastabilidade da prestação da tutela jurisdicional pelo Estado configura-se poder/dever que este detém de, conforme a ponderação racional e proporcional dos valores envolvidos, manifestar-se e posicionar-se de forma final sobre o direito que lhe foi questionado.

Nessa mesma esteira, para a necessária e adequada prestação da tutela jurisdicional estatal revela-se imperativa a eterna observância de diminuição dos óbices criados pelo Estado, seja por barreiras trazidas pelo Executivo, Legislativo ou pelo próprio Judiciário, no tocante ao acesso do cidadão à efetiva prestação da tutela jurisdicional.

Apreendido o regular caminho do princípio da inafastabilidade da prestação jurisdicional do Estado, qual seja, de pleno atendi-

---

36　A ideia dos Juizados Especiais no Brasil remonta à década de oitenta, precisamente no seu início, quando o primeiro Conselho de Conciliação e Arbitragem, instalado no Rio Grande do Sul, passou a ter competência para decidir, extrajudicialmente, causas com valor até 40 ORTNs. No âmbito federal, a iniciativa de criação dos Juizados Especiais partiu do Ministério da Desburocratização. Assim, em 1984, foi aprovada a Lei n.º 7.244/84, de Hélio Beltrão e Piquet Carneiro, que instituiu os Juizados de Pequenas Causas e definiu os princípios norteadores de seu procedimento. Em 1988, com a promulgação da Constituição Federal, os Juizados Especiais passaram a fazer parte da estrutura do Poder Judiciário; entretanto, sua regulamentação legislativa só ocorreu em 1995, com a promulgação da Lei 9.099/1995 - Lei dos Juizados Especiais Cíveis e Criminais. Essa lei introduziu no ordenamento jurídico um novo sistema, na verdade um microssistema de natureza instrumental, e de instalação e funcionamento constitucionalmente obrigatório para a União, o Distrito Federal, os Territórios e os Estados federados. (GONÇALVES, Viviane Saud Sallum. Formas de garantir o acesso à justiça e sua efetividade. *Revista Jurídica UNIJUS*, Uberaba/MG, vol. 11, nº 14, 2008, p. 232-233.)

mento do primado dos direitos fundamentais, passa-se a discutir quais os limites da mencionada instrumentalidade, tendo em vista a impossibilidade de restrição inconstitucional ao acesso à justiça. Em suma, eventuais barreiras que violarem núcleos-regras de outras garantias ou passarem do limite racional e proporcional estarão no rol dos óbices indevidos ao acesso à justiça ou, em outras palavras, à própria efetivação de direitos.

O que ocorre é que o Estado, por intermédio da atuação dos seus três Poderes constituídos, não raro constrange a garantia de acesso à justiça usurpando ilegitimamente dos cidadãos a possibilidade de recepção de uma efetiva prestação da tutela jurisdicional. Tal fato ocorre sistematicamente nos Poderes Executivo[37], Legislativo[38] [39] e Judiciário[40] quando, igualmente, limitam indevidamente a eficácia da norma da inafastabilidade.

Há duas formas de se limitar o acesso ao Poder Judiciário: a limitação parcial e a limitação integral. A primeira das espécies de restri-

---

37 O Poder Executivo também traz limitações e restrições indevidas ao princípio fundamental processual em destaque, quando atua normativamente de maneira furtiva ao controle jurisdicional. Isto ocorre, principalmente, no momento em que adota critérios técnico--científicos desproporcionais. Sucede tal fato quando a Administração evita o controle jurisdicional em virtude de inexistente insindicabilidade do mérito do ato administrativo, assim como, pela incorreta crença de que o Judiciário não possui instrumentos hábeis para controlar e questionar o caráter técnico dos atos administrativos.

38 Por exemplo, com o fito de apresentar como o Legislativo restringe irregularmente a eficácia do princípio fundamental processual da inafastabilidade da prestação da tutela jurisdicional pelo Estado, cita-se a Lei n° 9494, de 10 de setembro de 1997, que limita a aplicação de tutelas antecipadas contra a Fazenda Pública. Esta norma traz vários óbices inconstitucionais ao acesso ao Judiciário pelo cidadão.

39 Por outro lado, o legislador tem facilitado o acesso da sociedade à justiça através das Leis da Ação Civil Pública (Lei n.° 7.347/1985), do Código de Defesa do Consumidor, que instituiu a ação coletiva (Lei n.° 8.078/1990), da Lei dos Juizados Especiais Cíveis e Criminais (Lei 9.099/1995), da lei antitruste (Lei n.° 8.894/1994), do Estatuto da Criança e do Adolescente (Lei n.° 8.069/1990), que trouxeram várias transformações de acesso coletivo da sociedade, com garantia de proteção aos direitos difusos, coletivos e individuais, facilitando o acesso da população mais carente ao Poder Judiciário sem qualquer ônus em razão da isenção das despesas processuais, além de permitir que a sociedade civil (associações e sindicatos) tenham legitimidade para propositura das ações de interesses difusos, coletivos e individuais.

40 O Poder Judiciário, titular da incumbência de prestar a efetiva tutela jurisdicional à qual o Estado está obrigado, protagonista da garantia de que toda agressão ou ameaça a direitos possui abrigo corretivo, de igual forma traz restrições irregulares à plena eficácia do princípio fundamental ora tratado. Por exemplo, o Judiciário atua desta forma questionável quando cobra valores incompatíveis com a realidade sócio-econômica nacional para que o cidadão possa ingressar com demandas judiciais ou, até mesmo, possa recorrer das decisões externadas por este Poder até o alcance da final resposta perquirida.

ções, muito embora não afaste por completo a apreciação jurisdicional, impõe óbices que podem ser proporcionais, ou não, à tutela do bem jurídico discutido no caso concreto. Nestes casos, haverá violação ao princípio da inafastabilidade do controle jurisdicional apenas quando houver imposição de restrição parcial desproporcional, isto é, a impedir desnecessariamente a tutela jurisdicional adequada.

As limitações parciais regulares decorrem da necessidade de limitação de todo e qualquer sistema. Em geral, são estampadas em regras que privilegiam a técnica processual e a segurança jurídica das relações. Segundo Cândido Dinamarco, que classifica estas limitações como óbices legítimos ao princípio da inafastabilidade do controle jurisdicional, "são voltadas a garantir a boa qualidade do resultado final do processo em vista dos legítimos interesses do consumidor do serviço judicial"[41]. *O processualista reconhece estas limitações legítimas como a própria manifestação do devido processo legal.*

A limitação integral, por sua vez, independentemente da hipótese de incidência, sempre violará o princípio da inafastabilidade, pois atingirá seu núcleo fundamental[42]. Ao afastar totalmente a possibilidade do controle jurisdicional, a restrição absoluta fere de morte o princípio em comento. Assim, salvo as questões que precedem a manifestação jurisdicional, os limites da competência internacional e as questões que tratam da própria existência do Estado e independência dos Poderes, não se pode permitir quaisquer formas de afastamento integral da possibilidade de jurisdicionalização de conflitos[43].

Podem ser citados alguns exemplos genéricos de limitação ao princípio do acesso à justiça previstos na própria Constituição, que determina, em seu artigo 217, a necessidade de prévio esgotamento das instâncias da Justiça Desportiva para ajuizamento de demanda junto ao Poder Judiciário que tenha por objeto a disciplina e/ou as competi-

---

41 DINAMARCO, Cândido Rangel. *Fundamentos do Processo Civil Moderno.* 6ª Ed., Volume I, São Paulo: Editora Malheiros, 2010, p. 847.

42 No que tange as limitações à inafastabilidade do controle jurisdicional, Cândido Dinamarco as divide da seguinte forma: a) óbices à própria oferta do serviço jurisdicional e b) óbices aos bons resultados deste, subdividindo, ainda, estas limitações em *óbices legítimos* e *óbices ilegítimos.* (DINAMARCO, Cândido Rangel. *Ob. Cit.*, 2010, p. 848)

43 A restrição integral do princípio da inafastabilidade do controle jurisdicional pode ser vislumbrada no seguinte exemplo concernente à Lei da Ação Civil Pública: o parágrafo único, do art. 1º, da Lei 7.347/85, acrescentado pela Medida Provisória n.º 2.180-35, dispõe que "não será cabível ação civil pública para veicular pretensões que envolvam tributos, contribuições previdenciárias, o Fundo de Garantia do Tempo de Serviço – FGTS ou outros fundos de natureza institucional cujos beneficiários podem ser individualmente determinados".

ções esportivas e, no artigo 142, a proibição do manejo do *Habeas Corpus* quando se pretender discutir punições disciplinares militares.

Também não deixa de ser uma limitação ao acesso à justiça a exigência das condições da ação pelos artigos 3º e 267, VI, do CPC. Trata-se de opção derivada da colisão de direitos fundamentais: o direito de ação, do autor, e o direito à paz, do réu. Caso similar é a exigência de depósito prévio para propositura de ação rescisória, regramento fruto da ponderação entre o direito fundamental de ação e o direito fundamental à segurança jurídica que advém da coisa julgada.

Passaremos, mais adiante, a exercitar a aplicação do filtro da proporcionalidade para diagnosticar eventuais restrições ao acesso à justiça impostas pelo processo do trabalho.

No que concerne à garantia de acesso à justiça, o processo trabalhista, na forma como atualmente vem sendo compreendido, absorve determinados valores e regras que colocam em xeque a inafastabilidade do Poder Judiciário.

Sob este enfoque, no que diz respeito à contraposição de interesses em jogo, configuram ameaças ou restrições ao acesso à justiça, especificamente: (i) os custos do processo trabalhista; (ii) a capacidade postulatória das partes; (iii) a inexistência de uma defensoria pública preparada para intervir em lides trabalhistas; (iv) a desinformação das partes, (v) os procedimentos especiais previstos no processo do trabalho; (vi) a inexistência de garantia de emprego; (vii) a perempção; e (viii) as regras de competência territorial.[44]

A efetivação do acesso à justiça, em contrapartida, pode ser plenamente assegurada, não só através da recolocação dos entraves acima elencados que, como se diz popularmente, tem amplo potencial para "fazer destes limões uma limonada", como também poderão ser alcançados via utilização de meios alternativos de solução de conflitos ou mesmo através de técnicas de coletivização de demandas, alternativas que fogem aos escopos desse trabalho, não obstante o merecimento indiscutível de reflexão sobre tais temas.

---

44   Além disso, diversos outros fatores práticos dificultam a eficiente tutela jurisdicional, tais como: (i) falta de instrumentos e condições materiais de trabalho; (ii) desleixo no aprimoramento dos procedimentos administrativos e legais dos tribunais; (iii) desorganização judiciária; (iv) excesso de trabalho; (v) excesso de formalismo e ritualismo; (vi) formação de juízes e bacharéis de direito descomprometidos com a preservação do acesso à Justiça, entre muitos outros.

Discorreremos, a seguir, sobre os entraves e os pontos de esperança para a garantia de acesso à justiça no processo trabalhista.

5. OS CUSTOS DO PROCESSO DO TRABALHO COMO ENTRAVE À GARANTIA DE ACESSO À JUSTIÇA.

O ônus financeiro do processo do trabalho configura o maior obstáculo à concreção das garantias fundamentais para um processo justo.

A dificuldade de acesso da população pobre às informações que possibilitem o conhecimento do direito, acrescida do valor das custas processuais, acarreta barreiras socialmente intransponíveis para o acesso à justiça. Alguns reclamantes ilustram o nível precário das condições econômicas da sociedade brasileira, enquanto algumas empresas reclamadas retratam a inexpressiva movimentação financeira verificada em algumas pequenas e microempresas.

O medo de represálias e a grande desigualdade na qualidade de serviços jurídicos prestados para as populações de maior ou menor poder aquisitivo, outrossim, usualmente, se mostram como causas de desconfiança das camadas mais baixas da população com relação à justiça[45].

---

45   Na literatura: "Estavam os habitantes nas suas casas ou a trabalhar nos cultivos, entregue cada um aos seus afazeres e cuidados, quando de súbito se ouviu soar o sino da igreja. Naqueles piedosos tempos (estamos a falar de algo sucedido no século XVI) os sinos tocavam várias vezes ao longo do dia, e por esse lado não deveria haver motivo de estranheza, porém aquele sino dobrava melancolicamente a finados, e isso, sim, era surpreendente, uma vez que não constava que alguém da aldeia se encontrasse em vias de passamento. Saíram portanto as mulheres à rua, juntaram-se as crianças, deixaram os homens as lavouras e os mesteres, e em pouco tempo estavam todos reunidos no adro da igreja, à espera de que lhes dissessem a quem deveriam chorar. O sino ainda tocou por alguns minutos mais, finalmente calou-se. Instantes depois a porta abria-se e um camponês aparecia no limiar. Ora, não sendo este o homem encarregado de tocar habitualmente o sino, compreende-se que os vizinhos lhe tenham perguntado onde se encontrava o sineiro e quem era o morto. "O sineiro não está aqui, eu é que toquei o sino", foi a resposta do camponês. "Mas então não morreu ninguém?", tornaram os vizinhos, e o camponês respondeu: "Ninguém que tivesse nome e figura de gente, toquei a finados pela Justiça porque a Justiça está morta."
Que acontecera? Acontecera que o ganancioso senhor do lugar (algum conde ou marquês sem escrúpulos) andava desde há tempos a mudar de sítio os marcos das estremas das suas terras, metendo-os para dentro da pequena parcela do camponês, mais e mais reduzida a cada avançada. O lesado tinha começado por protestar e reclamar, depois implorou compaixão, e finalmente resolveu queixar-se às autoridades e acolher-se à proteção da justiça. Tudo sem resultado, a expoliação continuou. Então, desesperado, decidiu anunciar *urbi et orbi* (uma aldeia tem o exato tamanho do mundo para quem sempre nela viveu) a morte da

No Brasil, presenciamos uma acentuada concentração de renda, concomitantemente com a miséria da população. A situação é crítica, pois quase 40 % da população urbana sobrevive abaixo da linha da pobreza. Os custos do processo trabalhista amplificam o problema sob diversos enfoques que serão doravante apresentados.

5.1. A ABSOLUTA AUSÊNCIA DE CRITÉRIOS PARA A DEFINIÇÃO DOS VALORES DAS CAUSAS

A indicação do valor da causa nas demandas trabalhistas repercute sobre (i) a escolha do rito procedimental, (ii) a eventual restrição ao cabimento de recursos, (iii) o eventual recolhimento de custas e, ainda, (iv) as possibilidades de produção probatória.

Embora não conste do rol dos requisitos da petição inicial consubstanciado no artigo 840, § 1º, da CLT, a indicação do valor da causa tem sido concebida como essencial no ajuizamento das demandas.

Neste compasso, a parte autora que, via de regra, costuma ser o ex-empregado ou o prestador de serviços, indica um valor ao seu bel prazer, sem qualquer compromisso com os pedidos. Tanto assim que o valor da causa indicado pela parte não configura nem base nem teto para a liquidação da decisão, podendo a execução ser de cem mil, ainda que o valor atribuído à causa seja dez mil ou vice-versa[46]. Nas causas sujeitas ao procedimento sumaríssimo, entre-

---

Justiça. Talvez pensasse que o seu gesto de exaltada indignação lograria comover e pôr a tocar todos os sinos do universo, sem diferença de raças, credos e costumes, que todos eles, sem exceção, o acompanhariam no dobre a finados pela morte da Justiça, e não se calariam até que ela fosse ressuscitada. Um clamor tal, voando de casa em casa, de aldeia em aldeia, de cidade em cidade, saltando por cima das fronteiras, lançando pontes sonoras sobre os rios e os mares, por força haveria de acordar o mundo adormecido... Não sei o que sucedeu depois, não sei se o braço popular foi ajudar o camponês a repor as estremas nos seus sítios, ou se os vizinhos, uma vez que a Justiça havia sido declarada defunta, regressaram resignados, de cabeça baixa e alma sucumbida, à triste vida de todos os dias. É bem certo que a História nunca nos conta tudo...". Por José Saramago *De la Justice à la Démocratie en Passant par les Cloches.* (Fonte:<http://www.josesaramago.org/detalle.php?id=30>. Acessado em 27 de maio de 2011).

46   Em sentido oposto, interessantíssima a decisão que limitou a condenação do valor da causa atribuído pelo Autor: **JT condena reclamante em litigância de má-fé por assédio processual e abuso de direito constitucional de ação.** O juiz do Trabalho Marcel Lopes Machado, da 1ª vara de Uberlândia/MG, condenou um reclamante em litigância de má-fé por assédio processual e abuso de direito constitucional de ação.
Por isso, a seu ver, "há necessidade de atuação jurisdicional contrária ao demandismo assolado, absurdo e exacerbado que sobrecarrega o Poder Judiciário, através de pedidos infindáveis".

tanto, como a liquidação dos pedidos é requisito da petição inicial, é de praxe que o Autor confira à causa o valor correspondente ao

---

Confira-se trecho da decisão da 1º Vara do Trabalho de Uberlândia . Autos n.a 01744-2010-044-03-00-3. LITIGÂNCIA DE MÁ-FÉ E ASSÉDIO PROCESSUAL. ABUSO DO DIREITO CONSTITUCIONAL DE AÇÃO. DEVER DE COIBIÇÃO. VALOR DA CAUSA. CUMULAÇÃO OBJETIVA DE 45 PEDIDOS DE CONTEÚDO PECUNIÁRIO. ART. 269/CPC. ART. 2 DA LEI 5.584/70. DESVIO DA FINALIDADE SOCIAL DO PROCESSO COMO INSTRUMENTO ÉTICO DE EFETIVAÇÃO DOS DIREITOS DA CIDADANIA. Analisado o rol dos 42 pedidos de conteúdo pecuniário de f. 06/08, bem como, o rol dos 03 pedidos de conteúdo pecuniário de f. 419, que totalizam 45 pedidos pecuniários é indevida a pretensão do reclamante de atribuição do valor da causa em R$20.000,00/R$21.000,00, procedimento verificado com frequência nas reclamações individuais nesta 1ª Vara do Trabalho. Os valores individuais de cada pedido formulado pelo reclamante ultrapassam o valor atribuído à causa, o que contraria o art. 259, II/CPC, porquanto esta última corresponderá ao valor global da somatória dos pedidos formulados em razão da cumulação objetiva.

O processo não é um jogo de espertezas, mas sim instrumento ético de efetivação dos direitos da cidadania (STJ. 4ª T. Rel. Min. Sálvio de Figueiredo . RESP . 56.906-DF . DJU 02/03/1998), com a prévia necessidade de atuação ética das partes no processo, aqui compreendida como os princípios básicos que determinam a moralidade dos atos humanos (fim último, lei moral, consciência, virtudes), com objetivo último e sempre de pacificação do conflito social que se encontra momentaneamente abalado, porquanto as normas procedimentais são dotadas de natureza pública, e, portanto, caráter cogente e imperativo, de conhecimento de ofício do Magistrado e que não se sujeitam à manifestação ou arbítrio das partes.

(...) Cumpre às partes atentarem para o verdadeiro sentido ético de acesso ao Poder Judiciário, não deduzindo pretensões manifestamente infundadas e desvirtuadas dos princípios da probidade, boa-fé e lealdade processual, art. 14, II e III/CPC, visando o real sentido de acesso e obtenção da tutela jurisdicional, art. 5a, XXXV e LXXVIII da CR/88, e não, desvirtuá-lo com objetivo ilegal. À garantia constitucional fundamental de defesa dos direitos em litígio, ao qual o Estado Juiz não pode negar, compete, por outro lado, às partes e seus procuradores observarem os deveres de boa-fé, lealdade e probidade processuais, art. 14, II e III/CPC, através de procedimentos escorreitos e fundados. (...) Há necessidade de atuação jurisdicional contrária ao demandismo assolado, absurdo e exacerbado que sobrecarrega o Poder Judiciário, através de pedidos infindáveis, que esgotam o alfabeto em razão das comodidades proporcionadas pela informática. (...) Este não é o escopo sócio-jurídico do processo, porquanto cada vez mais deve-se tomar consciência de seu caráter público como instrumento ético de efetivação dos direitos materiais da cidadania. (...)

Na convicção deste Magistrado, houve caracterização de demandismo e assédio processual, fato constatado em diversas liquidações nesta 1ª VT de Uberlândia, MG, inclusive, com expressa advertência aos mesmos procuradores do reclamante de suas condutas processuais, art. 125, III/CPC. (...) Os comentários ao Código Iberoamericano de Ética Judicial traduzem o dever do magistrado de velar pela ética judicial, exigindo-a das demais profissões que estão no processo. Razões pelas quais, declara-se que o valor da execução será limitado ao valor da causa atribuída pelo reclamante, como medida de coibição do abuso e excesso no direito de demandar, art. 125, II e III/CPC e art. 652, .d. e 765/CLT.

(...) Condena-se o reclamante, art. 125, III/CPC e art. 653, .d./CLT, na pena de litigância de má-fé prevista no art. 18/CPC, no percentual de 1% do valor de casa uma das causas, f. 09 e f. 419, R$200,00 e R$210,00, respectivamente, acrescida da indenização por dano e assédio processual à própria autoridade do Poder Judiciário do Trabalho, no percentual de 5%, art. 18, § 2º/CPC de cada demanda, R$1.000,00 e R$1.050,00, respectivamente, que serão revertidos a favor da UNIÃO, através de recolhimento por guia GRU em execução. (MACHADO, Marcel Lopes, *Juiz do Trabalho,* fonte: <http://www.migalhas.com.br/ > consultado em 13.04.2011).

somatório dos pedidos, o que não configura uma exigência legal, mas tão somente de um retrato do que se verifica na prática.

Seja qual for o valor indicado, a partir dele o autor define o rito e os demais consectários aos quais o réu deverá submeter-se.

O momento da impugnação ao valor da causa dependerá da indicação ou não na inicial do respectivo valor atribuído à demanda. Nas demandas que forem distribuídas à Justiça do Trabalho sem valor da causa, o juiz, em audiência, fixará o seu valor para a determinação de alçada. Não se conformando a parte com o valor fixado, ao aduzir razões finais, poderá impugná-lo. Mantido pelo juiz o valor anteriormente definido, poderá a parte inconformada valer-se do recurso denominado "pedido de revisão", interposto diretamente no Tribunal Regional do Trabalho respectivo e no prazo de 48 horas encaminhado ao presidente do mesmo Tribunal, nos termos da Lei n.º 5.584/1970.

Por outro lado, quando a peça vestibular já indicar o valor da causa, deverá ser aplicado o artigo 261 do CPC, cabendo ao réu, quando da apresentação da defesa em audiência (artigo 847 da CLT), impugnar o referido valor atribuído.

Ambas as hipóteses dificilmente são exercitadas na prática. Além de serem extremamente antipáticas e mal vistas pelos juízes, não são satisfatoriamente trabalhadas na doutrina, o que acaba por deixar em aberto uma série de questões de ordem técnica e mesmo logística. Em outras palavras, os advogados sequer sabem ao certo, pelo absoluto silêncio da doutrina e da jurisprudência[47], dizer se,

---

47 Sobre o tema, a produção jurisprudencial é irrisória:
Súmula n.º 365 do TST
ALÇADA. AÇÃO RESCISÓRIA E MANDADO DE SEGURANÇA - Não se aplica a alçada em ação rescisória e em mandado de segurança.
Súmula n.º 356 do TST
ALÇADA RECURSAL. VINCULAÇÃO AO SALÁRIO MÍNIMO - O art. 2º, § 4º, da Lei nº 5.584, de 26.06.1970, foi recepcionado pela CRFB/1988, sendo lícita a fixação do valor da alçada com base no salário-mínimo.
Súmula n.º 71 do TST
ALÇADA - A alçada é fixada pelo valor dado à causa na data de seu ajuizamento, desde que não impugnado, sendo inalterável no curso do processo.
OJ SDI II 88. MANDADO DE SEGURANÇA. VALOR DA CAUSA. CUSTAS PROCESSUAIS. CABIMENTO - Incabível a impetração de mandado de segurança contra ato judicial que, de ofício, arbitrou novo valor à causa, acarretando a majoração das custas processuais, uma vez que cabia à parte, após recolher as custas, calculadas com base no valor dado à causa na inicial, interpor recurso ordinário e, posteriormente, agravo de instrumento no caso de o recurso ser considerado deserto.

de fato, o artigo 261 do CPC se aplica ao processo trabalhista, se o presidente do TRT será o competente para atribuir novos valores à causa sob quaisquer hipóteses, dentre outras dúvidas que o próprio desuso do instituto da impugnação ao valor da causa deixou parecerem bastante razoáveis.

Neste cenário, sendo certo ser absolutamente inexpressiva a condenação do autor em custas processuais, abre-se espaço para a designação de valores verdadeiramente estratosféricos como forma de se amedrontar o réu, ameaçá-lo ou, simplesmente, impressioná-lo.

Para piorar o quadro "terrorista", empresas que não tenham um estoque expressivo de ações, ou mesmo que tenham apenas "aquela" ação, ao contratarem um advogado, costumam ter os honorários previamente cobrados sobre um percentual do valor da causa ou até um valor fixo mensal. Daí, a indicação exagerada e impune do valor da causa pode também importar, logo na largada, no superfaturamento dos honorários advocatícios pela prestação de assistência jurídica à empresa, que mais comumente figura como ré nas demandas.

Todas estas circunstâncias (i) a completa falta de critério para a indicação do valor da causa, (ii) a impunidade ou inexistência de qualquer sanção pela indicação de valor não correspondente com o somatório dos pedidos, (iii) a arraigada prática de não se condenar o autor ao pagamento de custas processuais pelo valor indicado à causa, (iv) o atrofiamento das formas de impugnação do valor indicado, dentre outras relativas à atribuição do valor à causa, configuram sérios entraves ao acesso à justiça, em geral, pelo réu, presa fácil do arbítrio e das aventuras processuais do autor que, irresponsável e tranquilamente, se vê autorizado a utilizar o processo trabalhista como maléfico poder de barganha.

Neste particular, impende resguardar o acesso à justiça pelo próprio amadurecimento de seus operadores, é dizer, mister que o juiz trabalhista informe às partes os possíveis ônus derivados de indicação arbitrária da causa sem qualquer correspondência com o objeto da lide e que, de fato, didaticamente responsabilize o autor que faz da indicação do valor da causa um objeto de chantagem ou coisa que o valha. Ademais, os advogados devem exercitar as formas previstas para a legítima impugnação de valores desproporcionais.

5.2. A ASSISTÊNCIA JURÍDICA E A CONCESSÃO DE GRATUIDADE DE JUSTIÇA: POSSIBILIDADES INDEFINIDAS E VOLTADAS PARA UM ÚNICO PÓLO DA AÇÃO.

Dispõe o inciso LXXIV, do artigo 5º da Constituição Federal que "o Estado prestará assistência jurídica integral e gratuita aos que comprovarem insuficiência de recursos."[48]

O comando estampado no texto magno não se dirige apenas a isenções de pagamento de taxas, custas e despesas processuais. Em verdade, o legislador constituinte disciplinou determinação para que o Estado garanta assistência jurídica integral e gratuita a quem necessitar.

Pela Carta, o Estado deve oferecer, para todos quantos precisarem também o aconselhamento relativo ao comportamento que a pessoa deva ter diante do texto legal, de quais atitudes tomar, que caminhos seguir, assinar ou não um contrato, firmar uma quitação, notificar alguém etc. Assim, a assistência prometida na Constituição configura entrega direta de serviço público, com prestação de serviço completo, o que exige do Estado aparelhamento específico.

Neste contexto, a Lei n.º 1.060/1950, de menos amplitude, garante apenas que a parte não tenha bloqueado o acesso ao Judiciário por uma exigência burocrática, concedendo o direito subjetivo à pessoa de pleitear os benefícios de assistência judiciária gratuita.

Cumpre a nós, juristas, lutarmos para que a bela promessa constitucional vire realidade. Assim, é necessário que sejam criados Núcleos de Assistência Jurídica nas sedes das associações de moradores, nos sindicatos, nos estabelecimentos de ensino, nos quartéis, nas cooperativas, nas paróquias, junto às delegacias de polícia e aos órgãos judiciais, evitando o deslocamento do necessitado para lugares distantes de sua casa e de seu trabalho. Para alcançarmos esse objetivo não basta apenas o empenho das autoridades públicas, é mister um

---

48 (...) Diferentemente da assistência judiciária prevista na constituição anterior, a assistência jurídica tem conceito mais abrangente e abarca a consultoria e atividade jurídica extrajudicial em geral. Agora, portanto, o Estado promoverá a assistência aos necessitados no que perdoe a aspectos legais, prestando informações sobre comportamentos a serem seguidos diante de problemas jurídicos, e, ainda, propondo ações e defendendo o necessitado nas ações em face dele propostas. (NERY JR, Nelson. *Princípios do processo civil na Constituição Federal*. 8ª Ed., ed. rev. ampl. São Paulo: Revista dos Tribunais, 2001, p. 77).

esforço conjunto de associações civis, órgãos representativos de classe, corporações religiosas, enfim, de um verdadeiro mutirão[49].

A gratuidade da assistência jurídica e da própria justiça[50] é especialmente relevante, aqui e alhures, no que diz respeito à viabilização dos conflitos entre Capital e trabalho.

No que diz respeito à gratuidade da própria justiça, em 1917, a revolucionária Constituição Mexicana a par de ter sido a primeira a reconhecer os direitos sociais, trabalhistas e previdenciários como direitos humanos fundamentais, também teria sido a precursora em garantir expressamente o direito à justiça gratuita e a proibição de custas judiciais[51].

Posteriormente, tal qual no Brasil[52], também na Espanha, Venezuela e Uruguai o tema ganhou exame específico nos respectivos textos constitucionais[53].

---

49 "Não é utopia estéril manter-se na trincheira em busca de uma Justiça melhor". (NALINI, José Renato. A *rebelião da toga*. 2ª Ed. Campinas: Millennium, 2008, p. 30).

50 No ordenamento brasileiro, o inciso LXXIV do artigo 5º da Constituição Federal regula a assistência jurídica integral gratuita, enquanto a Lei n. 1060/50, nos artigos 1 º ao 4º versa sobre a assistência judiciária relativa à isenção de taxas, custas e despesas processuais. A primeira é gênero da qual a segunda é espécie.

51 "Art. 17. Ninguém pode ser preso por dívidas de caráter puramente civil. Ninguém poderá fazer justiça por si mesmo nem exercer violência para reclamar seu direito. Os tribunais estarão prontos para ministrar justiça nos prazo e termos que fixe a lei; seu serviço será gratuito, ficando, em consequência, proibidas as custas judiciais". (COMPARATO, Fábio Konder. A *Afirmação Histórica dos Direitos Humanos*. 4ª Ed., rev. e ampl. São Paulo: Saraiva. 2005, p. 188).

52 A questão não passou em branco no projeto de Código de Processo Civil : "artigo 99: A pessoa natural ou jurídica, brasileira ou estrangeira, com insuficiência de recursos para pagar as custas e as despesas processuais e os honorários de advogado gozará dos benefícios da gratuidade de justiça, na forma da lei". Vai além, ao dispor, no seu parágrafo primeiro, que "o juiz poderá determinar de ofício a comprovação da insuficiência de que trata o *caput*, se houver nos autos elementos que evidenciem a falta dos requisitos legais da gratuidade de justiça".

53 "Art. 119 da Constituição Espanhola: La justicia será gratuita cuando así lo disponga la ley, y, en todo caso, respecto de quienes acrediten insuficiencia de recursos para litigar.
Art. 26 da Constituição da Venezuela: Toda persona tiene derecho de aceso a los órganos de administración de justicia para hacer valer sus derechos e intereses, incluso los colectivos o difusos, a la tutela efectiva de los mismos y a obtener com prontitud la decisión correspondiente.
El Estado garantizará una justicia gratuita, accesible, imparcial, idónea, transparente, autónoma, independiente, responsable, equitativa y expedita, sin dilaciones indebidas, sin formalismos o reposiciones inúteles.
Art. 254 da Constituição do Uruguai: La justicia será gratuita para los declarados pobres con arreglo a ley. En los pleitos en que tal declaración se hubiere hecho a favor del demandante, el demandado gozará del mismo beneficio hasta la sentencia definitiva, la cual lo consolidará si declara la ligereza culpable del demandante en el ejercicio de su acción"

Por outro lado, no plano da legislação ordinária, na Argentina, é possível perceber nítido e explícito direcionamento da benesse da gratuidade para o trabalhador, conforme artigo 20 da Lei de contrato de trabalho, Lei n.º 20.744/1976[54], bem como no artigo 41 da Lei n.º 18.345 , referente à Justiça Nacional do Trabalho, e no artigo 22 da Lei n.º 11.653, que disciplina o procedimento laboral na Província de Buenos Aires[55]. Todavia, a aplicação do chamado *"benefício de litigar sin gastos"* também poderá excepcionalmente, alcançar o empregador que se encontre impossibilitado de arcar com as despesas do processo sem prejuízo de seu sustento pessoal ou familiar, de acordo com os artigos 78 e 79 do Código de Processo Civil e Comercial da Nação.[56]

Na Venezuela, por sua vez, a Lei Orgânica Processual do Trabalho (LOPT) possibilita em seu artigo 8º a gratuidade para patrões ou empregados. Aliás, examinando-se o direito material venezuelano,

---

(Fonte: <http://www.analitica.com/bitblio/anc/constitucion1999.asp>. Acessado em 04 de maio de 2011).

54   Cuja redação é a seguinte: "El trabajador o sus derechos habientes gozarán del beneficio de la gratuidad en los procedimientos judiciales o administrativos derivados de la aplicación de esta ley, estatutos profesionales o convenciones colectivas de trabajo. Su vivienda no podrá ser afectada al pago de costas en caso alguno.
En cuanto de los antecedentes del proceso resultase pluspetición inexcusable, las costas deberán ser soportadas solidariamente entre la parte y el profesional actuante." (Disponível em: http://www.trabajo.gov.ar/legislacion/ley/index.html. Acesso realizado em 25 de abril de 2011).

55   GARBELLINI, Alex Duboc; ARRUDA, Ana Lúcia Ferraz de; PEREZ, Cristiane; NARTI, Daniela Bárbara; COCA, Eleonora Bordini; BERTELI, Giovana Elisa Ribeiro; e TOLEDO FILHO, Manoel Carlos. A gratuidade da Justiça no Processo do Trabalho. *Revista LTr*. São Paulo. n° 10, Vol. 70, outubro de 2006.

56   "Artículo 78:. - Los que carecieren de recursos podrán solicitar antes de presentar la demanda o en qualquier estado del proceso, la concesión del beneficio de litigar sin gastos, con arreglo a las disposiciones contenidas en este capítulo. No obstará a la concesión del beneficio la circunstancia de tener el peticionario lo indispensable para procurarse su subsistencia, cualquiera fuere el origen de sus recursos.
Artículo 79. Requisitos de la solicitud. La solicitud contendrá:
1) La mención de los hechos en que se fundare, de la necesidad de reclamar o defender judicialmente derechos propios o del cónyuge o de hijos menores, así como la indicación del proceso que se ha de iniciar en el que se deba intervenir.
2) El ofrecimiento de la prueba tendiente a demostrar la imposibilidad de obtener recurso. Deberá acompañarse el interrogatorio de los testigos y su declaración en los términos de los artículos 440 primera parte, 441 y 443, firmada por ellos.
3) En la oportunidad prevista en el artículo 80 el litigante contrario o quien haya de serlo, y el organismo de determinación y recaudación de la tasa de justicia, podrán solicitar la citación de los testigos para corroborar su declaración" (disponível em: <http://www.legislaw. com.ar/>. Acesso realizado em 02 de abril de 2011).

é possível assegurar o pretenso equilíbrio das partes pela redação conferida ao artigo 5º da Lei Orgânica do Trabalho[57].

No Uruguai, país em que o regramento procedimental trabalhista é comum aos feitos cíveis, a gratuidade também pode abranger os empregadores.

Na Justiça do Trabalho de nosso país, classicamente, tanto a justiça gratuita como a assistência judiciária estiveram reguladas pela Lei n.º 5.584 de 1970, que atribuía aos sindicatos de trabalhadores o encargo de ministrar a assistência judiciária gratuita aos necessitados. Ademais, segundo a mencionada legislação, (i) as diretorias dos sindicatos também podem indicar acadêmicos de direito para exercer a função; (ii) os honorários do advogado pagos pelo vencido devem reverter em favor do sindicato assistente; e (iii) não havendo sindicato da categoria profissional do trabalhador, o encargo da assistência gratuita passa aos promotores públicos ou defensores públicos.

Neste contexto, originariamente, de acordo com a referida norma, a justiça gratuita seria devida a todo aquele que recebesse salário igual ou inferior ao dobro do mínimo legal, ficando assegurado igual benefício ao trabalhador de maior salário, uma vez provado que a sua situação econômica não lhe permitisse demandar sem prejuízo do sustento próprio ou de sua família.

Com o advento da Lei n.º 7.510/1986, o disposto no §2º do artigo 14 da Lei n.º 5.584/1970 perdeu a vigência, não sendo mais necessário, a partir de então, que o pedido de concessão da justiça gratuita estivesse acompanhado de atestado de pobreza passado por autoridade pública, bastando para tanto a declaração do empregado, que, aliás, pode vir no bojo da própria inicial[58].

---

57 Cuja redação é a seguinte: "La legislación procesal, la organización de los tribunales y la jurisdicción especial del Trabajo se orientarán por el propósito de ofrecer a los trabajadores y patronos la solución de los conflictos sobre derechos individuales o colectivos que surjan entre ellos, mediante una administración de justicia rápida, sencilla y gratuita". (Grifos ausentes no original. Disponível em: <http://www.tsj.gov.ve/ legislacion/lot.html>, acesso realizado em 20 de setembro de 2005).

58 A Lei nº 7.510, de 4 de julho de 1986, dispõe: "Artigo 4º A parte gozará dos benefícios da assistência judiciária, mediante simples afirmação, na própria petição inicial, de que não está em condições de pagar as custas do processo e os honorários de advogado, sem prejuízo próprio ou de sua família.
§ 1º Presume-se pobre, até prova em contrário, quem afirmar essa condição nos termos desta lei, sob pena de pagamento até o décuplo das custas judiciais.
§ 2º A impugnação do direito à assistência judiciária não suspende o curso do processo e será feita em autos apartados.

Posteriormente, a Lei n.º 10.288 de 2001 alargou ainda mais o grupo de destinatários da gratuidade, elevando a média salarial para o benefício. Acrescentou ao artigo 789, da CLT, o § 10, com o seguinte teor:

> "O sindicato da categoria profissional prestará assistência judiciária gratuita ao trabalhador desempregado ou que perceber salário inferior a 5 (cinco) salários mínimos ou que declare, sob responsabilidade, não possuir, em razão dos encargos próprios e familiares, condições econômicas de prover a demanda".

Mais tarde, a Lei n.º 10.537/2002 reescreveu o dispositivo celetista acima referido sendo certo que, simplesmente, não repetiu a regra contida no § 10 supratranscrito, deixando em aberto, pelo menos em tese, o órgão responsável pela prestação da assistência gratuita. Com isto, a matéria pertinente à assistência judiciária teria ficado sem regulamento específico na Justiça do Trabalho, já que impossível se considerar o fenômeno da repristinação, tendo a penúltima lei, ao regular inteiramente a matéria no artigo 789 da CLT, revogado as disposições anteriores a respeito, conforme previsão expressa da Lei de Introdução às Normas do Direito Brasileiro.

Não havendo previsão expressa em lei de índole trabalhista, a matéria da assistência jurídica gratuita no processo trabalhista passou a ser regulamentada pela tradicional Lei n.º 1.060/1950, que nenhuma ligação faz, por óbvio, à assistência sindical, não mais havendo sentido, ou pelo menos autorização legal, para se supor que o sindicato seja o exclusivo órgão responsável pela prestação de assistência gratuita no Processo do Trabalho.

Neste aspecto, impende que a Ordem dos Advogados organize e sistematize a prestação da advocacia *pro bono*, estimulando sua prática, seja através de descontos nas anuidades, seja através de apoio logístico etc. Neste particular, inexiste cultura dentre os profissionais do Direito que autorize a vivência cotidiana da prestação de assistência jurídica por altruísmo, tal qual ocorre em outros países. Esta realidade merece ser alterada, até mesmo por mostrar-se incompatível com a índole generosa do povo brasileiro.

Com relação propriamente à gratuidade da justiça[59], o atual §
3º, do artigo 790, cuja redação também fora conferida pela Lei n.º
10.537/2002, atribui ao juiz a possibilidade de conferir a todos, partes
ou não (visto fixar emolumentos), os benefícios da gratuidade, sem
qualquer vinculação à assistência sindical, nos seguintes termos:

> é facultado aos juízes, órgãos julgadores e presidentes dos tribu-
> nais do trabalho de qualquer instância conceder, a requerimento
> ou de ofício, o benefício da justiça gratuita, inclusive quanto a
> traslado e instrumentos, àqueles que perceberem salário igual
> ou inferior ao dobro do mínimo legal, ou declararem, sob as pe-
> nas da lei, que não estão em condições de pagar as custas do
> processo sem prejuízo do sustento próprio ou de sua família.

A isenção de pagamento de custas, ou a gratuidade concedida
pela própria lei alcança apenas instituições estatais:

> Artigo 790-A. São isentos do pagamento de custas, além dos be-
> neficiários de justiça gratuita:
> I – a União, os Estados, o Distrito Federal, os Municípios e res-
> pectivas autarquias e fundações públicas federais, estaduais ou
> municipais que não explorem atividade econômica;
> II – o Ministério Público do Trabalho.
> Parágrafo único. A isenção prevista neste artigo não alcança as
> entidades fiscalizadoras do exercício profissional, nem exime as
> pessoas jurídicas referidas no inciso I da obrigação de reembol-
> sar as despesas judiciais realizadas pela parte vencedora.

Sobre o tema, é imprescindível registrar, ainda, a verdadeira
aversão percebida nos tribunais trabalhistas quando instados a con-
cederem gratuidade de justiça ou designarem assistência jurídica
gratuita a empresários ou pessoas jurídicas.

Na praxe, exigem os juízes venham os livros contábeis da empresa como prova de sua insuficiência econômica, o que, logicamente, inviabiliza, na prática a concessão do benefício.

---

59 Sobre o tema: Instrução Normativa nº 20/2002 - *Dispõe sobre os procedimentos para o recolhimento de custas e emolumentos devidos à União no âmbito da Justiça do Trabalho.*(...)
11 - As custas serão satisfeitas pelo vencido, após o trânsito em julgado da decisão. Em
caso de recurso, a parte deverá recolher as custas e comprovar o seu pagamento no prazo
recursal.

Em outras palavras, sem limites fixados pelo Constituinte e de eficácia plena, a assistência judiciária gratuita constitucional, bem como a própria gratuidade de justiça poderão beneficiar o empregador, seja ele pessoa jurídica ou natural. Apesar disso, equivocadamente, parte da jurisprudência trabalhista[60] não tem admitido concessão de quaisquer dos benefícios à pessoa jurídica, confira-se:

> Agravo de instrumento em recurso ordinário. Deserção do recurso ordinário em ação rescisória. Benefícios da justiça gratuita. Pessoa jurídica. **À pessoa jurídica, é inaplicável o benefício da justiça gratuita, previsto na Lei 1.060/50, regido, no âmbito desta Justiça Especializada, pelo disposto no artigo 14 da Lei 5.584/1970, dirigido ao hipossuficiente, que não tem condições de arcar com os custos de movimentação do processo, sem prejuízo do sustento próprio e de sua família.** E, muito embora nos deparemos com algumas decisões admitindo a possibilidade de deferimento de assistência judiciária a pessoa jurídica, para tanto se exige a demonstração cabal da impossibilidade da empresa arcar com as despesas do processo, o que inocorreu na hipótese, dado que a declaração acostada aos autos, por si só, não tem esse condão. Agravo de instrumento não provido. (TST, SDI-II, AIRO 1671/2003-000-03-40, Min. Renato de Lacerda Paiva, j. 04.04.2004, DJ 20.04.2006).
>
> (Grifos ausentes no original).

A concessão da assistência judiciária à pessoa jurídica encontra respaldo na própria Constituição (artigo 5.º, LXXIV). A demonstração da falta de capacidade econômica, em incremento ao que ocorre com as pessoas naturais, deverá ser demonstrada de forma inequívoca e está sujeita à apreciação judicial, não sendo suficiente a mera declaração de insuficiência de recursos, conforme posição adotada pelo STF e STJ.

> Processual civil. Assistência judiciária gratuita. Pessoa jurídica. Necessidade de comprovação da situação de necessidade. 1. 'O benefício da assistência judiciária gratuita pode ser deferido às pessoas jurídicas, desde que comprovada a sua impossibilidade de arcar com os encargos financeiros do processo'. Precedentes:

---

60   Nesse sentido, o TRT da 2ª Região, inclusive, chegou a editar Súmula no sentido de não ser aplicável em favor do empregador o benefício da justiça gratuita (Súm. 6, TRT 2ª R.).

AgIn no REsp 624.641-SC, Min. Luiz Fux, Dl 21.03.2005; EDiv no REsp 388.045-RS, Corte Especial, Min. Gilson Dipp, Dl 22.09.2003. (STJ, 1ª T, REsp 839.625, rel. Min. Teori Zavascki, j. 17.08.2006, Dl 31.08.2006, p. 269).

Todavia, exageram os tribunais trabalhistas ao fazerem exigências inexequíveis como condição de acatamento do pedido de gratuidade formulado pelas pessoas jurídicas. Ressalte-se ser grande e crescente o universo de pequenos empreendimentos e empresas a figurarem como partes em processos trabalhistas.

Nestes termos, o entendimento e a operabilidade dos institutos da assistência jurídica gratuita, bem como da gratuidade de justiça no processo trabalhista como atualmente concebido, outrossim, ferem a garantia de acesso à justiça.

A correção para um justo processo, neste particular, requer (i) que a concessão da gratuidade tenha requisitos equilibrados a depender dos pólos da demanda, não havendo que se restringir ou obstaculizar desproporcionalmente a concessão de gratuidade às pessoas jurídicas e (ii) que os meios para efetivação da assistência gratuita sejam ampliados, não havendo razões para que se tenha a entidade sindical como única autorizada a prestá-la, devendo ser incentivadas iniciativas de escritórios modelos e sistematizadas formas de advocacia *pro bono*.

5.3. O CUSTEIO DAS PERÍCIAS COMO FATOR DE INTIMIDAÇÃO DO ACESSO À JUSTIÇA.

Outra questão extremamente sensível ao tema diz respeito ao custeio de perícias no processo trabalhista. Estranhamente – e inconstitucionalmente, uma vez que a Constituição admite todos os meios de prova moralmente legítimos – o artigo 195 da CLT determina que pedidos relativos a adicionais de periculosidade ou insalubridade obrigatoriamente devem ser precedidos de perícia, em uma espécie dinossáurica de "prova tarifada"[61].

---

61 Sobre o tema, ver, por todos: GRECO, Leonardo. *Estudos de Direito Processual*. Campos dos Goytacazes: Editora Faculdade de Direito de Campos, 2005, p. 423-470.

Em uma postura legalista e defensiva, infelizmente, muitos juízes do trabalho seguem à risca a determinação.[62] Devendo a produção da prova pericial ser custeada por quem tenha o ônus de provar, em uma demanda de "módulo tradicional", por assim dizer, ou seja, "empregado pobre *versus* empresa rica", abrem-se as seguintes possibilidades: (i) é contratado um perito que deve receber apenas ao final da ação; (ii) a empresa concorda em adiantar os honorários periciais; ou (iii) o perito presta serviços gratuitamente. Não obstante súmula em sentido contrário, o crescente poder de barganha dos peritos, escassos em muitas regiões, faz com que, maioria das vezes, seja exigido o prévio pagamento dos honorários.

Em quaisquer dos casos, a imparcialidade do profissional restará comprometida.

Na primeira hipótese, o resultado contrário à empresa aumenta as chances de recebimento dos honorários periciais. É que, sendo perdedor o empregado, a ele incumbirá o pagamento dos honorários. Sendo certo que o mesmo é desfavorecido economicamente, dificilmente o profissional receberá pela perícia realizada.

Na segunda hipótese, geralmente derivada do medo consciente acerca do desfecho comumente verificado na opção pelo primeiro arranjo, outrossim estará comprometida a parcialidade do perito "grato" pela liberalidade da empresa ré que, sem qualquer obrigação processual, pagou antecipadamente os honorários em seu favor.

---

62   É possível que a situação se altere, como sinaliza projeto de Lei sobre o tema. Todavia, a previsão da possibilidade de indicação de 7 (!!!) assistentes técnicos acaba servindo a que não se tenham tantas esperanças na melhoria das atuais circunstâncias... Confira-se:
PL- 3427/2008, CLT, 818-A. "Constitui ônus da empresa demonstrar que propicia a seus trabalhadores meio ambiente sadio e seguro ou que adotou, oportuna e adequadamente, as medidas preventivas de modo a eliminar ou neutralizar os agentes insalubres, penosos ou perigosos, bem como as causas de acidentes ou doenças ocupacionais.
§1º. O reclamado deverá apresentar, com defesa, documentação relativa aos programas e instrumentos preventivos de segurança e saúde no trabalho a que está obrigado a cumprir.
§2º. Se o reclamado não cumprir o disposto no §1º, o juiz poderá determinar a realização de prova pericial às suas expensas.
§3º. Será dispensável a realização da perícia sempre que o juiz entender que as provas dos autos são suficientes para respaldar tecnicamente sua decisão.
§ 4º Determinada a realização da prova técnica, o juiz nomeará perito, facultando às partes, no prazo de cinco dias, a formulação de quesitos pertinentes e a indicação de 7 assistentes técnicos, os quais apresentarão seus pareceres no prazo fixado para o perito.
§ 5º As partes que não indicarem assistentes técnicos poderão apresentar impugnação fundamentada aos laudos, no prazo comum de cinco dias, contado a partir da entrega do laudo oficial.
§ 6º O perito do juízo e os assistentes técnicos deverão estar habilitados na forma do art. 195".

A terceira e última hipótese dispensa comentários. Trata-se de um favor prestado pelo perito que, em geral, é fruto da expectativa de que futuras perícias bem remuneradas poderão ser a ele dirigidas por aquele determinado juiz.

Em suma, a sistemática adotada, recheada de possibilidades de incidência de inconscientes interesses, em uma espécie de "processo invisível", que, inevitavelmente, deixa no ar uma natural desconfiança no resultado do serviço, compromete sobremaneira o acesso à justiça nas causas em que os fatos subjacentes à lide "devam" ser comprovados por perícia.

Sobre este intransponível entrave econômico, o Conselho Superior da Justiça do Trabalho editou a resolução n.º 66/2010[63] em substituição à de n.º 35/2007. A normativa tem nítido escopo de facilitação do acesso à justiça. Todavia, infelizmente, na prática, muitos juízes, quando não a desconhecem, alegam que no respectivo tribunal regional a norma ainda não teria sido regulamentada, salvo raras exceções.

A superação deste cruel entrave de acesso à justiça, ao que parece, está distante de ser efetivada[64]. A utilização da Resolução nitidamente autoaplicável, certamente, é o melhor começo para que o processo trabalhista se abra para os sujeitos que dependam

---

63 Conselho Superior da Justiça do Trabalho - Resolução n.º 66/2010, esta regulamenta, no âmbito da Justiça do Trabalho de primeiro e segundo graus, a responsabilidade pelo pagamento e antecipação de honorários do perito, do tradutor e do intérprete, no caso de concessão à parte do benefício de justiça gratuita. Assim segue a transcrição de partes:
"(...) Art. 2º A responsabilidade da União pelo pagamento de honorários periciais, em caso de concessão do benefício da justiça gratuita, está condicionada ao atendimento simultâneo dos seguintes requisitos: I – fixação judicial de honorários periciais; II – sucumbência da parte na pretensão objeto da perícia; III – trânsito em julgado da decisão.
§ 1º A concessão da justiça gratuita a empregador, pessoa física, dependerá da comprovação de situação de carência que inviabilize a assunção dos ônus decorrentes da demanda judicial.
§ 2º O pagamento dos honorários poderá ser antecipado, para despesas iniciais, em valor máximo equivalente a R$ 350,00 (trezentos e cinquenta reais), efetuando-se o pagamento do saldo remanescente após o trânsito em julgado da decisão, se a parte for beneficiária de justiça gratuita."

64 Existe projeto de lei a respeito: PL-2956/2008, CLT, "790-8. (...).
§ 1º. Ao ser determinada inspeção pericial para determinação de insalubridade, periculosidade e ou equiparação salarial o perito nomeado deverá ser notificado para apresentar o valor de seus honorários para realização da inspeção pericial.
§ 2º. As partes serão notificadas da solicitação de honorários do perito, se aceita, a parte sucumbente arcará com os mesmos.
§ 3º. O pagamento dos honorários periciais, caso a parte sucumbente seja beneficiária de justiça gratuita, correrá por conta dos recursos arrecadados nas ações de que trata o inciso VII do Art. 114 da Constituição Federal".

da produção de prova pericial, devendo urgentemente necessidade ser flexibilizada e libertada do injustificável aprisionamento da regra do artigo 195 da CLT[65].

5.4. O ABSURDO ÔNUS FINANCEIRO RECURSAL COMO FATOR DE INTIMIDAÇÃO DO ACESSO À JUSTIÇA.

O depósito recursal como pressuposto de admissibilidade dos recursos trabalhistas constitui-se, segundo a doutrina, em valor condenatório destinado a garantir o cumprimento da decisão favorável ao trabalhador[66].

Foi criado pelo Decreto-Lei n.º 75, de 21 de novembro de 1966, que alterou o artigo 899, §1º, da CLT. Inicialmente, seu limite máximo era abalizado pelo salário mínimo, posteriormente substituído pelo valor de referência.

Sua exigência, embora não explícita, limitou-se ao empregador, circunstância que se infere, sem dificuldade, na determinação de efetivar-se em conta vinculada do empregado[67].

---

65 Outras regras e orientações jurisprudenciais sobre a temática:
"Art. 790-B. A responsabilidade pelo pagamento dos honorários periciais é da parte sucumbente na pretensão objeto da perícia, salvo se beneficiária de justiça gratuita".
Súmula n.º 341 do TST
HONORÁRIOS DO ASSISTENTE TÉCNICO - A indicação do perito assistente é faculdade da parte, a qual deve responder pelos respectivos honorários, ainda que vencedora no objeto da perícia.
OJ SDI - 1 n. 198. HONORÁRIOS PERICIAIS. ATUALIZAÇÃO MONETÁRIA - Diferentemente da correção aplicada aos débitos trabalhistas, que têm caráter alimentar, a atualização monetária dos honorários periciais é fixada pelo art. 1º da Lei nº 6.899/81, aplicável a débitos resultantes de decisões judiciais.
O OJ SDI - 2 n. 98. MANDADO DE SEGURANÇA. CABÍVEL PARA ATACAR EXIGÊNCIA DE DEPÓSITO PRÉVIO DE HONORÁRIOS PERICIAIS - É ilegal a exigência de depósito prévio para custeio dos honorários periciais, dada a incompatibilidade com o processo do trabalho, sendo cabível o mandado de segurança visando à realização da perícia, independentemente do depósito.
(Fonte:<www.tst.gov.br>. Acesso em 04 de maio de 2011).

66 O depósito do valor da condenação não constitui condição de admissibilidade para os recursos: (i) de revisão; (ii) de embargos de declaração; (iii) de agravo regimental; (iv) de agravo interno; (v) ordinário - em ações coletivas (CLT, 895; Lei n. 8.177/91,40, § 3º; TST-IN n. 3/93, V); (vi) de embargos infringentes (CLT, 894); e (vii) de embargos de divergência (CPC, 508).

67 *Súmula n.º 128 do TST* - DEPÓSITO RECURSAL
I - É ônus da parte recorrente efetuar o depósito legal, integralmente, em relação a cada novo recurso interposto, sob pena de deserção. **Atingido o valor da condenação, nenhum depósito mais é exigido para qualquer recurso.**

Ao que se pode imaginar, esse pressuposto recursal teria sido criado e impulsionado por boas intenções, quais sejam, as de apressar o ocaso do processo, desestimular recursos procrastinatórios, assegurar o cumprimento da obrigação, facilitar a correção monetária dos débitos trabalhistas, dentre outras.

O depósito recursal abrange praticamente todos os recursos trabalhistas e, ainda, a fase de execução, fazendo com que uma sentença desfavorável em primeira instância inaugure um verdadeiro massacre financeiro para a empresa[68]. Isso porque o valor do referido depósito, cuja natureza jurídica é a garantia do juízo, alcança dois possíveis tetos – diga-se de passagem, tetos dignos de topos de arranha-céus. Um seria o próprio valor total da condenação, uma vez que a parte não poderia, por óbvio, ser obrigada a garantir um pagamento maior que o constante da obrigação; o outro teto diz respeito a valores arbitrados pelo Tribunal Superior do Trabalho, que variam dependendo do tipo de recurso.

A instrução normativa n. 03 editada pelo Tribunal Superior do Trabalho regulamenta o referido requisito de admissibilidade recursal estabelecendo que (i) o depósito não tem natureza jurídica de taxa de recurso, mas de garantia do juízo recursal, que pressupõe decisão condenatória ou executória de obrigação de pagamento em pecúnia, com valor líquido ou arbitrado; (ii) para o recurso de agravo de instrumento, o valor corresponderá a 50% (cinquenta por cento) do valor do depósito do recurso ao qual se pretende destrancar;

II - Garantido o juízo, na fase executória, a exigência de depósito para recorrer de qualquer decisão viola os incisos II e LV do art. 5º da CRFB/1988. Havendo, porém, elevação do valor do débito, exige-se a complementação da garantia do juízo.

III - Havendo condenação solidária de duas ou mais empresas, o depósito recursal efetuado por uma delas aproveita as demais, quando a empresa que efetuou o depósito não pleiteia sua exclusão da lide. (grifos ausentes no original)

68 E para aqueles que não acreditam que a coisa ainda possa piorar...

PL-1084/2007, CLT 899. "Os recursos serão interpostos por simples petição versando sobre as questões de fato e de direito, sendo recebidos somente se forem delimitados, pelo recorrente, os valores devidos de cada parcela, inclusive os valores controversos. Terão efeito meramente devolutivo e se processarão em autos apartados, cumprindo ao recorrente instruir o pedido com cópias das peças processuais pertinentes, permitida a execução provisória até o julgamento de impugnações.

§ 1º. O recurso ordinário só será admitido com a garantia de 30% (trinta por cento) do valor do crédito em dinheiro, exigindo-se o depósito integral no caso de condenação cujo valor seja de até vinte salários mínimos regionais, elevando-se esta exigência para quarenta salários mínimos regionais, para a interposição de recurso extraordinário.

§ 2º. O juiz determinará de imediato a liberação dos valores incontroversos ao reclamante."

(iii) depositado o valor total da condenação, nenhum depósito será exigido nos recursos das decisões posteriores, salvo se o valor da condenação vier a ser ampliado; (iv) se o valor constante do primeiro depósito, efetuado no limite legal, restar inferior ao da condenação, será devida complementação de depósito em recurso posterior, observado o valor nominal remanescente da condenação e/ou os limites legais para cada novo recurso; (v) havendo acréscimo ou redução da condenação em grau recursal, o juízo prolator da decisão arbitrará novo valor à condenação, quer para a exigibilidade de depósito ou complementação do já depositado, para o caso de recurso subsequente, quer para liberação do valor excedente decorrente da redução da condenação; (vi) nos dissídios individuais singulares o depósito será efetivado pelo recorrente, mediante a utilização das guias correspondentes, na conta do empregado no FGTS, ou fora dela, desde que feito na sede do juízo e permaneça à disposição deste, mediante guia de depósito judicial extraída pela Secretaria Judiciária; (vii) nas reclamatórias plúrimas e nas em que houver substituição processual, será arbitrado o valor total da condenação, para o atendimento da exigência legal do depósito recursal, em conformidade com as alíneas anteriores, mediante guia de depósito judicial extraída pela Secretaria Judiciária do órgão em que se encontra o processo; (viii) não será exigido depósito dos entes de direito público externo e das pessoas de direito público contempladas no Decreto-Lei n.º 779, de 21/8/1969, assim como da massa falida, da herança jacente e da parte que, comprovando insuficiência de recursos, receber assistência judiciária integral e gratuita do Estado.

Pode ser que o instituto, de fato, tenha coibido entrada de recursos procrastinatórios ou mesmo salvaguardado a efetividade de diversas condenações, mas, é possível assegurar, o saldo não é positivo.

A exigência do depósito recursal configura uma das maiores excrescências do processo trabalhista. Implica a impetuosa ilustração do tradicional brocardo que diz que "os justos acabam pagando pelos pecadores". É ilegítima e desproporcional por diversas razões que passam a ser elencadas.

Primeiramente, a inflexível exigência transcende para além do cenário "empregado pobre *versus* empregador rico", que configura uma das grandes superações de paradigmas a exigir uma releitura do processo trabalhista. É que (i) o atual processo do trabalho comporta outros conflitos que não apenas empregado *versus* empregador; (ii) para os litigantes mais habituais, que, de fato, costumam ser as empresas mais ricas, o depósito recursal pouco impacto causa e acaba por integrar a dinâmica da administração de contencioso quantitativamente considerável; e (iii) para litigantes eventuais, pequenas e microempresas, o pressuposto recursal é assustador e insuperável, o que representa a ruína do processo do trabalho enquanto instrumento de efetivação da justiça, aos olhos destes sujeitos.

Em segundo lugar, a evolução da compreensão dos meios de acesso a direitos e a construção de um sistema de garantístico não se coadunam com a perversa exigência de se ter que garantir a condenação imposta ainda em primeiro grau de jurisdição. A exigência, nesse contexto, fere (i) a garantia de acesso à justiça, porquanto, para muitos e plurais litigantes inviabiliza o amadurecimento da prestação jurisdicional, impedindo o duplo grau de jurisdição bem como, psicologicamente, distancia a sensação de justiça dos sujeitos que não possam arcar com tão altos custos; (ii) a garantia de imparcialidade, uma vez que representa entrave pesado e imposto a apenas uma das partes, que, sem chances de defesa, é tomada aprioristicamante como "vilã"; (iii) a garantia de participação, já que impede que o contraditório seja exaurido satisfatoriamente por uma das partes, que se vê abruptamente afastada das possibilidades de influir no processo em construção de uma decisão amadurecida.

Em terceiro plano, não se dispensa registrar que a exigência em tese do depósito prévio, outrossim, não se coaduna com a necessidade de um juiz trabalhista verdadeiramente envolvido com a otimização da ordem social. Nesse particular, a exigência tem sido direcionada a todos, indistintamente, sem quaisquer possibilidades de ponderação e valoração de interesses. Quem não puder atender ao pressuposto, invariavelmente, estará fora da continuidade do processo. Afora as precárias isenções[69], o juiz trabalhista simplesmente não se vê autorizado a livrar qualquer sujeito da obrigação.

---

69   São dispensados do depósito do valor atribuído ou arbitrado à condenação, como requisito à admissibilidade do recurso: (i) a) a União, os Estados, o Distrito Federal, os Municípios, as autarquias e as fundações públicas que não explorem atividade econômica (Decreto-Lei n. 779/69); (ii) os entes de direito público externo (TST-IN n. 3/93, X); (iii) a massa falida (TST-IN n. 3/93, X; Súmula TST n.º 86); (iv) a herança jacente (TST-IN n. 3/93, X); (v) a Empresa de Correios e Telégrafos e o Hospital de Clínicas de Porto Alegre. Embora sejam empresas públicas, gozam das mesmas prerrogativas da Fazenda Pública, por força, respectivamente, do Decreto-Lei n. 509/69 e da Lei n. 5.604170; (vi) os conselhos de fiscalização profissional. Tais entidades se constituem, regra geral, como autarquias corporativas, ou seja, entes de

As pouquíssimas empresas que conseguem o benefício da gratuidade de justiça, inacreditavelmente, não se veem dispensadas de fazer frente ao depósito. Isso porque, segundo a obtusa construção jurisprudencial a respeito, a gratuidade de justiça apenas libera o sujeito do recolhimento das taxas judiciárias, mas não da própria condenação e muito menos de sua antecipação, que ilustra a natureza da exigência.

Assim, são dois os fundamentos adotados pela jurisprudência para excluir a isenção do depósito recursal aos empregadores agraciados com a gratuidade de justiça. Primeiramente, parte da jurisprudência sustenta ser o depósito recursal forma de garantia do juízo e vantagem própria do credor, não se confundido este com as custas e taxas devidas ao Estado. Como exemplificativo temos os seguintes arestos das 5ª e 6ª turmas do TST, com destaques:

> RECURSO DE REVISTA. JUSTIÇA GRATUITA RECLAMADO. PESSOA FÍSICA. ALCANCE. DEPÓSITO RECURSAL. DESERÇÃO. As isenções asseguradas pela Lei n.º 1.060/1990 não abrangem o **depósito recursal, uma vez que este não detém a natureza de taxa ou emolumento judicial,** mas de garantia de juízo, com vistas à execução, nos termos do artigo 899, parágrafo primeiro, da CLT e da Instrução Normativa 3/93, item I, do TST. Assim, embora concedida a assistência judiciária ao empregador, esse benefício não alcança o depósito recursal. Recurso de Revista de que não se conhece. Ac (unânime) TST 5ªT (RR –338/2002-654-09.00.3) Rel. Min. João Pereira Batista Brito, julgado em 13/06/07 e publicado no DJU 22/06/07.

---

cooperação não pertencentes direta ou indiretamente à Administração Pública (v. g., CRM, CREA). Segundo entendimento do STF, os conselhos de fiscalização profissional são entes autárquicos dotados de personalidade jurídica de direito público (STF-ADIn n. 1. 717/DF) que não exploram atividade econômica e desempenham função delegada pelo poder público, razão pela qual gozam das mesmas prerrogativas da Fazenda Pública.

Por outro lado, não gozam da dispensa do depósito recursal: (i) as pessoas jurídicas de direito público, autarquias e fundações públicas que exploram atividade econômica, como é o caso, por exemplo, de autarquia bancária, uma vez que estão excluídas do Decreto-Lei n. 779/69; (ii) as empresas públicas e as sociedades de economia mista (Súmula TST n.º 170), uma vez que, embora integrem a Administração Pública indireta, sujeitam-se ao regime jurídico próprio das empresas privadas (CRFB, 173, § 1º, II); (iii) as pessoas jurídicas que tiveram decretada a intervenção ou a liquidação extrajudicial (Súmula TST n.º 86).

AGRAVO DE INSTRUMENTO. RECURSO DE R E VISTA. JUS-TIÇA GRATUITA. RECLAMADO. EMPREGADOR PESSOA FÍ-SICA. DECLARAÇÃO DE HIPOSSUFICIÊNCIA. NÃO ABRAN-GÊNCIA DO DEPÓSITO RECURSAL. Na Justiça do Trabalho, a concessão da justiça gratuita está relacionada, em princípio, regra geral, à figura do empregado, conforme se infere do art. 14 da Lei n.º 5.584/1970. Assim, a justiça gratuita, também prevista no art. 790, § 3º, da CLT é benefício concedido ao hipossuficiente que não puder demandar sem o comprometimento do sustento próprio e de sua família. **Embora excepcionalmente admita-se a hipótese de extensão dessa benesse ao empregador, desde que pessoa física e que evidencie também não poder demandar sem o comprometimento de seu sustento próprio e de sua família, tal vantagem jurídica não iria abranger, de qualquer modo, o depósito recursal , que é garantia do juízo** em face da presunção de veracidade da condenação procedida. É que a justiça gratuita atinge despesas processuais passíveis de serem arcadas pelo Estado (custas, emolumentos, honorários periciais), ao passo que o depósito gradativo da condenação é vantagem própria do credor privado favorecido pela condenação judicial, no caso, o empregado, ainda que submetida tal vantagem a condição resolutiva (eventual reversão da condenação). Agravo de instrumento desprovido. Ac (unânime) TST (AIRR 4007/2002-902-02.40.0) Rel. Min. Maurício Godinho Delgado, julgado em 15/10/08, disponibilizado no DJET 23/10/08 e publicado no DJET 24/10/08.

Uma segunda interpretação usada pela jurisprudência, e de cunho mais legalista, afasta a isenção do depósito recursal, com base na Lei n.º 1.060/1950, pois o seu artigo 3º previa apenas a isenção do pagamento das despesas processuais, não existindo previsão expressa para os depósitos prévios. Nesse sentido cabe trazer à baila o seguinte julgado do TST, com destaques:

AGRAVO DE INSTRUMENTO. DESPROVIMENTO. RECURSO DE REVISTA. DEPÓSITO RECURSAL. ASSISTÊNCIA JUDICIÁ-RIA GRATUITA. EMPREGADOR DOMÉSTICO. DESERÇÃO. A assistência judiciária gratuita prevista na Lei nº 1.060/1950 configura benefício concedido às partes hipossuficientes, desde que comprovem sua miserabilidade. **Todavia, mesmo que se admita que o empregador goze dos benefícios previstos na referida lei, não está ele dispensado do recolhimento do depósito recursal, porque o artigo 3º da Lei nº 1.060/50 exime-o apenas do paga-**

mento das despesas processuais, e o depósito recursal trata de garantia do juízo da execução. Agravo de instrumento desprovido. Ac (unânime) TST 1ª T (AIRR 1155/2005-018-10-40.4) Rel.ª Ministra Dora Maria da Costa , julgado em 06/06/07, DJU 03/08/07.

Sobre esse aspecto, a Lei Complementar n.º 132, de 07 de outubro de 2009, artigo 17 fez importante modificação na Lei n.º 1060/1950, acrescentando inciso VII ao artigo 3º da mesma, no sentido de que os beneficiários da Justiça gratuita estarão isentos de efetuar qualquer depósito prévio exigido em Lei, para interposição de recurso e demais atos processuais inerentes ao exercício da ampla defesa e do contraditório.

Conforme se depreende das duas exegeses, a modificação provocada seria capaz apenas de afastar a segunda interpretação, face à nova previsão legal de isenção para os depósitos prévios exigidos como requisito para interposição de recurso.

De qualquer modo, a exigência do depósito recursal, atentados seus pretensos fins, mostra-se, ainda, desproporcional. Não é adequada, uma vez que incapaz de coibir de forma eficiente os recursos protelatórios, e também de garantir a efetividade dos processos. É que, para o litigante habitual, como consignamos, a exigência é inofensiva e as grandes empresas costumam operar destaques em suas contabilidades a título de passivo destinado a fazer frente aos depósitos recursais exigidos na Justiça do Trabalho. Em suma, a exigência é naturalmente administrada nas grandes corporações. Não é necessária, já que outros meios seriam capazes de obter o suposto benefício. A exigência sequer é garantia de efetividade, mas uma pequena chance de melhora. Nesse aspecto, poderia ser substituída pela sucumbência recursal com efeitos equivalentes ou mais eficientes. Por fim, a exigência não atende à proporcionalidade em sentido estrito, porquanto a relação custo-benefício não se mostra justificável. É que, se menosprezar garantias processuais fundamentais, como sói ser o acesso à justiça, o tratamento isonômico e o contraditório, a pretexto de se tentar otimizar a efetividade processual, não se mostram uma opção inteligente.

Em resumo: se, em geral, apenas uma das partes pode ser condenada, apenas esta terá o acesso ao tribunal restringido, em evidente desequilíbrio de oportunidades. Como, via de regra, será condenado o empregador ou tomador de serviços, que, em geral, figuram como réus, deverão eles depositar o valor da condenação ou do teto para ter o direito de acessar a possibilidade de reforma. A obrigação, a pretexto de dar efetividade ao processo do trabalho, representa um entrave desproporcional ao direito substancial de acesso à justiça.

5.5. O ÔNUS FINANCEIRO DO PROCESSO DERIVADO DE AUTO DE INFRAÇÃO COMO FATOR DE INTIMIDAÇÃO DO ACESSO À JUSTIÇA.

O processo administrativo trabalhista se desdobra em pelo menos cinco espécies principais, instauradas por documentos distintos: (i) a reclamação por falta ou recusa de anotação de CTPS (CLT, artigos 36 a 39); (ii) o embargo de ambiente de trabalho ou equipamento (artigo 160); (iii) a interdição de obra (artigo 161); (iv) a notificação para recolhimento de dívida relativa ao FGTS e à Contribuição Social (artigo 23 da Lei n.º 8.036/1990) e (v) o auto de infração.

A partir da Emenda Constitucional n.º 45, têm sido constantemente submetidas à Justiça do Trabalho ações anulatórias de autos de infração nas quais, embora possa o juiz da causa anular o referido auto, não pode proceder à regularização do mesmo.

Também passou a ser dirimida perante a Justiça do Trabalho a operação inversa. É dizer: as cobranças derivadas de autos de infração. Em apertadíssima síntese: na esfera administrativa, uma vez recebido o auto de infração, o infrator, ou pagará a multa espontaneamente com desconto de 50%, ou terá, para apresentar recurso, o prazo de dez dias. O recurso deverá ser interposto perante a autoridade que houver imposto a multa, cabendo-lhe encaminhá-lo à autoridade de instância superior.

A novel competência em destaque, portanto, refere-se a qualquer ação, seja a lide intentada pelo empregador objetivando invalidar sanção administrativa imposta pelas Delegacias Regionais do Trabalho do Ministério do Trabalho e Emprego (autos de infração), como também as execuções dos títulos extrajudiciais oriundos dos autos de infração lavrados pelos auditores fiscais do trabalho, propostos pela Fazenda Pública Federal em face do infrator. Sobre o tema, com destaques:

> CONFLITO NEGATIVO DE COMPETÊNCIA. JUSTIÇA FEDERAL E TRABALHISTA. EXECUÇÃO FISCAL MOVIDA PELA UNIÃO. MULTA TRABALHISTA APLICADA AO EMPREGA-

DOR. EXEGESE DO ART. 114, VII, DA CARTA MAGNA DE 1988, ACRESCIDO PELA EMENTA CONSTITUCIONAL Nº 45/2004.

1. O inciso VII do art. 114, da Carta Magna de 1988, prevê a competência da Justiça Trabalhista para processar e julgar as ações relativas às penalidades administrativas impostas aos empregadores pelos órgãos de fiscalização das relações de trabalho.

2. Ressoa inequívoco que as alterações engendradas no texto constitucional foram no afã de transferir à justiça Trabalhista a competência para processar e julgar os litígios envolvendo multas trabalhistas, aplicadas por autoridade administrativa vinculada ao Poder Executivo (Ministério do Trabalho); de sorte que as execuções fiscais se incluem no termo "ação", utilizado pelo legislador de forma genérica.

3. Exegese induzida pela inequívoca inviabilidade da execução fiscal ser ajuizada na Justiça Federal e os respectivos embargos, que se constituem como "ação" autônoma, tramitarem na Justiça Trabalhista. Precedentes: CC 57.291 - SP, Relator Ministro CASTRO MEIRA, Primeira Seção, DJ de 01º de agosto de 2006; CC 57.291 - SP, Relator Ministro TEORIALBINO ZAVASCKI, Primeira Seção, DJ de 15 de maio de 2006; CC 45.607 - SP, Relatora Ministra DENISE ARRUDA, Primeira Seção, DJ de 27 de março de 2006.

4. Conflito Negativo de Competência conhecido para declarar a competência do JUÍZO DA 82ª VARA DO TRABALHO DE SÃO PAULO - SP.

(Grifos ausentes no original)

(Conflito de competência nº 62.836- SP – STJ. Relator. Ministro Luiz Fux. Disponível em https://ww.stj.jus.br/revistaeletronica/. Acesso em: 24 de julho de 2008).

Tanto na esfera administrativa quanto na esfera judicial, em absurdo desrespeito ao acesso à justiça, alguns magistrados exigem depósito prévio da empresa autuada, embasados nos artigo 636 da CLT e Instrução Normativa Nº 34, do Tribunal Superior do Trabalho, respectivamente, com destaques:

> Artigo 636. Os recursos devem ser interpostos no prazo de 10 (dez) dias, contados do recebimento da notificação, perante autoridade que houver imposto a multa, a qual, depois de os informar encaminhá-los-á à autoridade de instância superior.
> **§ 1º - O recurso só terá seguimento se o interessado o instruir com a prova do depósito da multa.**(...)

§ 6º - A multa será reduzida de 50% (cinquenta por cento) se o infrator, renunciando ao recurso a recolher ao Tesouro Nacional dentro do prazo de 10 (dez) dias contados do recebimento da notificação ou da publicação do edital.
(Grifos ausentes no original).

Tribunal Superior do Trabalho Órgão Especial Instrução Normativa nº 34, de 16 de novembro de 2009.
Artigo 1º **Na Justiça do Trabalho, o depósito prévio para o ajuizamento de ação anulatória de débito fiscal, resultante de penalidade administrativa imposta por autoridade do Ministério do Trabalho e Emprego, será efetuado em guia definida em instrução normativa específica da Secretaria da Receita Federal do Brasil,** presentemente objeto do Anexo I da Instrução Normativa nº 421/2004-SRF.
(Grifos ausentes no original).
(Fonte: <www.tst.gov.br>, acessado em 05 de junho de 2011).

J. J. Gomes Canotilho, tratando do direito de acesso à justiça administrativa, cita entendimento do Tribunal Constitucional português, segundo o qual referido direito é inconstitucionalmente violado quando se condiciona o seguimento do recurso ao depósito prévio de certa quantia, não tendo o recorrente condições econômicas para satisfazer esse pagamento[70].

Na opinião de Maria Sylvia Zanella Di Pietro,[71] a Constituição da República assegura o direito de petição independentemente do pagamento de taxas, não tendo mais fundamento as normas legais que exijam a chamada garantia de instância para interposição de recursos administrativos, ou seja, o depósito de quantias em dinheiro como condição para decisão de recurso.

No mesmo sentido, o Supremo Tribunal Federal decidiu, em sessão realizada em 28.03.2007, rever o entendimento que adotara quando do julgamento conjunto das ADIns 1.922-9 e 1.976-7/DF - me-

---

70   CANOTILHO, J. J. Gomes. *Constituição da República Portuguesa Anotada.* Vol. I. Coimbra: Coimbra Editora, Reimpressão, São Paulo: Revista dos Tribunais, 2007, p. 469, citando as seguintes decisões do Tribunal Constitucional português: Acs. TC, ns. 318/85, 269/87, 412/87,30/88 e 56/88, DR, II, n. 87, de 15.04.1986; DR, II, n. 202, de 03.09.1987; DR, II, n. 275, de 28.11.1987; DR, II, n. I, de 02.01.1988; DR, II, n. 34, de 10.02.1988, e DR, II, n. 188, de 16.08.1988, respectivamente.

71   PIETRO, Maria Sylvia Zanella Di. *Direito Administrativo.* 12ª. São Paulo: Editora Atlas, 2000, p. 579.

dida liminar, Pleno, rel. Min. Moreira Alves, acórdão publicado no DJU 24.11.2000, e declarou inconstitucional a exigência de efetivação de depósito prévio recursal administrativo, pelo contribuinte, da importância equivalente a trinta por cento do crédito tributário do qual houvesse sido notificado a pagar, ou a proceder ao arrolamento de bens como garantia da instância administrativa.

Mais recentemente a questão foi objeto de recurso com repercussão geral[72] e sumulada em precedente vinculante:

> Súmula Vinculante n.° 21
> É inconstitucional a exigência de depósito ou arrolamento prévios de dinheiro ou bens para admissibilidade de recurso administrativo.

Se a exigência de depósito prévio é ilegítima na esfera administrativa, configura-se uma verdadeira excrescência na esfera judicial, de sorte a violar frontalmente o acesso à justiça. O enunciado de súmula vinculante n.º 28 declara a inconstitucionalidade do obstáculo:

---

[72] QUESTÃO DE ORDEM. AGRAVO DE INSTRUMENTO. CONVERSÃO EM RECURSO EXTRAORDINÁRIO (CPC, ART. 544, PARÁGRAFOS 3º E 4º). EXIGÊNCIA DE DEPÓSITO PRÉVIO EM RECURSO ADMINISTRATIVO. RELEVÂNCIA ECONÔMICA, SOCIAL E JURÍDICA DA CONTROVÉRSIA. RECONHECIMENTO DA EXISTÊNCIA DE REPERCUSSÃO GERAL DA QUESTÃO DEDUZIDA NO APELO EXTREMO INTERPOSTO. PRECEDENTES DESTA CORTE A RESPEITO DA INCONSTITUCIONALIDADE DA EXIGÊNCIA COMO REQUISITO DE ADMISSIBILIDADE DE RECURSO ADMINISTRATIVO. RATIFICAÇÃO DO ENTENDIMENTO. POSSIBILIDADE DE APLICAÇÃO DOS PROCEDIMENTOS DA REPERCUSSÃO GERAL (CPC, ART. 543-B). 1. Mostram-se atendidos todos os pressupostos de admissibilidade, inclusive quanto à formal e expressa defesa pela repercussão geral da matéria submetida a esta Corte Suprema. Da mesma forma, o instrumento formado traz consigo todos os subsídios necessários ao perfeito exame do mérito da controvérsia. Conveniência da conversão dos autos em recurso extraordinário. 2. A exigência de depósito prévio como requisito de admissibilidade de recurso administrativo – assunto de indiscutível relevância econômica, social e jurídica – já teve a sua inconstitucionalidade reconhecida por esta Corte, no julgamento do RE 388.359, do RE 389.383 e do RE 390.513, todos de relatoria do eminente Ministro Marco Aurélio. 3. Ratificado o entendimento firmado por este Supremo Tribunal Federal, aplicam-se aos recursos extraordinários os mecanismos previstos no parágrafo 1º do art. 543-B, do CPC. 4. Questão de ordem resolvida, com a conversão do agravo de instrumento em recurso extraordinário, o reconhecimento da existência da repercussão geral da questão constitucional nele discutida, bem como ratificada a jurisprudência desta Corte a respeito da matéria, a fim de possibilitar a aplicação do art. 543-B, do CPC. (AI 698626 QO-RG, Relator(a): Min. Ellen Gracie, julgado em 02/10/2008, DJe-232 DIVULG 04-12-2008 PUBLIC 05-12-2008 EMENT VOL-02344-06 PP-01253)

<u>Súmula Vinculante n.° 28</u>
É inconstitucional a exigência de depósito prévio como requisito de admissibilidade de ação judicial na qual se pretenda discutir a exigibilidade de crédito tributário.

Assim, eventual exigência de depósitos prévios para discussão de dívida constante de autos de infração, seja na esfera administrativa ou na esfera judicial, revela-se inconstitucional. Um justo processo trabalhista, que ofereça amplo acesso aos que intentem participar do diálogo, não se harmoniza com o referido obstáculo.

5.6. A EXIGÊNCIA DE DEPÓSITO PRÉVIO PARA SE DISCUTIR A EXECUÇÃO COMO FATOR DE INTIMIDAÇÃO DO ACESSO À JUSTIÇA.

Por fim, também inconstitucional a inflexível exigência de depósito prévio para se discutir a execução, constante do artigo 40 da Lei n.º 8.177/1991, reiterado com o advento da Lei n.º 8.542/1992.

Visando solucionar eventuais dúvidas, o C. Tribunal Superior do Trabalho, por meio da Instrução Normativa n.° 03/93, trouxe calor à discussão doutrinária já existente, mencionando que (i) haverá somente um depósito para interposição de recurso em ação rescisória, (ii) não se exigirá depósito para oposição de embargos à execução e recursos subsequentes, se a execução estiver garantida e (iii) dispensado o depósito recursal para interposição de recurso ordinário em dissídios coletivos[73].

---

73 .Tribunal Superior do Trabalho Órgão Especial
Instrução Normativa n.º 3
IV - A exigência de depósito no processo de execução observará o seguinte:
a) a inserção da vírgula entre as expressões "...aos embargos" e "à execução..." é atribuída a erro de redação, devendo ser considerada a locução "embargos à execução";
b) dada a natureza jurídica dos embargos à execução, não será exigido depósito para a sua oposição quando estiver suficientemente garantida a execução por depósito recursal já existente nos autos, efetivado no processo de conhecimento, que permaneceu vinculado à execução, e/ou pela nomeação ou apreensão judicial de bens do devedor, observada a ordem preferencial estabelecida em lei;
c) garantida integralmente a execução nos embargos, só haverá exigência de depósito em qualquer recurso subsequente do devedor se tiver havido elevação do valor do débito, hipótese em que o depósito recursal corresponderá ao valor do acréscimo, sem qualquer limite;
d) o depósito previsto no item anterior será efetivado pelo executado recorrente, mediante guia de depósito judicial expedida pela Secretaria Judiciária, à disposição do juízo da execução;
e) com o trânsito em julgado da decisão que liquidar a sentença condenatória, serão liberados em favor do exequente os valores disponíveis, no limite da quantia exequenda, prosseguindo, se for o caso, a execução por crédito remanescente, e autorizando-se o levantamento, pelo executado, dos valores que acaso sobejarem.

Especificamente no que concerne à execução, o § 2° do artigo 40 da Lei n.º 8.177/1991, dispôs que "a exigência de depósito aplica-se, igualmente, aos embargos, à execução e a qualquer recurso subsequente do devedor." Em boa hora a referida instrução normativa esclareceu que a vírgula a separar os vocábulos "embargos" e "à execução" seria um mero erro material. Contudo, não se pode deixar de considerar que a Instrução não poderia revogar ou inovar em disposição legal.

De todo modo, certo é que a lei exige o depósito recursal para a oposição dos embargos à execução, remédio judicial de amplo alcance conquanto configura verdadeira ação incidental, que, como tal, também não poderia ter acesso restringido pelo depósito recursal por todas as razões já tratadas.

A hipótese de necessidade de recolhimento de depósito prévio para se embargar à execução, além de inconstitucional, é praticamente impossível de se ver configurada. Isto porque apenas duas situações são possíveis de serem vislumbradas antes dos embargos: (i) ou existem depósitos recursais anteriores e suficientes para garantir a satisfação do crédito e/ou (ii) garantido o processo de execução pela penhora prévia que sucede ao mandato de pagamento. Em outras palavras, fluindo normalmente o processo de execução, jamais será realidade o comando legal vez que, via de regra, o pressuposto de desenvolvimento daquele é a penhora, vale dizer, a separação de bens do patrimônio do devedor para garantir o processo de execução[74].

De todo modo, defendemos que ao menos, o magistrado deveria, consideradas as peculiaridades do caso concreto, poder dispensar a garantia integral da execução para apreciação dos embargos.

(Disponível em: <www.tst.gov.br>, acessado em 02 de junho de 2011).

[74] Em sentido oposto está Carlos Augusto Junqueira, que assim coloca: "(...) Assim, enquanto a penhora é ato-condição de desenvolvimento do processo de execução, o depósito recursal tem natureza de suposto de admissibilidade recursal e finalidade distinta e diversa. Não se confundem e, por isso mesmo, não será a existência da constrição judicial - sempre necessária para o seguimento da execução - que impedirá a exigência no depósito recursal quando dos recursos aviados em decorrência da incidental de embargos à execução.
A conclusão, pois, apresentada é no sentido de que da leitura do art. 40, § 2°, da Lei n° 8.177/91 e bem assim da Instrução Normativa n° 3/93-TST, é exigível, enquanto suposto de admissibilidade do agravo de petição, o depósito recursal, exceto quando já suficientemente garantida a satisfação do crédito excutido por outros anteriores depósitos". (HENRIQUE, Carlos Augusto Junqueira. Depósito Recursal no processo de execução. *Revista Síntese Trabalhista*. São Paulo, n°, setembro de 2000).

5.7. Síntese: o problema dos custos na lide trabalhista.

Em síntese, no que tange aos custos do processo trabalhista são várias as causas de problematização. A primeira delas é a absoluta ausência de critérios para a definição do valor da causa pelo autor, não obstante repercussões sobre (i) a escolha do rito procedimental, (ii) a eventual restrição ao cabimento de recursos, (iii) o eventual recolhimento de custas e, ainda, (iv) sobre as possibilidades de produção probatória. Neste particular, não há critérios para a indicação do valor da causa, tampouco sanção pela indicação de valor não correspondente com o somatório dos pedidos. Para piorar o quadro, os tribunais trabalhistas, via de regra, dispensam o autor-empregado do pagamento de custas processuais nas hipóteses de improcedência e os advogados tampouco têm o costume de impugnar valores descomedidos atribuídos à causa, fatores que acabam por estimular aventuras processuais e/ou fazer as vezes de arma de barganha contra o réu-empresa. A solução para o quadro passará (i) pela devida informação às partes sobre possíveis ônus derivados de indicação arbitrária de valor à causa, (ii) responsabilização didática por valores arbitrados a título de "chantagem" contra o adversário, sem qualquer correspondência com o objeto da lide, e (iii) uso dos mecanismos existentes para a legítima impugnação de valores desproporcionais.

O segundo fator problemático no que tange aos custos do processo trabalhista como violação à garantia de acesso à justiça é a operabilidade dos institutos da assistência jurídica gratuita, bem como da gratuidade de justiça no processo trabalhista.

A assistência jurídica garantida pela Constituição Federal abrange (i) consultoria jurídica extrajudicial em geral e (ii) patrocínio gratuito de causas. Inexistem órgãos compromissados a prestar informação jurídica, pelo que deveria o terceiro setor ser estimulado a tal atividade. Após a vigência da Lei n.º 10.537/2002, que reescreveu o artigo 789 da CLT, inexiste autorização legal para se supor que o sindicato seja o exclusivo órgão responsável pela prestação de assistência gratuita no processo do trabalho, razão pela qual devem ser estimuladas a advocacia *pro bono* e os escritórios-modelo de universidades para o desempenho da atividade.

A gratuidade da justiça pode ser concedida a quaisquer dos sujeitos do processo trabalhista, inclusive às pessoas jurídicas, sendo ilegítimos obstáculos que dificultem excessivamente a comprovação da necessidade do benefício.

O terceiro obstáculo derivado dos custos do processo trabalhista em violação à garantia de acesso à justiça diz respeito ao custeio das perícias como fator de intimidação do autor de ação que eventualmente tenha como causa de pedir matérias relacionadas ao artigo 195 da CLT, a determinar hipótese inconstitucional de prova tarifada. Mister a consideração da Resolução n. 66/2010 do Conselho Superior da Justiça do Trabalho nitidamente autoaplicável.

O quarto, quinto e sexto pontos a serem considerados sobre o prejuízo ao acesso à justiça no que tange aos custos do processo trabalhista podem ser retratados pelo ônus financeiro recursal e da fase de execução, bem como aquele derivado de processo sobre o qual se queira discutir auto de infração. A exigência de depósito prévio, em quaisquer casos, fere a paridade de armas, restringindo acesso aos que intentem participar do diálogo, razão pela qual devem ser declarados inconstitucionais.

6. O *JUS POSTULANDI* COMO ENTRAVE À GARANTIA DE ACESSO À JUSTIÇA.

No ordenamento jurídico nacional, salvo exceção legal, o *jus postulandi*, ou seja, a capacidade postulatória, é conferida exclusivamente aos advogados, como se depreende da leitura do artigo 36, do CPC, *in verbis*:

> *"A parte será representada em juízo por advogado legalmente habilitado. Ser-lhe-á lícito, no entanto, postular em causa própria, quando tiver habilitação legal ou, não a tendo, no caso de falta de advogado no lugar ou recusa ou impedimento dos que houver".*

Assim, nos termos do dispositivo supratranscrito, apenas o advogado legalmente habilitado[75] poderá praticar atos processuais que lhe são privativos.

Todavia, no processo do trabalho a situação é outra. O artigo 791 da CLT estabelece que tanto empregado como empregador podem defender seus interesses pessoalmente perante a Justiça do Tra-

---

75 Entendendo-se como legalmente habilitado o bacharel em Direito, devidamente inscrito na Ordem dos Advogados do Brasil - OAB, que não esteja impedido de exercer suas atividades profissionais.

balho. Aparentemente, o conteúdo do referido dispositivo seria decorrência da intentada simplicidade da postulação na seara laboral e de uma bem intencionada busca pelo mais amplo acesso à justiça.

O referido dispositivo acarreta consequências em toda a sistemática do processo laboral, a saber: não havendo a necessidade de contratação de serviços advocatícios, também não haverá obrigatoriedade na condenação ao pagamento de seus honorários, ou seja, se é faculdade da parte contratar, ou não, o patrono que advogará em sua causa, ela só contrata se quiser, e daí não poderá ser condenada, salvo raras exceções, a pagar os honorários do advogado da outra parte.

Não existindo honorários de sucumbência, ou os advogados trabalhistas dos (des)empregados ficam fadados a prestar serviços gratuitos, ou, ao final da causa, subtrairão 20 a 30% da condenação que favorece seu cliente e que, em geral, consubstancia verba de caráter alimentar devida em razão de créditos trabalhistas.

Em resumo, a prática da Justiça do Trabalho, a respeito da ausência de condenação em honorários advocatícios, deriva tão-somente da capacidade postulatória das partes que as isenta da contratação obrigatória de causídico. Ora, "se contratou foi porque quis" e, portanto, deve-se pagar o preço da regalia, do luxo desnecessário. Este, basicamente, o entendimento das principais súmulas trabalhistas sobre o tema.[76] Com isso, o advogado ou tira do bolo do cliente ou trabalha por altruísmo. O resultado é que o trabalhador que opta

---

76   Súmula n.º 329 do TST:
"HONORÁRIOS ADVOCATÍCIOS. ART. 133 DA CRFB/1988 - Mesmo após a promulgação da CRFB/1988, permanece válido o entendimento consubstanciado na Súmula n.º 219 do Tribunal Superior do Trabalho.
Súmula nº 219 do TST
HONORÁRIOS ADVOCATÍCIOS. HIPÓTESE DE CABIMENTO
I - Na Justiça do Trabalho, a condenação ao pagamento de honorários advocatícios, nunca superiores a 15% (quinze por cento), não decorre pura e simplesmente da sucumbência, devendo a parte estar assistida por sindicato da categoria profissional e comprovar a percepção de salário inferior ao dobro do salário mínimo ou encontrar-se em situação econômica que não lhe permita demandar sem prejuízo do próprio sustento ou da respectiva família.
II - É incabível a condenação ao pagamento de honorários advocatícios em ação rescisória no processo trabalhista, salvo se preenchidos os requisitos da Lei nº 5.584/1970.
OJ SDI - 1 n. 348. HONORÁRIOS ADVOCATÍCIOS. BASE DE CÁLCULO. VALOR LÍQUIDO. LEI Nº 1.060, DE 05.02.1950 - Os honorários advocatícios, arbitrados nos termos do art. 11, § 1º, da Lei nº 1.060, de 05.02.1950, devem incidir sobre o valor líquido da condenação, apurado na fase de liquidação de sentença, sem a dedução dos descontos fiscais e previdenciários.
OJ SDI - 1 n. 305. HONORÁRIOS ADVOCATÍCIOS. REQUISITOS. JUSTIÇA DO TRABALHO - Na Justiça do Trabalho, o deferimento de honorários advocatícios sujeita-se à cons-

por ter um advogado, caso vença a ação, receberá seu crédito, mas terá de repassar um percentual para seu advogado. Enquanto isso, na justiça comum, fica a cargo da parte perdedora pagar pelos serviços do advogado da parte vencedora. Esta última leva para casa, de fato, o total da condenação.

O cabimento do *jus postulandi* no Processo Trabalhista diversas vezes foi questionado[77]. Com o advento da Constituição Federal, em 1988, a disposição do artigo 133, no sentido de que o advogado é indispensável à administração da justiça, pôs em xeque a possibilidade de se postular perante o Poder Judiciário sem se estar representado por advogado. O estatuto da OAB também faz alusão à função do advogado como um prestador de serviços públicos, privativos dos profissionais inscritos na OAB[78].

---

tatação da ocorrência concomitante de dois requisitos: o benefício da justiça gratuita e a assistência por sindicato.
OJ SDI - 1 n. 304. HONORÁRIOS ADVOCATÍCIOS. ASSISTÊNCIA JUDICIÁRIA. DECLARAÇÃO DE POBREZA. COMPROVAÇÃO - Atendidos os requisitos da Lei nº 5.584/70 (art. 14, § 2º), para a concessão da assistência judiciária, basta a simples afirmação do declarante ou de seu advogado, na petição inicial, para se considerar configurada a sua situação econômica (art. 4º, § 1º, da Lei nº 7.510/86, que deu nova redação à Lei nº 1.060/50)".
(Fonte: <www.tst.gov.br>. Acessado em 04 de maio de 2011).

77   "O juiz trabalhista Antonio Carlos Faciolo Chedid (Codificação do Processo do Trabalho e o 'Jus Postulandi', invocado por Moema Baptista, Anais, p.507) analisou a questão no VI Encontro Baiano de Advogados Trabalhistas, em 1989, na Bahia: 'Em uma Nação Subdesenvolvida como a nossa, com desigualdades sociais sendo eternizadas, não há maior violação de igualdade processual, do contraditório e da ampla defesa do que a permissão nefasta de que os menos favorecidos pela sorte se degladiem, judicialmente, uns ao abrigo de defesa técnica, outros não. Dentro dessa visão, por demais conhecida nos meios forenses, é que o constituinte coibiu, em boa hora, que as partes leigas usem o *jus postulandi*". (GOMES, Gilberto. Indispensabilidade do Advogado em Processo Trabalhista. *Revista da OAB - Conselho Federal*. Rio de Janeiro, v. 21, n. 56, p. 168).

78   Sobre o tema, Celso Braga expõe: "por outro lado, o Estatuto da Advocacia não teve o propósito de regular inteiramente todas as hipóteses de patrocínio, mas, tão somente, de regulamentar o exercício da profissão de advogado e de fixar as atribuições da Ordem dos Advogados do Brasil. Não sendo uma lei específica sobre o patrocínio, não pode ter revogado outras que prevejam, excepcionalmente, modalidades de patrocínio facultativo".
(...) Assim, também no nosso sentir, enquanto não sobrevier norma federal dispondo em sentido contrário, a subsistência do art. 791 da CLT, que é federal, revela-se incompatível com a nova ordem constitucional, e, até mesmo, em relação à Lei de n. 8.906/94, ainda que adeptos ao sentimento de absoluta e irrestrita indispensabilidade do advogado perante qualquer pleito judicial". (ROMA, Celso Braga Golçalvez. *O "jus postulandi" da parte e o advogado na Justiça do Trabalho*. 1ª Ed. Rio de Janeiro: Editora Forense, 2000, p. 116).

Com efeito, a questão da dispensa do advogado não é respondida de modo uniforme. Assim, diversas vozes[79][80] se manifestam em desacordo com o decidido pelo Supremo Tribunal Federal na Ação Direta de Inconstitucionalidade 1.127[81], proposta pela Associação

---

79   Para Adilson Bassalho: "(...) a figura do advogado é indispensável à administração da justiça" a teor do estabelecido pelo art. 133 da Constituição de 05.10.1988, o que quer dizer que essa nova Carta trouxe à baila, uma vez mais, a questão aqui tratada. E o fez para encerrá-la, definitivamente, porque "indispensável", significa imprescindível, inafastável, inarredável, inseparável, irrevogável. Ou seja, com a promulgação da nova Constituição da República, deixou de ter vigência, claramente, o art. 791 da CLT, que previa o jus postulandi das partes, no processo do trabalho". (PEREIRA, Adilson Bassalho. *O Fim do "Jus Postulandi" das Partes, na Justiça do Trabalho. A Importância do Advogado para o Direito, a Justiça e a Sociedade*. Rio de Janeiro: Forense, 2000. p. 13).

80   Também manifestam-se nesse sentido Celso Braga Roma e J.S. Ribeiro Neto, *verbis*: " Note-se que a Consolidação de Provimentos e Ordens de Serviço do TRT, da Primeira Região, de forma clara, no seu art. 69, item 2, estabelece como condição *sine qua non*, sempre a presença do advogado. Registre-se ainda a regra insculpida no art. 219, também daquela Consolidação retromencionada, a qual prevê o advogado, como única pessoa que pode retirar os autos". (ROMA. *Op. cit.* p. 110).

81   "EMENTA: AÇÃO DIRETA DE INCONSTITUCIONALIDADE. LEI 8.906, DE 4 DE JULHO DE 1994. ESTATUTO DA ADVOCACIA E A ORDEM DOS ADVOGADOS DO BRASIL. DISPOSITIVOS IMPUGNADOS PELA AMB. PREJUDICADO O PEDIDO QUANTO À EXPRESSÃO "JUIZADOS ESPECIAIS", EM RAZÃO DA SUPERVENIÊNCIA DA LEI 9.099/1995. AÇÃO DIRETA CONHECIDA EM PARTE E, NESSA PARTE, JULGADA PARCIALMENTE PROCEDENTE. I - O advogado é indispensável à administração da Justiça. Sua presença, contudo, pode ser dispensada em certos atos jurisdicionais. II - A imunidade profissional é indispensável para que o advogado possa exercer condigna e amplamente seu múnus público. III - A inviolabilidade do escritório ou do local de trabalho é consectário da inviolabilidade assegurada ao advogado no exercício profissional. IV - A presença de representante da OAB em caso de prisão em flagrante de advogado constitui garantia da inviolabilidade da atuação profissional. A cominação de nulidade da prisão, caso não se faça a comunicação, configura sanção para tornar efetiva a norma. V - A prisão do advogado em sala de Estado Maior é garantia suficiente para que fique provisoriamente detido em condições compatíveis com o seu múnus público. VI - A administração de estabelecimentos prisionais e congêneres constitui uma prerrogativa indelegável do Estado. VII - A sustentação oral pelo advogado, após o voto do Relator, afronta o devido processo legal, além de poder causar tumulto processual, uma vez que o contraditório se estabelece entre as partes. VIII - A imunidade profissional do advogado não compreende o desacato, pois conflita com a autoridade do magistrado na condução da atividade jurisdicional. IX - O múnus constitucional exercido pelo advogado justifica a garantia de somente ser preso em flagrante e na hipótese de crime inafiançável. X - O controle das salas especiais para advogados é prerrogativa da Administração forense. XI - A incompatibilidade com o exercício da advocacia não alcança os juízes eleitorais e seus suplentes, em face da composição da Justiça eleitoral estabelecida na Constituição. XII - A requisição de cópias de peças e documentos a qualquer tribunal, magistrado, cartório ou órgão da Administração Pública direta, indireta ou fundacional pelos Presidentes do Conselho da OAB e das Subseções deve ser motivada, compatível com as finalidades da lei e precedida, ainda, do recolhimento dos respectivos custos, não sendo possível a requisição de documentos cobertos pelo sigilo. XIII - Ação direta de inconstitucionalidade julgada parcialmente procedente."

dos Magistrados do Brasil – AMB, que atestou a constitucionalidade do *jus postulandi* em, dentre outras searas, âmbito juslaboralista, depois da vigência da Constituição de 1988.

Todavia, a realidade dos tribunais laborais se revela diferente da teoria jurídica[82]. Em suma, na prática, nada obstante a previsão legal, os Tribunais Regionais do Trabalho não demonstram unidade na aceitação da prerrogativa, afirmando alguns deles que a atuação da parte em juízo sem advogado violaria o princípio igualitário, pois que as empresas comparecem em juízo com advogados preparados tecnicamente, conhecedores de questões processuais, enquanto o trabalhador, via de regra, não tem condições de, sozinho, bem defender seu direito judicialmente. Logo, rechaçam a possibilidade de que o empregado, principalmente ele, postule pessoalmente, entendendo indispensável a presença do advogado.

Para a empresa também não é interessante não ter advogado. A própria ordem de tomada dos depoimentos seria questionada sem a presença de um advogado. É que, quando o reclamante está prestando depoimento pessoal, o preposto deve ficar do lado de fora da sala de audiências. Sem advogado, do lado da empresa ninguém mais restaria para acompanhar o depoimento da parte contrária, o que feriria de morte o princípio do contraditório.

(ADI 1127 / DF - DISTRITO FEDERAL. STF. Órgão Pleno. Relator Ministro Marco Aurélio. Julgamento: 17/05/2006. Disponível em: <www.stf.gov.br>, acessado em 02 de junho de 2011).

82 Sobre o tema, confiram-se as decisões: "*Jus postulandi* - Doméstico. A parte que ingressa com ação trabalhista desacompanhada de advogado faz uso do *jus postulandi*, não se podendo exigir do leigo, principalmente quando se trata de doméstico, que saiba requerer em juízo em igualdade de condições com um bacharel em direito. Assim, ao recorrer à Justiça do Trabalho dentro dos 30 dias que se seguiram à sua presença no Juízo Arbitral, o empregado demonstra a sua irresignação com o acordo celebrado naquele juízo, embora sem saber expressá-la corretamente, dada a ausência de conhecimento das técnicas processuais. Todavia, este desconhecimento não invalida a sua pretensão, mormente quando demonstrado à saciedade, que o acordo celebrado no juízo arbitral não atende às expectativas da empregada e foi imposto pelo empregador" (TRT-5ª Reg., RO 00736-2001-193-00-2, Ac. 11.773/03, La T., j. 10.07.2003, Rel. juiz Valtércio de Oliveira, DJT 18.08.2003).

"Representação processual - Recurso ordinário - Jus postulandi - O art. 791 da CLT, parte final, estabelece que tanto o empregado como o empregador poderão acompanhar as reclamações até o fim, assim considerado a instância ordinária. O não-conhecimento do Recurso Ordinário subscrito por um dos proprietários da Reclamada ofende o mencionado dispositivo legal. Recurso de Revista provido" (TST - RR 351913, 3ª T., rel. Min. Carlos Alberto Reis de Paula, DJU 09.06.2000, p. 349).

A instituição do processo judicial eletrônico também tem colocado em xeque a capacidade postulatória das partes, na medida da técnica e aparelhamentos exigidos para o peticionamento eletrônico.

O que se tem observado na prática é que, quando uma das partes se apresenta em juízo sem advogado, o magistrado trabalhista (i) ou adia a audiência para que a parte constitua um advogado; (ii) ou solicita que algum advogado que esteja presente na sala de audiências funcione como advogado dativo, ("convite" em geral aceito com muita má vontade, apenas em consideração à boa convivência com o magistrado solicitante); (iii) ou direciona a parte para seu sindicato, que deve prestar-lhe assistência jurídica gratuita.

Outrora, alguns magistrados costumavam direcionar as partes sem advogados para o Ministério Público do Trabalho, que se recusava a prestar assistência jurídica alegando não constar a referida função no rol de seus deveres e prerrogativas.

Em suma, no dia a dia dos fóruns, dificilmente a parte exercerá o *jus postulandi* no processo trabalhista. Todavia, a insinceridade do texto normativo indiretamente legitima, até hoje, a hipócrita regra do não cabimento de honorários de sucumbência no processo do trabalho[83].

A questão se resolve de modo muito simples: ou se muda a lei, ou se transforma a prática. O caminho do "faz de conta" acaba por ser o menos indicado.

Tendo a Justiça do Trabalho suas raízes no âmbito administrativo, a capacidade postulatória das partes, de certa forma, foi herdada desta fase, estando em completa discrepância com a realidade que ora se apresenta.

Outra não foi a conclusão a que chegou o I Ciclo de Estudos à Constituição, realizado pela Associação dos Magistrados da Justiça do Trabalho da 2ª Região - AMATRA, pelo qual se definiu que: "em face do artigo 133 da CRFB/1988, é indispensável a presença e atuação de advogados às audiências e nos processos em curso (aprovada por maioria de votos)".

---

83 Após a edição da EC 45/2004, que ampliou a competência material da Justiça do Trabalho para processar e julgar qualquer ação envolvendo relação de trabalho, o Tribunal Superior do Trabalho, mediante a Resolução 126/2005, editou a Instrução Normativa n. 27/2005, dispondo sobre inúmeras normas procedimentais aplicáveis ao processo do trabalho, estabelecendo no art. 5 que, "exceto nas lides decorrentes da relação de emprego, os honorários advocatícios são devidos pela mera sucumbência".

O que nitidamente se observa é que, em vez de se facilitar a prestação jurisdicional e o acesso à justiça, nos termos em que previsto e vivenciado, o *jus postulandi* tem importado em verdadeiro limitador de tal direito fundamental.[84]

Neste sentido, vários autores fazem referência ao fato de que, atualmente, o processo do trabalho é orientado por princípios e normas que o leigo jamais teria condições de interpretar e aplicar com propriedade na defesa de seus interesses. Assim, Mozart Victor Russomano[85] comenta que

> O direito processual do trabalho está subordinado aos princípios e aos postulados modulares de toda ciência jurídica, que fogem à compreensão dos leigos. É um ramo do direito positivo com regras abundantes e que demandam análise de hermeneuta, por mais simples que queiram ser. O resultado disso tudo é que a parte que comparece sem procurador, nos feitos trabalhistas, recai em uma inferioridade processual assombrosa.

Não se trata propriamente da complexidade do processo do trabalho. Ele pode e deve ser simples, acessível, apaziguador, direcionado às relações entre tomadores e prestadores de trabalho vivenciadas na comunidade. Todavia, o exercício do direito em causa própria é, via de regra, perturbador e a representação das partes por advogados é salutar para arrefecer ânimos, para melhor se ponderarem argumentos e etc.

O advogado deve ser obrigatório, assim como os honorários advocatícios.

Em não sendo, a capacidade postulatória das partes deve ser exercida de ambos os lados. Ou seja, seria possível e louvável que o Poder Legislativo fixasse determinadas demandas que, pelo valor ou pela complexidade, dispensassem advogados, obrigando a resolução direta entre as próprias partes, quiçá por mediação de juiz também leigo. Seriam causas específicas. A regra geral deverá sempre ser no sentido da obrigatoriedade da presença do profissional técnico, ou seja, do advogado.

---

84   Nesse sentido, entre outros, Francisco Antonio de Oliveira, *Ob. Cit.*, p. 667; Lúcio Rodrigues de Almeida, *Ob. Cit.*, p. 162-166; Eduardo Gabriel Saad, *Ob. Cit.*, p.669.

85   Comentários à consolidação das leis do trabalho de RUSSOMANO, Mozart Victor. Comentários à CLT. Rio de Janeiro: Editora Forense, 14ª Ed., 1992, p. 867-868.

A possibilidade de uma parte contratar defensor e a outra não, restando tecnicamente indefesa, deve ser rechaçada a qualquer preço, a ponto de ser legítimo, inclusive, que o juiz opte pela extinção do processo se a parte advertida insistir em litigar sem assistência.

A prática que vem sendo observada fere a paridade de armas e compromete a parcialidade do julgadores que, humanamente, passam a "advogar" em favor do jurisdicionado que exerce o *jus postulandi*, como tem ocorrido na Justiça do Trabalho há tanto tempo. Antes de tudo: o *jus postulandi* dificulta o acesso substancial ao processo trabalhista.

Insta repisar que, conforme já destacado, na Justiça do Trabalho o empregado tem direito à assistência gratuita prestada, sem estar limitada a este, pelo sindicato. Tal direito é exigível, inclusive, por aqueles que não sejam seus associados, por força do artigo 18 da Lei n.º 5.584/1970.

Outra solução, máxime para causas inauguradas entre sujeitos que não vinculados a sindicatos, seria a utilização dos escritórios modelo das universidades.

7. Inexistência de Defensoria como entrave à garantia de acesso à justiça.

O tema ora tratado decorre do cenário exposto no tópico anterior no que diz respeito às (im)possibilidades de assistência jurídica ampla a todos que dela necessitem.

Como já apresentado, o artigo 5.º, LXXIV, da CRFB/1988, estabelece como dever dos Estados proporcionar "assistência jurídica integral e gratuita aos que comprovarem insuficiência de recursos".

As defensorias públicas estaduais existentes bem como a defensoria pública federal criada através da Lei Complementar n.º 80 de 1994 não ofertam assistência jurídica em conflitos de natureza trabalhista, função que, na prática, resta exclusivamente a cargo de alguns sindicatos, muitas vezes desaparelhados e desestruturados para tal mister. Ademais, trabalhadores e empresas que eventualmente pertençam à categoria cujo sindicato não ofereça o serviço de assistência jurídica ficam completamente à deriva.

Como bem afirma Wagner Giglio, o ideal seria "instituir o serviço público federal previsto na Constituição, junto à Justiça do Trabalho, para propiciá-lo aos necessitados, ou mesmo onerar a classe dos advogados com mais um *munus* social, o de prestar serviços profissionais gratuitos".[86]

Sobre a questão da assistência jurídica aos pobres, Mauro Cappelletti e Bryant Garth apresentaram na tão decantada obra derivada do *Project Florence* algumas soluções práticas para os problemas de acesso à justiça.

Tratando da primeira onda renovatória, reconheceram que a assistência judiciária aos pobres como alternativa de ampliação dos serviços jurídicos, potencialmente, teria o condão de ampliar o acesso à justiça. Neste contexto, diagnosticaram que, na maior parte dos países ocidentais, os Estados não possuíam qualquer serviço de assistência jurídica gratuita, ficando esta a cargo da solidariedade e conscientização de poucos advogados que trabalhariam sem contraprestação em favor dos pobres. Na década de 60, reformas na Inglaterra e na Alemanha iniciaram um projeto de ampliação de possibilidades de prestação de assistência jurídica gratuita, tópico que passou a ocupar o topo da agenda das reformas legislativas sobre a administração da justiça, que se seguiram na maior parte do mundo. Neste enfoque, os autores apresentam os principais sistemas de assistência jurídica arquitetados a partir de um mesmo objetivo, qual seja, a ampliação do acesso à justiça.

Assim, em linhas bem gerais, no chamado *sistema judicare* a lei estabelece critérios através dos quais a assistência judiciária é oferecida como um direito às pessoas que nela se enquadram[87], sendo o Estado chamado a arcar com os custos dos advogados particulares. A finalidade e mérito deste sistema é propiciar aos litigantes de baixa renda as mesmas condições de um cidadão que possa pagar por um advogado.

Modelo diverso ilustra advogados remunerados pelos cofres públicos. Neste sistema verifica-se, ao invés do patrocínio da causa por um advogado particular escolhido pelo assistido e pago pelo Estado, a estruturação, por parte do Estado, de um corpo de advogados a serviço dos que necessitem. Este segundo arranjo amplia as possibilidades de conscientização de direitos por parte da popu-

---

86   GIGLIO, Wagner D. *Direito Processual do Trabalho*. 12ª Ed. Ver. Atual. e ampl.- São Paulo: Saraiva, 2002 p. 100. (Grifos presentes no original).

87   CAPPELLETTI, Mauro e Bryant Garth. *Acesso à justiça*. Tradução: Ellen Gracie Northfleet. Sergio Antonio Fabris Editor. 2002, p.35.

lação carente. Em geral, são escritórios pequenos e localizados no seio das comunidades, restando diminuídas as barreiras de contato, o que acaba por influir na melhoria das condições de atendimento. Frise-se que esse sistema possibilita apoiar os interesses difusos ou de classes das pessoas pobres, já que os advogados custeados pelo Estado conhecem e convivem com a realidade das mesmos. Em contrapartida, as críticas dirigidas ao sistema, em geral, relacionam-se à dificuldade em alocar recursos a determinadas causas, quadros de negligência com clientes, e à visão paternalista desenvolvida por advogados a despeito do profissionalismo. Ademais, um outro gravame imputado é que o apoio financeiro vem do governo, o que pode influenciar nas causas dirigidas contra o Estado.

Após a análise desses dois sistemas, alguns países como a Suécia, por exemplo, observaram as suas vantagens e perceberam a possibilidade de combinação de um e outro, até mesmo como forma de correção das falhas existentes em ambos. Neste cenário, observa-se, por exemplo, a possibilidade de escolha a ser feita pelo próprio necessitado, que deve optar pelo atendimento a ser realizado por advogados servidores públicos ou advogados particulares.

Esta seria a melhor saída para um novo processo do trabalho: (i) que seja possível contarmos, de fato, com a Defensoria Pública da União, com setores próprios desenvolvidos em prol da conscientização e assistência jurídica no que concerne à direitos trabalhistas, em benefício de necessitados; (ii) que o SEBRAE, por exemplo, ofereça assistência jurídica ampla e completa para pequenas empresas e empresários individuais; (iii) que os sindicatos e escritórios modelo desenvolvam trabalho de diálogo com a sociedade, instigando a busca pela informação jurídica, realizando papel de aconselhamento e patrocinando causas; e, finalmente, (iv) que seja possível a escolha livre pelo pobre de um dos advogados cadastrados na Ordem dos Advogados do Brasil, devendo ser obrigatório o patrocínio de um determinado número de causas *pro bono*, com o estímulo de obtenção de desconto no pagamento de anuidades, por exemplo.

A assistência jurídica prestada exclusivamente por sindicatos ou advogados dativos, como já sustentamos, fere a garantia de acesso à justiça.

8. A DESINFORMAÇÃO DAS PARTES DO PROCESSO DO TRABALHO COMO ENTRAVE À GARANTIA DE ACESSO À JUSTIÇA.

A desinformação jurídica é um mal que afeta todas as classes e segmentos da sociedade brasileira. [88]

Obviamente, o *déficit* de informação afeta principalmente a população de menor ou nenhuma renda. No Brasil, diversos operários aceitam trabalhar sob condições inteiramente diferentes das previstas na legislação trabalhista, por exemplo, muitos não sabem que fazem jus a férias e a repouso semanal remunerado[89].

Todavia, não é só na pobreza que reside a ignorância. É humanamente impossível se apreenderem todos os direitos e deveres trabalhistas de nosso sistema jurídico. O desvio para a informalidade não se justifica, mas pode perfeitamente ser explicado pela impossibilidade prática de se ter ciência e/ou fôlego para o cumprimento dos direitos e obrigações referentes às relações de trabalho.

A desinformação, o preconceito e o medo pelo desconhecimento excluem empresas, órgãos públicos e tomadores de serviços em geral do processo trabalhista. Tais sujeitos, invariavelmente, aparecem no processo como réus e não se sentem dignos o suficiente para demandarem enquanto autores, aliás, sequer têm consciência de terem direitos que poderiam ser cobrados em um processo tra-

---

88 Sobre o tema, comenta José Carlos Barbosa Moreira que "Certa vez, ligando o aparelho de televisão, quando se transmitia novela de grande público, assisti, estarrecido, a episódio que pretendia retratar a cena judiciária: uma audiência em que se interrogavam as partes do processo e várias testemunhas. Todas eram inquiridas pelos advogados, diante do juiz mudo e impassível, embora armado de martelinho... Custou-me crer que a história se passasse, como de fato passava, no Brasil: copiara-se de algum filme, servilmente, o modelo norte-americano. Pois bem: ao comentar o caso dias depois, em roda de amigos, todos de confortável situação sócio-econômica e boa instrução, verifiquei, com estarrecimento maior, que quase ninguém desconfiava de que pudesse ser diferente o procedimento utilizado em nossos juízos. Imagino o espanto que qualquer deles sentiria se viesse a ser intimado para depor e fosse instado a responder não aos advogados, mas ao juiz para cúmulo da esquisitice, desprovido de martelinho!" (MOREIRA, José Carlos Barbosa. *Temas de Direito Processual*. 6ª Ed., São Paulo: Saraiva, 2009, p. 294).

89 Assim coloca José Carlos Barbosa Moreira: "à luz de minha experiência como juiz durante quatorze anos, quantidade significativa de processos seria evitável se os interessados houvessem tomado oportunamente precauções elementares desse teor. A missão contribui, além do mais, para obstruir as vias judiciais, já tão congestionadas por outras mil razões". (MOREIRA, José Carlos Barbosa. *Ob. Cit.*, p. 294).

balhista. Poderiam, por exemplo, cobrar prejuízos derivados de um prestador que tenha revelado um segredo de fábrica, cobrar direitos autorais, se ressarcir de danos eventuais, postular flexibilização de direitos de trabalhadores em dissídios coletivos, em tentativa de superação de crises financeiras, requerer danos morais, exigir trabalho exclusivo por conta de patrocínio de especialização de um profissional, dentre mil outras possibilidades. Todavia, sempre no futuro do pretérito. Falta informação para que este tipo de demanda democratize o processo trabalhista.

Nem mesmo os operadores do direito, que lidam todos os dias com a matéria, dominam as minúcias das normas esparsas num elevado número de leis, decretos, resoluções, portarias e instruções redigidas sem atentar para a melhor técnica. São muitas leis para regular um fenômeno muito mais social do que técnico, como soem ser as relações entre Capital, público ou privado, e Trabalho. O paradoxo é que, na verdade, é preciso informação para se ter acesso à justiça, mas também é preciso que se diminua o conteúdo jurídico a ser informado, ou seja, o extenso leque normativo, assim, concedendo-se um certo crédito ao movimento espontâneo de classes, incitando o favorecimento de uma cultura de conquistas, ao invés de mero acompanhamento do estático arsenal conquistado e já pronto. Neste contexto, o acesso à justiça empreenderia desenvolvimento social, através da criação autêntica e salutar de direitos inaugurados pelo diálogo humano.

Outro entrave diz respeito à linguagem jurídica que, como linguagem científica que é, acaba não ficando ao alcance da compreensão dos leigos[90].

Neste particular, cada vez mais me convenço de que escrever e falar é uma forma de comunicação, razão pela qual bem sucedido o

---

90   Oportuna se faz a leitura do texto no qual Barbosa Moreira expõe seu posicionamento sobre a mídia: "no que tange ao grosso da população, notadamente aos estratos inferiores do ponto de vista sócio-econômico, avulta um fator de poderosíssima influência: o comportamento dos meios de comunicação social daquilo que, com detestável barbarismo, se vai tornando usual denominar 'mídia'. Jornais e revistas quase nunca parecem muito preocupados com a precisão no modo de versar assuntos relativos ao direito. Quem participa da vida jurídica sabe quão distorcidas são, as mais das vezes, as imagens que dela projeta a imprensa. A distorção ameaça cobrir-se de requintes quando se trata de episódios criminais que despertam interesse mais intenso, por envolverem pessoas muito conhecidas. E não há subestimar os perigos que da difusão de noções inexatas ou francamente absurdas decorrem para a condução adequada dos processos e para a seriedade dos julgamentos." (MOREIRA, José Carlos Barbosa. *Temas de Direito Processual*. Sexta Série, São Paulo: Saraiva, 2003, p. 296).

texto e a fala que penetram na inteligência do interlocutor. Escrever ou falar difícil é contraproducente ao objetivo do ato humano[91]. É preciso passar a mensagem para o outro e não para nós mesmos. É necessário que se tenha o desprezo essencial pela erudição exibicionista. Falar complicado, enrolar, dizer o que não precisa, deve ser evitado. Expurgado da prática. Em artigo publicado no jornal Folha de S. Paulo, Luís Roberto Barroso defendeu a clareza, a simplicidade e a brevidade no discurso jurídico. Manifestou-se contra a linguagem empolada e inacessível; e oradores prolixos, que consomem sem dó o tempo alheio. Ressaltou que

> "verdade seja dita, no entanto, o primeiro problema vem sendo superado bravamente: as novas gerações já não falam nem escrevem com a obscuridade de antigamente. De fato, em outra época, falar difícil era tido como expressão de sabedoria. Chamar autorização do cônjuge de "outorga uxória" ou recurso extraordinário de "irresignação derradeira" era sinal de elevada erudição. Hoje em dia, quem se expressa assim é uma reminiscência jurássica. Nos dias atuais, a virtude está na capacidade de se comunicar com clareza e simplicidade, conquistando o maior número possível de interlocutores. A linguagem não deve ser um instrumento autoritário de poder, que afaste do debate quem não tenha a chave de acesso a um vocabulário desnecessariamente difícil. Essa visão mais aberta e democrática do direito ampliou, significativamente, a interlocução entre juristas e tribunais, de um lado, e a sociedade e os meios de comunicação, de outro. Não se passam dois dias sem que algum julgado importante seja notícia nas primeiras páginas dos jornais. Pois agora que finalmente conseguimos nos comunicar com o mundo, depois de séculos falando para nós mesmos, está na hora de fazermos outra revolução: a

---

91 "Em todo setor do conhecimento e da atividade humana forma-se e desenvolve-se uma linguagem particular. É fenômeno inevitável e, em si, perfeitamente natural. Os geômetras dificilmente poderiam entender-se uns com os outros se não dispusessem de palavras como circunferência e poliedro; e o mesmo se dirá dos botânicos, se lhes faltassem os vocábulos líquen e pistilo. Conforme bem se compreende, à medida que aumenta o grau de especialização, vai tomando feitio mais complicado o vocabulário técnico, e com isso a distância entre ele e o comum, com a fatal consequência de aumentar igualmente, para os não iniciados, a dificuldade de perceber de que se trata." (MOREIRA, José Carlos Barbosa. *Temas de direito processual* - Sétima série. São Paulo: Saraiva, 2001. p. 241).

da brevidade, da concisão, da objetividade. Precisamos deixar de escrever e de falar além da conta. Temos de ser menos chatos"[92].

A vida moderna já não tem mais espaço para a infinita espera pela conclusão e a crença no volume. É preciso ser curto e objetivo, passando o recado para que a vida caminhe. Neste ponto, nós, juristas, infelizmente, como se não bastassem os já infinitos existentes, temos que fazer a *mea culpa* por agravarmos ainda mais um dos entraves para o pleno acesso à justiça, qual seja, a incompreensão, a desinformação dos cidadãos e pessoas jurídicas sobre seus direitos. Vale ter em mente a passagem de Manuel Bandeira em "Itinerário de Pasárgada":

> Aproveito a ocasião para jurar que jamais fiz um poema ou verso ininteligível para me fingir de profundo sob a especiosa capa de hermetismo. Só não fui claro quando não pude.

9. Os procedimentos especiais trabalhistas como entrave à garantia de acesso à justiça.

A idéia-matriz das cortes de pequenas causas, qual seja, a de facilitar o acesso à justiça, parece ter sido alcançada: dados compilados pelo Conselho Nacional de Justiça apontam que os Juizados Especiais respondem por cerca de um terço da movimentação dos Tribunais estaduais, chegando a superar, em algumas unidades da federação, o acervo do próprio juízo comum[93].

---

92 Folha de S. Paulo, 19 de julho de 2008. Fonte: Disponível em: <http://www.capitalpublico. com.br>, acessado em 27 de maio de 2011

93 Relatórios Justiça em números, 2003 a 2008. Disponível em: <www.cnj.jus.br> citado por Leslie Shérida Ferraz. O mesmo autor pondera que "Nos Estados Unidos, quando as *Small Claims Courts* foram criadas, na década de 1920, o perfil da sociedade era bastante diverso do atual. Apenas nas décadas de 1960 e 1970, justamente quando surgiu a *mass consumption society* e se consolidou o movimento do consumidor, é que a procura pelas *Small Claims Courts* cresceu de forma vertiginosa. Nesse período, surgem as primeiras pesquisas empíricas diagnosticando a prevalência de demandas de consumo nas Pequenas Cortes, que passaram a ocupar posição de destaque nos debates jurídicos daquele país.
Como é de se imaginar, a desproporção entre a demanda e a capacidade de processamento das Pequenas Causas comprometeu a sua atuação, gerando insatisfação generalizada de seus usuários, em razão do enorme volume de casos em andamento, grande demora, altos custos e complexidade.

No processo trabalhista, a criação do procedimento sumaríssimo instituído pela Lei n.º 9.957/2000, que acrescentou os artigos 852-A a 852-I à CLT no final do ano de 2000, pretendia representar uma espécie de juizados especiais dentro da Justiça do Trabalho. Não deu certo.

A verdade é que, quanto mais se pretender "processualizar o sistema", mais evidente será a diminuição do papel do processo enquanto instrumento de realização dos direitos. O procedimento sumaríssimo estabeleceu tantas regras, detalhes, obrigações e burocratizações que, ao invés de atrair pequenas causas, acabou por espantá-las.

O procedimento sumaríssimo destina-se a dissídios individuais, cujo valor não exceda a quarenta vezes o salário mínimo vigente na data do ajuizamento da reclamação (artigo 852-A da CLT). A administração pública direta, autárquica e fundacional jamais será submetida ao procedimento. O autor, sob pena de arquivamento e condenação em custas, deve ter a consciência de que terá que liquidar todos os pedidos da inicial e saber o endereço correto do réu, já que não se admite a citação por edital.

A apreciação do dissídio deveria ocorrer no prazo máximo de 15 dias do seu ajuizamento. As demandas sujeitas a rito sumaríssimo seriam instruídas e julgadas em audiência única, decididos de plano todos os incidentes e exceções que possam interferir no prosseguimento da audiência e do processo. Assim, todas as provas devem ser produzidas na audiência de instrução e julgamento, ainda que não requeridas previamente. Sobre os documentos apresentados, uma das partes manifestar-se-á imediatamente à parte contrária, sem interrupção da audiência, salvo absoluta impossibilidade, a critério do juiz. As testemunhas, até o máximo de duas para cada parte, comparecerão à audiência de instrução e julgamento independentemente de intimação. Somente será deferida intimação da tes-

---

Naquele período, os Juizados americanos já não se diferenciavam substancialmente do Juízo comum e haviam se tornado extremamente burocratizados e inacessíveis.

Como se não bastasse, os maiores usuários das *Small Claims Courts* eram as empresas, que promoviam ações de cobrança contra consumidores inadimplentes. Assim, embora criados para prover justiça ao cidadão comum, sobretudo o de mais baixa renda, os juizados, perversamente, passaram a ser utilizados contra os supostos beneficiários do sistema". (FERRAZ, Leslie Shérida. Acesso à justiça qualificado e processamento de demandas repetitivas nos juizados especiais cíveis. *Revista da AJURIS*, Porto Alegre: AJURIS, ano 36, n.º 115, p. 159-171, set. 2009).

temunha que, comprovadamente convidada, deixar de comparecer (por meio de carta com aviso de recebimento, telegrama, notificação extrajudicial etc.). Não comparecendo a testemunha intimada, o juiz poderá determinar imediata condução coercitiva. Se excepcionalmente interrompida a audiência, o seu prosseguimento e a solução do processo dar-se-ão no prazo máximo de 30 dias, salvo motivo relevante justificado nos autos pelo juiz da causa.

Na prática, o processo submetido ao procedimento sumaríssimo é "levado como pode" pelo juiz que, diga-se de passagem, raramente observa todos estes ditames legais.

Neste cenário, com a liquidação e outras inúmeras obrigações dirigidas ao demandante, sem a contrapartida da celeridade e simplicidade prometidas, a submissão ao dito procedimento atravanca o acesso à justiça e desmotiva ainda mais a busca por direitos de menor expressão econômica.

Este problema seria superado, talvez, se essas causas de menor complexidade fossem dirigidas a mediadores especializados, juízes ou servidores da justiça, ou mesmo leigos especialmente dedicados a compor da melhor forma este tipo de litígio.

10. As regras da competência territorial em prejuízo do acesso à justiça.

A fixação da competência territorial na Justiça do Trabalho é um dos casos em que regras jurídicas, a pretexto de proteger um dado interesse ou, mesmo, de garantir supostamente a concretização daquele princípio, acabam por feri-lo.

Assim, o artigo 651 da CLT, dispositivo infraconstitucional que prevê norma de competência territorial estabelecida nitidamente em prol do empregado, vazada nos seguintes termos:

> Artigo 651. A competência das Juntas de Conciliação e Julgamento [hoje varas do trabalho] é determinada pela localidade onde o empregado, reclamante ou reclamado, prestar serviços ao empregador, ainda que tenha sido contratado noutro local ou no estrangeiro.

A norma em comento, a toda evidência, tem por escopo a proteção do direito fundamental do trabalhador ao acesso à justiça, notadamente possibilitando a ele uma mais completa colheita de provas a fim de adequadamente instruir a sua pretensão. A proteção se justifica e é proporcional, na medida em que empresas que contratam trabalhadores movimentando a mão de obra para outros estados ou países, em geral, têm maior capilaridade do que o trabalhador, razão pela qual, em benefício deste último, deve ser facilitada a regra de competência.

Todavia, e se para o empregado for mais conveniente promover a ação em outra localidade? A regra em tela, por guardar escopo protetivo, deveria ser interpretada de modo a garantir ao trabalhador o maior e o melhor acesso à justiça possível, ou seja, permitir que a demanda fosse ajuizada em local diverso daquele em que prestados os serviços pelo empregado ao empregador, se àquele fosse tal solução mais oportuna. Entretanto, na prática, esta regra de competência territorial tem sido constantemente interpretada e utilizada para reconhecer a incompetência do juízo perante o qual a demanda foi proposta, quando oferecida exceção de incompetência pela parte empregadora.

Este tipo de decisão nega o acesso à justiça ao trabalhador, obrigando-o a demandar no local da prestação do serviço, muitas vezes distante de sua atual residência, pelo que a causa se torna para ele uma árdua e custosa empreitada[94].

Para se ilustrar o desconforto, suponha-se um empregado contratado no Rio de Janeiro para prestar serviços em uma certa empresa no Acre, com auxílio-moradia. Rescindido o contrato de trabalho, desocupa o imóvel e retorna ao seu Estado natal. Se for obrigado a se deslocar de seu Estado de origem para propor reclamação trabalhista no Estado da prestação de serviço, ou a permanecer nesse Estado para solucionar seu dissídio laboral, isto criará uma situação de desigualdade, visto que demandará que custeie as despesas com transporte ou estadia, ao contrário da empresa que deve ter uma representação no Rio, já que aqui contratou o trabalhador[95].

---

94   Sobre o tema, GRECO Leonardo. *Instituições de processo civil*. 3ª Ed., Volume I, Rio de Janeiro: Forense, 2011 p. 137.

95   A hipótese já ocorreu em minha vivência prática da advocacia. Advogando para um reclamante contratado para trabalhar em Macaé, a ação proposta no Rio foi remetida para a cidade em que houve a prestação de serviços. Sendo o novo juízo subordinado ao mesmo Tribunal Regional do Trabalho, a decisão quedou-se irrecorrível, pelo que passamos a litigar em Macaé. Por ironia maior, o processo está parado há mais de dois anos, já que expe-

Em suma, na forma como vem sendo interpretada, a regra inflexível da competência territorial revela-se impeditiva do amplo acesso à justiça. A solução para a superação deste entrave revela-se na interpretação teleológica do artigo 651 da CLT, definindo-se a competência pelo juízo que, no caso concreto, coloque as partes em condições de igualdade no que tange à facilitação do acesso à justiça.

11. A INEXISTÊNCIA DE GARANTIA DE EMPREGO COMO O MAIOR ENTRAVE DO ACESSO À JUSTIÇA POR PARTE DO TRABALHADOR.

Finalmente, a maior razão de todas. Aquilo que impede que o trabalhador, no curso da relação de trabalho, proponha uma demanda trabalhista: o medo de ser demitido.

A questão é sensível e, apesar de fugir dos liames do direito processual, merece algumas linhas para que este trabalho não seja reputado meramente acadêmico, sem qualquer vínculo com a vida real.

A questão importa em uma espécie de desigualdade de partes. É que, enquanto o empregador não tem nada a perder ao optar por um litígio judicial, o empregado, por sua vez, deve estar disposto a abrir mão do emprego para propor uma ação trabalhista. É que, como a relação de emprego é baseada na confiança, o empregador tende a imediatamente demitir o empregado que ajuíza uma ação contra ele.

Apesar da questão ser dificílima e fugidia aos escopos de nossas considerações, necessário se arriscar algumas possíveis soluções. Reduzindo-se o problema a seu epicentro, trata-se da colisão de direitos fundamentais. De um lado o direito amplo de acesso à justiça. Do outro o direito de liberdade de contratação da livre iniciativa. Como acomodá-los?

Edilton Meireles, em artigo especialmente dedicado ao tema, defende o direito à indenidade do empregado quando, no curso da relação laboral, licitamente aciona o empregador[96]. Neste raciocínio,

---

didas precatórias a pedido da empresa para oitiva de testemunhas – adivinhe-se onde – no Rio de Janeiro (!).

96 MEIRELES, Edilton. Garantia do emprego como instrumento para efetivo acesso à justiça (proibição de despedir no curso do processo judicial). IN: CUNHA JÚNIOR, Dirley;

defende que o juiz deva tutelar o trabalhador empregado garantindo sua estabilidade temporária no curso do processo:

> É preciso que os instrumentos processuais sejam adequados à obtenção dos efeitos desejados pelos titulares do direito subjetivo, a tempo e hora. E, ao certo, na maior parte dos casos, de nada adiantaria ao empregado lhe ser assegurado o direito formal de demandar o empregador se este não estiver acompanhado de garantias de que possa ser utilizado efetivamente, isto é, de que não haverá perda de qualquer posição jurídica por fazer uso do seu direito constitucional de ação e obtenção de uma tutela jurisdicional efetiva, justa e tempestiva[97].

A solução de se conferir estabilidade a quem figure como parte em ação trabalhista acaba por ser demasiadamente sacrificante para o empregador, que restará engessado, na medida em que, à menor possibilidade de seu empregado desconfiar de suas intenções em demiti-lo, o trabalhador ajuizará reclamação trabalhista para garantir seu emprego. Os tribunais simplesmente inchariam!

Acreditamos que o problema deva ser resolvido por emenda constitucional[98] que afaste a decadência dos cinco anos, possibilitando, a partir de seu desligamento, que o empregado possa requerer todos os direitos trabalhistas eventualmente desrespeitados ao longo do período total da relação de trabalho[99].

Para equilibrar a segurança jurídica pela empresa, o prazo bienal de prescrição seria diminuído a um ano e, como exceção à ausência do prazo prescricional, as normas coletivas firmadas com sindicatos poderiam definir e estabilizar situações pretéritas, estimulando-se as negociações coletivas, permitindo-se a administração de passivos e a liquidez das empresas no mercado, bem como criando formas

---

PAMPLONA FILHO, Rodolfo (coord.). *Temas de teoria da Constituição e direitos fundamentais.* Salvador: jusPodivm, 2007, p. 113-121.

97 Idem, p. 117.

98 "O estudo em prol da efetividade do processo encontra óbice de aplicabilidade, pois muitas das novidades almejadas somente podem ser alcançadas com alteração legislativa". (SOUTO MAIOR, Jorge Luiz. *Direito processual do trabalho.* São Paulo: LTr, 1988, p. 15).

99 Mais ou menos assim ocorria com os rurais antes da Emenda Constitucional nº 28, de 25 de maio de 2000. Antes não fluía a prescrição durante a vigência do contrato de trabalho, apenas facultando-se ao empregador comprovar periodicamente o cumprimento das obrigações trabalhistas.

pacíficas de soluções de pendengas passadas, liberando os sujeitos para uma convivência potencialmente renovada através do diálogo.

Possibilidade – esta a dispensar o auxílio legislativo – de administração do impasse medo *versus* oportunidade de exercício do direito de ação, trata-se do estímulo às demandas coletivas, que acabam por robustecer o poder de barganha dos trabalhadores que necessitam permanecer empregados, mas não querem deixar escapar a chance de correção de alguma prática trabalhista equivocada em desproveito da classe trabalhadora.

12. CONCLUSÃO.

O acesso à justiça constitui uma garantia instrumental e material característica de um sistema processual efetivo justo e transformador, apto a assegurar e promover a dignidade humana, a inclusão social e o exercício da cidadania.

A garantia possui destacado papel na atualidade, na medida em que constitui meio focado na proteção e promoção da dignidade humana, efetivando demandas sociais, bem como construindo modelo político-jurídico mais adequado aos anseios da sociedade brasileira.

O direito de acesso à justiça, onde está compreendido o direito de acesso aos tribunais e ao justo processo, repise-se, não só tem como base jusfundamental a dignidade da pessoa humana, como também é dotado de relevância qualificada, na medida em que assegura a própria realização de todos os demais direitos fundamentais. Vale dizer, à míngua de tal garantia os direitos e interesses subjetivos carecem de praticabilidade e de vida própria, tornando-se cascas sem conteúdo, meras proclamações formais, completamente esvaziadas.

Assim, o acesso à justiça é decorrência lógica e emanação indissociável do Estado de Direito, cuja existência não dispensa seja verdadeiramente garantida aos cidadãos, em sua plenitude, a possibilidade de, em igualdade de condições, terem acesso aos tribunais para tutelar as respectivas posições jurídicas subjetivas.

O acesso à justiça resta comprometido no processo do trabalho em razão dos seguintes fatores: (i) os custos do processo trabalhista; (ii) a capacidade postulatória das partes; (iii) a inexistência de uma defensoria pública preparada para intervir em lides trabalhistas; (iv) a desinformação das partes; (v) os procedimentos especiais previstos no processo do trabalho; (vi) a velada ameaça de desemprego; e (viii) as regras de competência territorial. Sugerimos soluções de superação para cada um dos entraves detectados. Nesta ideologia, por exemplo, pregamos que a ausência de parâmetros para definição do valor da causa não pode se prestar a chantagear a parte adversária, que a gratuidade pode beneficiar ambas as partes, que o SEBRAE e outros entes integrantes do chamado terceiro setor devem desenvolver espaços para assistência jurídica consultiva a microempresas, que a advocacia *pro bono* deve ser incentivada, que deve haver causas destacadas por baixa complexidade em que facultativa a atuação de advogados, mas que, nas demais, o *jus postulandi* deveria ser vetado, dentre outras plurais sugestões voltadas para a vivência integral da garantia de acesso à Justiça.

13. Referências bibliográficas

BARCELLOS, Ana Paula de. *A Eficácia Jurídica dos Princípios Constitucionais. O Princípio da Dignidade da Pessoa Humana*. Rio de Janeiro: Renovar, 2002.

BARREIROS, Lorena Miranda Santos. Breves considerações sobre o princípio do acesso à justiça no direito brasileiro. *Revista de Direito do Trabalho*. São Paulo, ano 35, n.º 134, p. 168-201, abr/jun, 2009.

CARNEIRO, Paulo Cezar Pinheiro. *Acesso à justiça: juizados especiais cíveis e ação civil pública: uma nova sistematização da teoria geral do processo*. Rio de Janeiro: Forense, 1999.

CANOTILHO, Joaquim José Gomes. *Direito Constitucional e Teoria da Constituição*. 7ª Ed., Coimbra: Almedina, 2010.

_____ *Constituição da República Portuguesa Anotada*. Vol. I. Coimbra: Coimbra Editora, Reimpressão, São Paulo: Revista dos Tribunais, 2007.

CAPPELLETTI, Mauro. O acesso à justiça como programa de reformas e método de pensamento. *Revista Forense*. São Paulo, vol. 395, ano 2008.

_____ *Acesso à justiça*. Tradução: Ellen Gracie Northfleet. Porto Alegre: Editora Fabris, 2002.

_____ O acesso à Justiça e a função do jurista em nossa época. *Revista de Processo*. São Paulo, ano 16, n°. 61, Janeiro-Março de 1991.

COMPARATO, Fábio Konder. *A Afirmação Histórica dos Direitos Humanos*. 4ª Ed., rev. e ampl. São Paulo: Saraiva. 2005.

CINTRA, Antonio C. A.; GRINOVER, Ada Pellegrini; DINAMARCO, Cândido Rangel. *Teoria Geral do Processo*. 24ª Ed. São Paulo: Malheiros. 2007.

CUNHA JÚNIOR, Dirley; PAMPLONA FILHO, Rodolfo (coord.). *Temas de teoria da Constituição e direitos fundamentais*. Salvador: jusPodivm, 2007.

DINAMARCO, Cândido Rangel. *Fundamentos do Processo Civil Moderno*. 6ª Ed., Volume I, São Paulo: Editora Malheiros, 2010.

FERRAZ, Leslie Shérida. Acesso à justiça qualificado e processamento de demandas repetitivas nos juizados especiais cíveis. *Revista da AJURIS*, Porto Alegre: AJURIS, ano 36, n.º 115, p. 159-171, set. 2009.

GONÇALVES, Viviane Saud Sallum. Formas de garantir o acesso à justiça e sua efetividade. *Revista Jurídica UNIJUS*, Uberaba/MG, vol. 11, n° 14, 2008.

GARBELLINI, Alex Duboc; ARRUDA, Ana Lúcia Ferraz de; PEREZ, Cristiane; NARTI, Daniela Bárbara; COCA, Eleonora Bordini; BERTELI, Giovana Elisa Ribeiro; e TOLEDO FILHO, Manoel Carlos. A gratuidade da Justiça no Processo do Trabalho. *Revista LTr*. São Paulo. n° 10, Vol. 70, outubro de 2006.

GIGLIO, Wagner D. *Direito Processual do Trabalho*. 12ª Ed. Ver. Atual. e ampl.- São Paulo: Saraiva, 2002.

GRECO, Leonardo. *Estudos de Direito Processual*. Campos dos Goytacazes: Editora Faculdade de Direito de Campos, 2005.

_____ *Instituições de processo civil*. 3ª Ed., Volume I, Rio de Janeiro: Forense, 2011.

HENRIQUE, Carlos Augusto Junqueira. Depósito Recursal no processo de execução. *Revista Síntese Trabalhista*. São Paulo, nº, setembro de 2000.

JUNQUEIRA, Elaine Botelho. Acesso à Justiça: um olhar retrospectivo. *Revista Estudos Históricos*. Rio de Janeiro, vol. 9, n° 18, 1996.

MARQUES, José Frederico. *Manual de direito processual civil*. Volume I, 9ª Ed., Campinas: Millennium, 2003.

MOREIRA, José Carlos Barbosa. *Temas de Direito Processual*. 6ª Ed., São Paulo: Saraiva, 2009.

_____ *Temas de Direito Processua*l. Sexta Série, São Paulo: Saraiva, 2003.

_____ *Temas de direito processual* - Sétima série. São Paulo: Saraiva, 2001.

NALINI, José Renato. A *rebelião da toga*. 2ª Ed. Campinas: Millennium, 2008.

NADER, Paulo. *Introdução ao estudo do Direito*. 9ª Ed., Rio de Janeiro: Forense, 1994.

NERY JR, Nelson. *Princípios do processo civil na Constituição Federal*. 8ª Ed., ed. rev. ampl. São Paulo: Revista dos Tribunais, 2001.

PEREIRA, Adilson Bassalho. *O Fim do Jus Postulandi" das Partes, na Justiça do Trabalho. A Importância do Advogado para o Direito, a Justiça e a Sociedade*. Rio de Janeiro: Forense, 2000.

PIETRO, Maria Sylvia Zanella Di. *Direito Administrativo*. 12ª. São Paulo: Editora Atlas, 2000.

ROMA, Celso Braga Golçalvez. *O "jus postulandi" da parte e o advogado na Justiça do Trabalho*. 1ª Ed. Rio de Janeiro: Editora Forense, 2000.

RUSSOMANO, Mozart Victor. Comentários à CLT. Rio de Janeiro: Editora Forense, 14ª Ed., 1992.

SANTOS, Boaventura de Sousa. Introdução à Sociologia da Administração da Justiça. *in* FARIA, José Eduardo. *Direito e justiça - A função social do judiciário*. São Paulo: Editora Ática, 1994.

_____ *Pela mão de Alice*. São Paulo: Editora Cortez, 2009.

SOUTO MAIOR, Jorge Luiz. *Direito processual* do *trabalho*. São Paulo: LTr, 1988.

WATANABE, Kazuo. Acesso à Justiça e Sociedade Moderna. *In: Participação e Processo*. GRINOVER, Ada Pellegrini (Coord.). Rio de Janeiro: Revista dos Tribunais, 1988.

A INTEGRIDADE FÍSICA E PSÍQUICA DO TRABALHADOR: COMO RECONSTRUIR OS REQUISITOS DAS INDENIZAÇÕES DE PENOSIDADE, INSALUBRIDADE E PERICULOSIDADE PARA ALÉM DE CRITÉRIOS ECONÔMICOS

Raphaela Magnino Rosa Portilho[1]
Ricardo José Leite de Sousa[2]
Vítor Schettino Tresse[3]

1. Introdução

Conforme Marx (2012), a relação de trabalho moderno tem origem com as grandes revoluções industriais e científicas do século XVIII. A partir de tal momento, os trabalhadores, independentemente de idade, gênero ou cor, foram submetidos às condições desumanas de trabalho que englobavam desde jornadas que chegavam a 18 horas diárias, até precariedades extremas do local de trabalho[4].

---

1 Mestranda em Direito de Empresa, Trabalho e Propriedade Intelectual do Programa de Pós-graduação da Universidade do Estado do Rio de Janeiro – PPGDIR/ UERJ. Membro do Grupo de Pesquisa Trabalho, Capitalismo e Direitos Humanos Fundamentais.

2 Advogado. Mestrando em Direito de Empresa, Trabalho e Propriedade Intelectual do Programa de Pós-graduação da Universidade do Estado do Rio de Janeiro – PPGDIR/ UERJ. Membro do Grupo de Pesquisa Trabalho, Capitalismo e Direitos Humanos Fundamentais.

3 Mestrando em Direito de Empresa, Trabalho e Propriedade Intelectual do Programa de Pós-graduação da Universidade do Estado do Rio de Janeiro – PPGDIR/ UERJ.

4 Neste sentido, importante passagem de Karl Marx no livro primeiro do Capital: crítica da economia política, no qual o autor afirma que na medida em que houve o desenvolvimento da maquinaria, diminuiu-se a necessidade de força muscular. Tal fato permitiu utilizar operários sem força muscular ou com um desenvolvimento incompleto do corpo, mas com

Desde então, grandes avanços foram conquistados graças aos vários tipos de abordagens do assunto. Neste ponto, papel fundamental teve a Doutrina Social da Igreja Católica que buscou precipuamente a proclamação das condições mínimas de justiça naquela conjuntura econômica e social. Com Leão XIII, na encíclica *Rerum Novarum*, tem-se a busca pela construção da dignidade do trabalhador e do próprio trabalho[5].

Neste sentido, uma das principais conquistas econômicas dos empregados é o direito ao adicional de remuneração para as atividades penosas, insalubres ou perigosas – inciso XXIII, da Constituição Federal de 1988 - regulado pelos artigos 192 e 193 da Consolidação das Leis do Trabalho (CLT).

Entretanto, o presente trabalho busca problematizar tal direito. A monetarização dos tipos de adicionais atribuídos constitucionalmente seriam suficientes para retribuir ao empregado a perda de sua integridade física e psicológica?

No atual cenário mundial, tem-se que, o dinheiro tornou-se o principal meio de troca do sistema capitalista de produção. Hoje, danos morais são mensurados, em sua absoluta maioria, monetariamente e até mesmo o abandono afetivo dos pais tem valor monetário segundo o Superior Tribunal de Justiça[6].

A fim de nortear a presente pesquisa faz-se um estudo do instituto do adicional de remuneração para as atividades penosas, insalubres e perigosas a partir de três referenciais teóricos, quais sejam, a teoria da justiça em Aristóteles e São Tomás de Aquino, a teoria crítica do trabalho moderno estabelecida no Livro *Critique du Droit du Travail* de Alain Supiot (1994) e finalmente, a teoria crítica do trabalho enquanto mercadoria no livro Salário, Preço e Lucro de

---

maior flexibilidade dos membros (trabalho feminino e infantil). Tal meio de substituição de trabalho e operários transformou-se num meio de multiplicar o número de assalariados pelo agrupamento de todos os membros da família operária, sem diferença de sexo nem de idade, sob a tutela do capital. "O trabalho coercivo para o capitalista usurpou não só o lugar das brincadeiras de criança, mas também o trabalho livre no círculo doméstico, dentro de barreiras éticas, para a própria família" (MARX, 2012, s.p.). Disponível em: http://www.marxists.org/portugues/marx/1867/capital/livro1/cap13/03.htm

5   Ver Encíclica Rerum Novarum, disponível em: http://www.vatican.va/holy_father/leo_xiii/encyclicals/documents/hf_l-xiii_enc_15051891_rerum-novarum_po.html

6   Neste sentido ver o recurso especial número 1159242, disponível em: https://ww2.stj.jus.br/processo/jsp/revista/abreDocumento.jsp?componente=ATC&sequencial=15890657&num_registro=200901937019&data=20120510&tipo=5&formato=PDF

Karl Marx (2008). Tal abordagem, apesar de mais complexa e difícil, torna-se necessária no presente trabalho. A análise do que é devido a cada um em uma relação de trabalho, perpassa, inicialmente, pela própria teoria sobre a justiça de Aristóteles e São Tomás de Aquino, que fundamentam toda a teoria ocidental moderna sobre tal assunto. Entretanto, como o autor deve ser analisado em seu contexto, e assim, se na época de Aristóteles era menos problemático elevar o dinheiro à categoria universal de meio-termo de troca para todas as situações, tal conceito deve ser estruturado sob ótica mais crítica, principalmente, devido ao objeto de estudo do presente trabalho. Desta maneira, essencial para uma melhor fundamentação do presente estudo, as análises críticas de Supiot, em relação à própria crítica ao tratamento do trabalhador como objeto e de Marx sobre a consideração do trabalho subordinado enquanto mercadoria. Assim, o propósito do texto é nada menos do que se realizar uma interpretação construtiva do próprio direito em análise, conforme a interpretação construtiva de Dworkin (2012).

O trabalho busca sua conclusão de acordo com a seguinte hipótese: tendo como premissa metodológica o estudo analítico da teoria dos autores elencados anteriormente, vê-se que a análise da monetarização do direito ao adicional de remuneração para as atividades penosas, insalubres e perigosas requer, além da problematização do justo na relação de emprego, um esforço discursivo de reconstrução dos elementos legais e constitucionais que servem de balizas para tal direito e permitem que a integridade física e moral do trabalhador sejam cambiáveis exclusivamente por dinheiro.

Em relação à estratégia metodológica, realizar-se-á uma pesquisa qualitativa, tendo em vista que é com base nos objetivos traçados que se propõe o estudo de textos científicos e legislativos sobre o direito ao adicional de remuneração para as atividades penosas, insalubres e perigosas, realizando-se a pesquisa por meio do método de análise de conteúdo. Dessa forma, quanto às técnicas de pesquisa, a opção foi, primordialmente, pela documentação indireta, a bibliográfica e a documental, uma vez que a base metodológica consiste na análise de conteúdo. Assim, a partir dos estudos do referencial teórico, busca-se um sistema analítico de conceitos a ser aplicado na interpretação de artigos científicos sobre o direito em análise.

Com o propósito de buscar uma melhor estruturação didática da temática abordada no estudo, o trabalho foi dividido em quatro partes. Primeiramente, será feita uma análise acerca do referencial teórico da teoria da justiça em Aristóteles e São Tomás de Aquino. Em um segundo momento, será exposto toda teoria de Supiot. Posteriormente, será abordada a análise crítica da teoria da precificação de Marx. Por fim, retoma-se a proposta inicial da presente pesquisa, buscando a conclusão com o propósito de sistematizar um raciocínio jurídico apto a analisar a questão proposta do trabalho bem além de uma construção puramente dogmática.

2. Por um conceito de justiça em aristóteles e são tomás de aquino

Em "Ética a Nicômaco" , Aristóteles (1991) considera as virtudes como os melhores hábitos humanos. Nesse sentido, ao atuar de forma virtuosa, as pessoas conseguiriam elevar-se para além da mera condição de animal, aproximando-as de um elemento otimizador metafísico.

A importância de São Tomás de Aquino (2012) é perceber a hierarquia de valores presente na obra de Aristóteles, que tem como fim a busca das ações justas, conforme a noção de Deus, ainda que não fosse possível ligar o filósofo a qualquer forma de cristianismo.

Nesse sentido, podem ser elencadas as seguintes virtudes cardinais estudadas na Ética: a temperança, a coragem, a prudência e a Justiça.

Com a temperança, Aristóteles (apud AQUINO, 2012) aproximava-se da perseverança em se abstrair dos elementos sensuais em prol de uma vida pública e política superior. Contudo, no cristianismo, tal virtude transforma-se na busca pela ligação metafísica e interior entre o homem e Cristo. A coragem, antes vista sob um viés exclusivamente bélico, cristianizou-se como luta constante do homem contra o mal e seus pecados. Já a prudência, que para Aristóteles (apud AQUINO, 2012), apoiava-se no respeito pela tradição e na melhor escolha possível para uma vida feliz, com a visão cristã, invade um nível espiritual mais amplo, tratando da necessidade de observação das escolhas e propostas ofertadas por um espírito maligno. E finalmente, a justiça, a virtude cardinal, objeto de análise do presente trabalho, assume na Ética de Aristóteles (apud AQUINO,

2012) um local especial. Por sua própria definição, aliás, é que forma a base de estudo e construção de todas as outras virtudes.

Em uma primeira conceituação de justiça para Aristóteles (apud AQUINO, 2012) tem-se que ela é, no final das contas, dar a cada um o que lhe convém, de modo que o excesso e a falta são situações adversas que devem ser evitadas, pois acabam por concretizar a situação de injustiça. Essa situação média da justiça não significa um meio termo matemático. O justo meio deverá ser analisado em cada caso, a partir das circunstâncias do indivíduo em face de outros fatores.

Com o Cristianismo de São Tomás de Aquino (2012), as virtudes estudadas por Aristóteles, passaram a ser harmonizadas sob o olhar de outras três virtudes maiores, denominadas teologias, quais sejam: a caridade, a esperança e a fé.

Segundo Tiago Tondinelli (2012), na introdução do livro "Da justiça" tais teologias vão influenciar a justiça, retirando seu caráter utilitarista. Sob o farol da caridade, a justiça passou a observar o homem como inocente até que ocorra prova em contrário, já em relação à fé, a justiça passou a se preocupar menos com vantagens políticas, e mais com o crescimento do homem, tendo em vista sua salvação eterna. E finalmente com a esperança, buscou-se criar leis universais, bem além dos sentimentos egoísticos que buscam apenas cargos políticos. Ao buscar um conceito de justiça, principalmente no livro "Ética a Nicômaco" , Aristóteles (1991) começa por definir o que seria o seu contrário, o injusto, e a partir de então passa a conceituar os vários tipos de justiça. Para o filósofo, assim deve ser a conceituação de justiça, pois, a própria ciência, por ser conhecimento, é conhecida através de elementos contrários.

Neste sentido, afirma o filósofo que a justiça não pode derivar-se de uma vontade na qual há paixões, pois a justiça seria a situação que se busca e executa ações justas. Por sua vez, a injustiça, de forma oposta, refere-se aos desejos e execuções de ações injustas. Pois, pelo fato de que os hábitos contrários pertencem aos elementos contrários, e que um ato pertence a um objeto determinado, frequentemente, um hábito contrário é conhecido por seu oposto.

Passado esse primeiro ponto, Aristóteles (apud AQUINO, 2012) passa a analisar cada tipo de justiça.

Inicialmente, o filósofo observa que o justo legal caracterizar-se-ia por sua conformidade com a lei. Assim, afirma que o elemento ilegal é injusto, enquanto o legal é justo, e tendo consciência de que o justo não é encontrado em todos os estados, afirma que todos os elementos legais seriam justos de alguma forma, porque considera toda lei legalmente justa por ser oriunda do Estado.

Assim, as leis devem ser estatuídas como algo que pode ser presumido como referente a um elemento útil à comunidade, isto estaria presente nas legislações preocupadas com o bem comum e seria propriamente denominada de lei reta – ressalte-se que à época era direcionado aos grandes homens, nobres, responsáveis por reger as cidades ou aos senhores -. Nesse contexto, a lei reta seria a lei estatuída para ordenar os elementos que pertencem às virtudes singulares, ao direcionamento da justiça.

Entretanto, a justiça legal deveria buscar seu fundamento na própria justiça natural, pois esta não procede de qualquer opinião humana, mas apenas da natureza, não sendo, por isso mutável. Para o filósofo, é necessário que toda conclusão de um regramento justo legal provenha de premissas do justo natural, como na afirmativa de que ninguém deve ser injustamente injuriado, ou que não se deve roubar. Esses regramentos são prerrogativas que pertencem, como premissas, ao direito natural, mas que também, como conclusão, se tornam leis positivas.

Analisada a justiça legal como a virtude comum a todas as pessoas, Aristóteles (apud AQUINO, 2012) afirma que, ao lado dessa justiça, existe uma particular. Conforme toda estruturação de seu estudo, para assumir que existe uma justiça particular, é preciso ter em mente que existe uma injustiça particular. Desta maneira, para o filósofo há uma justiça particular ao lado de uma justiça geral. Enquanto a justiça legal ordena-se para um elemento que é o bem comum, a justiça particular ordena-se para um bem pertencente a uma pessoa particular.

A partir deste momento, o filósofo busca esclarecer de que modo o justo é determinado como existindo em conformidade com um meio-termo coerente em outros dois tipos de Justiça, a distributiva e a comutativa.

Em relação à justiça distributiva, o meio-termo é admitido segundo uma proporcionalidade. Aristóteles (apud AQUINO, 2012) diz que, em quaisquer situações em que estiver presente o excesso ou a falta, será preciso buscar a igualdade, que representa o justo-meio entre o excesso e a falta. Desta maneira, o filósofo confirma que a justiça é uma espécie de igualdade, pois "o meio-termo da justiça distributiva deve ser proporcionalmente concebido: dar a cada um a correta medida do que lhe convém" (AQUINO, 2012, p.43).

O justo comutativo, por sua vez, refere-se às trocas. Nesse sentido, a proporcionalidade é aritmética, pois observa as relações e determina divisões pela igualdade quantitativa, e não pelas proporções, como ocorre na proporcionalidade geométrica. O igual é tomado segundo a proporção aritmética.

De qualquer forma, afirma o filósofo que, de algum modo, há um sentido distributivo de justiça; pois, em ambas as espécies estudadas, o justo é algo de igual, enquanto o injusto, de desigual.

Em relação aos conceitos de lucro e dano, o filósofo afirma que o justo comutativo é um igual, pois é meio-termo entre excesso e falta. Mas isso ocorre de forma diferente em relação ao bom e ao mau, pois possuir mais bens e menos males é condição que cabe à definição de lucro. Porém, em relação à definição de dano, cabe justamente o contrário, pois entre o dano e o lucro, o meio-termo é o que chamamos de justo. Por isso, segue a afirmativa de que o justo, direcionador das comutações, é o meio-termo entre o dano e o lucro, tomando, pois, ambos de forma comum.

Finalmente, chega-se ao ponto em que a interlocução de teorias faz-se necessária. Se até o momento foi possível relacionar o direito ao adicional por trabalho perigoso, insalubre ou penoso com toda a teoria da justiça aqui descrita, principalmente no que diz respeito a esse direito ser uma espécie de distribuição através do meio-termo, que permite certa igualdade entre o excesso e a falta e significa a própria busca de construção da justiça no contrato de trabalho entre a prestação de um serviço e sua retribuição, a ideia de Aristóteles (apud AQUINO, 2012) de que o dinheiro poderia ser um meio de troca suficiente em si, deve ser analisada conforme as teorias modernas de Marx (2008) e Supiot (1994) que buscam, justamente, criticar a ideia de trabalhador enquanto mercadoria. O objetivo da interlocução, não é nenhuma tentativa de crítica mais profunda a teoria de Aristóteles (1991), mas ao contrário, uma tentativa de atualização de sua análise para o modelo moderno de exploração capitalista de mão de obra assalariada, em especial, a exploração de mão de obra em trabalhos que demandam uma disposição maior da integridade física dos empregados.

Aqui, outra fundamentação de extrema importância – e que é bastante influenciada pela teoria de Aristóteles e São Tomás de

Aquino - é a própria Doutrina Social da Igreja Católica, pois além de criticar a exploração do trabalhador em vistas de uma justiça social, tem-se na Encíclica *Rerum Novarum* e nas encíclicas posteriores referentes ao assunto, a busca incondicional da concepção da pessoa humana, do seu valor único e da dignidade da livre atividade do homem. João Paulo II (1991), na Encíclica *Centesimus Annus* afirma que desenvolvimento integral da pessoa humana não contradiz, mas favorece a maior produtividade e eficácia do próprio trabalho. Da mesma maneira, tem-se na encíclica *Laboren Exercens* a afirmação de que o trabalho é para o homem e não o contrário.

Para analisar a questão do dinheiro, Aristóteles (apud AQUINO, 2012) usa o exemplo dos artesãos. Para que seu trabalho se adeque, e possa ser comutado, é preciso que haja algo que permita uma comparação universal entre todas as coisas passíveis de troca, o que permitira saber quais, dentre elas, valem mais, e quais valem menos.

O filósofo afirma que essa possibilidade de comutação é o motivo da invenção da moeda ou dinheiro que seria o instrumento por meio do qual são comparados os preços das coisas. O dinheiro funcionaria propriamente como um meio-termo, capaz de mensurar os extremos, a superambudância e a falta.

Tornando a face de uma medida comum, o dinheiro permite que todas as coisas possam ser adequadamente comensuradas por um único elemento. E nesse ponto, pode-se reanalisar o problema tematizado pelo presente trabalho: será que o adicional de insalubridade, periculosidade e penosidade são suficientes para garantir a justiça particular no contrato de trabalho? Será que a monetarização da integridade física do trabalhador é suficiente no sentido de justiça aristotélico, enquanto busca de atribuição do que é devido a cada um?

Uma observação importante feita por Aristóteles (apud AQUINO, 2012) é que, a necessidade contém todas as coisas comutáveis que se referem à necessidade humana. Todavia, isso não se dá pela apreciação das coisas segundo a dignidade de suas próprias naturezas, pois, se assim não o fosse, um rato, que é um animal sensível, teria um preço maior do que uma pérola, coisa inanimada. E novamente aqui, a tematização da monetarização da integridade física e moral do trabalhador é retomada, pois, a compensação em dinheiro é suficiente, tendo em vista que, a natureza entre os bens comensurados são essencialmente diferentes?

Em relação ao justo político, Aristóteles (apud AQUINO, 2012) afirma que ele consistiria em uma comunidade – a própria cidade - por ele ordenada e capaz de suprir por si de elementos pertencentes à vida humana. Este justo político existiria apenas entre os homens livres, mas não entre os servos, porque a relação de poder partindo dos senhores e direcionada aos servos não se refere ao justo político, mas ao justo do dominante.

Finalmente e não menos importante, Aristóteles (apud AQUINO, 2012) chega em um dos pontos altos de sua teoria, a diferença entre o equitativo e o justo. Para o filósofo, enquanto o primeiro exclui o justo legal, não parece que diferencie-se inteiramente do justo. O equitativo na visão do filósofo é algo melhor do que o justo, por isso, o equitativo não seria absolutamente igual ao justo. A equidade, conforme o filósofo é justa, mas não conforme a justiça legal, pois ela própria corresponde a uma direção do justo legal.

Aristóteles (apud AQUINO, 2012) afirma que a equidade tem por natureza ser a direção da lei nos casos particulares, pois é impossível para a legalidade abarcar todos os pontos da vida privada. A equidade teria sua vez exatamente, nos casos em que a lei fica impossível de ser imposta, pois há situações em que as circunstâncias não podem ser previstas pelo homem.

Nesse sentido, Aristóteles (apud AQUINO, 2012) afirma que a sentença do juiz sob a luz da equidade deveria comportar-se como a régua plúmbea que, caracterizava-se pela sua maleabilidade e sua capacidade de adaptação às várias figuras de pedra, não permanecendo na mesma disposição.

3. Alain Supiot: as tradições romana e germânica. O trabalho como objeto. O trabalhador como sujeito de direitos.

Em sua obra "Critique du Droit du Travail", Alain Supiot (1994) objetiva desconstruir o Direito do Trabalho a fim de alcançar os princípios que agem como seus pilares de sustentação. Para tanto, parte de uma análise histórica acerca de suas bases e, consequentemente, reflexos jurídicos.

Cumpre destacar que tanto na Antiguidade quanto no Antigo Regime a palavra "trabalho" não possuía o mesmo significado que hoje a ela se atribui, estando a etimologia do termo relacionada à ideia de dor e sofrimento, como no trabalho de parto da mulher[7].

Assim, a noção moderna de trabalho apresenta relação simbiótica com o pensamento econômico que passa a enxergá-lo como um mercado. Tem-se, portanto, o traço paralelo entre a invenção do trabalho e a invenção do desemprego, lógica cuja pedra fundamental é identificada na fórmula capitalista de racionalização sobre a base de cálculo, a redução de coisas e pessoas a números (SUPIOT, 1994), criticada de forma contundente por Karl Marx. Tal percepção permitiria conceber o trabalhador como um sujeito que aluga os seus serviços a outro sujeito através de um negócio, cujo objeto seria justamente o trabalho.

Os reflexos da referida concepção são percebidos sob duas óticas econômicas distintas. Do ponto de vista macroeconômico, o trabalho equipara-se a um fator de produção. No que tange à ótica microeconômica, exemplificada pelo modelo taylorista, o mesmo seria entendido como uma série de atos elementares sucessivos reduzidos a uma mesma unidade de tempo, possibilitando o cálculo de preços de venda, de rendimento e de lucro.

Na esteira do raciocínio acima delineado, seria lógico concluir que o Direito do Trabalho tem lugar de aplicação toda vez que o trabalho for tratado como mercadoria, isto é, como objeto de um negócio. No entanto, Supiot (1994) tem o mérito de destacar de plano a grande dificuldade jurídica que tal postulado carrega, qual seja: o fato do trabalho não ser mercadoria, por força do aspecto da pessoalidade (que o torna indissociável da pessoa do trabalhador).

A ficção econômica oriunda dessa concepção abstrata do trabalho desemboca em um enigma fundamental ao direito, materializada em duas questões: (i) o trabalho, que cria relacionamentos entre pessoas e coisas, é coisa ou pessoa? (ii) um homem livre pode ser submisso ao poder de um igual?

---

7   Interessante destacar o aspecto etimológico a partir de análise realizada por Hannah Arendt (1993) em obra intitulada "A Condição Humana": "Todas as palavras europeias para <<labor>> - o latim e o inglês *labor*, o grego *ponos*, o francês *travail*, o alemão *Arbeit* – significam dor e esforço e são usadas também para as dores do parto. *Labor* tem a mesma raiz etimológica que *labare* (<<cambalear sob uma carga>>); *ponos* e *Arbeit* têm as mesmas raízes etimológicas que <<pobreza>> (*pênia* em grego e *Armut* em alemão). O próprio Hesíodo, tido como um dos poucos defensores do trabalho na antiguidade, via *ponon alginoenta* (o <<labor doloroso>>) como o primeiro dos males que atormentavam os homens (*Teogonia* 226) (ARENDT, 1993, p.58)

Tal enigma põe as instituições à prova e, a partir dele, Supiot (1994) constrói uma crítica ao direito do trabalho utilizando-se de alguns paradigmas, sendo o mais importante para o desenvolvimento do presente artigo o paradigma do papel do corpo do trabalhador na relação de trabalho. Contudo, primeiramente faz-se necessário traçar um breve panorama acerca das duas principais tradições que alimentaram a concepção jurídica da relação de trabalho - romana e germânica – estudo ao qual o autor se dedica com profundidade.

A fim de melhor compreender a análise contratual da relação de trabalho presente nos Códigos Liberais torna-se imperativo buscar as origens de tal construção, que remontam ao Direito Romano. A cultura romana possuía dois institutos fundamentais a essa análise: (i) *locatio hominis* (variação da locação de coisas), segundo o qual um senhor concederia temporariamente a outro o uso de um escravo mediante retribuição; e (ii) *locatio operarum*, segundo o qual um homem livre se colocaria a serviço de outro voluntariamente. Note-se que a *locatio operarum* era um instituto raro e considerado aviltante, pois o homem livre se autolocaria à prestação de serviços para outro homem livre, tal como um senhor locaria seu escravo.

Nota-se, portanto, a relação com a figura do contrato. É justamente o prisma contratual que permeia a concepção jurídica da relação de trabalho presente nos Códigos Liberais inspirados pelos fundamentos da Revolução Francesa de 1789. Com efeito, deve-se ter em mente que um dos objetivos da mencionada Revolução capitaneada pelos anseios da burguesia era a extinção das chamadas corporações de ofício, nas quais já era possível identificar uma espécie de subordinação pessoal e hierárquica.

Uma análise contratual permitiria, em contrapartida, a afirmação da liberdade individual do trabalhador, sujeito apto a negociar sua própria força de trabalho, uma vez proprietário desta. Nesse contexto, importante lição se extrai do comentário de Hannah Arendt sobre a contribuição moderna ao conceito de propriedade:

> [...] a propriedade não constituía parte fixa e firmemente localizada no mundo, adquirida por seu detentor de uma maneira ou de outra, mas, ao contrário, tinha no próprio homem sua origem, na sua posse de um corpo e na indiscutível propriedade da força desse corpo, que Marx chamou de <<força de trabalho>> (ARENDT, 1993, p.80).

Enxerga-se, portanto, uma apropriação liberal do conceito de locação de serviços tipicamente romano (compreensão da relação de trabalho como uma troca entre sujeitos formalmente iguais, na órbita do direito das obrigações) transformada a partir da retirada da categoria de locação das coisas para a formação de uma categoria autônoma e, por conseguinte, de uma nova classificação, que não pode perder de vista a ideia de que o trabalhador se objetiva em um bem negociável (sua força de trabalho) que não guarda relação com sua pessoa. Essa construção é o que torna possível a formação de um contrato regulando a relação de trabalho, em perfeita compatibilidade com o pensamento econômico liberal que se desenhou a partir do século XVIII.

Em contraposição, a tradição germânica remonta ao antigo direito medieval alemão, cuja concepção se fazia presente na estrutura das corporações de ofício. Isso porque ao lado da relação de trabalho servil que caracterizou a Idade Média estava o chamado contrato de vassalagem, segundo o qual um homem livre se colocava a serviço de outro que lhe garantiria em retorno proteção, ajuda e representação. O contexto era o da natureza de ligação pessoal baseada na fidelidade recíproca.

Cumpre observar que a tradicional visão germânica chegou a ser eclipsada pelo advento do Código Civil Francês de 1804. Notoriamente, o mesmo exerceu grande influência sobre uma série de ordenamentos jurídicos não só na Europa. Nessa seara, o primeiro projeto do Código Civil Alemão (BGB) trazia a visão romana revisitada pelo Código Napoleão, o que foi alvo de críticas.

Uma corrente mais radical foi pautada no repúdio à figura do contrato como parte integrante/formadora dessa relação, que seria entendida sob um viés comunitário (ligação comunitária que nasce da integração do trabalhador à comunidade de trabalho). Essa concepção dominou o pensamento alemão e a questão que surgiu foi saber como e até que ponto deveria ser reintroduzido o contrato no jogo da análise da relação de trabalho (Apud, SUPIOT, 1995)

Ao longo do tempo, os países europeus operaram uma espécie de síntese entre as concepções germânica e romana, embora não tenha sido de maneira uniforme nem estável. Importa observar, com efeito, que tal compatibilização (trabalho como bem e objeto do direito – relacionada à vertente contratual/romana; e trabalhador como pessoa e sujeito de direito – atrelada à vertente germânica) é imperativa à atual qualificação do trabalho. A variação aqui será praticamente caso a caso, pois ora a balança poderá tender à ótica do trabalho, ora à do trabalhador.

A perspectiva do trabalho enquanto objeto de direito encontra-se adstrita à equiparação da relação de trabalho ao contrato. Deste postulado resta possível deduzir que estão presentes o princípio da liberdade contratual e o caráter sinalagmático das prestações. Ademais, desse contexto deriva o alinhamento entre a locação de serviços e a locação de coisas, isto é, entre o direito do trabalho e o direito das coisas. Em suma, o tratamento contratual identifica o trabalho como um bem considerado sobre dois aspectos – coisa e pessoa – sendo que o primeiro determina o segundo. Nota-se uma prevalência do aspecto "coisa", traduzido no trabalho como um bem do patrimônio negociável, isto é, uma mercadoria. O papel da pessoa (trabalhador) é simplesmente o de negociação do bem trabalho, pautada na ideia da liberdade negocial entre homens livres e formalmente iguais.

Não obstante a construção da relação de trabalho em torno do contrato, tal análise estritamente patrimonial não consegue definir os contornos de um aspecto fundamental levantado por Supiot (1994): qual seria o estatuto jurídico do corpo do trabalhador integrante de uma relação de trabalho?

Se o trabalho é um bem cujo uso é concedido a partir da inspiração na locação de coisas, qual seria a *res* específica? Em um contrato de locação de imóvel, o imóvel. Em um contrato de locação de automóvel, o automóvel. E em um contrato de locação de serviços, isto é, em uma relação contratual de trabalho? Supiot (1994) entende que seria a *res* específica sobre a qual o trabalhador concede o uso, o seu corpo.

Contudo, a doutrina em geral entende que o objeto da relação contratual de trabalho seria a obrigação devida por cada parte. Assim, seria constituído pelo binômio prestação do trabalho – pagamento do salário. Justamente nesse ponto, Supiot (1994) faz uma crítica contundente, ao entender que tal análise se revela bastante superficial, uma vez que não haveria como compreender corretamente a relação de trabalho sem desdobrar tal estudo em mais dois aspectos: objeto da obrigação devida por cada parte e objeto da prestação, isto é, daquilo que constitui o núcleo da matéria do contrato.

Em outras palavras, compreende-se o objeto da obrigação devida pelo trabalhador a prestação do trabalho, enquanto o objeto da obrigação do empregador seria o pagamento da remuneração. Já no que concerne ao objeto da prestação do trabalhador, defende-se que esse seria o corpo do trabalhador, enquanto o objeto da prestação do empregador seria o salário.

Assim, a análise do estatuto jurídico do corpo do trabalhador situa-se no segundo aspecto de desdobramento da relação de trabalho, acima exposto. Dessa forma, embora não reconhecidamente dito pela doutrina jurídica, o corpo é a "pedra angular do direito positivo do trabalho" (SUPIOT,1995, p.54).

Entretanto, tratar o corpo humano como o epicentro de uma relação jurídica se revela problemático nos contornos atuais. Isso porque existe uma profunda aceitação de que o corpo não poderia ser considerado uma coisa dentro do comércio. A tendência é considerar o direito do homem sobre o próprio corpo como de natureza suprapatrimonial. Disso decorre a ilicitude de uma série de convenções que possuam o corpo humano como objeto central, como por exemplo, um contrato de compra e venda de órgãos.

A compatibilização entre a ilicitude das convenções acerca do corpo humano e o contrato de trabalho teria lugar se este fosse enxergado como uma exceção aquela. No entanto, a doutrina opta por seguir caminho distinto. O que desempenha papel preponderante não é o corpo do trabalhador, mas a pessoa do trabalhador na economia do contrato de trabalho[8], o que Supiot[9] (1994) entende levar à ocultação do lugar específico do corpo humano na relação de trabalho.

Muito embora as análises modernas sobre a questão concluam pela impossibilidade de se tratar a relação de trabalho materializada em um contrato como uma espécie de locação de coisas, considerando, portanto, o contrato de trabalho como uma modalidade *sui generis*, Supiot (1994) permanece afirmando que a indagação fundamental continua sem resposta. O caráter *sui generis* não derivaria

---

8 A lição de Ripert e Boulanger sistematiza bem essa ideia: "A pessoa humana é, na realidade, o objeto do contrato, ao mesmo tempo em que é o sujeito desse contrato" (tradução livre). (RIPERT; BOULANGER apud SUPIOT, 1994, p. 57)

9 Citando Jean Savatier, em tradução livre: "(...) o assalariado não abandona seu corpo à vontade do empregador, apenas contrata obrigações de fazer ou não fazer. Os direitos sobre seu corpo seriam inalienáveis" (SAVATIER apud SUPIOT, 1994, p. 58)

exatamente do caráter de objeto que o corpo representa dentro do contrato de trabalho?

O direito do trabalho como um todo não poderá ser compreendido enquanto houver recusa ao enfrentamento da antinomia entre o postulado contratual e o postulado da não patrimonialidade do corpo humano.

Estrutura-se o raciocínio da seguinte maneira: a pessoa física é o objeto da prestação do trabalhador assalariado e o corpo representa o meio obrigatório de realização das obrigações assumidas pelo trabalhador, formando a matéria do contrato. Assim, reduzir o contrato de trabalho ao caráter pessoal seria "ambíguo, perigoso e insuficiente" (SUPIOT, 1994, p. 60)[10].

Seria um erro partir do pressuposto de que a atenção dada ao corpo humano dentro das relações de trabalho surgiu a partir de estudos jurídicos. Devemos aos sociólogos, em particular aqueles que primeiro se debruçaram sobre os reflexos sociais que a economia pós Revolução Industrial gerou, a observação acerca do papel que o corpo passou a assumir dentro da análise patrimonial. Tais reflexões derivam da observação dos fatos, da forma pela qual o trabalho era prestado na Europa Industrial. Notoriamente, as más condições (elevadas jornadas de trabalho, falta de segurança, baixa remuneração, interrupção de pagamento por força de acidente ocorrido durante a prestação e em razão do trabalho, etc.) imperavam no cenário fabril, atingindo trabalhadores de qualquer idade e gênero.

O cenário acima descrito evidencia a relação do trabalho à etimologia latina já mencionada, qual seja, a de tortura física. Ademais, percebe-se fundamental para a compreensão da ascensão do movi-

---

10 Ambíguo porque o caráter pessoal da relação designa ordinariamente no direito das obrigações a natureza intuito personae da relação contratual, que não é o objeto de análise neste momento. Perigoso uma vez que entender que a prestação tem por objeto a pessoa inteiramente leva à completa reificação da mesma, que a análise contratual tem justamente por mérito limitar. A ideia do trabalhador livre veio para eliminar a escravidão e a servidão, reconhecendo ao trabalhador a capacidade jurídica de dispor de suas próprias forças. Insuficiente pois todo contrato compromete as pessoas dos contratantes, fazendo as vezes da lei que eles atribuem a si mesmos. Particularmente, todos os contratos que têm por objeto uma atividade humana implicam em forte comprometimento da pessoa do prestador da atividade. Contudo, não é o devedor ele mesmo que forma a matéria da contratação. O objeto é uma coisa ou uma prestação definida anteriormente, enquanto que no contrato de trabalho tal definição será feita dentro da execução do contrato propriamente dita (SUPIOT, 1994).

mento operário e também para o aparecimento do direito do trabalho na ordem jurídica[11].

Caracterizada a noção de trabalho como objeto de direito, traz-se à colação o papel do trabalhador enquanto sujeito de direitos.

A lógica de mercado acaba por abrir espaço para a reaparição de valores não patrimoniais, no que tange ao valor do corpo como substrato da pessoa do trabalhador. O direito do trabalho não vem realizar uma ruptura nesse contexto, mas sim operar uma gradação que parte da segurança física do trabalhador (segurança no trabalho), passando pela segurança econômica (segurança para o trabalho) e culminando no que Supiot (1994) chama de "identidade para o trabalho". Para fins didáticos, o presente trabalho dará maior enfoque às duas primeiras vertentes[12].

Em uma relação de trabalho, tem-se que o empregador arrisca seu patrimônio enquanto o trabalhador arrisca sua saúde. Assim, tudo aquilo capaz de afetar o corpo (idade, sexo, maternidade, doença, etc.), objeto do contrato de trabalho, afeta necessariamente o contrato. Daí decorre a noção de que o objeto só pode ser lícito se consistir em um corpo apto ao trabalho. Dessa forma, a inaptidão priva o contrato de um objeto lícito, levando à sua ruptura ou à redefinição dos termos.

No que tange ao aspecto da segurança para o trabalho, tem-se um contexto de segurança econômica. Não se pode considerar suficiente que o trabalhador saia fisicamente incólume após prestar seu trabalho, também é necessário que ele possua meios de perpetuar sua força de trabalho e de manter sua família.

A concepção puramente contratual da relação de trabalho seria incapaz de prover essa segurança aos trabalhadores, à medida que imputaria todos os riscos da atividade ao trabalhador, que teria na força de trabalho parte de seu patrimônio. Resta possível relacionar tal afirmação com (i) as más condições de trabalho acima expostas;

---

11 De acordo com Supiot (1994), "a primeira razão de ser do direito do trabalho foi a proteção das crianças contra as torturas físicas que resultavam da prestação do trabalho em más condições. Constrói a afirmação a partir da citação das leis sobre o trabalho infantil de 1883 (Inglaterra), 1839 (Prússia) e 1841 (França, considerada geralmente como o ato normativo que deu origem ao direito do trabalho francês)" (SUPIOT, 1994, p. 66).

12 A segurança no trabalho não está limitada às regras técnicas que visam prevenir ou reparar as lesões físicas que podem decorrer da atividade laboral, estando relacionada a todos os aspectos que compõem a existência biológica do trabalhador.

(ii) noção de "Apropriação Prévia ou Original", ou "Expropriação Original", segundo Karl Marx (2008).

A história mostra a construção lenta e gradual da ideia da repartição desses riscos, que hoje estão – ou deveriam estar – divididos entre empregadores, empregados, coletividade nacional e categorias profissionais. O objetivo é assegurar ao trabalhador os meios de subsistência. Supiot (1994) cita como exemplo dessa evolução o surgimento do pensamento do salário atrelado à garantia do mínimo existencial.

Finalmente, torna-se possível observar como a lição de Supiot (1994) se aplica ao ponto central do presente trabalho: a questão envolvendo o excesso na utilização de adicionais de periculosidade e insalubridade.

O Direito do Trabalho evoluiu para corrigir as falhas de um sistema que nasceu sob a égide de um pensamento estritamente econômico, do qual resultaram males já explicitados. O papel do direito atualmente é dar um equilíbrio à relação que pende para o desequilíbrio, ou, em outras palavras, trazer justiça a um contexto precipuamente injusto. Os adicionais tratados pelos artigos 192 e 193 da CLT funcionam como contraprestação às condições reconhecidas como injustas, mas que não passíveis de completa eliminação.

A ponderação que se faz é se o pagamento do adicional como resposta definitiva, em detrimento de uma maior mobilização em torno de buscar soluções que diminuam cada vez mais as situações de prestação do trabalho em condições perigosas ou insalubres não representa, justamente, uma nova forma de tratar a prestação do trabalho, o objeto dessa prestação – corpo humano – e o próprio trabalhador como mercadorias. E mais, tendo o pressuposto de justiça como meio-termo como conciliar todos os interesses em conflito?

4. Karl Marx e a monetarização do risco na atividade do trabalhador.

Karl Marx redigiu "Salário, Preço e Lucro" em 1865, para que fosse lido por ele próprio no Congresso Geral da Associação Internacional de Trabalhadores, também conhecido como Primeira Internacional Comunista, como uma resposta contunde e crítica ao cidadão Weston (John Weston), membro do Conselho Geral, que havia discursado no Congresso antes de Marx, defendendo a opinião de que a luta pela majoração salarial era equivocada e que toda movimentação operária nesse sentido deveria ser desmotivada.

De acordo com essa obra de Marx, John Weston (apud MARX, 2008) defenderia o raciocínio de que o aumento dos salários implicaria o aumento dos custos de produção, que por sua vez redundariam no aumento dos preços das mercadorias, resultando, ao final, no aumento do custo de vida.

Essa conclusão baseia-se na premissa de que o montante do salário real é um montante fixo, como também o montante da produção nacional é uma coisa fixa.

Segundo a ótica de Weston (apud MARX, 2008), o ciclo fecha-se com os salários comprando menos mercadorias, que passariam a ser mais caras do que antes do aumento dos salários.

"Salário, Preço e Lucro" é uma ferrenha crítica de Marx a esse posicionamento, sendo que as ideias por ele defendidas ao longo dessa obra interessam diretamente à problematização do presente artigo.

Marx (2008) começa seu texto por afirmar que o montante da produção nacional não é fixo, sendo, pelo contrário, variável pela contínua mudança na acumulação de capital e nas forças produtivas de trabalho, chegando à conclusão de que, se a produção é variável antes dos aumentos dos salários, continuará a sê-lo após isso. Por tal razão, o aumento salarial, por si só, não mudaria imediatamente o montante da produção.

De forma a continuar sua argumentação, Marx (2008) cogita a hipótese de a produção ser uma constante. Mesmo nesse caso, seria possível o aumento salarial, desde que houvesse a redução do lucro. Utiliza como exemplo o número 8, sendo seis equivalente ao lucro e 2 aos salários. De acordo com sua lógica, nada impediria que os salários aumentassem para 6 e os lucros diminuíssem para 2, mantendo-se o valor total fixo.

Ainda analisando o princípio da constância defendido por Weston, afirma Marx (2008) que a luta pela melhoria salarial estaria justificada, como uma reação contra as medidas cíclicas de redução salarial, uma vez que, sendo o salário uma medida constante, não seria possível admitir-se as sucessivas ocorrências de redução salarial verificadas ao longo da história. Nesse mesmo esteio, tampouco poderia se admitir que a redução dos salários fosse aceitável por mera vontade dos capitalistas.

Prosseguindo sua crítica ao raciocínio esposado por Weston, registra Marx (2008) que seria necessário explicar porque, em determinados países, as condições salariais são melhores do que em outros. Pondera que se a resposta estivesse atrelada apenas à vontade do capitalista, as condições acabariam sendo as mesmas, porque a vontade em questão é sempre a de ficar com o mais possível.

Desse silogismo, conclui que a resposta não está na vontade do capitalista, mas sim nos limites de seu poder e no caráter desse poder.

Já aqui, pode-se propor uma primeira reflexão, à luz do texto de Marx (2008), sobre a monetarização dos riscos que se apresentam à saúde do trabalhador, mormente os decorrentes das atividades perigosas, insalubres e penosas. Em que medida a integridade física do trabalhador e a necessidade de mantença de sua incolumidade física são tratados pela legislação pátria como um limite ao poder do capitalista personificado na figura do empregador?

Como visto anteriormente, a Constituição Federal de 1988 preconiza em seu art. 7º, inciso XXIII, que as atividades penosas, insalubres ou perigosas devem ser compensadas com um adicional de remuneração, cuja definição fica a cargo da legislação infraconstitucional.

Os adicionais destinados a remunerar atividades insalubres e perigosas estão previstos, respectivamente, nos arts. 192[13] e 193, §1º[14], ambos da CLT.

Relativamente às atividades penosas, apesar de terem se passado 25 anos da promulgação da Constituição de 1988, o legislador até o momento não cuidou de definir quais são essas atividades, menos ainda de determinar o adicional que deve remunerá-las.

Dessa breve análise, pode-se concluir que o limite que o legislador constituinte pátrio desejou opor ao capitalista foi simplesmente de ordem pecuniária.

O legislador ordinário, por seu turno, não deu sequência à totalidade dos anseios do constituinte, haja vista sua inércia em regular o adicional de penosidade.

---

13 Art. 192 - O exercício de trabalho em condições insalubres, acima dos limites de tolerância estabelecidos pelo Ministério do Trabalho, assegura a percepção de adicional respectivamente de 40% (quarenta por cento), 20% (vinte por cento) e 10% (dez por cento) do salário-mínimo da região, segundo se classifiquem nos graus máximo, médio e mínimo (BRASIL, 1943, s.p.).

14 § 1º - O trabalho em condições de periculosidade assegura ao empregado um adicional de 30% (trinta por cento) sobre o salário sem os acréscimos resultantes de gratificações, prêmios ou participações nos lucros da empresa (BRASIL, 1943, s.p.)

Feita essa primeira constatação, importa retornar à análise do texto de Marx (2008), que dá prosseguimento ao seu discurso analisando as afirmações de Weston à luz da lei da oferta e procura.

Segundo Marx (2008), Weston propõe que a vontade do capitalista seria o único fundamento necessário para o aumento dos preços das mercadorias.

Esse argumento é impugnado por Marx (2008), ao fundamento de que rotineiramente se verifica uma flutuação nos preços dos produtos. Se não houvesse outra razão a influir nessa flutuação que não a vontade do capitalista, não haveria explicação para as reduções de preço que ocorreram ao longo dos tempos.

Num exercício de retórica, Marx (2008) trabalha com a hipótese de o aumento na taxa dos salários influir na oferta/procura por produtos de primeira necessidade. Se por um lado este aumento na procura poderia levar ao aumento de preços desses gêneros, por outro lado, haveria um decréscimo na procura de produtos de luxo. Ao fim e ao cabo, entre aumentos e descensos de preços, manter-se-ia um equilíbrio.

Prosseguindo em sua elucubração, Marx (2008) cita medidas adotadas ao longo do tempo que foram tidas como possíveis detonadores da derrocada da atividade industrial. Uma delas foi a Lei das 10 horas (*Ten Hours Bill*), que reduziu a jornada de trabalho máxima de 12 para 10 horas. Diziam os economistas que eram justamente as 2 horas reduzidas que proporcionavam o lucro dos capitalistas e que, com a redução, a atividade fabril tinha seus dias contados. Na prática, entretanto, o que se viu foi uma onda de aumento salarial, uma maior taxa de ocupação de mão de obra, e um aumento da produção como um todo, na sequência de uma contínua queda de preços, sendo certo que, se a tese de Weston estivesse certa, nada disso poderia ter ocorrido.

Nesse ponto do texto da Marx (2008), impõe-se outra reflexão que interessa ao objeto do presente estudo.

A medida implementada pela *Ten Hours Bill* teve repercussão direta na taxa de ocupação de mão de obra, vindo a reforçar a produção.

Uma saída do mesmo gênero, ou seja, redução da carga horária como compensação pela atividade penosa, perigosa ou insalubre, não se afiguraria mais desejável do que o mero pagamento de um adicional?

Nessa hipótese, a limitação à vontade do capitalista não perpassaria apenas pelo custo operacional de sua atividade, mas também pela alteração de um dos alicerces do sistema capitalista de produção, qual seja, a redução no contingente do exército industrial de reserva, maneira a que Marx (2008) se refere à massa trabalhadora desempregada, que é utilizada pelos detentores dos meios de produção como uma ferramenta para a manutenção do *status quo* dos trabalhadores empregados, que, eventualmente deixando de produzir aquilo que deles se espera, seja por qual razão for, podem ser substituídos imediatamente.

De fato, um reflexo provável e esperado da implementação de medida que implique a redução da carga horária do empregado submetido a condições penosas, perigosas ou insalubres seria a necessidade de contratação de novos empregados, de forma a manter o ritmo a produção.

Tais contratações influiriam diretamente na redução do exército industrial de reserva, propiciando à massa trabalhadora um maior poder de resistência na luta de classes.

É interessante observar que o legislador ordinário em nosso país já utilizou expediente desse gênero, como forma minorar os reflexos de atividade penosa.

O art. 73 da CLT exemplifica atuação legislativa nesse sentido:

> Art. 73. Salvo nos casos de revezamento semanal ou quinzenal, o trabalho noturno terá remuneração superior a do diurno e, para esse efeito, sua remuneração terá um acréscimo de 20 % (vinte por cento), pelo menos, sobre a hora diurna.
>
> § 1º A hora do trabalho noturno será computada como de 52 minutos e 30 segundos.
>
> § 2º Considera-se noturno, para os efeitos deste artigo, o trabalho executado entre as 22 horas de um dia e as 5 horas do dia seguinte.
>
> § 3º O acréscimo, a que se refere o presente artigo, em se tratando de empresas que não mantêm, pela natureza de suas atividades, trabalho noturno habitual, será feito, tendo em vista os quantitativos pagos por trabalhos diurnos de natureza semelhante. Em relação às empresas cujo trabalho noturno decorra da natureza de suas atividades, o aumento será calculado sobre o salário mínimo geral vigente na região, não sendo devido quando exceder desse limite, já acrescido da percentagem.

§ 4º Nos horários mistos, assim entendidos os que abrangem períodos diurnos e noturnos, aplica-se às horas de trabalho noturno o disposto neste artigo e seus parágrafos.
§ 5º Às prorrogações do trabalho noturno aplica-se o disposto neste capítulo. (BRASIL, 1943, s.p.)

O legislador, através de uma ficção jurídica, reduziu o cômputo da hora noturna de trabalho, especificada como aquela desempenhada entre as 22h de um dia e as 5h do dia seguinte.

Fez isso porque, fisiologicamente, o empregado que trabalha nesse horário é submetido a um maior desgaste físico, pela subversão de seu relógio biológico, e emocional, em razão da privação do convívio social, relativamente ao empregado que se ativa em horário diurno.

Vê-se, portanto, que não há qualquer ineditismo na proposta de redução da carga horária de trabalho para os empregados que sejam submetidos a condições de trabalho mais gravosas.

Outras medidas, também relacionadas à duração da jornada de trabalho, podem ser adotadas como um óbice à vontade do capitalista.

A criação de intervalos ao longo da jornada, como uma forma de minorar os impactos dos agentes perigosos ou insalubres junto à saúde do empregado, são outra saída que se afigura desejável.

A proposta apresentada tampouco se afigura inédita no ordenamento vigente em nosso país.

O art. 384 da CLT[15], por exemplo, condiciona a execução de labor em regime extraordinário pela mulher à concessão de um intervalo de 15 minutos antecedendo a jornada extraordinária.

No mesmo esteio das propostas anteriores e de forma mais específica, tem-se que o tempo de exposição do empregado ao agente de risco, deve ser controlado, de forma a preservar sua saúde.

No Brasil, o Poder Executivo, através do Ministério do Trabalho e Emprego, editou normas nesse sentido, podendo-se citar, a título de exemplo, a Norma Regulamentadora nº 15[16], que cuida de atividades e operações insalubres, e dispõe, entre outros comandos protetivos, limites de tempo para tolerância de ruídos, calor e frio.

---

15 Art. 384 - Em caso de prorrogação do horário normal, será obrigatório um descanso de 15 (quinze) minutos no mínimo, antes do início do período extraordinário do trabalho (BRASIL, 1943, s.p.).

16 O texto da Norma Regulamentadora nº 15 do Ministério do Trabalho e Emprego pode ser consultado no seguinte endereço eletrônico: http://portal.mte.gov.br/data/files/FF8080812DF396CA012E0017BB3208E8/NR-15%20%28atualizada_2011%29.pdf

Dessa forma, constata-se que a monetarização do risco a que se expõe os empregados durante o processo produtivo não é a única saída existente.

Entretanto, a luz dos ensinamentos de Marx, ela é a resposta mais interessante para o detentor dos meios de produção.

Para Marx (2008), a substância social de toda mercadoria é o Trabalho Social, ou seja, trabalho como parte integrante da soma total de trabalho gasta pela sociedade.

Já os valores relativos das mercadorias são determinados pelas quantidades de trabalho empregado em sua produção.

A fixação do valor da mercadoria pelo valor do trabalho não é o mesmo que sua fixação pela quantidade de trabalho despendida na produção do item, porque a retribuição pelo trabalho e a quantidade de trabalho são coisas distintas.

Explica Marx (2008) que os valores das mercadorias são diretamente proporcionais aos tempos de trabalho empregados na sua produção e inversamente proporcionais às forças produtivas do trabalho empregado, alertando para o fato de que não existe algo do gênero "valor do trabalho". O que existe é o valor da força de trabalho, que ele define como o valor dos meios de subsistência requeridos para produzir, desenvolver, manter e perpetuar a força de trabalho.

A isso, Marx (2004) chama de "Expropriação Original", que pode ser reduzida ao seguinte aforismo: um conjunto de pessoas compra continuamente a força de trabalho visando o lucro e um outro conjunto vende continuamente objetivando ganhar a vida.

Prossegue seu raciocínio expondo a definição de mais valia, como o trabalho que é feito além do necessário ao pagamento do próprio salário do operário.

A taxa de mais valia depende da razão em que o dia de trabalho é prolongado para além do período em que o operário apenas produz o equivalente a sua força de trabalho, repondo, portanto, o seu salário.

Apesar de apenas parte do trabalho ser remunerado o que aparenta ao operário é que todo o trabalho foi remunerado.

Segundo Marx (2008), apenas a aparência separa o camponês servo do operário assalariado, já que ambos trabalham parte do tempo para si - o servo nas terras destinadas ao seu consumo e o operário no tempo de trabalho equivalente ao seu salário - e parte do tempo trabalham de graça - um na plantação do senhor e o outro para contribuir para a mais valia.

Para o capitalista, o limite do trabalho é o elemento físico, sendo que o máximo do lucro corresponde a um prolongamento tão grande do dia de trabalho quanto for compatível com as forças do trabalhador.

Os limites físicos do dia de trabalho só são limitados por interferência legislativa, não havendo um simples consenso que atenda capitalistas e trabalhadores.

Em assim sendo, a monetarização do risco a que é submetido o trabalhador sujeito a condições insalubres, penosas ou perigosas não tende a minorar a exposição dos empregados a esses riscos, mas sim a institucionalizar o próprio risco.

Os adicionais propostos pelo legislador para remunerar o trabalho insalubre ou perigoso tendem a ser inseridos no cômputo do salário que será pago ao trabalhador.

Assim, se o capitalista tenciona gastar com R$ 1.040,00 (mil e quarenta reais) com o salário de um empregado que exercerá seu labor exposto a risco de explosões, o fará da seguinte maneira: R$ 800 de salário + R$ 240,00 de adicional de periculosidade.

Nesse caso, a mais valia terá como ponto de partida o salário nominal acrescido do adicional, sem que haja qualquer tipo repercussão benéfica em favor do empregado.

Portanto, a reparação pela exposição de empregados a condições gravosas deve passar por outros meios que não uma tentativa de recomposição pecuniária, pois além de considerar a integridade física, tal reparação é a forma mais correta de se encontrar o meio-termo enquanto justiça aristotélica na relação de trabalho.

Tratar a questão sob a ótica adotada pelo legislador constituinte ao invés de buscar alternativas que privilegiem o repouso do trabalhador só faz reforçar as seguintes palavras de Marx:

> O trabalhador só se sente, por conseguinte e em primeiro lugar, junto a si [quando] fora do trabalho. Está em casa quando não trabalha e, quando trabalha, não está em casa. O seu trabalho não é portanto voluntário, mas forçado, trabalho obrigatório. O trabalho não é, por isso, satisfação de uma carência, mas somente um meio para satisfazer necessidades fora dele. (MARX, 2004, p. 83)

Dessa forma, urge repensar a atuação legislativa na seara da proteção e compensação pela exposição dos empregados a atividades que ensejem risco à incolumidade física, privilegiando medidas que tenham escopo que transcenda a simples remuneração adicional como própria medida de justiça.

5. CONCLUSÃO

A proposta do presente trabalho se consubstanciou na análise crítica do pagamento de adicional para atividades insalubres, penosas e perigosas, a partir da reflexão proporcionada pela interface entre três marcos teóricos distintos, objetivando-se, finalmente, concluir que a excessiva monetização da integridade física e moral do trabalhador não corresponde à solução mais benéfica e justa para o mesmo, quando submetido às referidas condições.

Conforme o exposto, a noção aristotélica do que seria o "justo" compreende a ideia de compensação entre o excesso e a falta, entre lucro e dano, ou seja, o justo funcionando como meio-termo nessa equação. Depreende-se deste contexto a hipótese de que o elemento dinheiro poderia representar tal meio-termo, isto é, o justo. Deve-se ter em mente, contudo, a referência feita no sentido de que o homem, enquanto produto de sua época, não pode ser analisado de forma totalmente dissociada da mesma. Assim, o contexto social e histórico de Aristóteles propiciava a referência ao dinheiro como categoria universal de meio de troca capaz de assegurar o meio-termo em qualquer situação apresentada, o que atualmente se revela problemático.

Com efeito, aplicar a teoria aristotélica à hipótese de pagamento de adicional por atividades penosas, insalubres e perigosas passa pela seguinte estrutura: o pagamento de adicional seria o meio-termo entre o lucro (entendido como a necessidade do empregador da prestação de serviços pelo trabalhador em tais condições para benefício de sua atividade) e o dano (representando as desvantagens impostas ao trabalhador em função das condições entendidas como fora dos parâmetros de normalidade). Portanto, em sentido amplo resta possível caracterizar o lucro como vantagem para o empregador e o dano como sacrifício do trabalhador.

A indagação extraída de tal construção é: seria então o pagamento do adicional realmente um meio-termo da relação que se desenha, isto é, o justo?

Retomando o raciocínio apresentado a partir da obra de Supiot (1994), restou possível afirmar que o empregador arrisca seu patrimônio enquanto o empregado põe em risco sua saúde, fórmula esta que funciona tanto para as relações de trabalho em geral e principalmente para aquelas que envolvam as condições diferenciadas em foco no presente trabalho. Assim, todas as variantes capazes de afetar o equilíbrio do corpo humano do trabalhador – objeto do contrato de trabalho – afetam também o próprio contrato de trabalho. Logo, a razoabilidade demanda uma repartição desses riscos de forma mais equilibrada e não a imputação maior do mesmo à parte mais frágil e mais afetada pelo dano.

O instrumento capaz de trazer a estabilidade à relação naturalmente desequilibrada é, segundo Supiot (1994), o direito. Entretanto, a solução até o momento adotada não se mostra hábil a solucionar a questão de forma justa. Conforme demonstrado, a análise estritamente capitalista pode sugerir que o mais vantajoso para o empregador é o pagamento do adicional e não a adoção de medidas alternativas, como a redução da carga horária. Torna-se, portanto, melhor pagar pelo dano do que buscar reduzi-lo. Desta feita, impossível não associar o trabalhador à ideia de mercadoria, à medida que se revela economicamente viável e lucrativa a exploração do trabalhador até seu esgotamento, uma vez que sua substituição posterior não se mostra problemática em função da existência do que Marx (2008) convencionou chamar de "exército industrial de reserva".

A adoção da principal medida alternativa aqui sugerida – diminuição da carga horária – implicaria automaticamente na contratação de mais empregados menos expostos aos elementos potencialmente ensejadores de dano e, consequentemente, na diminuição do exército industrial de reserva. Dessa forma, não há como entender o pagamento do adicional como o meio-termo aristotélico entre o lucro e o dano. O dano permanece existindo dotado da mesma força, mas existe uma troca do dano pelo dinheiro. Entretanto, tal câmbio não diminui o lucro do capitalista, pois entra no cálculo do salário do trabalhador. Assim, este último sofre o dano causado pela atividade tanto monetariamente - uma vez que seu salário, mesmo com adicional, é resultado de cálculo que favorece sempre o empregador - quanto fisicamente, enquanto sujeito único a suportar os efeitos da atividade.

Tem-se, portanto, que o pagamento do adicional por atividades insalubres, perigosas e penosas não representa o elemento entendido como "justo", à medida que propicia a institucionalização do risco e a consequente redução do trabalhador à condição de mera mercadoria, contribuindo cada vez mais para o que Marx (2008) entende como "alienação do trabalho".

6. Referências bibliográficas

AQUINO, Santo Tomás de. **Da justiça.** Campinas: Vide Editorial, 2012.

ARENDT, Hannah. **A condição humana.** 6.ed. Rio de Janeiro: Forense Universitária, 1993.

ARISTÓTELES. **Obra jurídica.** Porto: RÉS-Editora, 1995?.

ARISTÓTELES. **Ética a nicômaco.** 4.ed. São Paulo: Nova Cultura, 1991.

BRASIL. Decreto-Lei n.º 5.452, de 1º de maio de 1943. Aprova a Consolidação das Leis do Trabalho. **Diário Oficial da União.** Disponível em: <http://www.planalto.gov.br/ccivil_03/decreto-lei/del5452.htm>. Acesso em: 06 set 2013.

BRASIL. Ministério do Trabalho e do Emprego. **NR 15 – atividades e operações insalubres.** Disponível em: < http://portal.mte. gov.br/data/files/FF8080812DF396CA012E0017BB3208E8/NR-15%20 %28atualizada_2011%29.pdf>. Acesso em 26 ago 2013.

BRASIL. Superior Tribunal de Justiça. Decisão em Recurso Especial, número 1159242. Recorrente Antônio Carlos Jamas dos Santos e Recorrido Luciane Nunes de Oliveira Souza, Relator: Nancy Andrighi. Brasília, 24 de abril de 2012. Disponível em: <https://ww2.stj.jus. br/processo/jsp/revista/abreDocumento.jsp?componente=ATC&sequ encial=15890657&num_registro=200901937019&data=20120510&tipo =5&formato=PDF>. Acesso em 26 ago 2013.

MARX, Karl. **O capital: crítica da economia política.** Disponível em:<http://www.marxists.org/portugues/marx/1867/capital/livro1/ cap13/03.htm>. Acesso em 20 mai 2013.

MARX, Karl. **Manuscritos económicos-filosóficos**. São Paulo: Boitempo Editorial, 2004.

MARX, Karl. **Salário, Preço e Lucro**. São Paulo: Centauro, 2008.

RIPERT, Georges; BOULANGER, Jean. In Planiol, **Traité élementaire de droit civil**. 2a ed. Paris: LGDJ, 1947, no 2948.

SAVATIER, Jean. **La liberté dans le travail**. Droit Social, 1990.

SUPIOT, Alain. **Critique du droit du travail**. Paris: Presses Universitaires de France, 1994.

VATICANO. **Centesimus annum.** Disponível em: <http://www.vatican.va/holy_father/john_paul_ii/encyclicals/documents/hf_jp-ii_enc_01051991_centesimus-annus_po.html>. Acesso em 26 ago 2013.

VATICANO. **Rerum novarum: sobre a condição do operário.** Disponível em: <http://www.vatican.va/holy_father/leo_xiii/encyclicals/documents/hf_l-xiii_enc_15051891_rerum-novarum_po.html>. Acesso em 26 ago 2013.

Direito do trabalho e economia: por uma harmonização do direito

Juliana Martin de Sá Müller [1]
Murilo Oliveira Souza [2]

1. Introdução

O Estado brasileiro situa-se na história como um Estado Democrático de Direito construído sob a égide de uma economia de mercado, mas traz em si tanto os valores de um Estado liberal quanto os de um Estado social desenvolvimentista. Essa dualidade ideológica pode ser percebida no bojo da própria Constituição, a qual comporta em si tanto valores sociais quanto liberalizantes.

Nesse contexto, há que se notar a relação capital *versus* trabalho em tensão. Entretanto, essa relação pode ser expandida, sendo abarcada pela relação direito econômico *versus* direito do trabalho e, mais ainda, direito público *versus* direito privado. É essa expansão da relação que permite criar um cenário no qual esses atores operarão de forma mais harmônica, a fim de fugir da tensão que lhes é própria. Sendo interessante ver que a regulação dos direitos econômicos será correlata a própria regulação dos direitos sociais, uma vez que eles se contrabalanceiam, tendo como fator subjacente a eles, o trabalho[3].

Todavia, observa-se que, no cenário jurídico atual, o Direito Econômico se transformou em Direito da Concorrência; o Direito

---

1   Mestranda em Direito pela UERJ, na linha Empresa, Trabalho e Propriedade Intelectual.

2   Mestrando em Direito pela UERJ, na linha Empresa, Trabalho e Propriedade Intelectual, Especialista em Direito e Processo do Trabalho pela Universidade Mackenzie.

3   Artigo 170, caput, CF/88: A <u>ordem econômica, fundada na valorização do trabalho humano</u> e na livre iniciativa, tem por fim assegurar a todos existência digna, conforme os ditames da justiça social, observados os seguintes princípios. E artigo 193, CF/88: <u>A ordem social tem como base o primado do trabalho,</u> e como objetivo o bem-estar e a justiça sociais (grifo nosso).

do Trabalho, em Direito do Conflito Judicialmente Burocratizado do Trabalho. Percebe-se, portanto, uma necessidade de ir contra ao afastamento desses dois ramos, aproximando-os numa tentativa de entendê-los como Direito Econômico do Trabalho. Tem-se, então, um problema: como as realidades do Direito Econômico e do Trabalho podem se aproximar?

Entendendo-se esses dois ramos como complementares, tem-se que eles se aproximam por meio de uma interpretação do Direito como um sistema uno, tendo em vista que o distanciamento dessas espécies de direito apenas reflete o distanciamento entre os gêneros Direito Público e Direito Privado. Uma análise do direito em toda a sua estrutura propiciaria uma união macro entre o público e o privado e particular entre direito econômico e Direito do Trabalho.

Para tal estudo, vale-se, como ponto de partida, da análise econômica do direito e sua relação com a sociedade, a qual se dá por meio de uma democracia organizacional.

Tem-se como objetivo, de modo geral, a proposta de uma identidade econômico-trabalhista para o direito e, especificamente, a indicação de uma nova maneira de interpretar as questões trabalhistas, entendendo a realidade do Direito do Trabalho como parte de uma estrutura econômica e demonstrando que não deve haver repartições entre os ramos do Direito.

A partir desses objetivos traçados, realiza-se o estudo de textos teóricos e normativos com a finalidade de construir um sistema analítico de conceitos a ser aplicado na interpretação de questões envolvendo o Direito do Trabalho em seu contexto econômico; dessa forma, a estratégia metodológica utilizada é a de pesquisa qualitativa. Para a realização dessa pesquisa, vale-se do método dedutivo de análise de conteúdo; assim, a técnica de pesquisa é a de documentação indireta. Tendo em vista a realização de coleta e análise de documentos, a partir da análise de conteúdo, classifica-se essa pesquisa como teórica. Enfim, trata-se também de uma pesquisa multidisciplinar, uma vez que ela aborda diferentes disciplinas, muito embora sejam todas elas pertencentes ao mesmo campo do conhecimento, a ciência jurídica.

Cabe ressaltar que esse é um trabalho que traz a dogmática do Direito com base em um ponto de vista não tradicional, sendo relevante não só academicamente, por usar de uma abordagem unificadora do direito, mas também pragmaticamente, por trazer, a partir de uma visão melhor conformada da sociedade, a possibilidade de melhor solucionar os conflitos sociais.

Enfim, com o propósito de buscar uma melhor estruturação didática, esse trabalho se divide em três capítulos. No primeiro, discute-se o modo de interseção que se tem entre os ramos público e privado. No segundo, trata-se da relevância dessa aproximação, valendo-se de uma abordagem mais específica de Direito do Trabalho e Econômico. Já no terceiro, realiza-se uma abordagem reflexiva dessa relação. Ao final, conclui-se o exposto.

2. A RELAÇÃO PÚBLICO – PRIVADO

A Constituição Federal, em seu artigo 170, o qual inicia o título Da Ordem Econômica e Financeira, determina que, juntamente com a livre iniciativa, a valorização do trabalho é um pilar que sustenta essa ordem, sendo um de seus fundamentos.

A valorização do trabalho pela ordem econômica advém da racionalização do processo produtivo. E é essa valorização um meio de relativizar a tensão capital *versus* trabalho. Trata-se aqui de relativização, pois, no sistema capitalista, essa tensão nunca vai deixar de existir, tendo em vista que é de seu bojo que nasce o lucro, produzido na forma de "mais-valia"[4], nas palavras de Karl Marx (2008), o qual ensina que

> o valor de uma mercadoria é determinado pela "quantidade total de trabalho" nela contida. Mas uma parte dessa quantidade de trabalho representa um valor pelo qual foi pago um equivalente em forma de salários; outra parte está realizada num valor pelo qual nenhum equivalente foi pago. Uma parte do trabalho incluído na mercadoria é trabalho remunerado; a outra parte, trabalho não remunerado. Logo, quando o capitalista vende a mercadoria pelo seu valor, isto é, como cristalização da quantidade total de trabalho nela aplicado, o capitalista deve forçosamente vendê-la com lucro. Vende não só o que lhe custou um equivalente, como também o que não lhe custou nada, embora haja exigido o trabalho de seu operário (MARX, 2008, p.118)

---

4 "Denomino *mais-valia ou lucro, aquela parte do valor total da mercadoria em que se incorpora o sobretrabalho, ou trabalho não remunerado"* (MARX, 2008, p. 119).

Observa-se que, apesar da tensão inerente à relação capital *versus* trabalho, estes são fatores que se complementam, podendo ser considerados como as duas faces de uma mesma moeda, tendo em vista que a ordem econômica está atrelada à social: não é possível que se fale em mudança social sem que haja alteração na economia. É importante que o Direito, então, mantenha em equilíbrio sua atuação no tocante a seus diferentes ramos que são interdependentes, o Direito Econômico e do Trabalho, levando a uma melhor conformação social.

O sociólogo do trabalho Ricardo Antunes (2012) demonstrou que a grande onda de greves que se instaurou no país em 2012 foi produto, dentre outras coisas, de um momento econômico favorável. O crescimento econômico significativo levou à incorporação de trabalhadores, que, muitas vezes, trabalhavam intensamente (como a economia demandava) e em condições precárias, o que levou a reivindicações. Tal fato somente comprova que a regulação dos direitos econômicos é correlata aos direitos sociais e que a ordenação do Direito do Trabalho não pode estar apartada do momento do capital.

Nesse cenário deve-se observar o ensinamento de Carnelutti (2003) no sentido de que o Direito, assim como a arte, como compara o autor, serve para ordenar o mundo, trazendo em si a ideia de estabilidade e, enfim, sendo considerado como uma força, dado que "força não significa mais do que a idoneidade de algo para transformar o mundo" (CARNELUTTI, 2003, p. 19). É a partir desse conceito de Direito, que se busca entender as relações de Direito Econômico e do Trabalho, percebendo que, embora elas possam ser estudadas por ramos distintos do Direito, direito público e direito privado respectivamente, elas são parte da mesma força transformadora, ordenadora e estabilizadora da sociedade.

Desta forma, antes de se dividir o Direito em ramos, deve-se analisá-lo sob um prisma geral, ou seja, como ciência única na qual os seus variados ramos se inter-relacionam e se complementam. Aliás, Carnelutti (2004) lembra que alguns ramos do Direito originam-se do mesmo tronco, como por exemplo, o Direito Civil e o Direito Comercial, razão pela qual os ramos que fazem parte da mesma "família" devem ser complementares um do outro:

> Entre las varias ramas de la ciencia del derecho sucede lo mismo que entre los pueblos: cuanto más progresan mejor se conocen. Por ejemplo, es un signo del progreso de los estudios de derecho comercial que los comercialistas mantengan el ojo siempre alerta

> a los institutos de derecho civil, de los que las normas comercia-
> les brotan cual vástagos lozanos de un tronco secular: en este
> sentido desde Vivante hasta Alfredo Rocco se ha recorrido un
> buen trecho. Es sabido, por otra parte, cuánto ha ganado la teoría
> del derecho administrativo merced a cierto tratamiento higiéni-
> co con las categorías de los civilistas, al que la ha subordinado,
> por ejemplo, Cammeo. También a la doctrina del derecho consti-
> tucional le procuraría, a mi juicio, notables adelantos, entre otras
> cosas, un atento cotejo de la ley con la sentencia y con el negocio
> jurídico. Nada diverso acaecerá en lo que toca al derecho penal,
> cuyo espléndido aislamiento no sirve ni al bien de la ciencia ni al
> de la legislación (CARNELUTTI, 2004, p. 247).

Na referida obra, Carnelutti (2004), com base na Teoria Geral do Direito, defende a inter-relação entre os ramos que compõem o sistema normativo. O autor aborda, especificamente, a relação entre a sanção civil (indenização ou recomposição dos danos) e a sanção penal (pena), estabelecendo que a pena aplicada na esfera criminal só terá condições de reestabelecer à relação ao estado *quo ante* do ato ilícito se houver uma recomposição ou indenização pelo dano causado, o que significaria um acúmulo de sanções.

Assim, Carnelutti (2004) entende que a pena só terá a sua eficácia plena se juntamente com ela houver a aplicação de uma sanção civil. Nesse sentido, o autor utiliza a concepção de que só existe uma modalidade de ato ilícito para sustentar sua tese:

> No obstante esta relación merece ser observada con atención. Es
> correcto distinguir entre el acto, que produce el daño, y el daño
> que es producto del acto. Pero no se debe olvidar que así se hace
> anatomía, no fisiología jurídica; acto y daño son los dos elemen-
> tos que resultan del análisis del acto ilícito, como el oxígeno y el
> hidrógeno se combinan en el agua; fisiológicamente sin embargo
> uno y otro coexisten en el acto ilícito, el cual, cuando se desmem-
> bra, pierde su naturaleza. Precisamente el acto no deviene ilícito,
> excepto cuando lesiona un interés y así produce un daño, dado
> que la ley prohíbe el acto en sí, sino a éste en vista del daño, que
> se le deriva. Por ello haber construido, como hizo, por ejemplo,
> Chironi, la *injuria* como acto *contra ius*, separada *del daño*, es fru-
> to de un encandilamiento que consiste en haber confundido la
> parte con el todo. El derecho no impone obligaciones en el vacío;
> obligación quiere decir, ante todo, subordinación de un interés a

un interés ajeno; de donde violación de una obligación, es decir acto *contra ius*, no puede darse sin lesión del interés protegido y por lo mismo sin daño; el acto ilícito es precisamente *damnum iniuria datum*, donde *iniuria* no significa otra cosa que un predicado del *damnum*, es decir su acaecer *contra ius*. La confusión se despeja cuando Chironi escribe que "la idea del daño no concierne a la esencia de todo delito, a no ser por el resarcimiento que le sigue en consecuencia"; en verdad el acto no deviene delito excepto por derivar de él el resarcimiento, de donde el daño es esencial para el resarcimiento, no puede no ser un elemento del acto ilícito. Por esta razón acto ilícito y daño resarcible no son sino dos caras del mismo prisma; la lesión de un interés se considera como acto ilícito en cuanto el derecho prohíbe el acto, que la provoca; se considera como daño resarcible en cuanto el derecho dispone la eliminación de las consecuencias del acto mismo (CARNELUTTI, 2004, p. 258 e 259).

Por esta razão, o autor conclui que há, tanto no ilícito civil, como no ilícito penal, algo que os unem: o ato ilícito. O ato que é tido como ilícito penal também o será na esfera cível, e dessa forma Carnelutti (2004) conclui que *"la diversidad, entonces, no está en el hecho, sino que puede estar en la sanción"* (CARNELUTTI, 2004, p. 259).

Assim, para Carnelutti (2004), depois de comprovar a relação existente entre as sanções civis e penais, somente o acúmulo da sanção penal com a sanção civil será capaz de reestabelecer a situação ao estado *quo ante* do ato ilícito, razão pela qual, na sua concepção, com esse acúmulo de sanções a penal passa a ser efetiva:

> Precisamente porque la pena tiene eficacia mera y estrictamente intimidatoria, cuando, a pesar de su establecimiento, haya acaecido el acto ilícito, si la ley no proveyese de otro modo, el daño no podría ser eliminado. Si, después del robo, el ladrón es encerrado en la cárcel, ello no se hace para eliminar el daño; salvo los casos, cada vez más raros en una sociedad civilizada, en que la pena procure, a través de la mengua del deseo de venganza, cierta compensación del interés lesionado del propietario, el daño de éste permanece inmune, a pesar de la expiación del culpable; que esta expiación haya de tener lugar se debe a la necesidad de demonstrar, a él y a todos los demás, que la amenaza no ha sido en vano y así reforzar la sanción contra el peligro de futuros robos. Por lo tanto, si la pena no significa nada o casi nada para el objetivo de eliminar el daño, que, a pesar de su amenaza, ha

acontecido, y dado que la permanencia del mismo es un estado contrario al derecho, se comprende que el derecho deba reaccionar, además de con la pena, con las otras formas compensatorias, es decir con la ejecución, con el resarcimiento o con la reparación (CARNELUTTI, p. 281 e 282).

Logo, só é possível dar efetividade à aplicação da sanção penal com o acúmulo de sanções:

> Se presenta así un cúmulo de sanciones contra el acto ilícito, el cual es reprimido por la pena y, a la vez, por la ejecución y el resarcimiento o por la ejecución y la reparación. El cúmulo debe entenderse no ya en el sentido de que toda vez que haya resarcimiento o reparación haya pena, si bien en el sentido inverso, siempre que haya pena debe haber resarcimiento o reparación (CARNELUTTI, p. 282).

Desta forma, com base na tese defendida pelo jurista italiano, que, ao aproximar Direito Civil e Penal, transmite a concepção de uma teoria geral unificadora do direito, na qual os ramos privado e público deixam de ser antagônicos para serem complementares, pretende-se neste trabalho demonstrar a inter-relação existente entre o Direito Econômico e o Direito do Trabalho, bem como a relação de dependência que eles possuem um com o outro.

Mas qual é, então, a relação entre o Direito Econômico e o Direito do Trabalho? A resposta a esta pergunta será abordada à frente. No entanto, antes de se continuar, oportuno estabelecer que a abordagem dada ao Direito Econômico será no prisma da análise econômica do direito. Nesse sentido, necessário abordar o se que entende como análise econômica do direito e, para isso, utiliza-se da concepção de Ivo Gico Jr. (2010):

> A Análise Econômica do Direito nada mais é que a aplicação do instrumental analítico e empírico da economia, em especial da microeconomia e da economia do bem-estar social, para se tentar compreender, explicar e prever as implicações fáticas do ordenamento jurídico, bem como da lógica (racionalidade) do próprio ordenamento jurídico. Em outras palavras, a AED é a utilização da abordagem econômica para tentar compreender o direito no mundo e o mundo no direito. Note-se que a utilização do método econômico para analisar o direito não quer dizer que são os

economistas que praticam a AED. Pelo contrário, na maioria dos casos, os pesquisadores que a praticam são juristas ou possuem dupla formação. De qualquer forma, são juseconomistas. A AED tem por característica a aplicação da metodologia econômica a todas as áreas do direito, de contratos a constitucional, de regulação a processo civil, de direito ambiental a família e é justamente essa amplitude de aplicação que qualifica uma abordagem AED da simples aplicação de conhecimentos econômicos em áreas tradicionalmente associadas à economia. (IVO VICO JR., 2010, p. 42)

Em contrapartida, insta salientar o ensinamento de José Eduardo Faria (2002) que, ao tratar da realidade da economia globalizada, ressalta a interferência do pensamento pautado em aspectos econômicos nas relações sociais com base na ideia de democracia organizacional:

> Em termos de configuração estrutural e de alcance, ela [a democracia organizacional] tem sido apresentada como uma alternativa ao tradicional modelo de democracia representativa. Esta, como se pode inferir a partir da argumentação dos teóricos do "direito reflexivo", teria chegado à sua exaustão paradigmática no momento em que a "sociedade de homens" foi substituída por uma *societas mercatorum*, mais precisamente por uma "sociedade de organizações", e em que a economia passou a ser praticamente autogerida em âmbito transnacional. (...) E as dificuldades e os dilemas enfrentados pelos sindicatos trabalhistas em seu embate com o capital, por razões que serão examinadas mais à frente, minam um dos principais veículos para a afirmação do ideário social-democrata ou socialista, provocando desta maneira uma significativa redução do alcance do debate político, no plano valorativo-ideológico (FARIA, 2002, p. 219 e 220).

Logo, percebe-se que a sociedade que vive pautada nos aspecto da análise econômica do Direito não valoriza a importância do direito social, pelo contrário, acredita que esse, em determinado ponto, chega a ser um obstáculo para a evolução do Direito e, principalmente, do país. É por esta razão que José Eduardo Faria (2002) diz:

> Como já foi dito, anteriormente, as sucessivas ondas de transformações tecnológicas responsáveis pelo declínio do fordismo e pelo advento do paradigma da "especialização flexível" ou "pós-fordista", ao deslocar o eixo da competição internacional do

controle e do tamanho geográfico para o controle dos novos processos de informação, gestão e produção, alteraram profundamente a divisão do trabalho em escala mundial. A partir dessas alterações, que provocaram a crescente substituição da mão-de-obra por agregados científicos com alto investimento de capital e a apropriação dos "saberes" tradicionais dos trabalhadores pelas máquinas computadorizadas, levando a produção de bens e serviços a ser cada vez mais orientada pelo conhecimento, pela qualificação profissional e pela flexibilização tanto de sua contratação quanto de sua remuneração, aos países periféricos ou em desenvolvimento foram gradativamente transferidas as fases produtivas que envolvem trabalho intensivo; as que têm competitividade baseada no baixo custo dos salários e nas condições "dickensianas" com que são tratados os trabalhadores; e as que, nos países centrais ou desenvolvidos, têm sido submetidas ao controle de seu impacto negativo sobre o meio ambiente (FARIA, 2002, p. 227).

Deste modo, constata-se que a análise econômica do Direito é importante, contudo, não é o fim. Torna-se necessária uma conjugação da teoria pautada sob a análise econômica e sobre o Direito do Trabalho, cabendo aos intérpretes sopesarem a importância de continuar promovendo a proteção dos direitos trabalhistas e principalmente do trabalhador.

Portanto, passamos para o próximo ponto no qual se analisará a importância da relação entre o direito público e o privado, o que trará como consequência a constatação da importância do equilíbrio que deve ser dado para estes dois ramos do direito.

3. A importância do equilíbrio proporcionado pela relação do direito público com o privado

Ensina Bercovoci (2005) que todas as Constituições do Brasil, a partir de 1934, trouxeram um capítulo sobre a Ordem Econômica e Social, em que tratavam da intervenção do Estado na economia e dos direitos trabalhistas. Foi a atual Constituição (de 1988) a primeira a romper com essa sistemática, incluindo os direitos trabalhistas em um capítulo diverso ao dos Direitos Sociais.

O autor, ainda sobre a Constituição de 1934, defende que os direitos trabalhistas foram o principal enfoque de suas inovações, buscando solucionar a chamada "Questão Social". Embora esta não surja em 1930, é a partir desse momento que ocorre a aceleração e a sistematicidade das leis trabalhistas, encaradas, desde então, como uma política de Estado.

A quase totalidade desta legislação foi editada durante o Governo Provisório, tendo sido elaborada pela assessoria jurídica do Ministério do Trabalho, Indústria e Comércio (formada por Oliveira Viana, Joaquim Pimenta e Evaristo de Moraes Filho). Ressalta Bercovici (2005) que é durante a passagem de Salgado Filho pelo Ministério (entre 1932 e 1934) que o Estado assume a primazia da elaboração da legislação social. Dessa forma, pode-se dizer que o Estado Novo, praticamente, apenas sistematizou a legislação trabalhista existente com a Consolidação das Leis Trabalhistas (CLT) em 1943.

Ao tratar da influência ideológica na elaboração das leis trabalhistas, Bercovici (2005) salienta que pode ser detectada, principalmente, a influência do positivismo de Augusto Comte, adaptado ao Rio Grande do Sul pelo líder republicano Júlio de Castilhos, fundador do Partido Republicano Rio-grandense (PRR, o partido de Getúlio Vargas durante a Primeira República). Ele observa que:

> a proposta do positivismo castilhista era de uma política de eliminação do conflito de classes pela mediação do Estado, com o objetivo de integração dos trabalhadores à sociedade moderna. Proposta implícita na elaboração de leis trabalhistas durante o Governo Provisório e, especialmente, durante o Estado Novo (BERCOVICI, 2005, p. 21).

Tem-se que, com o apoio dos trabalhadores, o Governo Provisório poderia superar seus adversários internos. Assim, do mesmo modo que os trabalhadores precisavam do Estado para garantir seus direitos, o Estado necessitava do apoio político dos trabalhadores. Nesse sentido, observa Bercovici (2005) que em vários setores a legislação trabalhista e sindical favoreceu ou facilitou a mobilização e organização dos trabalhadores, pois a intervenção estatal contrapôs-se ao poder patronal, que passou a ser limitado por lei.

Destaca-se, quanto à conquista dos direitos trabalhistas que, em última instância, ela está ligada ao reconhecimento da dignidade dos trabalhadores, o que faz da efetivação da Consolidação das Leis do Trabalho e seu cumprimento pelo Estado, por patrões e pela Justiça do Trabalho, questão da mais alta relevância. No entanto, antes de se falar em efetivação da Consolidação das Leis do Trabalho, há que se observar a harmonização dos preceitos constitucionais, pois é segundo estes que as normas trabalhistas serão interpretadas. Passa-se à análise, então, da ideologia constitucionalmente adotada, a qual não se traduz em uma única vertente, havendo diversas ideologias de cunho econômico na Constituição Federal de 1988.

O modelo de Estado adotado no Brasil trabalha com dois tipos de Estados: o Estado Regulamentação (como se vê no artigo 173[5] da Constituição Federal, que traz a figura do Estado empresário) e o Estado Regulamentador (criador de norma jurídica, fiscalizador e planejador, apresentado no artigo 174[6] da Constituição Federal). Essa situação não se configura de agora, ela se dá desde a Constituição de 1934, que já trazia tanto o Estado atuando diretamente na economia quanto apenas regulando-a. Vê-se, portanto, que não existe uma única ideologia na Constituição, esta possui traços liberais

---

5   Art. 173. Ressalvados os casos previstos nesta Constituição, a exploração direta de atividade econômica pelo Estado só será permitida quando necessária aos imperativos da segurança nacional ou a relevante interesse coletivo, conforme definidos em lei.§ 1º A lei estabelecerá o estatuto jurídico da empresa pública, da sociedade de economia mista e de suas subsidiárias que explorem atividade econômica de produção ou comercialização de bens ou de prestação de serviços, dispondo sobre: I - sua função social e formas de fiscalização pelo Estado e pela sociedade; II - a sujeição ao regime jurídico próprio das empresas privadas, inclusive quanto aos direitos e obrigações civis, comerciais, trabalhistas e tributários; III - licitação e contratação de obras, serviços, compras e alienações, observados os princípios da administração pública; IV - a constituição e o funcionamento dos conselhos de administração e fiscal, com a participação de acionistas minoritários; V - os mandatos, a avaliação de desempenho e a responsabilidade dos administradores. § 2º - As empresas públicas e as sociedades de economia mista não poderão gozar de privilégios fiscais não extensivos às do setor privado. § 3º - A lei regulamentará as relações da empresa pública com o Estado e a sociedade. § 4º - A lei reprimirá o abuso do poder econômico que vise à dominação dos mercados, à eliminação da concorrência e ao aumento arbitrário dos lucros. § 5º - A lei, sem prejuízo da responsabilidade individual dos dirigentes da pessoa jurídica, estabelecerá a responsabilidade desta, sujeitando-a às punições compatíveis com sua natureza, nos atos praticados contra a ordem econômica e financeira e contra a economia popular (BRASIL, 1988)

6   Art. 174. Como agente normativo e regulador da atividade econômica, o Estado exercerá, na forma da lei, as funções de fiscalização, incentivo e planejamento, sendo este determinante para o setor público e indicativo para o setor privado. § 1º - A lei estabelecerá as diretrizes e bases do planejamento do desenvolvimento nacional equilibrado, o qual incorporará e compatibilizará os planos nacionais e regionais de desenvolvimento. § 2º - A lei apoiará e estimulará o cooperativismo e outras formas de associativismo. § 3º - O Estado favorecerá a organização da atividade garimpeira em cooperativas, levando em conta a proteção do meio ambiente e a promoção econômico-social dos garimpeiros. § 4º - As cooperativas a que se refere o parágrafo anterior terão prioridade na autorização ou concessão para pesquisa e lavra dos recursos e jazidas de minerais garimpáveis, nas áreas onde estejam atuando, e naquelas fixadas de acordo com o art. 21, XXV, na forma da lei. (BRASIL, 1988)

e também socializantes, permitindo concluir que coexistem princípios dessas duas naturezas na Carta Magna, ou seja, a ideologia constitucionalmente adotada no Brasil contempla diversas matrizes do pensamento econômico.

Importa dizer que ideologia constitucionalmente adotada é a positivação dos valores eleitos para reger a economia. Eles refletem as aspirações da comunidade econômica e conduzem a atuação estatal, a qual se dará por meio da criação de normas regulamentadoras da economia e da implementação de políticas públicas em seus mais diversos âmbitos de atuação, bem como na sua participação como agente econômico.

Percebendo que a ideologia constitucionalmente adotada permite a atuação do Estado em duas acepções, como vistas: regulamentação e regulamentador, observa-se que essa postura se repete também quanto aos valores adotados, o que se reflete no fato de serem observadas concomitantemente na ideologia constitucional, uma matriz liberal e, também, uma socializante. Nesse sentido, inclusive, cabe a crítica feita por Eros Grau (2010), no sentido de que a Constituição ao trazer um capítulo exclusivo sobre a ordem econômica propicia um afastamento entre os ramos do Direito, o que é algo ruim, pois esse capítulo deveria estar interligado ao capítulo da Ordem Social, tendo em vista a harmonização constitucional desses valores.

> De uma parte, a menção a *uma* ordem social (seja *econômica* e *social* ou tão-somente *social*) como subconjunto de normas constitucionais poderia nos levar a indagar do caráter das demais normas constitucionais – não teriam elas, acaso, também caráter social? O fato é que toda a ordem jurídica é social, na medida em que voltada à ordenação social. Ademais, poder-se-ia mesmo tudo inverter, desde que a observação da ordem social – ordem normativa, da sociedade – abrange, além da ordem jurídica positiva, uma ordem ética, inúmeras ordens religiosas e diversas ordens jurídicas não "positivadas" (GRAU, 2010, p. 69).

Nesse sentido, destaca-se, principalmente, a ideia, também trazida pelo autor, de que não se interpretam textos normativos constitucionais, mas sim a Constituição, no seu todo, da mesma forma que em nenhuma medida se deve interpretar um texto normativo, mas sim, o Direito. Torna-se a defender aqui o preceito de que o Direito não é o Direito Público ou o Direito Privado, mas a harmonização desses ramos.

Cabe ressaltar, ainda, que essa ideologia não é estanque, sofrendo modificações de acordo com o momento histórico. Assim, como se trata de um conceito que se modifica com as transformações sociais ao longo da história, o desenvolvimento do constitucionalismo nacional conduz à releitura dos princípios dessa ideologia, o que importa dizer que a ideologia constitucionalmente adotada apresenta modificações significativas de acordo com as fases do constitucionalismo brasileiro e todo o direito que ele influencia.

Nesse cenário, observa-se que uma forma de se enxergar o Direito do Trabalho, conforme salienta Souza (2003), é como a política econômica do mercado de trabalho, uma vez que as regulamentações trabalhistas, em suas mais diversas vertentes, comporão os elementos que integrarão o conjunto dessa política econômica.

O processo produtivo se ordena em uma cadeia, formada por: produção (na qual se vê subjacente o capital, o trabalho e os recursos naturais); consumo; distribuição; e, circulação dos produtos. Sendo a política econômica o elemento que atua em cada um desses ramos limitando a ação do capitalista. É nesse sentido que ela é objeto do Direito Econômico, mas por atuar diretamente em questões trabalhistas ela não deveria deixar de ser objeto do Direito do Trabalho também.

Em sede constitucional, a ordem econômica faz com que o direito passe a funcionar como um instrumento de implementação de política pública. A sociedade capitalista é, essencialmente, jurídica, assim, o direito atua como mediação necessária às relações de produção, as quais não só se estabelecem, mas se reproduzem com base no direito posto (GRAU, 2010).

Segundo Bercovici (2005) *apud* Natalino Irti, para que se entenda a constituição econômica não se deve romper com a unidade constitucional, decompondo-a numa pluralidade de núcleos isolados e autônomos, deve-se concentrar-se na aplicação da Constituição como uma unidade nos vários campos e áreas específicas, inclusive a economia. A constituição econômica para Irti é a constituição política estatal aplicada às relações econômicas. E seria a partir dessa presença do econômico no texto constitucional e da ideologia constitucionalmente adotada que se elaboraria a política econômica do Estado. Política esta que incidirá diretamente na vida do trabalhador.

Ao se tratar de Constituição Econômica há que se observar que está se falando da Ordem Econômica Constitucional, qual seja a normatização da Ordem Econômica na Constituição (como se vê no artigo 170 da Constituição da República), isso porque a ordem econômica se divide entre o mundo do ser e o mundo do dever-ser, fazendo, desde último, uma parcela da ordem jurídica (GRAU, 2010).

Tratando dessa relação constituição econômica e ordem econômica constitucional, Eros Grau (2010), citando Vital Moreira, ensina que a primeira se releva no conjunto de preceitos e instituições jurídicas que, garantindo os elementos definidores de um determinado sistema econômico, institui certa forma de organização e funcionamento da economia e constitui, nessa medida, uma determinada ordem econômica.

4. POR UMA VISÃO GERAL DO DIREITO

Há vários exemplos de autores consagrados que destacaram a existência de uma Teoria Geral do Direito, como já comentado anteriormente sobre Carnelutti (2004). Contudo, não se pode deixar de destacar a célebre contribuição de Karl Marx, em seu estudo preparatório ao clássico *O capital*, intitulado *Para a crítica da economia Política*, tendo em vista que o referido autor foi o responsável por ser o primeiro a vincular, de maneira mais estreita, o universo das relações jurídicas aos conceitos e ao modo de raciocínio próprio da ciência econômica, insistindo na absoluta dependência do ordenamento jurídico, imperante nas "sociedades burguesas", ao modo de produção capitalista.

O trabalho interfere diretamente nas relações sociais que dele derivam, estando diretamente subordinado, na visão de Marx (2001), ao capitalismo. Assim, essa doutrina econômica é responsável por influenciar o ordenamento jurídico, impondo, às relações jurídicas, uma análise sob a ótica econômica.

Nesse sentido, aprofundando sobre a concepção da dependência do ordenamento jurídico aos interesses do capitalismo, Karl Marx (2001), ao explicar o termo "trabalho alienado", demonstra que:

> O trabalhador torna-se tanto mais pobre quanto mais riqueza produz, quanto mais a sua produção aumenta em poder e extensão. O trabalhador torna-se uma mercadoria tanto mais bara-

ta, quanto maior número de bens produz. Com a *valorização* do mundo das coisas, aumenta em proporção direta a *desvalorização* do mundo dos homens. O trabalho não produz apenas mercadorias; produz-se também a si mesmo e ao trabalhador como uma *mercadoria,* e justamente na mesma proporção com que produz bens. Tal fato implica apenas que o objeto produzido pelo trabalho, o seu produto, opõe-se a ele como *ser estranho,* como um *poder independente* do produtor. O produto do trabalho é o trabalho que se fixou num objeto, que se transformou em coisa física, é a *objetivação* do trabalho. A realização do trabalho constitui simultaneamente a sua objetivação. (MARX, 2001, p. 111 e 112).

Dessa forma, o que Marx (2001) pretende é transmitir a ideia da exploração desumana do trabalhador promovida pelo capitalista. Além disso, insta salientar que em determinados casos a exploração do obreiro pelo empregador é protegida pelo ordenamento jurídico, como quando o ordenamento jurídico não proíbe o labor realizado após a oitava hora de trabalho, estabelecendo o pagamento de um adicional para compensar o trabalhador.

A consequência dessa exploração desenfreada, além de ser prejudicial para o obreiro, é capaz de fazer com que o trabalhador se esforce tanto em seu labor diário a ponto de não se reconhecer mais como um ser importante na cadeia de produção, e sim como mais um. Assim, o empregado não reconhece a importância do produto do seu trabalho, vivendo apenas para o trabalho no intuito de satisfazer a necessidade de consumo.

Por essa razão, Marx (2001) pondera:

> Em primeiro lugar, o trabalho é exterior ao trabalhador, ou seja, não pertence à sua característica; portanto, ele não se afirma no trabalho, mas nega-se a si mesmo, não se sente bem, mas infeliz, não desenvolve livremente as energias físicas e mentais, mas esgota-se fisicamente e arruína o espírito. Por conseguinte, o trabalhador só se sente em si fora do trabalho não é voluntário, mas imposto, é *trabalho forçado.* Não constitui a satisfação de uma necessidade, mas apenas um meio de satisfazer outras necessidades. O trabalho externo, o trabalho em que o homem se aliena, é um trabalho de sacrifício de si mesmo, de martírio. O seu caráter estranho resulta visivelmente do fato de se fugir do trabalho, como da peste, logo que não existe nenhuma compulsão física ou de qualquer outro tipo. Finalmente, a exterioridade do trabalho para o trabalhador

transparece no fato de que ele não é o seu trabalho, mas o de outro, no fato de que não lhe pertence, de que no trabalho ele não pertence a si mesmo, mas a outro. Assim como na religião a atividade espontânea da fantasia humana, do cérebro e do coração humanos, reage independentemente como uma atividade estranha, divina ou diabólica, sobre o indivíduo, da mesma maneira a atividade do trabalhador não é a sua atividade espontânea. Pertence a outro e é a perda de si mesmo. Assim, chega-se à conclusão de que o homem (o trabalhador) só se sente livremente ativo nas suas funções animais – comer, beber e procriar, quando muito, na habitação, no adorno, etc. – enquanto nas funções humanas se vê reduzido a animal. O elemento animal torna-se humana e o humano animal. Comer, beber e procriar, etc., são também certamente autênticas funções humanas. Mas, de forma abstrata levadas em consideração, o que as separa da outra esfera da atividade humana e as transforma em finalidades últimas e exclusivas é o componente animal. (MARX, 2001, p. 114 e 115).

Com a globalização e o aprimoramento do modo de produção, além do surgimento de novas tecnologias, percebe-se mais nitidamente que o que Marx (2001) previa anteriormente se concretizou, ou seja, atualmente se percebe a alienação do trabalhador e a crescente preocupação em pautar as relações jurídicas sob uma perspectiva da análise econômica do Direito, sem que o obreiro note o quanto é explorado de forma desumana. Mas em que consiste esta interpretação econômica? Haveria distinção entre interpretação econômica e interpretação jurídica?

Aliás, qual é a viabilidade dos direitos sociais num período histórico em que a maioria dos países, principalmente os em desenvolvimento, vêm competindo acirradamente entre si para oferecer um ambiente interno cada vez mais atraente para os investimentos?

Na verdade o que se busca entender é em qual nível de efetividade poderão os direitos sociais realmente alcançar em uma *societas mercatorum* e numa economia globalizada, em cujo âmbito os homens estão deixando de ser sujeitos de direito para se converterem em sujeitos organizacionais, e na qual o trabalho formal parece estar definitivamente perdendo seu papel como centro de organização da produção e das referências sociais

Com relação à interpretação econômica do direito, Faria (2002) aponta a flexibilização das normas trabalhistas como resultado da análise econômica do direito, relatando em sua obra as consequências de se pautar o Direito sob o prisma da análise econômica:

> Em termos de estrutura do mercado de trabalho, a "flexibilidade" tende a se dar em três níveis simultâneos: um núcleo cada vez menor de trabalhadores polivalentes estáveis, trabalhando em tempo integral com ampla "flexibilidade funcional" dentro das empresas, desfrutando de direitos trabalhistas, gozando de benefícios sociais e dispondo de relativa segurança, assegurada pela dificuldade de sua substituição em face de sua qualificação, de sua experiência e de suas responsabilidades; uma mão-de-obra periférica de baixa qualificação, contratável e demissível segundo as conveniências das empresas, sem seguro-desemprego, flutuando ao acaso da conjuntura econômica ("flexibilidade numérica"); e os trabalhadores "externos" (eventuais ou temporários, pouco especializados, e contratados por tarefa), para os quais as empresas não têm maiores obrigações jurídicas. A figura metafórica mais persuasiva para traduzir e ilustrar essa "flexibilidade" do mercado de trabalho é a da ampulheta: a parte inferior conta com um número cada vez mais expressivo de trabalhadores divididos em empregos precários ou desempregados; o meio conta com um contingente cada vez menor de trabalhadores semiqualificados, quase todos virtualmente condenados à exclusão por causa da velocidade dos processos de informatização; a parte superior, por fim, integrada por trabalhadores poliqualificados e bem remunerados, tende a diminuir na mesma proporção em que o desenvolvimento científico-tecnológico amplia a automação flexível dos sistemas produtivos. Decorre daí, consequentemente, o gradativo esvaziamento da "vocação homogeneizante" das relações de trabalho, a progressiva desestruturação das formas jurídico-contratuais constituídas sob a égide de políticas socioeconômicas de inspiração "keynesiana", o advento de um sem-número de novas situações de ocupação profissional e o aparecimento de múltiplos padrões salariais, como, por exemplo, a vinculação da remuneração exclusivamente à produtividade, o aumento das jornadas de trabalho acompanhado do encurtamento dos períodos de contratação, a expansão do trabalho subarrendado ou subcontratado e a subsequente redução dos benefícios sociais. E quanto mais diferenciadas são essas relações e esses padrões, maior acaba sendo a segmentação do mercado de trabalho, face à emergência de unidades produtoras enxutas, à flexibilização das condições de recrutamento, à ado-

ção dos contratos por tarefa e a tendência ao uso da mão-de-obra "liberal" ou independente; portanto, menos onerada com os custos sociais. (JOSÉ EDUARDO FARIA, 2002, p. 230, 231 e 232)

Nessas linhas, o autor traça uma realidade das condições de trabalho suportadas pelos países que, para se inserirem economicamente no cenário mundial, escolhem pautar as suas relações jurídicas pelo viés econômico. Assim, as consequências dessa escolha são inúmeras, como se apreende do trecho acima citado. Uma importante consequência advinda com essa escolha, além da flexibilização das normas trabalhistas, é a exclusão de um grande contingente da classe trabalhadora.

Aliás, o autor corrobora com esse posicionamento ao dizer que:

> Intensas, radicais e avassaladoras, essas mudanças nas condições técnicas de organização do trabalho e nas formas de contratações de pessoal terminaram fragmentando o operariado. Além de minar sua identidade ocupacional, enfraquecendo-o politicamente, elas também reduziram a capacidade de resistência dos sindicatos ao fechamento dos postos de trabalho, à "flexibilização" da legislação laboral e, principalmente, à transformação da "terceirização" numa importante e poderosa técnica de controle social, num eficiente instrumento para facilitar a própria implementação do modelo da "especialização flexível da produção" e numa sutil estratégia de conversão dos trabalhadores em empregados de si mesmos, alienando sua força de trabalho não pelo que precisam para viver, porém competindo com os próprios meios de produção. As novas tecnologias exercem assim um impacto decisivo na descentralização, heterogeneização e fragmentação do mundo do trabalho, seja por permitir a transferência dos custos da ociosidade produtiva das grandes para as pequenas e médias empresas, seja por substituir o tradicional contrato de prestação de serviços e de compra e venda da força de trabalho por um contrato de fornecimento de mercadorias, seja por abrir caminho para sua regulação em termos cada vez mais individualistas, promocionais e meritocráticos, graças ao pagamento de bônus por assiduidade, gratificações por produtividade e prêmios relativos à qualidade – portanto, colidindo com as formas coletivas padronizadas até então prevalecentes (*standard employment relationship*) (FARIA, 2002, p. 232 e 233).

Logo, entende-se que quando se utiliza da análise econômica do direito como fundamento a ser observado, não há que se falar em evolução na proteção dos direitos trabalhistas. O que há, na verdade, é a mudança na forma de realizar o trabalho, como por exemplo, a criação de novos institutos como a terceirização, o que consequentemente proporciona uma mudança no comportamento dos empregados e dos empregadores, admitindo-se a flexibilização das normas trabalhista sob o argumento de que uma norma rígida como a CLT não atende aos padrões atuais.

Desta forma, se anteriormente a CLT era tida como uma conquista dos direitos trabalhistas, proporcionando, inclusive, o reconhecimento da dignidade dos trabalhadores, hoje se constata que a Consolidação das Leis do Trabalho já é tida como um obstáculo para o desenvolvimento do país.

No entanto, a criação da concepção da flexibilização como sendo um aspecto inerente para o desenvolvimento do país não é correto. Esta "evolução" é responsável pela exclusão social de inúmeros empregados e outros tantos que acabam se tornando desempregados e não possuem condições de retornarem para o mercado de trabalho.

Assim, por essas razões, compreendemos que um entendimento pautado somente sob o ponto de vista econômico é prejudicial para as relações sociais advindas do trabalho.

Nesse sentido destaca José Eduardo Faria (2002):

> Como ovo da serpente, o fenômeno da globalização econômica encerra um potencial altamente conflitivo e, acima de tudo, fragmentador e segmentador: quanto mais veloz é sua expansão, mais intensa acaba sendo a exclusão social por ele propiciada, com impacto diferenciado em termos locais, regionais, nacionais e continentais; quanto maior é a eficiência trazida pelo paradigma da "especialização flexível da produção" ou "pós-fordista" e pela geração, controle e manipulação da tecnologia e da informação, maiores tendem a ser o desemprego aberto, a desocupação estrutural, a degradação dos salários diretos, a extinção dos salários indiretos, o progressivo desmantelamento dos mecanismos de seguridade social, a "precarização" das condições do trabalho e a utilização massiva da mão-de-obra desprovida de direitos elementares ou mínimos. É justamente isso que vai provocar um significativo aumento da feminização da mão-de-obra, da infantilização do trabalho doméstico, do trabalho terceirizado ou empreitado, do trabalho semiescravo crescentemente executado por

imigrantes clandestinos nas tenebrosas *sweatshops* e das demais práticas de acumulação sustentadas muito mais na exploração do que na otimização dos recursos humanos (FARIA, 2002, p. 246).

Além disso, José Eduardo Faria (2002) faz uma análise crítica entre a transição da sociedade na época da criação da Consolidação das Leis do Trabalho para a sociedade baseada no aspecto socioeconômico:

> Ao contrário da sociedade industrial de natureza fordista, em cujo âmbito os conflitos giravam basicamente em torno da repartição dos "bens sociais", como distribuição de renda, salários e condições de trabalho, na sociedade em análise eles são travados a partir dos esforços de neutralização e das estratégias de dispersão dos riscos nas mais variadas áreas da vida socioeconômica contemporânea: da poluição do meio ambiente provocada pela expansão da tecnologia no setor químico e no âmbito da energia atômica às pesquisas genéticas, às dinâmicas especulativas nos mercados financeiros, às súbitas migrações de capitais, às mudanças repentinas de regimes no sistema de crédito, à volatilidade das taxas de câmbio, às flutuações das taxas de juros, à instabilidade dos mercados e aos efeitos colaterais por todo o sistema de pagamentos gerados pela crise de liquidez de uma ou mais instituições bancárias, passando pelo caráter excludente da globalização, em matéria de expansão do desemprego estrutural e da marginalidade, miserabilidade e violência subsequentes, minando as formas de sociabilidade e multiplicando a insegurança exógena nos centros urbanos. (FARIA, 2002, p. 257.)

Não obstante, José Eduardo Faria (2002) destaca que o mercado não é capaz de promover a justiça social e consequentemente o bem-estar social, razão pela qual um Estado pautado somente na análise econômica do direito não é equânime:

> No que se refere à justiça social, o "refortalecimento" do Estado é concebido, discutido e justificado em outra perspectiva analítica, com base na premissa de que o mercado por si só não é capaz de assegurar integração nem, muito menos, de sustentar coesão e padrões mínimos de solidariedade (FARIA, 2002, p. 265).

Por essa razão, é importante que haja a existência de um conjunto de direitos e instituições jurídicas voltadas à integração e coesão do aspecto econômico ao social, com o objetivo de neutralizar, controlar e/ou minimizar os riscos decorrentes da diferenciação social e funcional exponenciada pelo fenômeno da análise econômica do direito. Dessa forma, ao formular políticas industriais com vistas à recuperação dos níveis de emprego e, por consequência, à reinserção dos excluídos na vida social, assegurando a todos o tratamento dos direitos sociais como direitos subjetivos, o Estado busca proporcionar um equilíbrio ao desnível causado pela implementação apenas do aspecto econômico.

Ao valorizar os aspectos sociais o Estado tem a finalidade de criar as condições básicas constitutivas de padrões mínimos de equidade, fator indispensável para o restabelecimento de um sentido de identidade coletiva, no qual os indivíduos possam reconhecer-se reciprocamente como pertencentes a uma mesma comunidade.

Aliás, esse é o entendimento de José Eduardo Faria (2002), que diz:

> Só uma intrincada combinação entre ação estratégica, racionalidade instrumental, procedimentos negociais e normas imperativas, afirmam os teóricos do modelo do "direito social", permitiria neutralizar a explosão anômica de litigiosidade, reduzir as distâncias provocadas pela profunda divisão social entre "incluídos" e "excluídos", assegurar um equilíbrio substantivo e, por fim, criar as condições tanto para a consecução de uma base mínima de solidariedade e cooperação quanto para a redefinição dos padrões vigentes de responsabilidade, controle, segurança e validade. (FARIA, 2002, p. 271).

Assim, é oportuno ressaltarmos o conceito apresentado por José Eduardo Faria (2002) acerca dos direitos sociais. Segundo o autor:

> Longe de ser considerado "inimigo natural" da autonomia do indivíduo, com o advento do "direito social" ele passa a ser visto a partir de sua dimensão "prestacional". Enquanto o tradicional sistema legal de garantias individuais forjado pela dogmática jurídica era altamente seletivo e impermeável a conteúdos materiais, exigindo do Estado basicamente uma atitude de autorrestrição e não-interferência, o "direito social" é restritivo, interveniente e compensatório, lidando, assim, com uma seletividade inclusiva. Ao contrário dos direitos individuais, civis e políticos e das garantias fundamentais desenvolvidos pelo liberalismo burguês com base no positivismo normativista, cuja eficácia requer

apenas que o Estado jamais permita sua violação, os "direitos sociais" não podem simplesmente ser "atribuídos" aos cidadãos. Como não são *self-executing* nem muito menos fruíveis ou exequíveis individualmente, esses direitos têm sua efetividade dependente de um *welfare commitment*. Em outras palavras, necessitam de uma ampla e complexa gama de programas governamentais e de políticas públicas dirigidas a segmentos específicos da sociedade; políticas e programas especialmente formulados, implementados e executados com o objetivo de concretizar esses direitos e atender às expectativas por eles geradas com sua positivação. (FARIA, 2002, p. 272 e 273).

Logo, entende-se que o direito social é o responsável pelo estabelecimento de discriminações positivas, visando justamente à inserção daqueles que foram excluídos pela política baseada somente em aspectos econômicos. Em outras palavras, entende-se como correto a utilização concomitante da interpretação econômica do direito e o direito social, tendo em vista que este último é o responsável pelo equilíbrio da balança, bem como o responsável por proporcionar uma justiça social, o que consiste, inclusive, em um dos objetivos do direito laboral.

Assim, remete-se mais uma vez ao ensinamento de José Eduardo Faria (2002) para dizer que:

> Aplicar judicialmente leis com propósitos "sociais" passa a ser, desta maneira, uma estratégia para viabilizar a realização política de determinados objetivos e determinados valores. Consistindo em condição necessária (embora não suficiente) de legitimação do Estado, tais leis, em vez de se cingirem apenas á definição das "regras do jogo", são especialmente concebidas para modificar os resultados desse jogo, alterando implicitamente suas regras. (FARIA, 2002, p. 274 e 275).

Assim, pretende-se esclarecer que tanto o Estado como o intérprete do direito não podem pautar as suas escolhas e as suas interpretações com relação ao ordenamento jurídico somente com base na visão econômica do direito, é importante que se leve em consideração os aspectos do direito social, responsável por equilibrar as concepções advindas com a análise econômica do direito, como visto alhures.

5. Conclusão

Viu-se que um cenário jurídico pautado na perspectiva da análise econômica do direito tem como objetivo proporcionar a competitividade, produtividade e, principalmente, a integração no plano econômico. Em contrapartida, essa mesma análise econômica do Direito é responsável pela fragmentação das relações trabalhistas, além de proporcionar a exclusão de determinada classe de trabalhadores e, consequentemente, proporcionar a marginalidade da classe excluída, ou seja, no plano social a análise econômica não obtém o mesmo "sucesso" do que no plano econômico.

Assim, constata-se que essa nova forma de "ver" o direito não proporcionou nenhuma evolução na justiça laboral, pelo contrário, desde a promulgação da Consolidação das Leis do Trabalho entende-se que essa nova perspectiva consiste, na verdade, um empobrecimento da proteção aos direitos do trabalho.

Tal entendimento está pautado em um crescente desemprego estrutural acompanhado da degradação das condições de vida dos empregados, que são coagidos a realizarem horas extras de trabalho, além de serem submetidos a péssimas condições de trabalho. Além disso, a análise econômica do direito ainda pretende subtrair dos empregados os direitos sociais que foram adquiridos pelos anos que se passaram, com o argumento de que eles proporcionam um verdadeiro obstáculo para o desenvolvimento nacional.

Essas são as tensões geradas pela transnacionalização dos mercados de insumo, produção, finanças e consumo, a partir dos anos 80, refletidas, no âmbito do pensamento jurídico, pela elaboração teórica dos modelos do direito social, e, no plano empírico, pela contraposição do pluralismo da análise econômica do direito, tendência perseguida pelos países que buscam o desenvolvimento de suas economias no novo cenário mundial.

Enfim, toda a análise que se seguiu foi no sentido de harmonização do direito público com o privado, a fim de se construir uma interpretação una do direito, visando uma melhor conformação das questões sociais.

6. Referências

ANTUNES, Ricardo. Entrevista com Ricardo Antunes. Site da TV Cultura. Disponível em: http://tvcultura.cmais.com.br/rodaviva>

BERCOVICI, Gilberto. **Constituição econômica e desenvolvimento: uma leitura a partir da Constituição de 1988**. São Paulo: Malheiros Editores, 2005.

BRASIL. **Constituição da República 5 de outubro de 1988**. Site do Planalto. Disponível em: <http://www.planalto.gov.br/ccivil_03/constituicao/constituicao.htm>. Acesso em 17 ago 2013.

MARX, Karl. **Manuscritos econômico-filosóficos**. São Paulo: Martins Claret, 2001.

CARNELUTTI, Francesco. **Arte do direito**. Campinas: Bookseller, 2003.

CARNELUTTI, Francesco. **Teoria del falso y el daño y el delito**. Trad. de Maria Victoria Suárez. 1ª ed. Buenos Aires: Librería El Foro, 2004.

FARIA, José Eduardo. **O direito na economia globalizada**. 1ª ed. São Paulo: Malheiros Editores, 2002.

GICO JR., Ivo. **Metodologia e epistemologia da análise econômica do direito**. Revista de direito bancário e do mercado de capitais. São Paulo, ano 13, nº 47, p. 25-65, jan./mar. 2010.

GRAU, Eros Roberto. **A ordem econômica na Constituição de 1988**. 14ª ed. São Paulo: Malheiros Editores, 2010.

GUSTIN, Miracy B. S. DIAS, Maria Tereza Fonseca. **(Re)Pensando a Pesquisa Jurídica**. 3ª ed. Belo Horizonte: Del Rey, 2010.

MARX, Karl. Salário, Preço e Lucro. In **Trabalho assalariado e Capital & Trabalho, Preço e Lucro**. São Paulo: Expressão Popular, 2008.

SOUZA, Washington Peluso Albino de. **Primeiras linhas de direito econômico**. 5ª ed. São Paulo: LTr, 2003.

A PROBLEMÁTICA DA REGULAMENTAÇÃO DA PROSTITUIÇÃO COMO PROFISSÃO

CAMILLA DE OLIVEIRA BORGES

1. INTRODUÇÃO

O Ministério do Trabalho e Emprego (MTE), em 2002, incluiu na Classificação Brasileira de Ocupações (CBO) o número 5.198, reconhecendo as "garotas de programa" e, portanto, a prostituição como atividade profissional. Segundo a descrição da CBO, são profissionais do sexo as pessoas que *"buscam programas sexuais; atendem e acompanham clientes; participam em ações educativas no campo da sexualidade"*.

O MTE equipara, ainda, à prostituta as seguintes denominações: "garota de programa, garoto de programa, meretriz, messalina, michê, mulher da vida, trabalhador do sexo". Nesse sentido, esclarece que tais *"atividades são exercidas seguindo normas e procedimentos que minimizam a vulnerabilidade da profissão."*[1]

Por conseguinte, o profissional do sexo já pode, atualmente, segundo a ótica legal trabalhista, como autônomo, usufruir dos benefícios previdenciários, se contribuir com o Instituto Nacional do Seguro Social (INSS).

Ora, nada mais razoável, já que a Constituição assegura em seu artigo 5º, XIII, CRFB/88, como direito fundamental, a liberdade profissional, nos seguintes termos: "é livre o exercício de qualquer trabalho, ofício ou profissão, atendidas as qualificações profissionais que a lei estabelecer".

---

1 Disponível em: <http://www.mtecbo.gov.br/cbosite/pages/pesquisas/BuscaPorTituloResultado.jsf>. Acesso em: 14 abr. 2013.

Em descompasso com esse avanço, no campo trabalhista, a doutrina e a jurisprudência identificam a prostituição como contrato de trabalho de objeto ilícito, em "(...) *que sequer se configura o valor-trabalho tutelado pela Constituição, por ser este aferido sob a ótica social*"[2], desconhecendo, assim, o vínculo empregatício, bem como quaisquer direitos dele decorrentes.

Ademais, o Direito Penal mantém, em seu capítulo V do Código Penal, os crimes sobre exploração sexual, dentre os quais se destacam os artigos 229 e 230, quais sejam a manutenção de casa de prostituição e o rufianismo, evidenciando não só uma desarmonia no nosso sistema jurídico, como também um cerceio ao exercício livre da profissão em questão.

Sendo assim, ressalta-se a (i) ausência de lei que regulamente tal profissão e (ii) a problemática acerca de seu livre exercício, questões a serem abordadas adiante.

2. A PROSTITUIÇÃO COMO PROFISSÃO

Em alguns países do mundo, a prostituição é reconhecida como profissão e tutelada pelo ordenamento jurídico como tal. Entretanto, muitos outros países ainda mantêm sua criminalização, por motivos diversos, geralmente ligados à religião ou valores morais.

No Brasil, a prostituição é legal, mas seu exercício profissional é claramente limitado pelas criminalizações legais, que impedem a constituição de um vínculo de emprego e, portanto, do usufruto de direitos legalmente constituídos. Assim, devemos analisar a problemática em um viés contra-argumentativo.

No Direito Penal, os crimes de rufianismo e manutenção de casa de prostituição denotam um paradoxo em relação ao cenário empírico. Isso porque é notória a existência de casas de prostituição e dos chamados "rufiões", mais conhecidos como "cafetões".

Em diversos países, a prostituição é legal; porém, sua exploração econômica permanece criminalizada. O advogado belga Gert Vermeulen, membro do Instituto de Pesquisa Internacional em Política Criminal (IRCP), já trouxe à Europa um novo padrão de ajuste das casas de prostituição. Trata-se do, por ele intitulado, "ISO 69", isto é, um padrão de qualidade a ser atendido pelos bordéis, que

---

2   DELGADO, Maurício Godinho. **Curso de Direito do Trabalho**. São Paulo: LTr, 2008, p. 503.

inclui desde exames periódicos de doenças sexualmente transmissíveis até o registro de prostitutas e de seus usuários. O advogado entende, pois, ser necessária a descriminalização da exploração econômica da prostituição, motivo pelo qual defende a denunciação da Convenção da ONU, assinada em Nova Iorque, em 1950[3], tratado em que o Brasil, assim como a Bélgica, figura como signatário.[4]

Em terras tupiniquins, Nilo Batista defende que *"é inadmissível [que] possa a moral constituir um bem jurídico e, ao contrário, o âmbito da autonomia moral da pessoa configura sem dúvida um bem jurídico constitucionalmente criado e protegido"*[5].

No mesmo sentido, Luís Greco, em referência ao novo projeto do Código Penal, dispõe que *"há que elogiar a coragem do Projeto de descriminalizar a manutenção de casa de prostituição (...)* pelo *"fato de não mais se tutelarem a moral e os bons costumes"*[6]

Do ponto de vista constitucional, entende-se, pois, que tais normas são ilegítimas e, mais ainda, são incompatíveis com a própria constituição. Ora, se o art. 5º, XIII, CRFB/88 prevê o livre exercício profissional, observando-se as normas regulamentadoras, e o próprio MTE reconhece a prostituição como profissão, não há que se falar em criminalização de uma relação de emprego que a envolva. Além disso, com base no princípio da dignidade da pessoa humana, reconhecer a prostituta como trabalhadora é conceder a ela o status de pessoa, digna de seu papel social. Nesse sentido, Cláudio Roberto Siqueira Castro entende que a dignidade da pessoa humana figura, axiologicamente, ou seja, do ponto de vista valorativo, em posição superior à legislação infraconstitucional, devendo esta ser aplicada sempre em observância ao aludido princípio:

> *"(...) Essa hierarquiajuspositiva por certo faz resultar consequências extremas e inexoráveis, uma vez queirradia para o plano da legalidade infraconstitucional um padrão de interpretação e de execução normati-*

---

3   Disponível em: <http://direitoshumanos.gddc.pt/3 9/IIIPAG3 9 6.htm>. Acesso em: 8 nov. 2013.

4   VERMEULEN, Gert. "Política de prostituição". In: Palestra realizada na Faculdade de Direito da Universidade do Estado do Rio de Janeiro em 06 nov. 2013.

5   ZAFFARONI, E. Raúl; BATISTA, Nilo. **Direito Penal Brasileiro**. Segundo volume. Rio de Janeiro: REVAN, 2010, p. 221.

6   GRECO, Luís. **Princípios fundamentais e tipo no novo projeto de código penal** (Projeto de Lei n° 236/2012 do Senado Federal). Disponível em: <http://www.ibccrim.org.br/revista liberdades artigo/133-ARTIGO# ftn9>. Acesso em: 15 out. 2013.

va, que é de observância compulsória, e que deve ser consentâneo coma máxima efetividadeda cláusula supralegal de dignificação do homem. Há de ocorrer, de conseguinte, aconstitucionalização de todas as regras de direito que intercedam com as condiçõesexistenciais reputadas indispensáveis a uma vida digna."[7]

Isso porque o estabelecimento do vínculo empregatício, legalmente reconhecido nos âmbitos penal e trabalhista, implicaria uma maior proteção do profissional e, portanto, seu direito ao livre exercício, garantido constitucionalmente.

Apesar do descompasso com a tolerância e cenário empíricos, a jurisprudência é uníssona no sentido da aplicação dos dispositivos que criminalizam a prostituição:

> ADMINISTRATIVO. LICENÇA OU AUTORIZAÇÃO. DESVIO DE FINALIDADE. CASA DE PROSTITUIÇÃO. ILEGALIDADE. ANULAÇÃO DO ATO ADMINISTRATIVO. ART. 166 DO CÓDIGO CIVIL. 1. Cuidam os autos de Ação Civil Pública movida pelo Ministério Público do Estado do Rio Grande do Sul com o fito de cassar Alvará para funcionamento de "discotecas, danceterias e similares" concedido pelo Município de Casca, ao fundamento de que o local, em verdade, é casa de prostituição e promove exploração sexual de menores. 2. A despeito de reconhecer a legitimidade ativa ad causam e o interesse processual do Ministério Público, o Tribunal de origem manteve a sentença, argumentando, em síntese, que a prostituição constitui prática tolerada pela sociedade, que descriminaliza a conduta tipificada no art. 229 do Código Penal. 3. A instância ordinária admite que a atividade desenvolvida pelo réu Dalci Paniz, com a complacência do Município de Casca, **consiste em manter estabelecimento destinado à exploração sexual. Fato incontroverso.** 4. A ilegalidade desponta, de plano, pelo evidenciado desvio de finalidade do ato administrativo questionado judicialmente, tendo em vista que o estabelecimento opera com respaldo em alvará concedido para fins de funcionamento de discotecas e danceterias. 5. Não bastasse esse vício, o entendimento do julgador ordinário, de que as casas de prostituição são toleradas pela sociedade, não

---

7   CASTRO, Carlos Roberto Siqueira. "Dignidade da pessoa humana: o princípio dos princípios constitucionais". In: **Direitos fundamentais**: estudos em homenagem ao Professor Ricardo Lobo Torres/ SARMENTO, Daniel; GALDINO, Flávio (orgs.). Rio de Janeiro: Renovar, 2006, p.160.

se presta a respaldar a licença urbanística (ou qualquer outra), pois é inadmissível como válido um ato administrativo cujo objeto seja ilícito. 6. Seja por ilicitude do seu objeto, seja por não se revestir da forma, modo ou solenidade prescritos na legislação, sofre de nulidade absoluta e insanável - defeito de natureza permanente, a se renovar a cada momento, dia a dia, que, por isso mesmo, não convalesce pelo decurso do tempo - a autorização ou licença para ação, obra ou atividade que se choca com a legislação vigente. Nesses casos, incumbe ao Poder Judiciário, além de declarar a invalidade do ato administrativo, ordenar a apuração de responsabilidade disciplinar, civil (improbidade) e penal pela emissão do ato, sem prejuízo do dever, a cargo do particular e do servidor desidioso, de reparar eventuais danos patrimoniais e morais, individuais ou coletivos, dele decorrentes. 7. **A tolerância social com a manutenção de estabelecimento destinado à prostituição não afasta a configuração do crime previsto no art. 229 do CP.** Precedentes do STJ. 8. Recurso Especial provido. (BRASIL.Superior Tribunal de Justiça. Recurso Especial nº 931.368, da segunda turma do Superior Tribunal de Justiça. Relator Ministro Herman Benjamin. Processo Julgado em 20/08/2009 e publicado no dia 04/05/2011) (grifo nosso).

APELAÇÃO CRIMINAL. CRIME CONTRA A LIBERDADE SEXUAL. FAVORECIMENTO DA PROSTITUIÇÃO E CASA DE PROSTITUIÇÃO. MATERIALIDADE COMPROVADA. HABITUALIDADE. AUTORIA INCONTESTE. DEPOIMENTOS. VÍTIMA. TESTEMUNHAS. ERRO DE PROIBIÇÃO NÃO CARACTERIZADO. RECURSO DESPROVIDO. O crime do artigo 228 do C. Penal consuma-se quando o agente produz na vítima o efeito por ele pretendido, ou seja levar a vítima a pratica da prostituição ou impedi-la de abandonar a pratica, reconhecendo-se a pratica do ilícito mesmo que se trate de mulher já prostituida. O comércio carnal é uma fatalidade da vida em sociedade, conhecida desde tempos imemoriais; contudo, apesar de não reprimi-lo, o legislador se empenha em punir aqueles que concorrem para o seu exercício, como mediadores, fomentadores ou auxiliares do meretrício. **Mesmo aquele que administra ou gerencia o estabelecimento responde pelo ilícito do art. 229 do CP, quando contabiliza os lucros da atividade.** (SANTA CATARINA - SC). Tribunal de Justiça de Santa Catarina. ACr nº 2008.052554-4, da primeira câmara criminal do Tribunal de Justiça de Santa Catarina. Relator Desembargador Solon D'Eça Neves. Decisão publicada em 30/01/2009) (grifo nosso).)

APELAÇÃO CRIMINAL. CASA DE PROSTITUIÇÃO (ART. 229, CP). AUTORIA E MATERIALIDADE SOBEJAMENTE COMPROVADAS. Pleito de absolvição por erro de proibição e por tolerância social- impossibilidade. Norma vigente e não derrogada. Acusado ciente da prática delitiva. Dosimetria irretorquível. Manutenção da condenação nos termos da sentença de piso. É sabido que eventual tolerância e repressão deficiente, por óbvio, não revogam a Lei, continuando a norma existente e válida, devendo a mesma ser aplicada para não fomentar a insegurança jurídica. **Veja-se, assim, que a suscitada tolerância pela sociedade bem como ao alegado desconhecimento do ilícito em razão disso, não gera a atipicidade da conduta perpetrada pelo apelante.** Apelação conhecida e improvida à unanimidade (TJSE; ACr 2012313066; Ac. 12238/2012; Câmara Criminal; Relª Desª Geni Silveira Schuster; DJSE 23/08/2012; Pág. 49) (*grifo nosso*)

APELAÇÃO CRIMINAL. CASA DE PROSTITUIÇÃO. ALEGAÇÃO DE QUE: 1) NÃO SE TRATA DE UMA CASA DE PROSTITUIÇÃO, E SIM DE UM BAR. 2) QUE A CONDUTA É ATÍPICA POR FALTAR A HABITUALIDADE E POR HAVER A ACEITAÇÃO SOCIAL. 3) ALTERNATIVAMENTE REQUEREM A REDUÇÃO DA PENA PECUNIÁRIA, ALEGANDO QUE VENDEM ROUPAS A PESSOAS DE BAIXA RENDA E A IMPOSSIBILIDADE DA LIMITAÇÃO DE FINAL DE SEMANA, UMA VEZ QUE TRABALHAM TODOS OS DIAS DA SEMANA, INCLUSIVE FERIADOS. RECURSO IMPROVIDO. O fato de a casa deprostituição funcionar acobertada pela fachada de um bar não retira o caráter ilícito da conduta. **Não há falar em falta de habitualidade ou aceitação social de casas de prostituição,** se ficou provado que os recorrentes já mantinham, há mais de 01 ano, duas casas destinadas à prostituição, e que a indiferença social não é excludente da ilicitude ou mesmo da culpabilidade. Não prospera o pedido de redução da pena pecuniária, se o magistrado sentenciante deixou à escolha dos recorrentes pagar o valor arbitrado, ou prestar serviços à comunidade. É importante consignar que as provas nos autos demonstram que os recorrentes possuem um bar com padrão suficiente para pagar o valor estipulado, se assim escolherem. Não há provas nos autos de que os apelantes trabalham todos os dias, inclusive em finais de semana e feriado, e não possam cumprir a limitação de final de semana, tanto porque declararam a todo momento nos autos que são comerciantes proprietários de um bar. (Procurador de Justiça - Exmo. Sr. Dr. Edgar Roberto Lemos de Miranda) (TJMS; ACr-Recl 2010.010871-6/0000-00; Fátima do Sul; Primeira Turma Criminal; Relª Desª Marilza Lúcia Fortes; DJEMS 21/07/2010; Pág. 28) (*grifo nosso*)

No Direito Trabalhista, a contradição se faz ainda maior. Isso porque, em que pese seja reconhecida pelo próprio MTE, a jurisprudência e a doutrina identificam na profissão um objeto ilícito para o contrato de trabalho, eivando-o do vício de nulidade absoluta, não admitindo o estabelecimento do vínculo de emprego.

Destacam-se, nesse sentido, os seguintes julgados:

ATIVIDADE ILÍCITA. CONTRATO NULO. EFEITOS. Ao contrário da teoria civilista, em que a declaração de nulidade contratual tem efeitos ex tunc (retroativos), o direito do trabalho tem como regra garantir que a nulidade contratual tenha seus efeitos somente a partir da sua declaração (não retroativos). Casos há, porém, em que essa regra deve ser deixada de lado, tendo em vista o vício que inquinou o contrato - A exemplo dos **contratos para a consecução de atividade ilícita** -, passando a nulidade a concorrer para o seu desfazimento, com **efeitos retroativos**, desde a celebração, exatamente o que ocorreu na hipótese, em que o reclamante mourejava recebendo valores de frequentadores de ponto de exploração da prostituição alheia, constituindo tipo penal disciplinado pelosarts. 229 e 230 do Código Penal. Restam repelidos, assim, todos os pedidos perseguidos na exordial, vez que, **em sendo ilícito o objeto, nulo é o contrato de trabalho.** (MATO GROSSO. TribunalRegional do Trabalho da 23ª Região. Recurso Ordinário no Processo nº01344.2008.021.23.00-7, da primeira turma do Tribunal Regional do Trabalho da 23ª Região. Relator Desembargador Roberto Benatar. Decisão publicada no dia 03/09/2009) (grifo nosso).

CONTRATO DE TRABALHO. OBJETO ILÍCITO. NULIDADE. A atividade da recorrente, relacionada à exploração da prostituição, por se tratar de atividade ilícita, torna nula a contratação e **inexistente a relação de emprego, não permitindo o pagamento de verbas próprias do contrato de trabalho,** consoante orientação da oj 199 da sbdi-I do TST, aqui aplicada por analogia. (MINAS GERAIS. TribunalRegional do Trabalho da 3ª Região. Recurso Ordinário no Processo nº 2269-02.2011.5.03.0007. Relator Juiz Convocado Hélder Vasconcelos Guimarães. Decisãopublicada em 01/10/2012) (grifo nosso).

IMPOSSIBILIDADE JURÍDICA DO PEDIDO. OBJETO ILÍCITO. APLICAÇÃO ANALÓGICA DA OJ Nº 199 DA SDI-1 DO C. TST. De acordo com o artigo 104, inciso II, do Código Civil, a validade do negócio jurídico requer objeto lícito, possível, determinado ou determinável. O artigo 166, inciso II, do mesmo diploma legal determina que é nulo o negócio jurídico quando for ilícito, impossível ou indeterminável o seu objeto. Neste sentido, não se pode conferir validade a um contrato que tem origem em objeto ilícito, como no caso em análise. A situação fática que exsurge dos autos indica possível enquadramento em crimes tipificados no Código Penal (arts. 228 a 230). Configura-se, assim, a **impossibilidade jurídica do pedido,** o que acarreta a extinção do feito sem julgamento do mérito (art. 267, VI, do CPC), eis que a **atividade do empregador e o objeto do suposto contrato existente entre as partes são ilícitos** (atividade relacionada à prostituição). Aplicação analógica do entendimento consubstanciado na oj nº 199 da SDI-1 do c. TST. (PARANÁ. Tribunal Regional doTrabalho da 9ª Região. Recurso Ordinário no Processo nº 01055-2012-411-09-00-6, da quarta turma do Tribunal Regional do Trabalho da 9ª Região. Relator Desembargador Luiz Celso Napp. Decisão publicada em 10/12/2012) (grifo nosso).

A identificação como trabalho ilícito se deve ao fato de o Direito do Trabalho ter um caráter eminentemente protetivo. Isso porque, segundo a doutrina trabalhista, são vedadas as atividades que constituam trabalho proibido ou trabalho ilícito. Para Godinho, o primeiro engloba as atividades que são irregulares, ou seja, que *"se realizam em desrespeito a norma imperativa vedatória do labor em certas circunstancias ou envolvente de certos tipos de empregado".* Embora possa ser ilícita, como no caso de exercício irregular da Medicina, tal ilicitude não se faz necessária para configuração do trabalho proibido.

Já o trabalho ilícito seria aquele que *"compõe um tipo penal ou concorre diretamente para ele[8]"*.

Para Vólia Bonfim, enquanto no trabalho proibido não há qualquer ilicitude na atividade prestada, pois o trabalho não contraria a ordem pública, a moral ou os bons costumes, o trabalho ilícito tem como objeto atividade ilícita, criminosa ou contrária aos bons costumes, sendo nulo de pleno direito[9].

O resultado prático de tal distinção está no fato de que, em que pese as casas de prostituição empreguem, ilicitamente, profissionais do sexo, a estas não se reconhecem direitos trabalhistas e, tampouco, as verbas deles decorrentes; em contrapartida, aos seus funcionários cujas atividades não representam trabalho ilícito, são devidas as verbas trabalhistas, conforme a legislação, sob a justificativa de se defender o valor social do trabalho, constitucionalmente previsto no art. 1º da CRFB/88, e evitar o enriquecimento indevido. Nesse sentido, seguem os seguintes julgados:

> VÍNCULO EMPREGATÍCIO. RECONHECIMENTO. A ilicitude da atividade de prostituição desenvolvida no bar da reclamada **não deve ser óbice ao reconhecimento do vínculo empregatício da laborista que atuava como caixa do estabelecimento**, na cobrança dos produtos lícitos ali vendidos, quando revelados os elementos fático-jurídicos da relação de emprego, em tal função, **sob pena de se favorecer o enriquecimento ilícito da ré e negar-se o valor social do trabalho** (inc. IV, art. 1º, CR/88) licitamente desenvolvido pela obreira. (MINAS GERAIS. Tribunal Regional do Trabalho da 3ª Região. Recurso Ordinário no Processonº 01344-2006-103-03-00-0, da oitava turma do Tribunal Regional do Trabalho da 3ªRegião. Relatora Juíza Convocada Adriana Goulart de Sena. Processo julgado no dia 01/08/2007 e decisão publicada no dia 18/08/2007) (grifo nosso).

> DANÇARINA DE CASA DE PROSTITUIÇÃO. POSSIBILIDADE DE RECONHECIMENTO DE VÍNCULO EMPREGATÍCIO. Restando provado que a autora laborava no estabelecimento patronal **como dançarina**, sendo revelados os elementos fático-jurídicos da relação de emprego, **em tal função, não se tem possível afastar**

---

8   DELGADO, Maurício Godinho. **Curso de Direito do Trabalho**. São Paulo: LTr, 2011, p. 503.

9   CASSAR, Vólia Bonfim. **Direito do Trabalho**. Rio de Janeiro: Impetus, 2011, p. 589 e 579.

os efeitos jurídicos de tal contratação empregatícia, conforme pretende o reclamado, em decorrência de ter a reclamante também exercido a prostituição, atividade esta que de forma alguma se confunde com aquela, e, pelo que restou provado, era exercida em momentos distintos. Entendimento diverso implicaria favorecimento ao enriquecimento ilícito do reclamado, além de afronta ao princípio consubstanciado no aforismo "utile per inutile vitiari nondebet". Importa ressaltar a observação ministerial de que a exploração de prostituição, pelo reclamado, agrava-se pelo fato de que "restou comprovado o desrespeito a direitos individuais indisponíveis assegurados constitucionalmente - (contratação de dançarinas, menores de 18 anos), o que atrai a atuação deste MINISTÉRIO PÚBLICO DO TRABALHO, através da Coordenadoria de Defesa dos Interesses Difusos, Coletivos e Individuais Indisponíveis CODIN."- Procuradora Júnia Soares Nader (grifou-se). (TRT Tribunal Regional do Trabalho da 3ª Região. Recurso Ordinário nº 1125/00, da quinta turma do Tribunal Regional do Trabalho da 3ªRegião. Relatora Juíza Rosemary de Oliveira Pires. Decisão publicada no dia18/11/2000) (grifo nosso).

CONTRATO DE TRABALHO. COPEIRA EM DANCETERIA. Comprovado o desempenho da função de **copeira em casa noturna** que explora aprostituição, é **reconhecido o vínculo de emprego** entre as partes, cabendo o retorno dos autos à origem para julgamento dos demais pedidos formulados na inicial. (RIO GRANDE DO SUL. Tribunal Regional do Trabalho da 4ª Região. Recurso Ordinário no Processo nº 01279.371/97-8, da primeira turma do Tribunal Regional do Trabalho da 4ª Região. Relatora Juíza Maria Helena Mallmann. Processo julgado em 06/07/2000, decisãopublicada em 14/08/2000) (grifo nosso).

VÍNCULO DE EMPREGO. ADMINISTRADOR DE PROSTÍBULO. **Não há vínculo de emprego** entre a casa que explora a prostituição e o **reclamante que desenvolvia atividades diretamente relacionadas ao próprio objeto ilícito da exploração da prostituição.** (SANTA CATARINA. TribunalRegional do Trabalho da 12ª Região. Recurso Ordinário no Processo nº 0003649-39.2012.5.12.0051, da primeira câmara do Tribunal Regional do Trabalho da 12ªRegião. Relator Juiz Jorge Luiz Volpato. Decisão publicada em 20/06/2013) (grifonosso).

Assim, constatamos certa tendência do Judiciário em não aplicar a todos de forma equânime a doutrina da nulidade justrabalhista. Ora, se os funcionários que compactuam com a atividade supostamente ilícita têm garantidos seus direitos trabalhistas, do mesmo modo deveriam ser protegidas as profissionais do sexo, para valorização do seu trabalho e para não configuração do enriquecimento ilícito do empregador.

Entretanto, em que pese reconheça a prostituição como profissão, a jurisprudência parece se contradizer ao afirmar que não há licitude no objeto do trabalho. Nesse sentido, o impedimento à configuração do vínculo de emprego constitui contrassenso na ordem jurídica, desprotegendo um profissional que é reconhecido como tal.

Diferentemente da teoria das nulidades de matriz civilista a doutrina trabalhista[10] desenvolveu uma nova concepção mais adequada à realidade juslaboral, criando uma teoria trabalhista das nulidades, porquanto, a reversão ao *status quo ante,* como efeito da declaração de nulidade, resta faticamente inviável uma vez realizado o trabalho e tendo seu valor transferido. Uma vez alienada a força de trabalho e convertida ela em valor não é possível que o trabalhador reincorpore essa energia despendida.

Por seu turno, a apropriação privada da força de trabalho sob a forma de valor[11], cria uma situação consumada de evidente desequilíbrio entre as partes, somente sendo reequilibrada com o reconhecimento de direitos trabalhistas ao trabalhador, sob pena de se admitir o enriquecimento sem causa do tomador do serviço prestado.

Assim, para o Direito do Trabalho, embora o contrato seja nulo, diante da ausência de um dos seus elementos essenciais, reconhecem-se válidos alguns de seus efeitos na concessão de direitos trabalhistas.

A extensão da tradição desses direitos, no entanto, deve ser ponderada no caso concreto, à luz da colisão de princípios e direitos fundamentais contrapostos ao princípio da *valorização social do trabalho* (artigo 1º, inciso IV, da Constituição Federal), que prevalece *prima facie* nas situações de atividade humana laboral, e, especialmente diante da ocorrência de trabalho subordinado.

---

10   Cf. DELGADO, Maurício Godinho. *Curso de Direito do Trabalho.* 10ª ed. São Paulo: LTr, 2011. pp. 500-505.

11   Processo de valorização do valor de troca da força de trabalho pela extração de mais-valia.

Assim, a teoria trabalhista das nulidades apresenta casuística com diversificados desdobramentos a depender se se trata, v. g., de trabalho de menor (agente incapaz); de trabalho para a Administração Pública sem o atendimento ao requisito de concurso público (descumprimento da forma exigida por lei) ou de objeto ilícito.

Neste último caso, a ilicitude do contrato não se refere a qualquer violação da ordem jurídica genérica, como a afronta à legalidade trabalhista, administrativa ou civil. Para de configurar o objeto ilícito do contrato de trabalho é preciso que o seu objeto, ou seja, a atividade realizada pelo trabalhador para cumprir o seu contrato se trabalho, coincida com a ação que perfaz o tipo penal estabelecido como crime pelo Direito Penal.

Por conseguinte, somente se pode considerar nulo o contrato de trabalho quando a ilicitude (ato repudiado pela sociedade, em seu sentido de autodefesa, por meio de sua identificação com um crime) esvaziar plenamente o conteúdo da dignidade do trabalho:

> *"(...) a nulidade percebida é tão intensa, afrontando bem social tão relevante, que o Direito do Trabalho cede espaço à regra geral do Direito Comum, também negando qualquer repercussão justrabalhista à prestação laborativa concretizada"*[12]

É o caso, por exemplo, de alguém que contrata um pistoleiro para sua agência de assassinos de aluguel. O trabalho do pistoleiro – matar alguém – não pode ser em nenhuma medida valorizado socialmente, eis que constitui, ao contrário, prática rechaçada pela sociedade.

Pelo óbvio, não é o caso do trabalho da prostituta.

Ainda que preste serviço em casa de lenocínio, em proveito econômico de rufião, a prostituta não comete o crime de exploração da prostituição, uma vez que é a vítima da exploração.

Com efeito, ainda que a atividade do prostíbulo seja desmantelada pela polícia e o rufião seja preso, a prostituta não poderia receber imputação penal alguma.

Para fins da relação laboral jamais houve trabalho ilícito, sendo plenamente possível a responsabilização trabalhista.

Ainda que se admitisse que a prostituta concorreu em participação para o crime – o que se faz apenas por argumentação – a

---

12   DELGADO. Maurício Godinho. Op. cit. p. 504.

ilicitude nesse caso deveria ser objeto de ponderação e aplicação da teoria trabalhista das nulidades, possivelmente desconstituindo o vínculo empregatício, mas reconhecendo-lhes os efeitos dos direitos trabalhistas eventualmente não pagos, coibindo o enriquecimento sem causa do rufião.

Por fim, do ponto de vista filosófico, diversas questões podem ser discutidas acerca da manutenção do estigma social que paira sobre as profissionais do sexo. Martha Nussbaum, feminista e filósofa, aborda brilhantemente o tema, dispondo que:

> *"o estigma tradicionalmente ligado à prostituição é baseado numa composição de crenças, as quais, em sua maioria, não são racionalmente defensáveis, e que deveriam ser, especial e veementemente, rejeitadas pelas feministas: crenças sobre a má natureza da sexualidade feminina, o papel opressor da sexualidade masculina e o papel essencialmente matrimonial e reprodutivo da "boa" mulher e do "bom" sexo.*[13]

3. Conclusão

A Constituição de 1988 estabeleceu como fundamento da República a dignidade da pessoa humana e reconheceu como direito fundamental o livre exercício profissional, ao passo que o legislador ordinário manteve, por motivos de ordem moral, a criminalização da exploração econômica da prostituição, impedindo qualquer estabelecimento de vínculo de trabalho. Por outro lado, o MTE reconheceu a profissional do sexo e a sociedade aceitou a existência de sua exploração econômica, compactuando com o funcionamento de notórias casas de prostituição.

Por todo o exposto, é evidente que nossa ordem jurídica encontra-se embebida de preconceitos morais e religiosos, presentes não só no Congresso Nacional, impedindo a regulamentação do profissional do sexo, como também no âmbito doutrinário e jurisprudencial, impossibilitando qualquer avanço na concessão de direitos trabalhistas.

---

13 NUSSBAUM, Martha. "Whether from Reason and Prejudice". In: **Prostitution and Pornography: Philosophical Debate About the Sex Industry**. Edited by Jessica Spector. California: Stanford University Press, 2006, p. 207.

A despeito da dificuldade mencionada, está em trâmite o Projeto de Lei nº 4.211/2012 ("Projeto de Lei Gabriela Leite", em referência à falecida ex-prostituta e fundadora da DASPU), que visa à regulamentação da atividade de prostituição. Em seu artigo 3º, o Projeto de Lei aborda a possibilidade de existirem casas de prostituição, desde que estas não explorem sexualmente seus profissionais. Nesse sentido, o Projeto estabelece como exploração a apropriação maior que 50% dos rendimentos da profissional, o não pagamento pelo serviço contratado e a utilização de grave ameaça ou violência.[14] No que tange aos direitos trabalhistas, porém, o projeto se faz omisso, somente mencionando o direito à aposentadoria especial.

Resta incerto, portanto, se as prostitutas terão no Brasil, a curto prazo, seus direitos trabalhistas reconhecidos. Certa é, porém, a sua luta.

4. REFERÊNCIAS

BRASIL. Ministério do Trabalho e Emprego. **Classificação Brasileira de Ocupações.** Disponível em: <http://www.mtecbo.gov.br/cbosite/pages/pesquisas/BuscaPorTituloResult ado.jsf.> Acesso em: 14 abr. 2013.

CASSAR, Vólia Bonfim. **Direito do Trabalho.** Rio de Janeiro: Impetus, 2011.

CASTRO, Carlos Roberto Siqueira. "Dignidade da pessoa humana: o princípio dos princípios constitucionais". In: **Direitos fundamentais**: estudos em homenagem ao Professor Ricardo Lobo Torres/ SARMENTO, Daniel; GALDINO, Flávio (orgs.). Rio de Janeiro: Renovar, 2006.

DELGADO, Maurício Godinho. **Curso de Direito do Trabalho.** 10ª ed. São Paulo: LTr, 2011.

GRECO, Luís. **Princípios fundamentais e tipo no novo projeto de código penal** (projeto de lei 236/2012 do senado federal). Disponível em: <http://www.ibccrim.org.br/revista liberdades artigo/133- -ARTIGO# ftn9>. Acesso em: 15 out. 2013.

---

14 Disponível em: <http://www.camara.gov.br/proposicoesWeb/prop mostrarintegra?codte or=1012829>. Acesso em: 8/11/2013

INTERNACIONAL, Legislação. **Convenção para a supressão do tráfico de pessoas e da exploração da prostituição de outrem**. Disponível em: <http://direitoshumanos.gddc.pt /3_9/IIIPAG3_9_6.htm>. Acesso em: 8 nov. 2013.

NUSSBAUM, Martha. "Whether from Reason and Prejudice". In: **Prostitution and Pornography: Philosophical Debate About the Sex Industry**. Edited by Jessica Spector. California: Stanford University Press, 2006.

ZAFFARONI, E. Raúl; BATISTA, Nilo. **Direito Penal Brasileiro**. Segundo volume. Rio de Janeiro: REVAN, 2010.